新编秘书学教材系列

秘书写作

杨元华　孟金蓉　等编著

复旦大学出版社

内 容 提 要

　　本书以国务院最新发布的《国家行政机关公文处理办法》（2000年8月24日发布，2001年1月1日起施行）为依据，适应社会主义市场经济的需要，详细介绍、阐释了常见、实用的各种行政类、商务类文书的体裁格式、写作方法等，题材广泛，涉及命令、公告、通知、报告、计划、简报、讲话稿，以及市场预测报告、招标书、产品说明书、合同、商业广告和经济诉讼文书等等。本书收入了大量较为典型的各类文书的范文（几乎每种文书都至少配有一篇），并对其作有评析，以方便广大师生和自学者学习、参考。

　　本书既可作为大专院校秘书学专业及其他相关专业的教材，又适于广大在职文秘人员自学、进修或参考。

前　言

《秘书写作》是"新编秘书学教材系列"之一种。2000年春雨霏霏、桃花盛开的季节，复旦大学出版社有关领导、编辑邀集上海几所大学从事秘书专业教学的教师，讨论编写一套"新编秘书学教材系列"事宜。后大家又在钱塘江边一个美丽的度假村里定下了各本书的写作大纲。经过近一年的努力，我们克服了教学任务重、手头还有其他写作项目等困难，终于如期写出了书稿。当然，本书得以付梓，包含了出版社编辑们的辛勤劳动，这是首先要表示衷心感谢的。

本书主要是供秘书学专业或相关专业的学生学习各类行政文书、商务文书写作使用，也可供各级行政机关、社会团体、企事业单位的文秘人员、办公室工作人员和其他读者作为自学的参考书。本书的特点是：

1. 以国务院最新发布的《国家行政机关公文处理办法》(2000年8月24日发布，2001年1月1日起施行)为依据，撤掉了"指示"，增加了"意见"这一文种。对行政机关公文写作做了全新的、更加简明规范的、科学的界定。

2. 适应建设社会主义市场经济的需要，本书不仅介绍了常见、实用的行政类文书，而且以较大的篇幅介绍了各种商务类文书，对各类文书的体裁格式、写作方法，作了较为详细的分析。

3. 本书例文丰富，而且尽量选用近期例文，并对例文作分析，以使教师、学生或自学者都能从例文中得到有益的帮助。

本书各章写作分工如下：第一、二、三章杨元华；第四、五章徐剑雄；第六、七章王晓成；第八、九章陆怡忻；第十至十六章孟金蓉。全书由杨元华、孟金蓉统稿改定。本书在写作过程中参考了许多前人的著作，在此一并致谢。同时，也殷切期望从事秘书写作教学的同行们和广大读者们提出宝贵的意见。

作　者

2001年4月5日于上海

目 录

第一章 秘书写作基础 ………………………………………………… 1
　第一节 秘书写作的含义和特点 …………………………………… 1
　第二节 秘书写作的一般过程 ……………………………………… 4
　思考题 ……………………………………………………………… 18

上篇　行　政　文　书

第二章 行政公文概述 ………………………………………………… 21
　第一节 公文的含义、源流 ………………………………………… 21
　第二节 公文的特点和作用 ………………………………………… 24
　第三节 公文的分类、格式和语言要求 …………………………… 27
　思考题 ……………………………………………………………… 38

第三章 行政公文的写作 ……………………………………………… 39
　第一节 命令（令） ………………………………………………… 39
　第二节 决定 ………………………………………………………… 45
　第三节 公告 ………………………………………………………… 53
　第四节 通告 ………………………………………………………… 57
　第五节 通知 ………………………………………………………… 61
　第六节 通报 ………………………………………………………… 72
　第七节 议案 ………………………………………………………… 79
　第八节 报告 ………………………………………………………… 85
　第九节 请示 ………………………………………………………… 99
　第十节 批复 ………………………………………………………… 103
　第十一节 意见 ……………………………………………………… 107
　第十二节 函 ………………………………………………………… 112

第十三节　会议纪要……………………………………… 117
　　思考题…………………………………………………………… 124

第四章　计划……………………………………………………… 125
　　第一节　计划的含义和作用……………………………… 125
　　第二节　计划的种类和特点……………………………… 126
　　第三节　计划的写法和基本要求………………………… 128
　　思考题…………………………………………………………… 139

第五章　总结……………………………………………………… 140
　　第一节　总结的含义和作用……………………………… 140
　　第二节　总结的种类和特点……………………………… 141
　　第三节　总结的写法和基本要求………………………… 143
　　思考题…………………………………………………………… 151

第六章　调查报告………………………………………………… 152
　　第一节　调查报告的含义和作用………………………… 152
　　第二节　调查报告的种类和特点………………………… 154
　　第三节　调查报告写作的准备…………………………… 156
　　第四节　调查报告的写法和基本要求…………………… 159
　　思考题…………………………………………………………… 167

第七章　简报……………………………………………………… 168
　　第一节　简报的含义和作用……………………………… 168
　　第二节　简报的种类和特点……………………………… 169
　　第三节　简报的格式和写法……………………………… 171
　　思考题…………………………………………………………… 175

第八章　规章制度………………………………………………… 176
　　第一节　规章制度的含义和作用………………………… 176
　　第二节　规章制度的种类和特点………………………… 177
　　第三节　规章制度的格式和写法………………………… 179

思考题 ………………………………………………………… 206

第九章 讲话稿 ………………………………………………… 207
第一节 讲话稿的含义和作用 ……………………………… 207
第二节 讲话稿的种类和特点 ……………………………… 208
第三节 讲话稿的写法和基本要求 ………………………… 210
思考题 ………………………………………………………… 215

下篇 商务文书

第十章 商务文书概述 …………………………………………… 219
第一节 商务文书的含义及内在环节 ……………………… 219
第二节 商务文书写作的原则 ……………………………… 226
第三节 商务文书写作者的修养 …………………………… 231
思考题 ………………………………………………………… 235

第十一章 综合报告文书 ………………………………………… 236
第一节 概述 ………………………………………………… 236
第二节 市场调查报告 ……………………………………… 238
第三节 市场预测报告 ……………………………………… 247
第四节 可行性研究报告 …………………………………… 255
第五节 经济活动分析报告 ………………………………… 262
思考题 ………………………………………………………… 272

第十二章 专项报告文书 ………………………………………… 273
第一节 概述 ………………………………………………… 273
第二节 招标书和投标书 …………………………………… 275
第三节 专利申请书 ………………………………………… 282
第四节 商标注册文书 ……………………………………… 285
第五节 项目建议书 ………………………………………… 289
第六节 产品说明书 ………………………………………… 293
思考题 ………………………………………………………… 297

第十三章　商务协约文书 ············ 298
第一节　概述 ············ 298
第二节　合同 ············ 300
第三节　协议书 ············ 310
第四节　意向书 ············ 315
思考题 ············ 319

第十四章　商务告启类文书 ············ 320
第一节　概述 ············ 320
第二节　商业广告 ············ 323
第三节　商务公示 ············ 332
第四节　企业简介 ············ 343
思考题 ············ 346

第十五章　涉外类商务文书 ············ 347
第一节　概述 ············ 347
第二节　涉外贸易文书 ············ 348
第三节　涉外项目意向书 ············ 353
第四节　中外合资经营企业合同 ············ 358
思考题 ············ 362

第十六章　经济诉讼文书 ············ 363
第一节　概述 ············ 363
第二节　经济纠纷起诉状 ············ 370
第三节　经济纠纷上诉状 ············ 375
第四节　经济纠纷申诉状 ············ 378
第五节　经济纠纷答辩状 ············ 382
第六节　经济仲裁申请书 ············ 387
第七节　经济仲裁答辩书 ············ 392
思考题 ············ 396

附录一　国务院关于发布《国家行政机关公文处理办法》的通知

及国家行政机关公文处理办法(2000年8月24日)............397
附录二　中华人民共和国国家标准..................................406
附录三　国务院公文主题词表(1997年12月修订)..............412
参考书目..422

第一章 秘书写作基础

第一节 秘书写作的含义和特点

一、秘书写作的含义

何谓秘书写作？秘书写作是指秘书在本职工作范围内的各类公务文书及其他各类应用文体的写作。包括国务院发布的《国家行政机关公文处理办法》中规定的十三种公文和各机关、团体、企事业单位常用的行政类、商务类各种应用文书。如工作计划、工作总结、调查报告、情况简报、规章制度、讲话稿、市场预测、可行性研究报告、招投标书、专项申请书、经济合同、国际贸易文书、经济诉讼状等等。它适用于各级机关、团体、企事业单位秘书工作及其他管理人员写作需要，属于应用文写作范畴。

秘书写作与文学写作、新闻写作等各种写作一样，都需要经过搜集材料、整理思想、构思立意、布局谋篇、选字遣词、循法造句的过程，运用记叙、议论、说明等方法表达观点和内容。但是，秘书写作与其他各种写作也有明显的区别，秘书写作有自己的规律和特点。我们只有通过不断地练习，深刻认识它的特点，掌握它的规律，熟悉各类应用文的格式和写作方法，才能写出适应工作需要的有质量的应用文来。

二、秘书写作的特点

秘书写作具有以下几个特点。

（一）严格忠于机关制文意图

秘书是各级领导人的得力助手，担负着为领导作参谋和处理日常事务的大量辅助性工作。起草公文和其他文字材料，是秘书的一项重要职责。公文是各级机关贯彻执行党和国家的方针政策、法律法令的工具，是机关领导人或领导班子集体意志的体现，秘书写什么，怎样写，作何用，何时成，都要受机关制文意图的约束。即使拟好的稿子，也要经过主管领导人的审核、定稿、签发。秘书无权个人擅自拟写和发布公文，也不能随意更改机关制文意图。秘书写作是代领导立言、代机关立言，不是个人作品。秘书起草的公文质量标准，并不在于自己认为怎么样，而在于是否忠实地体现了制文机关的意图。

秘书写作除了行政公文外，常用的工作计划、总结、简报、调查报告等应用文，也是为机关、团体、企事业单位拟订计划、汇报工作、反映情况、处理问题、总结经验的文字载体，是为贯彻执行各项方针政策服务的，同样要服从于机关制文意图。即使是属于秘书职责范围内的答复性、商洽性或礼节性的简短应用文，虽然不必事事请示领导，但也要依据有关政策规定的行文关系来写，不能随心所欲。

总之，秘书所起草的公文虽然是秘书辛勤劳动的结果，但从不署秘书的姓名，而是以机关的名义或领导人的名义发出。当然，出了问题也不应由秘书个人负责，而要由机关或领导人负责。

（二）具体明确的写作目的

秘书写作的目的性、实用性很强。党政机关的各类公文是各级机关指挥意志、行动意图和活动情况的生动体现，是各级机关贯彻执行党和国家方针政策、法律法令的重要依据和凭证。在日常工作中，上级机关通过制发公文，下达命令，作出决定，发出通知，指导下级机关工作，实施领导职能。下级机关根据上级机关的指示精神，结合本单位的实际情况开展工作；遇有情况、问题，主动向上级机关报告、请示，接受领导。平级机关之间也应通过公文来商洽、协调，沟通联络。各级机关都是根据实际工作的需要，充分利用公文具体明确地提出问题、分析问题和解决问题。

秘书写作的主要职责是：选题立论有强烈的现实针对性，对工作中的经验、教训及时分析总结，对工作的发展方向有效地作出科学预测，工作中形成、使用的各类公文，为推动各项工作起直接的作用，力求迅速取得实效。即使该项工作完成了，在工作中形成并使用的文件的作用虽然结束了，文件经过立卷而归档，但仍为以后行文办事所查阅参考。

总之,秘书每天都会通过各种公文和应用文来处理上下级、平级之间的各种公务和事务,离开了公文和应用文,许多工作会因为没有依据和凭证而无法开展。

(三) 特定的行文格式和严格的行文程序

为了维护公文的严肃性、权威性和法定性,中共中央办公厅、国务院办公厅和中央军委办公厅都分别制定了公文处理办法,对各类公文的格式和行文程序作了具体规定,以保证公文的完整、准确、有效和处理的有序。秘书在写作时必须严格执行之。如果各机关有各机关的公文格式,各人有各人的写法,各行其是,没有统一的规范和标准,那么,在实践中就难以为对方所理解和接受,难以保持公文的严肃性、法定性。即使是日常使用的应用文,在长期的实践中逐渐形成了约定俗成的惯用格式,也已被社会各机关、团体、企事业单位所承认,在写作时也不能随意标新立异、别出心裁。因此,秘书在写作时,必须依照国家规定的统一的规范化的格式。

秘书行文也有一整套规范化的处理程序。例如发文处理要经过拟稿、核稿、签发、打印、校对、制作、盖印、封发等程序。在行文程序中,秘书只是公文的拟稿人,机关领导人才是签发人。秘书必须按照机关行文的程序严格执行。不能像写普通文章那样可以自行其是。

(四) 文字简洁确切,文风庄重平实

秘书写作所使用的文字,与一般文体使用的文字既有共同的规律,如要求语言流畅、文字通顺等,又有自己独特的个性特点。为了体现公文的严肃性和实用性,秘书写作要求文字简洁确切,文风庄重平实,以便于各级机关理解和实行。

秘书写作的文字要简明整洁,准确贴切。凡是众所周知之事,不言自明之理,都可略而不述。必须要说的话,也应该长话短说,言简意赅,有话则短,无话则免,切忌长篇大论,言不及义,卖弄文才。公文的简洁,不仅仅体现在篇幅的短小上。如果文字是简短了,但内容空洞抽象,简而不明,短而不洁,观点不确,语义不切,达不到制文的目的。因此,秘书在写作公文时,应反复地、认真地压缩文字,去掉可有可无的空话,一定要用最简洁确切的语言文字,把精练充实的内容表达出来,以便于干部群众理解掌握、贯彻执行,也是为了节省看公文者的时间,提高工作效率。

秘书写作的文风要庄重平实。由于公文具有法定性、权威性和充分体现党和国家机关处理公务的严肃持重的立场态度,公文叙事状物要实事求是,直陈其意,以便干部群众明白晓畅,贯彻执行。其意在于应用而不在于欣赏。所以,宁可拙其词而达其意,不可违其意而逞其词。庄重平实的文风正是秘书写作的语言特点。

(五)才思敏捷,拟稿迅速

秘书写作的及时性、时效性,与机关工作的效率直接相关。机关工作中的许多重要公文,早在秘书工作安排之中,可以周密思考,反复推敲,从容成文。但是,随着工作的开展,还有大量的公文写作需要完成。例如,工作开始要订计划,工作完成要做总结,传达贯彻上级的指示要发通知,反映情况要写报告或简报,请示上级机关批准要写请示,与兄弟单位商洽工作要发函,调查市场情况要写市场预测报告,做生意要订经济合同……许多要写的公文或应用文,有的是迫在眉睫、亟待成文的,也有的是工作进展或形势变化要求作出相应的部署和反应的,都有很强的时间性、应变性。这就要求秘书平时要加强工作的预见性,注意积累资料,写时能迅速领会领导人制文意图,才思敏捷,拟稿迅速,及时交稿审核。如果是急件,还要加班赶写,保证不误时效。当然,拟稿迅速并非粗制滥造,而是好中求快,优质高产。不然,虽成文迅速却多次返工,反而贻误时机。

总之,秘书写作与其他写作相比较自有其独特之处,这是每个秘书工作者应该明确和掌握的。

第二节 秘书写作的一般过程

任何文章和作品都有一个构思写作、修改完成的过程,秘书写作也不例外。从占有材料,精心构思,草拟初稿,推敲修改,到最后定稿,有一个完整的过程。认识和掌握这个过程的规律性,对于提高秘书人员的写作水平,有着重要的意义。

秘书写作一般要经历三个阶段:准备阶段、写作阶段和修改阶段。虽然,每个秘书人员的写作情况各有特点,各种公文和应用文的写作方法也不尽相同,但大体上都要经历这个过程。

一、准备阶段

秘书写作准备阶段的主要任务在于吃透政策、指示精神,掌握本单位实际情况,在"两结合"上下功夫,经过周密的思考,提炼出精辟的观点,选择合适的材料,正确选用各类文体。

(一)领会领导制文意图,吃透中央有关精神,全面掌握本单位的实际情况

1. 领会领导意图。机关工作本质上是创造性地贯彻执行党和国家的方针政策、上级的指示,各类公务文书是各级机关贯彻执行党和国家方针政策、上级指示的工具,是机关领导人或领导集体意志的体现。一般来说,本单位的领导既了解中央的方针政策和上级指示精神,又熟悉本单位的实际情况,他是党和国家方针政策、上级指示精神的贯彻者、执行者,又是本单位实际工作的决策者、领导者,胸中有全局,手中有典型,能够提出有见地的指导思想和切实可行的意见办法来。所以,对于重要文稿,秘书写什么、怎样写、何时完成,不仅应主动听取领导的意见,领会其意图,还应与领导共同研究文稿的观点、结构等。

所谓领导意图,实际上就是党和国家有关方针政策、上级指示在本单位的具体化。机关公文要解决具体问题,其依据一是有关的方针、政策、指示,二是本单位的实际情况。1981年中央曾经发出《关于各级领导干部要亲自动手起草文件,不要一切由秘书代劳的指示》,《指示》指出:"各级领导干部的重要职责,就是要善于把中央或上级指示和本地区、本部门、本单位的实际结合起来,提出贯彻执行这些指示的具体意见和办法,并组织实施。他们的报告、讲话以及其他文件,都应当体现这种结合。"中央对各级领导干部提出的体现这种结合的要求,也是对代机关立言、代领导立言的秘书写作的要求。秘书写作不是简单地记录、复述领导的意图,而是要通过秘书的思维加工,吃透中央或上级指示精神和本单位的实际情况,把两者比较完美地结合起来,以实现机关制文的目的。

2. 吃透政策、指示精神。怎样才能做到吃透中央有关方针政策和上级指示精神,全面掌握本单位的实际情况,并把两者完美地结合起来,写出符

合要求的文稿来呢？主要从三个方面去考虑：

第一，对于当前工作有重要指导意义的政策和指示，要深刻领会其精神实质，理解其所依据的理论思想原则，明确其中的新思想、新内容对本单位实际工作的现实意义，在拟写文稿时充分体现其精神，坚决贯彻执行之。

第二，对于具有长远和普遍指导意义的政策和指示，秘书在拟写文稿时就要把一般的指导原则与本单位的具体实际结合起来，进行调查研究，根据实际，制定出具体的实施办法，并非一味照抄，而是要善于把上级的政策、指示具体化为本单位的工作方案。

第三，对于因本单位情况特殊或情况变化而不完全符合实际的政策、规定，秘书在拟写文稿时应在不违背政策精神的原则下，根据本单位实际工作的需要，积极主动地拟制具体措施、办法，把本单位的工作做好，以达到政策精神所指向的目标。

（二）广泛而深入地搜集材料

1. 材料的含义。什么是材料？对于秘书写作来说，材料是指用来表现文章观点的事实和依据，包括工作中的各种现象、情况和已经形成的文字资料。材料是构成文章的基本要素之一，是一切写作的前提和基础，俗话说"巧媳妇难为无米之炊"，没有材料难以为文，秘书写作也是如此。

2. 要搜集充分的材料。秘书搜集的材料包括：

第一，直接材料与间接材料。秘书可以通过亲身深入实际，耳闻目睹、口问手记来获得第一手材料，即直接材料，也称动态材料、活材料。这类材料真实可靠，最有价值。秘书也可通过听取有关人员的介绍，查阅有关书面材料或历史资料来获得第二手材料，即间接材料，也称静态材料、死材料。这类材料只要来源可靠，也能客观、全面地反映情况，同样具有价值。

第二，典型材料与面上材料。秘书搜集典型材料，有助于通过"解剖麻雀"，掌握事物的本质和发展规律；搜集面上材料，则可以掌握全局情况。典型材料与面上材料的结合，就能够既全面又深入地了解各方面的情况。

第三，正面材料与反面材料。秘书搜集材料时，正面的成绩和经验要加以总结，反面的失误和教训也要加以吸取；赞扬的意见要听，反对的意见更要注意。

总之，搜集材料，多多益善，既要有广度，又要有深度。

3. 要认真核实材料。为了保证秘书写作的准确性、严肃性，必须对所搜集到的材料进行核实。

第一,对情况的核实。可以通过座谈会、个别访谈、深入现场等方法,广泛听取干部、群众对工作的反映,来核实所搜集的材料是否符合客观实际。符合事实的材料,即可选用;反之则不可选用。

第二,对数据的核实。可以通过查阅账册、报表等统计资料来核实所搜集的数据材料,也可重新进行计算。准确的数据可以增加文稿的说服力,但必须核对准确无误。

第三,对引用材料的核实。秘书写作有时会引用领导人的讲话、重要文件内容或有关文章著作。为了确保内容正确,必须对引用材料及其出处进行核对。

(三)提炼正确的观点

1. 观点的含义。什么是观点?人们在写作时想要宣传什么、表达什么、反映什么,总有一个意图、目的或宗旨。我们在记叙文中常称之为"中心思想",在学术论文中称之为"论点",在文学作品中称之为"主题",在公文和应用文中称之为"观点"。观点是文章的"灵魂"、材料的"统帅"。一篇文稿,材料的取舍,结构的安排,语言的运用,格式的选择,都要以观点为依据,受观点的约束。

一篇文稿只能有一个基本观点。如果一篇文稿有几个基本观点,势必"意多乱文",文稿的中心就紊乱,读者不知道该把握哪一个中心。有些长的文稿,可以在一个基本观点下安排几个从属观点,甚至从属观点之下再有若干层次的小观点,但无论有几个层次的从属观点,都是围绕一个基本观点展开的,都是为说明基本观点服务的。

2. 从材料中提炼正确的观点,用观点来选择材料。材料与观点两者存在着辩证关系。

第一,材料蕴含观点。文稿的观点不是凭空产生的,秘书写作时需要对搜集到的各种材料进行分析、综合。秘书在搜集材料的过程中,同时也是在捕捉材料中的思想意义。因此,搜集材料既是物质的积累,同时也是思想的积累。在这双重的积累过程中,作者看得多了,想得多了,特别是经过"去粗取精、去伪存真、由此及彼、由表及里的改造制作工夫",一个成熟的思想就会产生,这个思想往往就是文稿的观点。所以,正确的观点蕴含在材料之中,并且是从材料中提炼出来的。

第二,观点统率材料。从另一方面看,一旦文稿的观点确定后,反过来必须对掌握的材料进行取舍、加工、改造,以使材料能充分地反映观点。因此,凡是观点所需要的、能突出观点的材料,就选用;凡是与观点无关或关系不大的材料,就坚决舍弃。材料为观点服务,选好材料,观点表达就有了基础,否则,什么材料都不肯放弃,就会洋洋洒洒,堆砌材料,离题跑题。所以,观点对材料起到一种选择、限制作用。

(四)正确选用各类文体

秘书所要拟写的文稿种类很多,不同种类的文体所表达的内涵、思想以及表现手法等是不相同的。秘书在写作前必须缜密思考,恰当地选择文体种类,以合适的形式来反映所要表达的内容。文体类别不同,所起的作用不同,不可随便乱用。如果文体错用,轻则惹人笑话,重则会扰乱机关工作正常秩序,造成严重后果。

1. 明确行文对象。各级机关都是按照一定的隶属关系组成严密的组织系统,每一个机关都在这个组织系统中占据一个特定的位置。因此,秘书在行文时必须明确自己在这个系统中的地位,按照隶属关系来行文,一般不能越级行文。

机关行文对象有三种:

第一,上级机关给下级机关行文,称下行文。用命令、决定、意见、公告、通告、通知、通报、批复等。

第二,下级机关给上级机关行文,称上行文。用报告、请示等。

第三,平级机关或不相隶属机关之间行文,称平行文,用函、通知等。

不同的行文对象选用不同的公文种类,其格式、称谓、语词和语气都不尽相同,秘书必须熟练地掌握各类公文的适用范围,正确选用公文文体。

2. 区别文体作用。各种文体都有自己独特的作用,秘书应根据各种文体的不同作用来选择合适的文体。

第一,行政文书与商务文书是两类性质、作用各不相同的文书,它们之间的区别是十分明显的,一般不易用错。

第二,行政文书中,有些公文的作用十分相近,如公告和通告、报告和请示等,常有用错的情况发生;商务文书中,有些文书的作用也十分相似,如市场预测报告与经济活动分析报告等,也常有混用的现象。

第三,有些文书,同一种公文中类型很多,作用各有差异,如果不掌握其不同的用法,就不能充分发挥该种公文的作用。如通知有 5 种类型,可用于不同场合。

如果秘书掌握了各种文体的作用、用法,必然能极大地提高机关工作效率。

二、写作阶段

秘书在经过充分的准备之后,可以进入实际写作阶段。这一阶段的主要任务是:围绕观点拟定提纲,掌握基本表述方式,规范运用语言。

(一)拟定写作提纲

1. 提纲的重要性。对于秘书写作而言,有了丰富的材料,有了正确的观点,还不能执笔成文,要写成文稿,还必须考虑文章的结构。文章的观点好比人的"灵魂",没有灵魂只是躯壳;文章的材料好比人的"血肉",没有血肉只是骨架;而文章的结构好比"骨骼",没有比例匀称的骨骼,血肉无所依附,灵魂无所寄托。如果骨骼不匀称、不完整,也不可能成为健康完美的人。要使文章的"骨骼"完美匀称,执笔写作的第一步就要围绕观点安排文章的结构,也即拟定写作提纲。

提纲对于文章、特别是较长的文章有重要意义:

第一,可以使作者按照领导意图和全文的基本观点,确立文章的框架结构,供领导审阅同意后再动笔写作,避免发生偏离基本观点的毛病,少走弯路。

第二,可以使作者根据基本框架的需要对大量的素材进行取舍、裁剪,布局谋篇。

第三,可以使作者提高分析综合能力和提纲挈领的本领,按照提纲指示的思路进行写作,从而提高写作水平。

画家画竹,先要构思,做到"胸有成竹"后,纸上才有竹;秘书写作,长篇文章先要构思提纲才能执笔成文,即使是短文章,也应先要"心中有文",才能笔下有文。

2. 编写提纲的方法。写作提纲是由一组序码和文字组成的逻辑图,它是文稿写作的设计图:

```
       ┌     ┌ 1.
       │ (一)┤ 2.
       │     └ 3.
   ┌ 一┤ (二)
标题┤    └ (三)
   │ 二、
   └ 三、
```

这个图中的"一、二、三"表示是文稿的大观点;"(一)(二)(三)"表示是"一"大观点下的从属观点;"1.2.3."表示是"(一)"从属观点的从属观点;依此类推。其中上位观点包含下位观点,下位观点从属于上位观点。这些大大小小观点之间的关系,在图表和序码中完全显示出来了。

提纲中大小观点的写法有两种:一是标题式写法,一是句子式写法。

标题式写法,是以简洁的词语,以标题的形式把该部分的内容概括出来。其优点是简明扼要,一目了然;缺点是往往只能自己理解,别人不易明白。

句子式写法,是以一个能表达完整意思的句子形式把该部分的内容概括出来。其优点是具体明确,意思完整,易为别人所理解;缺点是文字多,写起来费力,不简洁。

当大大小小的观点按照它们的从属关系拟制完成后,再对选择的材料进行归类、剪辑、编排,做上记号备用。这样,一份提纲就大体上完成了。提纲经反复推敲,必要时经领导班子集体讨论审查,秘书作具体的解释,通过后即可执笔写作成文。

(二)掌握基本表述方式

秘书写作的各种公文、应用文在体式结构上大体可归纳为两类:一类为法定格式,如行政机关常用的十三种公文。另一类为惯用格式,如工作计划、工作总结、调查报告、综合报告、契约、告启类文书等等。一般来说,前一类公文的格式要求较严谨,后一类应用文体的格式要求可以宽松一些。但不管是法定格式还是惯用格式,其体式结构大体上都有开头、主体、结尾三部分组成。

1. 开头部分。刘勰说:"启行之辞,逆萌中篇之意。"①"逆萌"即"迎着、

---

① 刘勰:《文心雕龙·章句》。

萌发着",开始行文的几句话应以明确的意思指向全篇的中心观点。文稿开头部分主要交代行文的理由,包括行文依据、目的、原因或背景等。常用的开头方式有:

(1) 目的式。文稿开门见山,说明行文目的。通常用"为了"、"为使"、"为"等介词引起一组动宾词组组成介词结构,作为正文起笔,指明要达到的某种目的。这种开头常用于决定、通告、规章等文种。如:"为加快上海高速公路网建设步伐,根据本市高速公路网建设投融资体制改革方案的总体要求,现提出如下若干政策意见"。

(2) 根据式。文稿引文有根有据,不凭空落笔。通常用"根据"、"遵照"、"按照"等介词引起一组动宾词组组成介词结构,作为正文起笔,言之有据,增强说服力。这种开头,常用于"通知"、"通告"、"意见"等文种。如:"根据江泽民同志在中共十五届五中全会上关于力戒形式主义的重要指示和国务院关于转变政府职能、转变工作方式、转变工作作风的要求,市政府常务会议决定,对全市政府系统的各类评比活动进行清理和改进。"

(3) 概括式。文稿起始段概括全文中心内容,作为全文导言,使阅读者有一个总的概念。这种开头,常用于总结、报告、调查报告、会议纪要、讲话稿等文种。如:"实施西部大开发战略,加快中西部地区发展,是我国现代化战略的重要组成部分,是党中央高瞻远瞩、总揽全局、面向新世纪作出的重大决策,具有十分重大的经济和政治意义。为体现国家对西部地区的重要支持,国务院制定了实施西部大开发的若干政策措施。"

(4) 提问式。文稿一开头就提出大家关心的问题,以引起阅读者的注意,然后作出回答。这种开头,常用于简报、经验交流稿、新闻稿等文种。如:"去冬今春,各地苹果普遍滞销,亏损严重。××果品公司不仅不亏,还有赢余,这是为什么呢?"

开头的写法还有很多,秘书可以根据文体的不同要求和文稿内容的需要,灵活运用,不必拘泥于某一种方式。

2. 主体部分。文稿主体部分是表现文稿基本观点的核心部分,需要根据行文目的,紧扣中心,条理清晰地逐层展开论述。主体部分的层次安排,常用的有以下几种方式:

(1) 纵贯式。主体部分的内容以时间先后为序,或以事情的发生、发展、结果为序排列,从事物发展的纵向过程看事物发展的客观规律。凡是需要以人物或者事件的发展进程、来龙去脉来表现观点的,可以采取这种结构形式。

（2）并列式。主体部分的内容以基本观点为中心，围绕基本观点安排若干从属观点，这些从属观点都说明基本观点的一个侧面，并且互不重复、互不冲突，它们之间的关系是并列关系，都为说明基本观点服务。当这些从属观点阐述清楚了，全文的基本观点也就阐述清楚了。凡是需要通过不同侧面来表现事物观点的，可以采取这种结构形式。

（3）递进式。主体部分的内容以逐步深入的逻辑推理为序，由表及里、由浅入深、由点到面或由因到果，从提出问题、分析问题到解决问题，先分析是什么，再分析为什么，最后提出怎样做，一环扣一环，一步深一步。凡是需要通过分析综合、逻辑论证来揭示观点的，可以采取这种结构形式。

（4）交错式。这类结构方式实际是上面几种方式的复合，在写作一些大型文稿时，往往因表现的观点、材料都很丰富，难以采用单一的结构形式，需要交替采用纵贯式和并列式、纵贯式和递进式，或者在并列式中包含纵贯式或递进式等等。凡是内容较复杂，材料较丰富，篇幅较长的文稿，可以采用这种结构形式。

主体部分的写法应根据观点的需要来安排层次结构，不能拘泥于某种形式，应做到形式为内容服务。

3. 结尾部分。文稿的结尾与开头一样重要，草率不得。刘勰说："绝笔之言，追媵前句之旨。"[①]文章结尾处要追溯、衬托前面文字的旨意，使其强化、扩大和延伸，以完成写作的目的。结尾的形式也有多种多样，要根据行文的需要来确定。有些公文前面已经把问题都说清楚了，可以不用结尾。常用的结尾方式有：

（1）定型式。这种方式常用于法定格式的机关行政公文，用语简短固定。如下行文中根据不同文种，常写"特此通知"、"特此公告"、"此令"、"此复"、"希遵照执行"等等。上行文中的报告常写"特此报告"、"以上报告，请审阅"、"以上报告，如无不妥，请批转有关单位"等；请示常写"妥否，请批复"、"当否，请批示"、"请审核批准"等。平行文中常写"特此函告"、"专此函告，请予协助"、"请予函复为盼"等。

（2）总结式。以简洁明了的语言，总结全文主旨，概括要点所在，可以起到前后呼应的作用，以加深阅读者的印象。这种结尾方式常用于上级机

[①] 刘勰：《文心雕龙·章句》。

关的决定、决议,也用于工作总结、经验交流、领导人讲话稿等。

（3）号召式。这种结尾方式常用于下行文,用简短有力的语言,提出希望,发出号召,展望未来,提出要求以激励读者。这种结尾方式常用于嘉奖令、表彰性决定和通报等。

（三）规范运用语言

语言是人类最重要的信息交流工具。写作离开了语言,再好的题目和材料都无法表达。因此,秘书写作必须熟练地掌握语言这一工具,并且认真锤炼语言,规范运用书面语言,写出能完美表达思想情感的文章来。

秘书写作对语言的要求是:

1. 使用规范的书面词语。文稿要用规范的书面词语。如:凡、经、悉、审核、事项、管辖、在案、迳报、鉴戒、概不追究、准予备案、特此批复等等。概念严格限定,表意明确精练。公文中不用口语、方言和俚词俗语表达。如"立即实行",不能写成"马上实行";"《秘书写作》光在上海就发行了二万册",其中"光"是口语词,应使用书面词"仅"。公文用语应尽量避免使用比喻性词语,如"火箭式干部"、"吃大锅饭"等。如必要时也应在前面写明其直接意义。

公文用语,有许多是从历史上沿袭下来的文言语词,由于长期使用,其特定的含义已为人们所理解。而且这些文言词语言简意赅,一般很难用其他同义词语来替代,成为公文简洁、确切、平实、庄重特点的重要因素。同时,公文中还可多使用联合词组,如:存案备查、遵照执行、限期改正、滥用职权等等,也要注意不要运用已淘汰的旧词,如"承蒙恩允"、"鼎力扶持"等。

2. 遵守语法规则。文稿句子结构要完整,主语、谓语、宾语及附加成分一般应完备。违背语法规则,会使句子文理不通,影响思想内容的表达。在秘书写作中,常有这样的毛病:

为了简要而任意压缩,使句子成分残缺,表达意思不全。如:"社会主义精神文明建设的理论,是出于社会主义本质所决定的",语言混乱。有的句子结构不残缺,但词语位置不当,相关的句子成分搭配错误。如:"改革开放以来,人民的生活水平逐年增长。""水平"与"增长"搭配不当。

复句中的虚词运用得当,可以使句子组织更严密,意思更确切。但使用不当也会出现语法错误。如:"这不仅是一个车间的问题,而是关系到全厂生存发展的大问题"。"不仅"应与"而且"搭配,表示进一层的意思,"而是"

前面应用"不是"来搭配,表示选择的意思。虚词使用不当,也会使句子文理不通。

3. 掌握适当的修辞手段。文稿主要是叙事、议论、说明,以实用为目的,不用夸张、比拟、含蓄等积极修辞手段,不追求语言的形象化、艺术化。公文语言也要求生动性,但这种生动性主要依靠事例典型、内涵丰富来体现,并且通过丰富的词汇、语汇,生动准确地表述内容。有些公文也可适当地运用排比、对偶、反复等修辞手段,以增强文采。在调查报告、简报、总结、讲话稿等文体中,还可适当运用一些群众语言,体现文稿的生动性。

三、审核修改阶段

(一)审核修改的重要性

审核修改文稿是秘书写作过程中的一个重要的、不可或缺的阶段。

文章是写出来的,更是改出来的。这是因为人们对客观事物的认识,常常需要经历一个反复研究、逐步深入的过程。由于主观认识的局限,或业务知识、文字能力的不足,难以使文稿一步达到完美,需要经过反复思考、推敲,发现文稿中的问题,然后有针对性地修改。

古今中外的大作家都非常重视文章的修改。法国19世纪著名作家福楼拜说:"修改是天才的标志。"因为改文章比写文章难。刘勰说:"改章难于造篇,易字艰于代句,此已然之验也。"[①]文章是写给别人看的,当然应以"精品"奉献给读者,不应是粗制滥造的,更不应是错误的。马克思的《资本论》前两卷前一部分保留下来的稿子有八种之多;列夫·托尔斯泰写《战争与和平》,七易其稿,《复活》改了十次,《安娜·卡列尼娜》改了十二稿;曹雪芹写《红楼梦》,"批阅十载,增删五次";当代散文家杨朔的《雪浪花》到成稿时完全没有改动的仅剩下十五句。《关于建国以来党的若干历史问题的决议》是中国共产党历史上的一篇重要文献。从党的十一届三中全会后组织起草小组,在中央政治局、中央书记处领导下,由邓小平、胡耀邦主持组织起草,历时一年多,经过四千人讨论、几十人讨论、政治局扩大会议讨论、十一届六中全会预备会讨论,修改了无数稿,邓小平至少九次对稿子提出修改意见,最后由党的十一届六中全会通过。

---

① 刘勰:《文心雕龙·附会》。

（二）文稿审核修改的内容

秘书对文稿的审核修改，其实是贯穿在整个写作过程中的。构思时要斟酌修改腹稿；拟提纲时要反复推敲；起草时往往是边写边改；初稿形成后送审前，还有个集中修改、自我审核阶段；送给领导审核修改后，还需要秘书通篇连贯起来，再修改润饰一遍，才能定稿付印。有时到校对时，还会发现问题，还需要作可能的修改，以使文稿尽可能达到完美。

审核修改文稿的内容可以从以下几方面进行。

1. 审核立意是否准确反映了机关制文的意图，符合党和国家方针政策及上级指示精神，中心思想是否明确、有新意，提出的问题是否有针对性和指导性；修改文稿中的观点、提法错误或文不切题，同有关方针政策、指示精神有矛盾抵触之处。

2. 审核文稿中所用的材料是否真实、典型，观点是否是从材料的分析中引出的必然结论，观点和材料是否一致；修改材料一般化、空洞无物和失实的事例、数据等。

3. 审核措施、办法是否切合实际，理由是否充足，执行期限定得是否合理，执行后能否收到预期的效果；修改以官话、空话、套话代替扎实的措施以及文稿所提的措施、办法与其他文件有抵触、脱节之处。

4. 审核文稿全篇是否结构紧凑、布局合理、条理清楚、重点突出、详略得当；修改条理不清、结构杂乱、上下脱节、详略层次不当之处。

5. 审核文字是否简明通顺、遵守语法、合乎逻辑、正确使用标点符号；修改错别字、用词不当、语句不通、修辞失当、滥用省略、冗长的篇幅以及错用的标点符号。

6. 审核文稿选用的公文体式是否适当，文稿格式是否符合公文的要求，是否能针对不同的行文关系，表现出应有的态度和语气分寸；修改体式应用不当，文稿格式不准确、语气态度失当之处。

（三）文稿审核修改的方法

修改文章一般可以分两步走。

1. 整体审视。整体审视就是对文章从整体上考察、把握。这个整体，包括两方面：

第一，是思想内容上的整体把握。文章应该是内容健康的，观点正确的,感情高尚的,选材科学的,这是首先要从整体上把握住的。如有错误或不妥当的地方,必须加以修改。

第二,是文体形式上的整体把握。即对文章整体结构的修改,如脉络、层次、段落、开头、结尾、语法、修辞、逻辑等等各方面的修改。

整体审视要有气魄,要高屋建瓴。该删的删,可删可不删的删;该加的加,可加可不加的不加,使文章精练,利落。全盘满意后,进入第二步。

2. 局部调整。整体结构确定之后,接下来对每一局部作细致的修改。所谓局部,是指字、词、句、段,再扩大到层。修改时从大到小。

在"层"中,先看层次的安排是否顺畅,是否需要调整。层是由若干自然段组成的,推敲段与段之间的顺序是否合理,不合理的要作调整。

在"段"中,要看句群的顺序,句与句是否顺畅,如果有跳跃、颠倒,应该调整过来。

在"句"中,要从语法的角度对语句、词字进行修改、润色,使之简洁、准确。同时,随手把标点符号使用准确。

这种从整体到局部的修改步骤,就是所谓"大处着眼,小处着手"的工作方法。

附:文稿修改符号及其用法

编号	符号名称	符号形态	符号说明	用法示例
1	改正号		表明需要改正错误。把错误之处圈起来,再用引线引到空白处改正。	堤高出版物质量 提
2	删除号		表明删除掉。文字少时加圈,文字多时可加框打叉。	提高出版物物质量结构完整,语言较通畅,但错别字较多。
3	增补号		表明增补字句。所增部分要加圈,文字多时可用大括号在页边空白处增补。	要搞好校工作 对注意错误 不要出
4	对调号		表明调整颠倒的字、句位置。三曲线的中间部分不调整。	认真研究调查认真经结总验
5	转移号		表明词语位置的转移。将要转移的部分圈起来,并画出引线指向转移部位。	校对工作,提高出版物要重视量。

(续表)

编号	符号名称	符号形态	符号说明	用法示例
6	接排号	⌒	表明两行文字之间应接排，不需另起一行。	本文层次清楚,语言⌒通畅,个别之处……
7	另起号	⌐	表明要另起一段。需要另起一段的地方，用引线向左延伸到起段的位置。	完成了任务。⌐明年……
8	移位号	⊐⊏ ⊐⊏	表明移位的方向。用箭头或凸曲线表示。使用箭头是表示移至箭头前直线位置；使用凸曲线是表示把符号内的文字移至开口处两条短直线位置。	←──锦州印刷厂 锦州　　印刷厂
9	排齐号	⊤⫼	表明应排列整齐。在行列中不齐的字句上下或左右画出直线。	提　质量⊤ 高　必须提高印刷 　　质量,缩短 　　印刷周期⫼
10	保留号	△	表明改错、删错需要保留原状。在改错、删错处的上方或下方画出三角符号，并在引线上划两根短线。	认真搞好校对工作 　　　　△
11	加空号	∨ ∧	表明在字与字、行与行之间加空。符号画在字与字之间的上方，行与行之间的左右。	要∨认∨真∨修∨改∨原稿 加强企业管理 提高产品质量
12	减空号	∧ ∨	表明在字与字、行与行之间减空。符号使用方法同上。	校对∧须∧知 校对书刊应 注意的事项
13	空字号	╫ ╪ ╧ ╤	表明空一字距 表明空 1/2 字距 表明空 1/3 字距 表明空 1/4 字距	第一章╫秘书写作基础
14	角码号	○───□	用以改正上、下角码的位置。	CO② ︎ $16 \times 2 = 3$②

思考题

1. 秘书写作有哪些特点?
2. 秘书写作前应作哪些准备?
3. 秘书写作应如何安排文稿结构?
4. 文稿审核、修改的方法是什么?

上篇 行政文书

第二章 行政公文概述

第一节 公文的含义、源流

一、公文的含义

公文是公务文书的简称。它是指党政机关、社会团体、企事业单位等在开展公务活动中,为实现一定的目标而形成的体式完整、内容系统、程序规范的各种书面材料。

"行政机关公文(包括电报,下同),是行政机关在行政管理过程中形成的具有法定效力和规范体式的文书,是依法行政和进行公务活动的重要工具。"[①]

公文、文书、文件这三个名词,有时难以严格区分。在应用文写作上这三者之所以并存,主要是习惯上的称呼。一般来说,在国家机关和行政系统多称公文,党务系统多称文书或文件。不过,这三者在内涵和外延上仍然是有区别的。文书,是指以文字为主要方式记录信息的书面材料。文书有公务文书和私人文书之分。公文,即公务文书之简称。文件,一般指有法定格式的,有红色文件头并标有密级、编号等内容的正式公文。因此,文书的外延较大,公文次之,文件较小。我们可以说,所有的文件都是公文,当然也是文书;但是,我们不可以说,所有的文书都是公文,更不可以说所有的文书都是文件。

二、公文的源流

"公文"一词,最早见于西晋陈寿所著《三国志》,其中《魏书·赵俨传》

[①] 《国家行政机关公文处理办法》(国务院 2000 年 8 月 24 日发布)。

说:"公文下郡,绵绢悉以还民,上下欢喜,郡内遂安"。其后,南朝宋范晔所著《后汉书·刘陶传》说:"州郡忌讳,不欲闻之;但更相告语,莫肯公文。"而作为公务文书,其实际应用要早得多。它的产生与文字的产生和国家的形成直接相联系,同时也伴随着生产的发展、社会的进步而不断发展。

我国自原始社会解体、奴隶社会确立后,一种象形文字就发展起来了,这就是最早的殷商时期的甲骨文。根据考古发现,甲骨文已经是一种相当完善的文字体系了,其写作内容涉及社会的政治、经济、军事、日常活动等诸多领域,而且具有比较固定的公文结构和格式。甲骨文主要是当时占卜的记录,故也称卜辞,绝大部分是殷商后期几个王朝活动的记录和王朝的文告。例如:

"大王令众人曰协田!其受年。"(意谓:"殷王命令奴隶们努力耕田!那就能获得好收成。")

这类甲骨文书,可以说是我国早期的公文,很类似现行公文中的"命令",只是形式简单而已。《周书·多士》说:"唯殷先人有册有典。"可见殷商时期还有典、册之类的文书。"但这些竹木简所编集成的典册在地下埋藏了三千多年,恐怕不能再见了。"①

我国现存的最早一部历史文献总集——《尚书》,是一部以公文为主的最早辑录和汇编公文的选集,书中所载,"皆典、谟、训、诰、誓、命之文"。其中"诰",是一种训诫勉励的文告。如《酒诰》是周王朝对聚众酗酒者的训诫:

"厥或告曰'群饮',汝勿佚!尽执拘以归于周,予其杀!"(意谓:"如果有人来报告,'有一大堆人在喝酒',你不要放过!统统给我捉回来,我要杀他们的头!")

"誓"是周王朝在兴师作战时阵前所发的誓言。如《周书·牧誓》:

"勖哉夫子!尔所弗勖,其于尔躬有戮!"(这是周武王讨伐商纣王的出师誓词。意谓:"战士们勇敢作战!若要后退,便施以刑戮!")

较之甲骨文,《尚书》中记载的公文不仅种类增加,而且无论从体例和内容来看,都与现代公文的概念基本一致。

秦汉时期,我国的公文体制和写作已臻完整,公文在国家管理和政务处理中发挥了重大作用。同时,公文写作技巧也日趋成熟,出现了许多情辞并茂的公文名篇。如秦朝李斯的《谏逐客书》,就是当时作为客卿的李斯给秦

---

① 郭沫若:《奴隶制时代》,人民出版社1954年版。

王的"意见报告"。李斯在"报告"中开陈利害，反复论证，力陈秦王"不问可否，不论曲直，非秦者去，为客者逐"的不明智举措，不利于秦国的发展与强大，终于说动秦王收回成命，并恢复李斯的职务。

汉代以来，随着中央集权制的加强，国家政务活动日趋复杂，公文有了进一步的发展，其名目也趋繁复，如制、诏、诰、敕、册、策、疏、表、旨、谕、令、檄等等。在汗牛充栋的古代公文中，名篇迭出，在古代文章史甚至在文学史上都占据极其重要的地位。如被鲁迅先生称之为"两汉鸿文"的贾谊的《治安策》、《过秦论》，晁错的《贤良对策》、《言边事疏》等，忧国忧民，溢于言表；诸葛亮的前后《出师表》，说理透彻，技法娴熟；魏征的《十渐不克终疏》，犯颜直谏，铿锵有力；李密的《陈情表》，委婉动人，情辞恳切；至唐宋八大家的公文写作，名篇迭出，流传不衰；陆贽、范仲淹、李纲等公文写作素负盛名；林则徐、左宗棠、康有为等也留下了斐然可观的公文佳作。可以说，秦汉以来的各种公文形式，基本上沿用到清代末年。

辛亥革命以后，南京临时政府曾颁布过一个公文程式条例，规定了公文名称和使用范围，废除了历代封建王朝使用的制、诰、诏、旨等皇帝用的公文名称，但公文用的仍旧是文言文。1934 年，国民政府曾颁布过公文程式，对公文种类和用法，作了若干规定，文体上夹用白话，出现半文半白的间杂体。

中国共产党和人民政府十分重视文书工作。中国共产党成立之初，就对文书工作作出了许多规定。1923 年成立的党领导下的海陆丰总农会和广东省农会，都设有"文牍部"，专管公文起草制作。1931 年，周恩来领导中央文书部门制定了《文件处置办法》。1942 年 1 月，陕甘宁边区政府还颁布了《陕甘宁边区新公文程式》，规定新式公文有两大类：第一类是主要公文，有命令、布告、批答、公函、呈文等 5 种；第二类是辅助公文，有指示信、报告、快邮代电、签条、通知等 5 种。1949 年 2 月，华北人民政府又颁布了《华北人民政府公文处理暂行办法》，对公文处理程序、公文种类、公文格式、行文关系等，作了明确的规定，为建国后的机关文书工作奠定了基础。

中华人民共和国成立后，党和政府对公文工作历来十分重视。1951 年，政务院颁布了《公文处理暂行办法》，明确了公文工作的基本原则和指导方针，统一了公文种类，规定了公文体式，确定了公文处理程序。1955 年 1 月、1956 年 11 月，中共中央和中央办公厅又先后批发了《中国共产党中央和省（市）级机关文书处理工作和档案工作暂行条例》与《中国共产党县级机关文书处理工作和档案工作暂行办法》，对党务机关文书工作也作了明确规定。

在"文化大革命"期间,文书工作也出现了许多混乱现象,造成了严重的后果。"文化大革命"结束后,随着机关工作秩序的恢复和整顿,机关文书工作迅速走上正轨。1981年2月,国务院办公厅发布了《国家行政机关公文处理暂行办法》,对公文工作进行了拨乱反正,再一次对机关公文工作作出了明确规定。随着有中国特色社会主义现代化建设事业的发展和进一步改革开放,1987年2月,国务院办公厅又对该《办法》进行了修改。同时,中共中央办公厅也于1989年4月发布了《中国共产党各级领导机关文件处理条例(试行)》,对党务系统的文书处理工作作了进一步的调整和完善。这样,为党政机关公文的规范化、制度化、科学化,奠定了坚实的基础。

第二节 公文的特点和作用

一、公文的特点

公务文书与报刊文章、图书资料等书面文字材料显然不同,公务文书具有以下特点。

(一)由法定的作者制作和发布

法定的作者,是指依据法律或有关章程、条例、决定等建立的,并且能以自己的名义行使权利和承担义务的组织。任何一篇公文的产生都是制发机关集体意志的体现,每一篇公文一般都经过讨论、起草、修改、审核、签发等程序。因此,公文是法定作者在他的权限范围内为行使职权而制作和发布的,其作者不是某个具体的撰稿人,而是指公文的制发者,即机关单位名称。即使是签署个人姓名的公文,也只是他代表所在机关、单位行使职权的一种表现。

(二)有强烈的权威性和时效性

由于公文由法定的作者制成和发布,尤其是党和国家机关中的特定机关和首长发布的公文,代表了制发机关的法定权威,其内容与党和国家的方针、政策、法律、法令密切相关,直接反映了国家机关的指挥意志、政策意向、行动要求和人民群众的根本利益,是实施行政管理的重要工具。因此,它具有法定的强制性和约束力。对每一份具体的公文来说,又有它的特定效用。它代表着制发机关赋予的具体使命,要求受文机关认真贯彻执行,或者予以答复。公文的效用有一定的时间性,没有一份公文是永远有效的。随着形势的发展、情况的变化,以及制发机关本身的更替,旧的公文就会被新的公文所代替。

（三）有明确的制作目的和特定的阅读对象

各级机关、单位制作公文,或是指导工作、布置任务,或是反映情况、请示问题,或是联系事宜、商洽工作,都有具体明确的实用目的,都是针对工作中发生的新情况、新矛盾、新问题,提出解决的方法、措施。公文有特定的阅读对象,公文有目的性、实用性的特点,决定了公文的阅读对象是定向的,从起草公文开始,就已经明确了阅读者及其身份。

（四）有严格的体式和一定的行文程序

体式的规范是公文独具的、异同于其他文体的特征。各种公文一般都具有规定的标题、正文、发文机关等基本组成部分,每个具体文种往往还有自身的写作要求。重要的文件在文头制作、书写格式、纸张尺寸、公文结构等方面也有特别规定。这些规定和要求,在撰写和办理公文时都必须严格遵守,不能自行其是,更不允许自行创造。公文的制发和办理,都必须经过一定的程序。如发文要经过草拟、审核、签发、复核、缮印、用印、登记、分发等程序;收文要经过签收、登记、审核、拟办、批办、承办、催办等程序,不能随意处理公文。

二、公文的作用

公务文书在办理公共事务过程中,作为书面形式的载体,具有极为重要的作用。概括起来主要有以下作用。

（一）实施领导

中国共产党是我国社会主义事业的领导核心。党通过制定路线、方针、政策来实施领导,而实施领导的重要工具是党政机关的各类公文。党、政、军各级领导机关和各群众团体、企事业单位的重大决策、决定、措施,要通过各级机关的公文传达贯彻下去,下级机关在落实、执行过程中,也需要通过各种公文传达实施,以达到预期的目标。如果靠口头传达,凭脑子记忆,难免产生理解上的差错、记忆上的失误。因此,公文是实施领导的重要的工具。

（二）布政明法

法律是规范人们行为的准绳,它对维护社会正常秩序,保障人民合法权益,安定社会生活,起着极其重要的作用。党和国家的各项方针、政策和法律、规章,都是以公文形式制定的。这类公文一经颁布,就具有法律法规和行为准则的作用,在它的实施范围和实施期限内,无论是机关、团体、企事业单位或是个人,都必经严格遵守、坚决执行。

（三）联系公务

一个机关的公务活动,涉及到上下左右各机关的工作联系。各级政府机关、社会团体、企事业单位之间,需要经常地传递信息、沟通情况、商洽联络、交流经验。如上级机关向下级机关布置工作,需要用决定、指示、通知等公文;下级机关向上级机关汇报工作、请求批准和指导,需要用报告、请示等公文;不相隶属机关之间,互通情况、商洽工作、询问和答复问题,需要借助于函等公文。

（四）宣传教育

公务文书是进行宣传教育的重要工具。许多公务文书是直接向广大干部和群众宣传党和国家重大方针政策、宣传单位个人的典型经验和先进事迹的载体,它起着统一思想、提高认识、鼓舞信心的作用,它还担负着对广大干部、群众进行思想政治教育的重要任务。公文的宣传教育作用较之新闻报道、理论文章来说,更具有直接的权威性,也是新闻、广播、电视等媒体进行宣传教育的重要依据。

（五）历史记录

各类公文,都是各级机关、团体、企事业单位在一定历史时期内的政治、经济、文化等方面活动的真实记录,它不仅指导了当时的各项工作,在归档后,也能对今后的工作具有查考、凭证作用,有的还能成为研究历史的第一手资料,具有重要的史料价值。因此,公文历来是档案的主要来源之一,应妥为保管。

第三节 公文的分类、格式和语言要求

一、公文的分类

公文按照不同标准,可以有许多分类法。根据国务院2000年8月24日发布的新的《国家行政机关公文处理办法》规定,目前我国通用的国家行政机关公文共有13种:①命令(令);②决定;③公告;④通告;⑤通知;⑥通报;⑦议案;⑧报告;⑨请示;⑩批复;⑪意见;⑫函;⑬会议纪要。

上述公文,可以按照不同标准来进行分类,如按行文关系划分,按性质作用划分,按文件阅读范围和机密等级划分,按公文使用范围划分等等。其中最主要的是按行文关系和按性质作用划分。

(一) 按行文关系划分

1. 下行文。凡是上级机关向下属机关发送的公文,称为下行文。如命令(令)、决定、公告、通告、通知、通报、批复和意见等。

2. 上行文。凡是下级机关向上级机关呈送的公文,称为上行文。如报告、请示等。

3. 平行文。平级机关或者不相隶属的机关之间,由于工作需要相互往来的公文,称为平行文。如函、议案,包括某些通知等。

(二) 按性质作用划分

1. 命令性公文。是国家和地方领导机关发布的有强制性、领导性、指挥性规定使用的公文,主要用于发布法律、法规,规定重大的行政措施,任免、奖惩有关的工作人员等。公文内容明确,约束力强,下级机关受文后必

经严格贯彻执行。主要文种有命令(令)和一些带有命令性质的通知等。

2. 指导性公文。是上级机关对下级机关进行工作指导使用的公文,主要用于阐明工作原则、方法和措施,提出具体的工作目标等。下级机关受文之后可以作为开展工作、安排计划的依据。主要文种有意见、批复等;在不相隶属机关之间,一些带有指示性的通知、函等。

3. 决定性公文。是上级机关对重大事项、重要问题作出决策或安排使用的公文,下级机关受文后必须严格遵守和实行。主要文种有决定。

4. 知照性公文。是上级机关向下级机关或者广大群众、有关人员告知某些事项,传递某种信息或者应当遵守的事项使用的公文。主要文种有通知、通报和某些带有通知性质的函等;有些文种还可以登报、广播和张贴,如公告、通告等。

5. 呈请性公文。是下级机关向上级机关汇报工作,反映情况,提出意见或建议,答复询问,请求指示或批准时使用的公文。主要文种有报告、请示,以及一些带有请求批准事项的函、议案等。

6. 商洽性公文。是平级机关或不相隶属机关之间相互商洽工作,询问或答复问题使用的公文。主要文种有函。

7. 记录性公文。是机关内用于记录、归纳、传达会议议定事项和主要精神使用的公文。主要文种有会议纪要。

(三)按阅知范围划分

1. 机密公文。需要保守秘密,并且限定阅读范围的公文。按国务院办公厅《公文处理办法》规定,凡是机密公文必须标明秘密等级(简称密级),秘密等级分为"绝密"、"机密"、"秘密"三个等级。秘密公文应在文头左上角标明密级,并严加保管。

2. 内部公文。虽非秘密公文,但只在内部阅读,仍然需要注意保存的公文。在机关、团体、企事业单位内部使用的公文,大部分属于内部公文。内部公文也要注意保管。

3. 周知性公文。需要向国内外宣布或在一定范围内公布应当普遍遵守事项的公文。主要以登报、广播和张贴等形式发布,以便做到家喻户晓。

此外,还可以按公文办理的缓急程度来划分,公文可以分为紧急公文和常规公文。如需要紧急办理的公文,一般需标明紧急程度。紧急程度分为"特急"、"急件"。

以上划分方法只是大致上对公文种类进行了归类,有时一种公文可以归入两种以上类别中去。

二、公文的格式

一份完整的公文一般应当具有规范的格式,以体现公文的完整性、规范性和权威性。同时有了规范的格式,也便于各级机关撰制、办理和存档备查。《国家行政机关公文处理办法》对公文格式作了明确的规定;1989 年 9 月,国家技术监督局又发布了《国家机关公文格式》,对上述"办法"中的有关规定和原则进一步具体化,并注明此格式"适用于我国各级党、政、军机关正式发布的公文"。

根据以上两个文件的规定,对公文格式作一说明。

(一)眉首

眉首位于公文首页上端,由公文名称、发文字号、秘密等级、紧急程度、份数编号和上行文签发人等项组成,并用一横线把眉首与下面的行文部分分开。眉首不应太小,一般约占首页的1/3 部位。

1. 公文名称。位于眉首的中央,由发文机关的全称或规范化的简称加"文件"二字组成,如"国务院文件"、"外经贸部文件"。如果是两个或两个以上机关联合行文的,主办机关名称在上,其余排列于后。报告、请示和一些事务性公文,可以只用发文机关名称加文种(用圆括号括起来),如"××大学(通知)"、"××××公司(请示)"、"××××局(函)"等。在民族自治地区,发文机关名称可以并列使用自治民族文字和汉字印刷。

2. 发文字号。位于公文名称的正下方、文头底线之上。发文字号是发文机关对其制发的公文依次编排的代码,由机关代字、发文年度和发文顺序号组成。如上海市人民政府的文件发文字号是"沪府发〔2001〕10 号"。其中"沪府"表示是上海市人民政府,"〔2001〕"表示是 2001 年度,"10 号"表示这一年的发文顺序号。发文机关代字与发文年度之间一般加"发"字,也有的加"字"字,也有省略的。议案、批复、函等文种,一般在发文机关代字之后加"函"字,如国务院这三种公文的发文字号便写作"国函〔2001〕×号"。注意发文年度用"〔 〕"而不用"( )";发文顺序号前不加"第"字。几个机关联合发文的,只标主办机关的发文字号。

3. 份数序号。同一公文如印制若干份时,一般应标明份数序号,尤其是带密级的公文和上级机关向下普发的公文,必须标出份数顺序编号,以便于分发、登记、清退、归档。份数序号一般用阿拉伯数字标识于眉首顶格左上端,其标法是"000001"。

4. 秘密等级和保密期限。有保密要求的公文,应当在眉首右上端用3号黑体字顶格于版心右上角第一行标明密级。密级分"绝密"、"机密"、"秘密",两字之间空一字。如需同时标明密级和保密期限的,应在密级和保密期限之间用"★"隔开。密级的确定,应严格按照《国家秘密保密期限的规定》、《文献保密等级代码》等国家有关规定执行,既要防止因未标明密级而造成失密、泄密,也要防止因随意扩大密级而使文件功能不能充分发挥。

5. 紧急程度。需要紧急处理的公文,应当在眉首右上端密级之下标明紧急程度。紧急程度分"特急"、"急件";紧急电报应当分别标明"特急"、"加急"、"平急"。确定紧急程度,应根据公文送达和办理时间的实际需要严格掌握,非紧急公文不能随意标识这一项,紧急公文也应注意选用恰当的紧急程度标志,不要漏标或随意提高。

6. 上行文签发人。在向上呈报的公文中,应当标明核准并签发文稿的机关负责人姓名,表明公文的具体责任者。签发人标识的位置应在发文字号同一行的右侧,空两格书写"签发人:×××"。

(二)主体

主体是每一份公文的主要内容所在部位,由公文标题、主送机关、正文、无正文说明、附件说明、签发机关印章或签署、成文日期、附注等项组成。

1. 公文标题。公文与其他文章一样要有标题,以准确简要地概括、揭示全文的主要内容和行文目的,便于阅读、处理和查询。

公文标题一般由发文机关名称、发文事由和文种三部分构成。如《国务院关于实施西部大开发若干政策措施的通知》。这是公文标题的基本型。从结构上看,公文标题是一个以文种词为中心,以发文机关名称和发问事由为限制成分的较长的偏正词组,其中发文事由部分一般又是由"关于"引起的一个介词结构。

公文标题的标准形式是发文机关名称、发文事由和文种三部分组成,但有时可以省略：

（1）省略发文机关名称，只有发文事由和文种名称。如《关于全国清理三角债工作情况的报告》。省略发文机关名称一般有这样几种情况：一是由于文件版头上印有发文机关名称，省略标题中的发文机关名称不会产生歧义；二是机关内部行文，可以把发文机关名称放在落款处；三是由机关负责人个人名义签署的公文，也可以省略发文机关名称。凡是重要公文，为体现郑重与权威性，一般不应省略发文机关名称。

（2）省略发文事由，只有发文机关名称和文种名称。如《中华人民共和国主席令》。命令、公告、通告等正文极短的公文，可以在标题中省略发文事由。因为正文只有几句话或极为简短的几条内容，一目了然，虽然标题中未标明事由，仍不影响表达的明确性。如果内容较长，则必须在标题中标明事由。

（3）省略发文机关名称和发文事由，只有文种名称。文种在任何情况下都不能省略。某些公文，例如向社会或机关工作人员发布的公告、通告等，有时可以省略发文机关名称和发文事由。单位内部张贴或传送的事务性通知，既无眉首也无版记，其正文也极简单，不归档保存，不属正规公文，也可只用"通知"二字作标题。

写好公文标题的难点在于：第一要概括好事由。概括事由的方法是在介词"关于"后面紧跟一个动宾结构。如《国务院关于成立纺织总会的通知》，其中的"成立"是动词，"纺织总会"是宾语。概括事由要准确、简要，防止题文不符、意思含糊、文字过长。第二要选好文种。要严格按照行文需要选用合适的文种，不能乱用文种或自造文种。

2. 主送机关。公文的主送机关是指公文要发往的机关或部门，也称受文机关、收文机关、公文上款或抬头，是对公文予以受理、执行或答复的机关。主送机关位置如同书信对收信人的称谓，放在正文上方，顶格排印。

主送机关称谓要准确。上行文的主送机关一般写全称，以示尊敬。只有公认的不会产生歧义的规范化的简称才可使用，如"市委"、"市政府"、"省委"、"省政府"等。上行文主送机关要以一个主办机关为主要受文单位。特别是要求上级机关批转或请求批准的报告、请示之类的公文，必须主送一个主管机关，这是上行文发出后能否得到及时答复与处理的关键。如需要其他机关知道或批准的，可用抄送的办法予以解决，以免责任不明、互相推诿而误事，或批复意见不一致，下级机关无所适从。如属报告情况，且必须报送几个同级机关时,可用并报形式。一般情况下主送机关不应写领导人个人姓名。

下行文主送机关如果不止一个,应按其性质、级别或惯例依次排列,以顿号断开,如国务院公文,主送机关可以写成"各省、自治区、直辖市人民政府,国务院各部委、各直属机关"。不能把党务系统与行政系统的机关放在一起作为主送机关,如"××市部委办",市级部是党的机构,委、办是行政机构。

如果是周知性公文,可以省略主送机关,不必写成"全市公民"、"全校教职员工"等类的公众称呼。会议通过的"决定"、"会议纪要"等公文,其主送机关的位置可置于版记。

3. 正文。正文是公文的主体部分,是行文机关表达思想的核心和关键部分,写好正文是公文写作的最基本最主要的任务。

正文的内容除简短公文外,一般由开头、主体、结语三部分构成。正文的开头,可以提出行文的目的,或者行文的依据,也可以概括全文的主要观点,或者结论,以引起阅读者的重视。主体部分应交代清楚人、事、时间、地点等基本要素,观点鲜明,条理清楚,要求明确,叙事简洁,文字凝炼,标点准确。除了必要的中文词素外,数字一般用阿拉伯数字表示。正文中引用其他公文的,应注明公文标题、成文时间、发文机关和文号。结语可以概括全文观点、首尾呼应,也可以提出希望、发出号召、鼓舞人心等。

如何写正文,应根据每份公文的实际情况和惯用体式来确定,没有适合一切公文的统一模式。各种公文的基本写法,我们将在下一章分别不同文种予以介绍。

4. 无正文说明。公文正文之后还有附件说明、发文机关印章、成文日期等项内容,在页面上必须充分留有余地。因此,当正文已基本占满一页时,需要把附件说明、机关印章等内容移至下页,则应在这末页的左上端顶格标注"(此页无正文)"字样。如果正文在末页上部仅占几行,下部空余部分足够写附件说明和盖发文机关印章的,则无需"无正文说明"字样

5. 附件。有些公文有附件,应在正文之后注明附件名称,以使主件和附件连成一体。附件说明的写法是在正文结束后另起一行空两格注明"附件:《××××××××××》";如有几份附件,可分行排列,标明序号,末尾一般不用标点符号。

附件是用来说明正文所附属的文件,处于从属地位。用命令、决定等发

布的行政法规和规章,用通知等转发的文件,以及议案之后的具体方案等,其内容十分重要,是正文的组成部分,其效用与正文相同,因而不处于从属地位,不应视为附件,也不用加附件说明。有些附件在正文中已注明附件名称,也不必再加附件说明。

6. 签发机关印章或签署。也称发文机关、落款,如由机关负责人落款的叫签署,位于正文或无正文说明、附件说明之下偏右位置。签发机关落款要写与印章相符的机关全称,不得随意用简称。几个机关联合行文的,主办机关落款在先。如果公文标题上已有发文机关名称,特别是下行公文,落款可以不写签发机关名称,直接写签发日期、盖章即可。

公文除会议纪要外一般都应加盖签发机关印章。联合上报的非法规性文件,由主办机关加盖印章;联合下发的公文,联合发文机关都应加盖印章。党务系统印制有特定版头的普发性公文可不盖印章。印章要端正盖在成文日期上方,并做到上不压正文,下压成文日期年、月、日 4~7 个字(视印章大小而定),使印章字迹不受成文日期影响而更加清晰。

命令性公文一般不加盖发文机关印章而由发文机关领导人签署。签署的位置相当于签发机关位置,在成文日期之上。签署方法是在写上本人职务名称后空一格签字或盖章。

7. 成文日期。位于签发机关或领导人签署之下。一般性公文,以机关负责人签发之日为准;联合行文以最后签发机关领导人的签发日期为准;法规性文件以批准日期为准;会议通过的公文以通过之日为准;电报以发出日期为准。成文年、月、日一般用汉字书写。

成文日期的书写方法有信函式和决议式两种。信函式即将成文年月日放在签发机关名称之下相对应的位置。决议式即将成文年月日放在正文之上、标题之下的正中位置,并用圆括号括上。此时,如果公文标题上已有发文机关名称,标题下也有成文日期,在正文结束之后亦可省略签发机关名称。

(三) 版记

版记在公文末页下部,由附注、主题词、抄送机关、印发机关、印发时间、印刷份数等项组成。

1. 附注:文件阅读范围。公文中如有需要加以解释的名词术语,可在成文日期的下方设此项目。

2. 主题词。公文主题词是为了公文检索、归类的需要而从公文中抽象出来,能够概括公文基本内容,并经过规范化的名词术语。它是适应办公现代化特别是使用计算机管理的需要而设立的项目,它可以提高公文检索速度,提高办公效率,为实现办公自动化奠定基础。主题词由反映公文内容的一组标准化词语组成,应根据公文内容从上级机关制发的《公文主题词表》中选择。标引次序应按主题词的涵义,由大到小、先主要后次要、从内容到形式的顺序标引,最少2个,最多不超过7个,以4到5个为宜。其标引方法是:"主题词:×× ×× ×× ××",位于版记横线之上。

3. 抄送机关。位于主题词之下顶格,上下都用横线划开,形成一个相对独立的栏。抄送机关是不受理或答复本公文的机关,但又是需要告知公文内容的上级、下级或不相隶属的机关。如果需抄送的机关很多,有上级、下级、平级、不相隶属机关等,在安排顺序上应上级机关在前,不相隶属机关和下级机关在后。向下级机关的重要行文应同时抄送直接上级机关。向上级机关报告、请示时,不得同时抄送下级机关。双重领导的机关,在向一个机关主送时,应同时向另一机关抄送。抄送机关应是确实需要知道公文内容的机关,防止滥抄滥送。同时,也要防止漏抄漏送。

4. 印发机关和日期。位于抄送机关底栏线下顶格。是指盖印、封发公文的机关或部门,一般为发文机关的办公部门。在印发机关的右侧,完整标明印发年月日。

5. 印发份数。在印发机关和日期之下行末,用阿拉伯数字标明"共印××份",并用圆括号括上。

(四) 公文用纸和排版格式

为了公文处理和管理现代化,公文用纸和排版格式应根据《国家行政机关公文处理办法》和《国家机关公文格式》的规定实行。

1. 公文用纸。我国目前国内一般用16开型纸,幅面长×宽为260毫米×184毫米;也可采用国际标准A4型纸,幅面长×宽为297毫米×210毫米,以提高纸张的利用率。

2. 文字排列。文字从左至右横写、横排;少数民族文字按其习惯书写、排版。在民族自治区域,可同时使用汉字和民族文字。

3. 字号的选用。一般按版头、大标题、小标题、文头文尾各种标识、正文、附注等顺序依次从大到小选用。如版头可使用初号黑体变体字或宋体字,可套红;大标题可使用二号宋体字;小标题可使用三号宋体字;密级、紧急程度等标记可使用三号黑体字,如版头套红,此处也套红;主题词可使用三号宋体字;发文字号、主送机关、正文、抄送机关、附件说明等均可采用三号或四号宋体字。

附:公文格式图

公文首页版式

```
0000001                                    机密★一年
                                             特  急

              ××××文件
              ×××〔2000〕1号


           关于×××××××通知

×××××××:
    ××××××××××××××××××××××××××
××××××××××××××××××××××××××××
×××。
    ××××××××××××
××××××××××××××××××××。
    ×××××××××。
    ××××。××××××××××××××××××××
××××××××××××××××××××××××××××
××
```

公文末页版式

```
××××××××××××。
  附件：1. ××××××××××
        2. ××××××××××




                                        二〇〇〇年一月一日
(×××××)




主题词：××  ××  ××
─────────────────────────────────────
  抄送：×××××××××,×××××××××,×××××,×××
        ××××。
─────────────────────────────────────
×××××××××                        二〇〇〇年×月××日印发
```

三、公文的语言要求

公务文书的写作有其语言材料和表述方法的特殊要求,形成独特的语言风格。

公文的表达方式以记叙为基础,议论为手段,说明为目的,三者综合运用,其语言要求周密规范,简明扼要,符合逻辑,能准确地表达公文的政策性和思想性,更好的传达政策法令和办理公文。其语言要求是:

(一)使用规范的语言文字

公文写作要以规范的书面语言为基础,一般不用口语、方言、俗语俚词。语词的概念要清楚,概括性强,词义准确,理解划一,不刻意追求辞藻华丽、声调节律,少用或不用描绘性、比喻性语词。

(二)运用专用语词

公文中适当运用专用语词,可以使公文显得简洁确切,严谨平实,言简意赅,增加公文的庄重感,易为机关公务人员领会、理解,而不致产生歧义。如敬语:请、承蒙、谨尊,稚语:妥否、欣悉、业经,强调语:须即、应当、要,等等。

(三)运用介宾词组和联合词组来组句

在公文中,对表述的对象、内容可以从范围、目的、依据等方面,运用介词后跟宾语词组的结构进行限定,以充分体现公文的明确性、严密性。例如:表范围的介词"对于"、"关于"、"将"、"以"等;表目的的介词"为了"、"为";表依据的介词"遵照"、"根据"等。

在公文中恰当地搭配使用联合词组,不仅能使叙述周全、严密,而且简省了句子中的重复成分,达到表义简明的效果。例如:联合词组作主语:"市政、水利、交通、公安、邮电、供电、园林、环卫、医药等部门都要制订本部门的防汛抗台预案。"联合词组作谓语:"物价管理部门应加强对医药品收费标准和价格的管理、监督、检查。"联合词组作定语:"命令是国家行政机关发布的有强制性、领导性、指挥性的公文。"联合词作宾语:"除国家法律、法规规定者外,任何单位不得以任何方式要求私营企业提供财力、物力、人力。"

(四)要准确使用标点符号

乱用标点符号往往会有害文意的准确表达,甚至改变原来的文意,因而必须引起文稿撰写者和审核者的严重注意,以使公文更加规范化。

思考题

1. 公文的含义是什么?公文有什么特点和作用?
2. 如何给公文分类?
3. 公文的文头、正文、文尾部分各有哪些项目?各个项目的规范写法应该怎样?
4. 公文用纸、排版格式有什么规定?
5. 公文语言有什么要求?

第三章 行政公文的写作

第一节 命　令　（令）

一、命令(令)的适用范围和特点

（一）命令(令)的适用范围

《国家行政机关公文处理办法》规定：命令(令)"适用于依照有关法律公布行政法规和规章；宣布施行重大强制性行政措施；嘉奖有关单位及人员。"

命令和令不是两个文种，而是同一种文种在撰写时根据使用惯例和汉语成双配对的需要所使用的不同名称。命令(令)属于指挥命令性公文，具有权威性、强制性和约束力。一般来说，命令的内容可以比较广泛，用法比较灵活，如1949年4月21日毛泽东、朱德发布的《向全国进军的命令》；令包括了一切专令，如主席令、总理令、省(市)长令等，文字简约、庄严。命令(令)在某些情况下具有法律效力。

（二）命令(令)的特点

1. 具有高度的权威性。根据宪法规定：国家主席、全国人大常委会委员长、国务院总理、各部部长、各委员会主任、县以上各级人民政府以及其他法定机关和负责人有权发布命令(令)。并非所有机关或负责人都可以发布命令(令)的，党的机关，其他行政机关和各人民团体、企事业单位不使用命令(令)。而且，即使有权使用命令(令)的机关或负责人也应慎重使用，能用别的文种(如决定、指示、通知等也可以发出某种指令)便用其他文种替代，"慎乃出令，令出惟行"(《尚书》)，以保证命令(令)的高度权威性和约束力。

2. 具有法定的强制力。命令(令)是宪法和法律赋予国家机关或负责人对重要工作进行决策指挥的权力,它具有强制性地统一人们行为准则的功能,对一切受文机关和有关人员都带有直接的约束力,任何机关和人员都必须无条件地严格遵照执行,违抗命令或延误执行,都将受严肃处理甚至严厉惩罚。

3. 具有语言的果断性。由于命令(令)是由国家机关发出,要求强制执行,所以在表达上要求语言高度准确,篇幅简约精要,语气坚决果断,风格质朴庄重,可使用祈使句,比较多地使用"必须"、"不得"、"应即"等决断性词语,直截了当提出要求,作出规定,不必作出解释和说明。

二、命令(令)的类型和写法

(一) 命令(令)的类型

命令(令)按用途可分为:发布令、行政令、嘉奖令、惩戒令、撤销令五种。

(二) 命令(令)的写法

命令(令)在格式上都由标题、正文、签发机关或签发人、签发日期等几个主要部分组成。标题要写明发文机关的全称和文种,有些命令(令)可以省略发文事由;特殊情况下可以不写发文机关而写明发文事由,如《向全国进军的命令》。命令(令)一般在正文前写明受文机关或人员,但大多数命令(令)属于周知性公文,可不写受文机关。正文简练明确,条理分明。落款有署机关名称的,也有署机关负责人姓名的;凡署机关负责人姓名的,必须标明其职务全称。下面几种命令(令)的写法:

1. 发布令。是发布重要的行政法令、法规、规章和条例所使用的命令(令)。

[例文1]

中华人民共和国国务院令
第 297 号

《金融资产管理公司条例》已经 2000 年 11 月 1 日国务院第 32 次常务

会议通过,现予公布,自公布之日起施行。

总理　朱镕基

二〇〇〇年十一月十日

[例文2]

上海市人民政府令

第 94 号

《上海市文物经营管理办法》已经 2001 年 1 月 2 日市政府第 832 次常务会议通过,现予发布,自 2001 年 4 月 1 日起施行。

市长　徐匡迪

二〇〇一年一月九日

上述两篇例文的共同特点是全文简短,文字简练,没有多余的话。其写法是:

(1) 标题,由发文机关和文种组成,省略事由。

(2) 发文序号,采用发文机关领导人任期内所发命令的序号,下任领导人另编序号,称作"流水号"。

(3) 发布令由党和政府机关报全文刊登,属于周知性公文,一般不用文头部分,也不写主送机关。

(4) 正文,通常只有一两句话,写明在什么时间,什么会议或什么机关通过或批准,发布了什么法规,什么时候开始施行。所发布的法规要加上书名号。

(5) 发布令所发布的对象即法律、条例、规定等,是发布令不可分割的组成部分,不能视为附件,因此正文之后不加附件说明。

(6) 正文下面必须有签署命令的领导人的职务和姓名作为落款,最后注明领导签署此命令的年、月、日。

2. 行政令。是采取重大强制性行政措施时使用的命令。

[例文3]

中华人民共和国国务院
关于发行新版人民币的命令
国发〔1987〕第××号

为了适应国民经济发展的需要,进一步健全我国货币制度,方便流通使用和交易核算,现决定:

一、责成中国人民银行自一九八七年四月二十七日起陆续发行一套新版人民币。新版人民币面额,主币有一元、二元、五元、十元、五十元和一百元六种;辅币有一角、二角、五角三种。

现行一分、二分、五分三种纸、硬辅币继续流通。(二至四,略)

五、凡破坏新版人民币发行或借发行新版人民币之机从中渔利、扰乱金融市场者,均依法惩处。对上述违法行为,全国人民均有权向当地人民政府和司法机关检举揭发。

国务院总理　×××
一九八七年四月二十五日

行政令的写法是:

(1)标题一般采用三项式,即由发文机关全称或规范化的简称、发文事由和文种"命令"组成。

(2)发文字号可同发布令采用序号;如果准备为同一事项发布若干命令时,可依次编为"第一号"、"第二号"等。也可用常规发文字号或不用。

(3)周知性命令可不写主送机关。

(4)正文的结构一般由三部分组成。一是发令原因、目的或法律依据;二是命令的内容,是发令者的具体规定,内容较多的可以分条列项;三是对有关单位或公众提出执行此命令的要求或发出号召,也可以是对违抗或破坏命令者发出警告。此部分可写成分条列项的最后一条,也可单独成段,无必要时则省略。

(5)签署部分与发布令相同。

3.嘉奖令。是表彰奖励有功人员或先进集体时使用的命令。

[例文 4]

国务院、中央军委关于授予钱学森同志 "国家杰出贡献科学家"荣誉称号的命令
国发〔1991〕51号

钱学森同志是我国著名科学家。他早年在空气动力学、航空工程、喷气推进、工程控制论等技术科学领域做出许多开创性的贡献。一九五五年九月,在毛泽东、周恩来等老一辈无产阶级革命家的关怀下,他冲破重重阻力,离开美国回到社会主义祖国。一九五九年八月,他光荣地加入中国共产党。数十年来,他以对祖国、对人民的无限热爱和忠诚,满腔热忱地投身于我国国防科研事业,为我国火箭、导弹和航天事业的创建与发展做出了卓越的贡献。他潜心研究的工程控制论,发展成为系统工程理论,并广泛地运用于军事运筹、农业、林业,乃至整个社会经济各个领域的实践活动,在我国现代化建设中发挥了重要作用。在发展系统工程理论与实践方面,是我国科技界公认的倡导人。他一贯努力学习马克思主义、毛泽东思想,坚持运用马克思主义哲学理论指导科学活动。他热爱中国共产党,热爱社会主义祖国,热爱人民,充分体现了新中国知识分子的高尚品德,他是我国爱国知识分子的杰出典范。

为了表彰钱学森同志全心全意为人民服务,为祖国科技事业的发展所做出的卓越贡献,国务院、中央军委决定,授予钱学森同志"国家杰出贡献科学家"的荣誉称号。

国务院、中央军委号召广大科技工作者向钱学森同志学习,学习他崇高的民族气节,严谨的科学态度,朴实的工作作风。像他那样忠于党、忠于社会主义祖国、忠于人民;像他那样坚持运用辩证唯物主义和历史唯物主义的科学世界观、方法论指导科研工作;像他那样勤勤恳恳,艰苦奋斗,顽强拼搏,无私奉献,为发展和繁荣我国科技事业,推进社会主义现代化建设,做出新的贡献。(略)

国务院总理　李　鹏
中央军委主席　江泽民
一九九一年十月十四日

嘉奖令的写法是：

(1) 标题都采用三项式，即发令机关名称、发令事由和"嘉奖令"组成。如果是授予荣誉称号的嘉奖令，其事由一般用"关于"后跟"授予"引起的动宾结构；其他的嘉奖令则用"对"引起的动宾结构，如《国务院对大型翡翠艺术珍品创作集体的嘉奖令》、《国务院对胜利粉碎劫机事件的民航杨继海机组的嘉奖令》等。

(2) 发文字号用常规字号。如果是两个机关联合发文，只用主办机关的发文字号。

(3) 公开发表的嘉奖令可不写主送机关。

(4) 正文通常较为丰富，包括三部分内容：一是嘉奖对象的主要事迹和功勋，有时要作简要评价；二是嘉奖的具体内容，即授予嘉奖对象的荣誉称号或奖励措施；三是向有关单位和人员发出号召、提出希望，作为结尾。

(5) 签署部分同前。

4. 任免令。是对有关人员职务进行任免时使用的命令。

[例文5]

中华人民共和国主席令
第一号

根据中华人民共和国第九届全国人民代表大会第一次会议的决定，任命朱镕基为中华人民共和国国务院总理。

中华人民共和国主席　江泽民
一九九八年三月十七日

任免令的写法：

(1) 标题由发文机关和文种组成，省略发文事由。

(2) 发文字号一般用"流水号"。

(3) 任免令属周知性公文，可不写受文机关。

(4) 正文通常仅一两句话，写明根据什么会议决定，任命或免去什么人什么职务。无须阐述理由。

（5）签署部分同前。

第二节 决 定

一、决定的适用范围和特点

（一）决定的适用范围

《国家行政机关公文处理办法》规定：决定"适用于对重要事项或者重大行动做出安排，奖惩有关单位及人员，变更或者撤销下级机关不适当的决定事项。"

用"决定"来做出安排，必须是"重大行动"和"重要事项"，布置日常工作和处理一般事项可以使用其他文种，如"通知"等。

党务机关也使用"决定"，用来发布、传达贯彻党的方针、政策，也可以用来对重要行动和事项做出安排和处理，或者决定党的重要机关的变动。

人民代表大会或它的常务委员会也常用"决定"。政府机关向同级人民代表大会或常务委员会提请审议的议案，人民代表大会或常务委员会在审议后应做出相应的决定。

（二）决定的特点

决定有以下特点：

1. 行文严肃。当上级机关以决定向下级机关行文时，必须是对重要事项或重大行动作出安排。下级机关接到上级机关的决定，必须认真贯彻执行，不能随意变通执行。

2. 事实明确。上级机关在决定中对重要事项、重大行动所做出的安排，在目的、要求和完成时间等内容上必须明确，不能含糊或模棱两可。

3. 说理清楚。上级机关在决定中对重要事项或行动，需要向下级机关阐明原因、目的和主张，要求下级应该做什么，怎样去做，并说明理由。

二、决定的类型和写法

决定按内容划分,主要有三种类型,其写法略有不同。

(一)对某项工作作出重大安排的决定

[例文6]

国务院关于加快发展中西部地区乡镇企业的决定
(一九九三年二月十四日)
国发〔1993〕10号

党的十一届三中全会以来,我国乡镇企业异军突起,为农村发展和国民经济增长作出了重大贡献,成为我国社会主义市场经济中生机勃勃的力量。但是,由于多种原因,乡镇企业发展的区域分布很不平衡,占全国人口约三分之二的广大中西部地区只拥有全国乡镇企业产值的三分之一,已成为我国中西部与东部地区经济发展差距的重要原因。党的十四大指出:"继续大力发展乡镇企业,特别要扶持和加快中西部地区和少数民族地区乡镇企业的发展"。这对于逐步缩小东西部地区差距,振兴少数民族地区经济,改变贫穷落后面貌,巩固和发展团结稳定的大局,实现共同富裕,具有十分重要的经济意义和政治意义。为此,特决定如下:

一、提高认识,加强领导,把加快发展乡镇企业作为中西部地区经济工作的一个战略重点

我国中西部地区幅员广大,资源丰富,是少数民族主要聚居区。经过十多年的改革,中西部地区经济发展取得了重大成就,绝大多数农民温饱问题已基本解决,有条件集中精力大力发展乡镇企业。通过加快发展乡镇企业,促进中西部地区经济腾飞,较快地增加农民收入,实现农村小康和国民经济翻两番的战略目标;更有力地支持和建设农业,推动农业向高产、优质、高效发展,逐步实现农业现代化;大批转移农村剩余劳动力,加快农村工业化和城镇化进程;为进一步促进我国工业和整个经济的改革与发展,做出更大的贡献。

为此,必须把加快发展乡镇企业作为中西部地区整个经济工作的一个

战略重点,提到各级政府重要工作日程上来。改变过去抓工业就是抓国有工业,抓农作物经济就是抓农业的传统观念,正确认识乡镇企业与国有企业,在以农业为基础的前提下,一手抓国有大中型企业,一手抓乡镇企业;地、县要一手抓农业,一手抓乡镇企业。今后,中西部地区县城二、三产业的发展,除国家统一规划开发的工程和项目外,要逐步转到以发展乡镇企业为主的轨道上来;从中央到地方的综合部门和有关业务部门,在为国有大中型企业服务的同时,要积极为发展乡镇企业服务。各级政府主要负责同志要加强领导,一年抓几次,及时解决乡镇企业发展中的重要问题。要选派和配备得力干部充实和加强各级乡镇企业管理机构。

二、实行适应中西部地区经济发展要求的产业政策

兴办乡镇企业要立足于开发利用当地资源。把资源优势转化为经济优势,是实现中西部地区经济迅速增长的重要途径。中央和各级地方政府的综合经济部门、有关业务部门,都要从中西部地区实际情况和加快经济发展的要求出发,因地制宜地执行国家的产业政策,创造有利于开发资源的条件和环境,促进乡镇企业发展。

中西部地区发展乡镇企业,要面向国内外市场需要,立足当地资源优势,除国家明文规定的外,适合发展什么就发展什么,不受限制;只要产品质量高,销路好,又有治理污染和保护资源、环境的可靠措施,项目规模大小不受限制,并免征固定资产投资方向调节税;在保证效益的前提下,发展速度能多快就多快,不受限制。但是,也不能不顾条件,层层硬性规定指标、摊派任务。

中西部大多数地区,应当在农林牧副渔全面发展的基础上,把积极兴办农副产品加工、储藏、保鲜、运销等企业放在重要地位。在有条件的地方,要发展附加值较高的外向型农产品加工企业。暂时没有条件办加工业的地方,要把运销业作为突破口来抓。

要充分利用山上山下、地上地下的丰富资源,在各级政府统一规划下,进行合理开发,发展矿业、建材、小水电和旅游等资源型产业。各有关部门要帮助进行技术论证,提出可行性方案,提供必要的服务。除国务院明文规定外,任何部门、单位增加收费种类和提高收费标准,都必须经省、自治区、直辖市人民政府批准。

要利用中西部地区劳动力多的优势,发展商业、服务业、手工业、建筑业、运输业、旅游业及其他劳动密集型产业,组织劳务输出,繁荣城乡经济。

三、提倡不同组织形式的乡镇企业共同发展。(具体内容从略,下同)

四、鼓励和支持各类人才走上开发乡镇经济的主战场。

五、走因地制宜、合理布局、集中连片发展的路子。

六、积极在中西部地区培育和发展市场体系。

七、多渠道增加中西部地区乡镇企业的资金。

八、抓住机遇,推进东西部横向经济联合和城乡联合。

九、各有关部门通力合作,为促进中西部地区乡镇企业上新台阶做出贡献。

各有关部门都要根据以上原则要求,制订支持乡镇企业发展的政策措施,作为国务院决定的配套文件下达;同时,清理废除过去一切不利于乡镇企业发展的条例、文件和规定,并公诸于众。各级政府要定期检查各有关部门的工作,组织交流经验,表彰为发展乡镇企业做出重要贡献的单位。

本文件的基本精神,也适用于东部经济欠发达的地区。

重大工作安排决定的写法:

(1) 标题。因对重要事项或重大行动作出安排的决定都事关重要,而且篇幅较长,所以标题一般采用三项式,即由发文机关、发文事由和文种组成,以示郑重。

(2) 题注。在标题下加括号注明成文日期;如是由会议通过的决定,应注明什么时间、什么会议通过。

(3) 主送机关。如该决定属于普发性公文,一般可不写主送机关。

(4) 正文。重要事项或重大行动的决定,其正文内容比较丰富,既要提出工作任务,又要阐述完成工作任务的方针政策、方法措施,其构成通常由决定原因和决定事项两部分构成。

1) 决定的原由。正文的开头,要简明扼要地写出做决定的原因、依据、意义等,以使受文者充分认识该项决定的重要性、必要性。上述例文在一开头就说明我国乡镇企业为农村发展和国民经济增长作出了重大贡献,但乡镇企业发展的区域分布很不平衡,广大中西部地区乡镇企业的发展具有十分重要的经济意义和政治意义。这样的开头简洁明确,把加快发展中西部地区乡镇企业的原因与意义写明白了。

2) 决定的事项。决定的事项是全文的主要内容,主要包括开展工作的指导方针、原则、任务、政策和措施等。内容较多的须分条列项。重要的条文还须作简要的分析说明,如上述例文的第一、第二条,都作了分析。

3) 结尾。有些决定在正文部分讲完后可以不加结尾;有的还需要加一段结尾,对如何贯彻执行本决定提出要求或提出希望、发出号召,或作出补充说明。如上述例文要求各有关部门制订支持乡镇企业发展的政策措施,清除过去不利于乡镇企业发展的条例、文件和规定等等,并作补充说明:"本文件的基本精神,也适用于东部经济欠发达的地区。"有了结尾后,正文的内容就很完整了。

(5) 由于标题上已有发文机关,题注上已标明成文时间,所以决定一般无需落款,也无需加盖公章。

(二) 表彰性决定

[例文 7]

国务院关于表彰国家测绘局第一大地测量队的决定
国发〔1991〕19 号

各省、自治区、直辖市人民政府,国务院各部委、各直属机构:

国家测绘局第一大地测量队是全国测绘战线上一支思想作风好、技术业务精、功绩卓著的英雄群体。他们在平凡的工作岗位上,几十年如一日艰苦奋斗、无私奉献,为全国人民作出了榜样。自一九五四年建队以来,他们一直担负着国家重要的基础测绘任务,走遍了全国除台湾以外的三十个省、自治区、直辖市,常年累月坚持在高山荒原、僻壤沙漠等人迹罕至、条件异常艰苦的地区工作,以高度认真负责的态度提供各种精确的测绘数据五千二百多万组,在边界联测、国际重力联测、南极科学考察、珠穆朗玛峰和托木尔峰高度测定等许多国家重点测绘项目中圆满完成了他们承担的任务,为我国社会主义经济建设、国防建设和科学研究做出了突出的贡献。在长期的测绘工作中,他们不计较个人的名利得失,怀着对祖国和人民的无限忠诚,凭着高度的主人翁责任感和强烈的事业心,奔波跋涉、吃苦耐劳、不畏艰险、默默无闻地开拓进取,克服了种种难以想象的困难,多次经受住高山缺氧、沙漠干渴、冰雪严寒、高温酷暑、洪水猛兽和断水断粮等生与死的严峻考验。他们当中,有的遇到雷击、雪崩、坠崖等险情,光荣殉职;有的在沙漠作业中因断水、迷路让同志们撤离,自己留下看守仪器、资料,终因干渴而壮烈牺牲;有的奋不顾身抢救战友,英勇献身;有的宁死不屈,惨遭匪徒杀害;也有的长年在艰苦条件下工作,积劳成疾,为我国的测绘事业贡献了毕生的精力。三十多年来,他们先后有三十六名同志英勇地献出了宝贵的生命。

为了表彰这支英雄的队伍,国务院决定,给予国家测绘局第一大地测量队通令嘉奖,授予"功绩卓著、无私奉献的英雄测绘大队"荣誉称号。

国务院号召全国各条战线的广大职工向国家测绘局第一大地测量队学习,学习他们热爱祖国、热爱社会主义事业、全心全意为人民服务的崇高思想;学习他们艰苦奋斗、不怕牺牲、顽强拼搏的英雄气概;学习他们不计个人名利、忘我工作、舍己为公的奉献精神;学习他们重视党的建设、重视思想政治工作、坚持干部以身作则的优良传统和忠于职守、纪律严明、团结互助的崇高品质。

国务院希望国家测绘局第一大地测量队再接再厉,在新的历史时期为祖国的社会主义事业再立新功;希望全国工人、农民、知识分子和各级干部以国家测绘局第一大地测量队为榜样,发扬艰苦奋斗、无私奉献的爱国主义、革命英雄主义和集体主义精神,紧密团结在党中央周围,认真贯彻执行党的十三届七中全会和七届全国人大四次会议精神,胸怀全局,立足本职,万众一心,埋头苦干,为实现我国国民经济和社会发展十年规划和"八五"计划确定的宏伟目标而努力奋斗。

国务院
一九九一年四月十七日

(国家测绘局第一大地测量队事迹材料,由国家测绘局等部门另行印发)

表彰性决定的写法:
(1) 标题。由发文机关、发文事由和文种三项组成,以示郑重。
(2) 主送机关。表彰性决定因在一定范围内发送,所以可有主送机关;如果是周知、普发性文件,也可不写主送机关。
(3) 正文。表彰性决定正文的写法类似于嘉奖令,一般由三部分内容组成:
1) 被表彰对象的先进事迹。如本例文的第一大段,先有一段总的评价,然后对这个测量队建队以来所担负的重要任务和巨大贡献作出恰如其分的评价。有总有分,夹叙夹议。表达准确,概括力强。

2) 表彰决定。如例文第二段,一般的写法"为表彰某人某事","某单位决定,给予(或授予)"某种奖励或称号。

3) 发文机关发出的号召或提出希望。例文7第三、第四段,向全国职工发出学习先进的号召,可用排比句法,也可分条写,或者概括一段话。最后提出希望。

(4) 发文机关和发文日期。

(三) 处分性决定

[例文8]

国务院关于大兴安岭特大森林火灾事故的处理决定
(一九八七年六月六日)

1987年5月6日至6月2日,在林业部直属的大兴安岭森工企业,发生了特大森林火灾。这场森林大火,给国家和人民的生命财产造成了重大损失,是建国以来最严重的一次。

这次特大火灾事故的发生,主要是由于企业管理混乱、纪律松弛、违反规章制度、违章作业和领导上严重官僚主义所造成的。这次火灾充分暴露了这个地区护林防火制度和措施很不落实,防火力量严重不足,消防设备、工具和手段准备很差,以致火灾发生后不能及时彻底扑灭,小火酿成大火,造成了建国以来损失最为惨重的特大火灾事故。这场大火不仅烧掉了许多森林资源,而且烧毁了城镇、民房、贮木场、仓库和火车站,造成职工、居民死亡×百××人、伤×百××人……。

森林防火工作是林业部的主要职责之一。大兴安岭特大森林火灾事故的发生,充分暴露了林业部领导对这项重要的工作没有给予应有重视,也没有吸取近年来频频发生森林火灾的教训,对国家的森林资源和人民的生命财产不负责任。这是严重的官僚主义和重大的失职行为。林业部主要负责同志对此负有不可推诿的重大的责任。

为了严肃认真地处理这次火灾事故,国务院全体会议决定:

一、撤销××的林业部部长职务,提请全国人大常委会审议批准。

二、责成林业部和大兴安岭扑火前线总指挥部对这次特大森林火灾进行认真调查,总结经验教训,提出改进措施……。

三、国务院对在这次特大火灾事故中死亡人员表示沉痛的哀悼,对受伤人员和死亡人员的家属致以深切的慰问。并将采取措施组织灾区人民重建家园,恢复生产。

四、国务院高度赞扬在这次灭火抢险中作出重要贡献的人民解放军指战员、森林警察、公安消防人员……。

五、责成林业部和各级人民政府对所属林业企业的防火制度,防火组织进行认真整顿,建立严格的岗位责任制……。

国务院认为,多年来,林业系统的全体职工,包括大兴安岭林业管理局的职工,在艰苦的条件下,为我国林业资源的开发作出了重大贡献……希望林业部及其所属单位各级领导同志振奋精神,切实总结教训,制定切实改进工作作风、坚决克服官僚主义的具体措施……

大兴安岭林区特大火灾事故,也是对全国其他部门和各企业事业单位的一个严重警告。安全生产是全国一切经济部门,特别是生产企业的头等大事,各企业及其主管机关的行政领导,都要十分重视安全生产,万万不可掉以轻心,要采取一切可行的措施,保障国家和职工群众生命财产的安全,严防事故发生……对于一切重大的责任事故,都必须严肃处理……

各企业及其主管部门要重视发挥职工代表大会、工会、保卫机构和科技人员对安全生产的监督作用。对工人、技术人员、专家关于安全情况、安全措施的批评和建议必须认真对待。对于揭发控告忽视安全生产现象的职工和技术人员,决不允许打击报复……

国务院相信,在党中央领导下,只要各级政府依靠广大人民群众认真贯彻执行各项制度和措施,我国整个生产安全和劳动保护状况就一定会得到改善,重大事故将会大大减少,亿万劳动人民勤俭建国、奋发向上的积极性一定会大大提高,从而为实现社会主义现代化的伟大事业作出更大的贡献。

处分性决定的写法:

(1) 标题。一般采用三项式;也可省略发文机关,但必须在落款处有发文机关或单位。

(2) 发文字号和受文机关。发文字号如常规;重大事故的处理决定属普发性文件,可不写受文机关。单位内部的处分性决定一般不印发,只存档,可以不用发文字号和主送机关。

(3) 正文。处分性决定一般文字简略,篇幅短小,包括以下几个方面内容:

1) 所犯错误的事实,包括时间、地点、事情、过程、后果等。
2) 错误的性质,造成的危害和影响。
3) 被处分人员的认识和态度。
4) 处分决定。如果决定的内容很多,可分条开列。
5) 普发性决定结尾可以提出要求和希望;单位内部的处分性决定一般不印发,可以不提要求和希望。

(4) 发文机关印章和成文日期。

三、决定与决议的区别

决议曾经也是国家行政机关公文之一,1993 年 11 月 21 日修订后的《国家行政机关公文处理办法》把这一文种去掉了。但是决议仍然是党的机关和人民代表大会及其常务委员会的重要公文文种,也是工会、共青团等群众团体和企事业单位的职工代表大会等组织使用的重要公文文种。

决定与决议的区别在于:

第一,决定可以由会议作出,也可以由领导集体作出;而决议必须由会议审议通过,所以在决议的标题下应有题注,标明决议通过的时间和会议全称。

第二,决定和决议都是决策性公文,一般来说,决定偏重于务实,决议偏重于务虚,决议的理论性强。有些决议,如党在 1981 年十一届六中全会通过的《关于建国以来党的若干历史问题的决议》,实际上是重要的历史文献。

第三节 公 告

一、公告的适用范围和特点

(一) 公告的适用范围

《国家行政机关公文处理办法》规定:公告"适用于向国内外宣布重要事

项或者法定事项"。公告需要广为传播,可以登报、在电台、电视台播放、张贴,而一般的公文仅在机关内部使用。

(二)公告的特点

1. 具有公开的告知性。公告的内容都是需要让公众家喻户晓的,只有让公众都知道了公告的内容,才能发挥公告的作用。因此,公告的传播范围很大,包括国内外。

2. 具有行文的慎重性。公告是向国内外发布的,所以,其内容必须是重大的、公开的。公告的使用必须慎重,不能事无巨细,随意发布。

3. 具有使用的庄重性。发布公告的机关是国家领导机关或者由国家授权的单位如新华社等,地方行政机关和其他基层单位一般不能使用公告。公告的内容应是国内外关注的大事,是以国家名义向国内外庄重宣布的重大事项,如我国国家主席出访、外国元首访华、国家将要召开重大会议、公布国民经济统计数据、我国发射运载火箭等等。

二、公告的类型和写法

公告可分为两类:

(一)告知性公告

它是向国内外宣布重要事项的公告。此类公告不在于提出要求,重点在于让国内外知道重要事项。

[例文9]

中华人民共和国全国人民代表大会公告
(第二号)

第九届全国人民代表大会第一次会议于1998年3月16日选出:
中华人民共和国主席　　江泽民
中华人民共和国副主席　胡锦涛
现予公告。

中华人民共和国第九届全国人民代表大会第一次会议主席团
一九九八年三月十六日于北京

[例文 10]

上海市人民代表大会常务委员会公告

（第四十三号）

《上海市经纪人条例》已由上海市第十一届人民代表大会常务委员会第二十四次会议于 2000 年 12 月 15 日通过，现予公布，自 2001 年 5 月 1 日起施行。

上海市人民代表大会常务委员会
二〇〇〇年十二月十五日

告知性公告的写法：

（1）公告属于公开宣布的普发性公文，一律不用文头部分。

（2）标题。告知性公告的标题一般可以不写发文事由，由发文机关加文种"公告"组成。特殊情况下也可用三项式标题，如：《中共中央、全国人大常委会、国务院关于宋庆龄副委员长病情的公告》。

（3）编号。公告不用发文字号。如果同一发文机关就同类事项发出若干公告，应在标题下标引流水号"第一号"、"第二号"等。

（4）公告属普发性公文，无需写主送机关。

（5）正文。告知性公告一般正文内容不长，可直接明确扼要地告知有关事项，如例文 9、10；如果事项内容有几层意思，可以分段或分条开列，条理清楚。一般用"特此公告"、"现予公告"作结尾，也可不写。

（6）发文机关和成文日期。告知性公告无需加盖发文机关印章。

（二）法定性公告

它是向国内外宣布法定事项的公告。此类公告的重点在宣布带有法规性的重要事项，要求中国公民和在中国境内的外国人士遵守。

[例文 11]

中国人民银行关于国家货币出入境限额的公告

根据中华人民共和国国务院第 108 号令,现就中华人民共和国国家货币出入境限额公告如下:

一、中国公民出入境、外国人入出境,每人每次携带的人民币限额为 6000 元。

二、在开放边民互市和小额贸易的地点,中国公民出入境和外国人入出境携带人民币的限额可根据实际情况由人民银行省级分行会同海关确定,报人民银行总行和海关总署批准后实施。

三、本规定自 1993 年 3 月 1 日起施行。

特此公告。

行长　李贵鲜
一九九三年二月五日

法定性公告的写法:

(1) 标题。可用三项式,也可省略发文事由。

(2) 发文字号。法定性公告可有发文字号,如,1987 年 9 月 9 日《国务院办公厅关于夏时制的公告》,标引发文字号"国发〔1987〕×号";也可不标引,如上例。

(3) 正文。规定性公告一般由开头、主体和结尾三部分组成。正文开头简略写发布公告的法律依据和规定的事项,一般一句话直接点出而无需展开论述。有的还可先简略写发布公告的目的,再写依据。用"现公告如下"转承。主体部分可分条列项写出应当遵守或规定的事项,文字精练,不产生歧义。结尾一般用"特此公告"收束,也可省略。

(4) 发文机关或机关领导人签署,成文日期。

第四节 通 告

一、通告的适用范围和特点

（一）通告的适用范围

《国家行政机关公文处理办法》规定：通告"适用于公布社会各有关方面应当遵守或者周知的事项"。

通告与公告是两个比较相近的文种，在用途上有一个共同的特点，就是都用来广为传播，可以登报、在电台、电视台播放、张贴，而一般的公文仅在机关内部使用。

（二）通告的特点

通告除具有公开的告知性这一特点外，还具有以下特点：

1. 使用的广泛性。通告不仅可以在一定范围内公布重大事项，还可用来公布社会生活中的一些具体事务，如节假日的交通管制，道路施工期间的交通封锁改道，煤气、自来水的检修降压等。通告的使用单位也很广泛，不仅国家机关可以使用，地方各级人民政府乃至基层单位，都可在自己的职权范围内使用。

2. 内容的强制性。通告中所提出的规定、要求，带有法规性质，各单位和个人都必须认真遵照执行，如有违反，将受到严肃查处。如交通管制区域不得强行进入；查禁的蚶类水产品不得销售和供应，否则将予以处罚。

二、通告的类型和写法

通告也可分为两类：

（一）周知性通告

它是在一定范围内公布应当周知事项的通告。此类通告不在于作出具有约束力的要求,其重点在于让一定范围内的单位、公众知道重要事项。

[例文 12]

<h3 style="text-align:center">上海市公安局、上海市市政管理局通告</h3>

沪公〔1999〕×号

兹因埋下水道、自来水、煤气、电话导管,自1999年×月×日至1999年×月×日止,××路(××路至××路)除公交××路之外,禁止机动车辆通行。

特此通告。

一九九九年×月×日

[例文 13]

<h3 style="text-align:center">中华人民共和国公安部通告</h3>

为确保国际民航班机的运输安全,决定从1981年11月1日起,在中华人民共和国境内各民用机场,对乘坐国际班机中的中、外籍旅客及其携带的行李物品,实行安全技术检查。

一、严禁将武器、凶器、弹药和易爆、易燃、剧毒、放射性物品以及其他危害飞行安全的危险品带上飞机或夹在行李、货物中托运。

二、除经特别准许者外,所有旅客及其行李物品,一律进行安全检查,必要时可进行人身检查。拒绝检查者,不准登机,损失自负。

三、检查中发现旅客携带上述危险物品者,由机场安全检查部门进行处理;对有劫持飞机和其他危害飞行安全嫌疑者,交公安机关审查处理。

特此通告。

一九八一年十月十五日

周知性通告的写法:

（1）标题。可采用三项式标题，也可采用两项式标题，省略发文事由或者省略发文机关，甚至采用单项式，即将发文机关和发文事由都省略，就用文种"通告"。

（2）通告一般不用发文字号或流水号，但可以把发文日期加括号写在标题下方，落款处不再写成文日期。

（3）正文。一般由两部分内容组成：先写发通告的原因、目的或依据，再写需要周知的事项。原因、目的、依据并非全部要写，而是择其需要简明扼要写出。周知的事项如果较简单，可与第一部分写成"篇段合一"式；如内容较多，可以分条列项。结尾可用"特此通告"，也可省略。

（4）发文机关印章和成文日期。周知性公告应加盖发文机关印章或由发文机关领导人签署，以示庄重。

（二）规定性通告

它是在一定范围内公布应当遵守事项的通告。此类通告的重点在于依据某种法规，让一定范围内的单位、公众知道必须遵守的规定。此类通告应由具有相应职权的机关、企事业单位发布。

[例文 14]

上海市通信管理局关于加强通信工程监管的通告

为了加大通信建设市场行业管理力度，确保通信工程建设质量，根据《中华人民共和国电信条例》、《通信建设市场管理办法》的有关规定，特发布本通告。

一、上海市通信管理局是本市通信建设市场的行政主管部门。上海市通信管理局通信工程设计、施工监管处和上海市通信工程质量监督中心负责具体管理事务。

二、凡从事通信工程设计的单位，必须取得信息产业部核发的与设计能力相对应的《勘察设计资质证书》或由上海市通信管理局核发的《信息通信工程临时设计许可证》。

三、凡从事通信工程施工的单位，必须取得信息产业部核发的等级《通信工程施工资格证书》，或上海市通信管理局核发的《通信工程施工资格证书》。

　　四、设计、施工单位必须严格按照资质等级证书规定的业务范围承担设计、施工任务。任何无设计、施工资质的单位,不得从事通信工程的设计、施工;不得代建设方办理任何工程号线进网手续。

　　五、凡通信工程竣工前,必须经上海市通信工程质量监督中心或由该中心委托的质监机构的工程质量审定。未经通信工程质量监督机构检验合格的工程不得验收投产。

　　六、电信业务经营单位应根据电信管理机构的要求,提供准确、完备的与通信工程管理有关的资料。

　　七、对于无证设计、施工或擅自制作、复制、转让、冒用证书的单位和个人,一经发现,将根据国家有关法规进行处罚,对违反本通告的单位和个人将根据有关规定进行处罚。

　　八、通信工程具体管理机构：
上海市通信管理局设计、施工监管处　　上海市通信工程质量监督中心
　　地址:中山南路508号6楼　　　邮编:200010
　　联系人:×××　　　　　　　　电话:63320028

上海市通信管理局
二〇〇一年三月七日

　　规定性通告的写法:
　　(1) 标题。规定性通告标题一般用三项式,以示郑重。也可省略发文事由,如《上海市人民政府通告》。单位内容张贴的通告,也可省略发文机关,如《关于采用夏令作息时间的通告》等。
　　(2) 规定性通告一般也不用发文字号。如果为同一事项需连续发布通告时,可采用流水号"第一号"、"第二号"等编号。
　　(3) 正文。类似法定性公告的写法,由开头、主体和结尾三部分组成。正文开头简要说明发通告的原因、目的或法律依据等。主体部分分条列项地写出需要有关单位和公众普遍遵守的有关规定。条文要简洁明确,表达准确,条理清楚。结尾可用"特此通告"、"此告"等惯用语收束,也可省略。
　　(4) 发文机关印章和成文日期。规定性通告应加盖印章以示庄重。

三、公告与通告的区别

公告和通告都属周知性公文,但两者在制发者的级别、内容的重要性和公布的范围等方面都有区别。

第一,从制发者的级别来看,公告高于通告。公告的制发者主要是党和国家高级机关。通告则不然,上至党和国家的高级机关,下至基层机关、社会团体、企事业单位,都可使用。

第二,从公布的内容和告知事项的重要程度来看,公告高于通告。公告主要是郑重宣布重要事项或者法定事项,通告主要是用于发布应当遵守所周知的事项。

第三,从公布的范围来看,公告大于通告,公告是向国内外宣布,范围很广。通告是在一定范围内发布,主要针对社会的某一方面。

第四,从文字长短程度来看,公告一般短于通告。

第五节　通　　知

一、通知的适用范围和特点

(一)通知的适用范围

《国家行政机关公文处理办法》规定:通知"适用于批转下级机关公文,转发上级机关和不相隶属机关的公文,传达要求下级机关办理和需要有关单位周知或者执行的事项,任免人员"。

在目前所有使用的行政机关公文中,通知的适用范围最宽,它不仅可以"批转"下级机关公文,"转发"下级机关和不相隶属机关的公文,而且可以"发布"或"传达"法规和重要事项,还可以用来任免干部。因而,通知的种类也比较多。通知属于指示性、知照性公文。

(二)通知的特点

通知有以下特点:

1. 适用的范围宽。通知这一文种,不论哪一级机关都可使用,而且是党政军各级机关、社会团体、企事业单位都能使用。

2. 涉及的内容广。通知的内容可以涉及到国家的重大政治活动,各级机关、社会团体、企事业单位的内部事项等等;可以用来布置工作,告知事项,下达指示,转发上、下级及不相隶属机关的公文,召开会议等。

3. 可分的种类多。由于通知的使用范围广,因此可以从不同的角度来划分它的种类。如按性质划分,有批转、转发的通知、发布法规和规章的通知、布置工作的通知、任免聘用干部的通知、会议通知等;按形式分,有联合通知、紧急通知、预备通知、补充通知等。

4. 使用的频率高。由于通知的适用范围宽,涉及内容广,种类又多,因而,它是目前各类公文中使用频率最高的公文文种,一般要占各级党政军机关收发文总量的一半以上。

二、通知的类型和写法

通知的类型较多,按其使用性质划分,大体上有以下五种类型:

（一）批转或转发性通知

批转下级机关或转发上级机关和不相隶属机关的公文时使用的通知。应该注意的是:转发下级机关来文时,用"批转";转发上级机关、平级机关或不相隶属机关来文时,只能用"转发"或"印发",不能使用"批转"。

[例文15]

市政府办公厅转发市医保局关于本市机关、事业单位、社会团体和民办非企业单位实施《上海市城镇职工基本医疗保险办法》意见的通知

（二〇〇一年二月二十二日）

沪府办发〔2001〕12号

各区、县人民政府,市政府各委、办、局:

市医保局《关于本市机关、事业单位、社会团体和民办非企业单位实施

〈上海市城镇职工基本医疗保险办法〉的意见》已经市政府同意,现转发给你们,请按照执行。

上海市人民政府办公厅

**《关于本市机关、事业单位、社会团体和非企业单位实施
〈上海市城镇职工基本医疗保险办法〉的意见》**(内容略)

批转或转发性通知的写法:

(1) 标题。一般由发文机关、发文事由、文种三项式组成。值得注意的是:发文事由用"批转"或"转发"带出批转或转出的公文标题,并用书名号括上。例如:"国务院批转《财政部关于开展企业财务检查情况和今后意见的报告》的通知","上海市人民政府转发《国务院关于做好提高铁路水运航空客运票价工作的通知》的通知"。

(2) 发文字号。通知也应有发文字号。

(3) 受文机关。通知必须要有受文机关,通知的受文机关可以是一个,也可以是几个,也可以是所有下属单位。批转、转发性通知的受文机关一般为下属各机关、各单位。

(4) 正文。批转、转发性通知正文应写明被批转或转发公文的全称(加书名号)和文号(加括号),根据不同情况用"现转发给你们,请遵照办理"、"希研究执行"、"请认真贯彻执行"、"望参照执行"或"供参阅"等词语。有些批转、转发性通知在此之后还可根据本地、本单位的具体情况,说明下发的目的,提出进一步的要求或贯彻文件精神的具体方法、步骤、措施等。

(5) 发文机关和成文时间。

(6) 被批转或转发的公文是正式公文的一部分,不能作为附件。

(二) 发布性通知

发布行政法规和规章时使用的通知,要求有关部门执行。此类通知从中央到地方各级人民政府普遍使用。

[例文 16]

市政府关于发布《上海市传统工艺美术保护规定》的通知
（二〇〇一年二月九日）
沪府发〔2001〕5 号

各区、县人民政府，市政府各委、办、局：

　　现发布《上海市传统工艺美术保护规定》，请认真按照执行。

上海市人民政府

《上海市传统工艺美术保护规定》（内容略）

　　发布性通知的写法：
　　(1) 标题。由三项式组成。如果是发布重要的法规或规章，发文事由用"颁布"或"发布"；如果是发布一般性的规章，则可用"印发"。被发布的法规、规章应用书名号括上。例如"国务院关于发布《工商企业登记管理条例》的通知"。
　　(2) 受文机关。发布性通知应有受文单位。
　　(3) 正文。发布性通知的正文很简短，写明被发布公文的全称（加书名号）和什么时间由什么机关或会议通过，提出执行要求。必要时可强调该法规的重要性，提出认真贯彻执行的要求，请受文单位予以重视。文字要简短、不必长篇大论。
　　(4) 发文机关和成文时间。
　　(5) 被发布的公文是正式公文的一部分，不应视为附件。

　　(三) 指示或布置工作性通知

　　需要对下级机关或所属单位交代工作，布置任务，并且阐明原则和方法，要求办理执行，但限于发文机关的权限或公文内容，不适宜使用"命令"、"指示"等行文时，一般可采用通知的形式。

[例文 17]

国务院关于加强城市供水节水和水污染防治工作的通知
（二〇〇〇年十一月七日）

各省、自治区、直辖市人民政府，国务院各部委、各直属机构：

我国是水资源短缺的国家，城市缺水问题尤为突出。随着经济发展和城市化进程的加快，当前相当部分城市水资源短缺，城市缺水范围不断扩大，缺水程度日趋严重；与此同时，水价不合理、节水措施不落实和水污染严重等问题也比较突出。为切实加强和改进城市供水、节水和水污染防治工作，促进经济社会的可持续发展，现就有关问题通知如下：

一、提高认识，统一思想

（一）水资源可持续利用是我国经济发展的战略问题，核心是提高用水效率。解决城市缺水的问题，直接关系到人民群众的生活，关系到社会的稳定，关系到城市的可持续发展。这既是我国当前经济社会发展的一项紧迫任务，也是关系现代化建设长远发展的重大问题。各地区、各部门要高度重视，采取切实有力的措施，认真做好城市供水、节水和水污染防治工作。

（二）做好城市供水、节水和水污染防治工作，必须坚持开源与节流并重、节流优先、治污为本、科学开源、综合利用的原则，为城市建设和经济发展提供安全可靠的供水保障和良好的水环境，以水资源的可持续利用、支持和保障城市经济社会的可持续发展。

二、统一规划，优化配置，多渠道保障城市供水

（一）各地区研究制定流域和区域水资源规划，要优先考虑和安排城市用水。要依据流域和区域水资源规划，尽快组织制定城市水资源综合利用规划，并将其作为城市总体规划的组成部分，纳入城市经济和社会发展规划。城市水资源综合利用规划应包括水资源中长期供求、供水水源、节水、污水资源化、水资源保护等专项规划。水资源极度短缺的城市，要在综合考虑当地水资源挖潜、大力节水和水污染治理的基础上，依据流域水资源规划实施跨流域调水。

（二）加强城市水资源的统一规划和管理，重点加强地下水资源开发利用的统一管理。要科学确定供水水源次序，城市用水要做到先地表水、后地下水，先当地水、后过境水。逐步改变过去一个水系、一个水库、一条河道的

单一水源向城市供水的方式,采取"多库串联,水系联网,地表水与地下水联调,优化配置水资源"的方式。建立枯水期及连续枯水期应急管理制度,编制供水应急预案,提高城市供水保证率。严格控制并逐步减少地下水的开采量,建立河湖闸坝放水调控制度,保证城市河湖环境用水。严格限制城市自来水可供区域内的各种自备水源。今后,在城市公共供水管网覆盖范围内,原则上不再批准新建自备水源,对原有的自备水源要提高水资源费征收额度,逐步递减许可取水量直至完全取消。地下水已严重超采的城市,严禁新建任何取用地下水的供水设施,不再新批并逐步压减地下水取水单位和取水量。

(三)大力提倡城市污水回用等非传统水资源的开发利用,并纳入水资源的统一管理和调配。干旱缺水地区的城市要重视雨水、洪水和微咸水的开发利用,沿海城市要重视海水淡化处理和直接利用。

三、坚持把节约用水放在首位,努力建设节水型城市

(一)城市建设和工农业生产布局要充分考虑水资源的承受能力。各地区特别是设市城市的人民政府要根据本地区水资源状况、水环境容量和城市功能,合理确定城市规模,调整优化城市经济结构和产业布局。要以创建节水型城市为目标,大力开展城市节约用水活动。城市节约用水要做到"三同时、四到位",即建设项目的主体工程与节水措施同时设计、同时施工、同时投入使用;取水用水单位必须做到用水计划到位、节水目标到位、节水措施到位、管水制度到位。有条件的城市要逐步建立行业万元国内生产总值用水量的参照体系,促进产业结构调整和节水技术的推广应用。缺水城市要限期关停并转一批耗水量大的工业企业,严格限制高耗水型工业项目建设和农业粗放型用水,尽快形成节水型经济结构。工业用水重复利用率低于40%的城市,在达标之前不得新增工业用水量,并限制其新建供水工程项目。

(二)加大国家有关节水技术政策和技术标准的贯彻执行力度,制定并推行节水型用水器具的强制性标准。积极推广节水型用水器具的应用,提高生活用水效率,节约水资源。要制定政策,鼓励居民家庭更换使用节水型器具,尽快淘汰不符合节水标准的生活用水器具。所有新建、改建、扩建的公共和民用建筑中,均不得继续使用不符合节水标准的用水器具;凡达不到节水标准的,经城市人民政府批准,可不予供水。各单位现有房屋建筑中安装使用的不符合节水标准的用水器具,必须在2005年以前全部更换为节水型器具。

（三）采取有效措施,加快城市供水管网技术改造,降低管网漏失率。20万人口以上城市要在2002年底前,完成对供水管网的全面普查,建立完备的供水管网技术档案,制定管网改造计划。对运行使用年限超过50年,以及旧城区严重老化的供水管网,争取在2005年前完成更新改造工作。

四、坚决治理水污染,加强水环境保护

（一）认真贯彻执行《中华人民共和国水污染防治法》,限期改善地表水水质。严格按照有关规定和城市总体规划的有关要求,组织编制水污染防治规划,划分水功能区,确定污染物排放容量,实行水污染物总量控制,并分解到排污单位。各直辖市、省会城市、经济特区城市、沿海开放城市及重点旅游城市的地表水水环境质量,必须达到国家规定的标准。"十五"期间,所有设市城市都要制定改善水质的计划,并实施跨地区河流水质达标管理制度。要组织制定饮用水源保护规划,依法划定饮用水源保护区,严禁在饮用水源保护区内进行各项开发建设活动,禁止一切排污行为,重点保护好城市生活饮用水水源地。20万人口以上城市应在2002年底前,建立实施供水水源地水质旬报制度,并在北京、上海等47个环保重点城市实施生活饮用水水源水环境质量公报制度。

（二）加强地下水资源的保护。因地下水资源超采出现大范围地面沉降或海咸水倒灌的城市,要划定超采区范围,向社会公布,并规划建设替代水源和地下水人工回灌工程。城市绿地建设、河道砌衬和非道路覆盖等,应兼顾自然生态系统循环的需要。要积极开展农业水源污染防治,特别是畜禽和水产养殖污染的综合治理。要严格执行《中华人民共和国水法》和《中华人民共和国防洪法》,严禁向湖滨、河岸、水体倾倒固体废弃物,并限期整治和清理河道。

（三）积极推行清洁生产,进一步削减污染物排放量,加大对工业污染源的治理。工业污染防治是城市水污染防治工作的一项重要任务。要大力推行清洁生产,加快工业污染防治从以末端治理为主向生产全过程控制的转变。进一步加大"一控双达标"工作力度。对不能达标排放的企业,要责令其限期停产整顿或关闭。"十五"期间,要使工业企业由主要污染物达标排放转向全面达标排放。

（四）"十五"期间,所有设市城市都必须建设污水处理设施。到2005年,50万以上人口的城市,污水处理率应达到60%以上;到2010年,所有设市城市的污水处理率应不低于60%,直辖市、省会城市、计划单列市以及重点风景旅游城市的污水处理率不低于70%。今后,城市在新建供水设施的同时,要规划建设相应的污水处理设施;缺水地区在规划建设城市污水处理设施时,还要同时安排污水回用设施的建设;城市大型公共建筑和公共供水管网覆盖范围外的自备水源单位,都应当建立中水系统,并在试点基础上逐步扩大居住小区中水系统建设。要加强对城市污水处理设施和回用设施运营的监督管理。

五、健全机制,加快水价改革步伐

(一)积极引入市场机制,拓展融资渠道,鼓励和吸引社会资金和外资投向城市污水处理和回用设施项目的建设和运营,加快城市污水处理设施的建设步伐。国家将采取积极有效的措施筹集建设资金,进一步加大建设投资力度,对小城镇及西部地区污水处理设施建设给予资金倾斜;对各地收取的污水处理费,免征增值税;对城市供水和污水处理工程所购置的设备可加速折旧。各地要继续落实好国家投资的城市污水处理工程项目的配套资金;对收取的污水处理费实行专款专用、滚动使用,采取有效措施,确保城市污水处理设施的正常运营和建设贷款及债券本息的偿还。

(二)逐步提高水价是节约用水的最有效措施。要加快城市水价改革步伐,尽快理顺供水价格,逐步建立激励节约用水的科学、完善的水价机制。要提高地下水资源费征收标准,控制地下水开采量。地方各级人民政府特别是城市人民政府要根据国家有关规定,尽快制订本行政区域内的用水定额和城市水价调整方案,并结合本地区经济发展水平和水资源的供求情况,适时调整。在逐步提高水价的同时,可继续实行计划用水和定额管理,对超计划和超定额用水要实行累计加价收费制度;缺水城市,要实行高额累进加价制度。

(三)全国所有设市城市都要按照有关规定尽快开征污水处理费。各地在调整城市供水价格和污水处理费标准时,要优先将污水处理费的征收标准调整到保本微利的水平,满足污水处理设施建设和运营的需要。供水和污水处理企业也要不断深化改革,转换经济机制,加强管理,降低成本。国务院有关部门要抓紧研究确定回用污水的合理价格,促进和鼓励污水的再使用。

六、加强领导,完善法规,提高城市供水、节水和水污染防治工作水平

(一)各地区、各有关部门要切实加强城市供水、节水和水污染防治工作的组织领导,把这项工作纳入国民经济和社会发展计划,统筹安排,综合

部署。地方各级人民政府的主要领导,特别是城市人民政府的主要领导,要对城市供水、节水和水污染防治工作负总责。国务院各有关部门要严格按照国家有关法律法规规定的程序和职责分工,加强协作,密切配合,及时协调解决工作中遇到的矛盾和问题。

(二)各地区、各有关部门在制定和实施水资源规划中,要明确目标,优化项目,落实措施,协调行动。要把有关水资源的保护、开发、利用等各个环节协调统一起来,统筹考虑城市防洪、排涝、供水、节水、治理水污染、污水回收利用,以及城市水环境保护等各种水的问题,妥善安排居民生活、工农业生产和生态环境等不同的用水需求,处理好各种用水矛盾。

(三)强化取水许可和排污许可制度,建立建设项目水资源论证制度和用水、节水评估制度。各地要加强取水许可监督管理和年审工作,严格取水许可审批,凡需要办理取水许可的建设项目都必须进行水资源论证。今后城市新建和改扩建的工程项目,在项目可行性研究报告中,应有用水、节水评估的内容。要严格执行环境影响评价制度,实行污染物排放总量控制及排污许可制度,排污必须经过许可。

(四)按照社会主义市场经济发展和加强城市供水、节水和水污染防治工作的要求,加快立法步伐,进一步补充、修改和完善有关法律法规,尽快建立起符合我国国情的、科学的城市供水、节水和水污染防治法律法规体系。各地区、各有关部门要坚决依法办事,严格执法,进一步加大执法监督力度,逐步将城市供水、节水和水污染防治工作纳入法制化、规范化轨道。

(五)各地区、各部门和各新闻单位要采取有效形式,开展广泛、深入、持久的宣传教育,使全体公民掌握科学的水知识,树立正确的水观念。加强水资源严重短缺的国情教育,增强全社会对水的忧患意识,使广大群众懂得保护水资源、水环境是每个公民的责任。转变落后的用水观念和用水习惯,把建设节水防污型城市目标变成广大干部群众共同的自觉行动。要加强舆论监督,对浪费水、破坏水质的行为公开曝光。同时,大力宣传和推广科学用水、节约用水的好方法,在全社会形成节约用水、合理用水、防治水污染、保护水资源良好的生产和生活方式。

主题词:城乡建设　城市　水利　环保　通知

指示或布置工作性通知的写法:
(1)标题。一般采用三项式。

（2）受文机关。指示或布置工作性通知应有受文机关。

（3）正文。这类通知的正文写法类似于指示的正文，一般由三部分组成：

1）开头部分大多先对以往工作做一小结，指出已经取得的成绩，并指出还存在的问题或不足，分析其存在的原因，然后提出要求和措施，用"现作如下规定"等语句引起下文。

2）中间部分是具体的要求和措施，往往用条文式来写，内容要具体明确，措词不能含糊、模棱两可，否则下级无法贯彻执行。

3）结尾可用"特此通知"等习惯用语，也可不写。

（4）发文机关和成文日期。

（四）告知性通知

需要让下级机关或不相隶属机关办理或知道某些事项使用的通知。如庆祝节日、举办纪念活动、成立或撤销某个机构、启用单位印章、迁移办公地点、更换电话号码、请下级机关报送有关材料等等，都可用通知形式。

[例文18]

关于印发《对外使用国徽图案的办法》的通知
外发〔1993〕20号

各省、自治区、直辖市人民政府，国务院各部委、各直属机构，各驻外使、领馆、团、处：

中华人民共和国《对外使用国徽图案的办法》，已于1993年8月31日经国务院批准，现予发布施行。

外交部
一九九三年九月二十四日

告知性通知的写法：

（1）标题。一般采用三项式；在单位内部发的通知，也可省略发文机关。

(2) 受文机关。告知性通知应有受文机关。

(3) 正文。告知性通知的正文应写明告知事项、背景或依据,写明事项的内容,提出要求。表达应准确,通知中涉及到的时间、地点、单位名称、人名和活动内容清楚无误。

(4) 发文机关和成文时间。

(五) 会议通知

召开比较重要的会议,需提前让有关单位或个人知道时所使用的通知。

[例文 19]

××市林业局关于召开会计决算编审工作会议的通知
×林计〔1992〕××号

各区县林业(农林)局,市局属各单位:

兹定于 12 月 14 日—12 月 17 日召开 1992 年度会计决算编审工作会议。现将有关事项通知如下:

一、参加人员:各区县林业(农林)局及市局属各单位主管决算工作的会计 1 人。

二、会议地点:××市开竺苗圃(××县××乡)。

三、报到时间:12 月 14 日上午 10:30。

四、会议内容:

1. 布置决算报表;

2. 布置审计工作;

3. 编审 1992 年林业贴息贷款计划报表。

五、注意事项:

1. 携带 1992 年林业项目、治沙项目贷款计划执行表及总结。

2. 带现金 50 元(资料、书籍费)。

××市林业局

一九九二年十二月五日

会议通知的写法：

(1) 标题。可用三项式；也可省略发文机关；但作为正式公文,直接以"会议通知"作标题是不规范的写法。

(2) 受文机关。会议通知应有受文机关。有些通知是给某些领导人或个人的,可写上领导职务或个人姓名。

(3) 正文。会议通知的正文主要写清楚会议名称、主持单位、会议内容、起止时间、会议地点、参加人员、报到地点、携带材料以及其他有关事宜。为了安排会务工作,有的会议通知还附有"回执",要求与会单位或个人提前报告参加会议人员的名单(包括姓名、职务、性别等)、乘坐的交通工具、到达时间及是否要预订回程票等情况。写好会议通知的正文关键是仔细、周全,不产生歧义。

(4) 发文机关和成文时间。

三、通知与指示的区别

通知与指示都可以用来向下级机关布置工作,其区别在于：

第一,通知侧重于要求下级机关知晓、办理或执行某些事项,所作安排较具体；指示侧重于向下级机关阐明工作活动的指导原则,要求下级机关结合实际情况贯彻执行,所作安排较原则。

第二,通知是从中央到地方,从机关到企事业单位都能使用的文种；指示一般只能由国务院及各部委、省自治区直辖市人民政府发布,而且必须是重大事项才能使用,一般行政机关及企事业单位不能使用。

第六节　通　　报

一、通报的适用范围和特点

(一) 通报的适用范围

《国家行政机关公文处理办法》规定：通报"适用于表彰先进,批评错误,传达重要精神或者情况"。

通报主要是上级机关将先进经验、严重问题、有关重要精神或情况告知下级机关时所使用的一种公文。其作用在于将先进经验、严重问题、有关重要精神或情况告知下级机关,目的是交流经验、弘扬先进,批评错误、纠正失误,沟通情况,互通消息,从而进一步推动工作。

(二)通报的特点

通报具有以下三个特点:

1. 通报的及时性。通报的内容一般都是近期发生的事情,对当前的工作具有积极的指导意义或促进作用。

2. 事件的典型性。通报的事件对干部、群众有普遍的教育意义,因此不能滥用通报,如果通报用得过多过滥,所通报的事件必然没有典型性,也就失去了通报的意义。

3. 内容的真实性。写通报一定要实事求是,内容必须客观真实,包括事件的细节,否则会引起干部、群众的不满,甚至产生抵触情绪,造成不必要的矛盾。

二、通报类型和写法

(一)通报的类型

1. 表彰性通报。主要用于对全局性工作的成绩、成果,或者某单位、某部门的先进经验,或者某个人、某集体的先进事迹进行表彰、奖励等,以使其他单位、群众开展学习活动。

2. 批评性通报。主要用于对某些地区单位发生的重大问题、恶性事故、或者某些个人违法乱纪行为进行批评处分等,以使其他单位、群众从中吸取教训。

3. 交流性通报。主要用于传达领导人的重要讲话精神、目前形势和任务、本系统近期工作进展情况等,以供各单位在工作中做参考。

(二)通报的写法

1. 表彰性通报。

[例文 19]

浙江省人民政府关于表彰多渠道筹措教育经费改善办学条件先进单位的通报

浙政发〔1992〕347号

各市、县人民政府,各地区行政公署,省政府直属各单位:

近年来,全省各地认真贯彻党和国家关于加强教育工作的一系列方针、政策,重视并优先发展教育事业,积极多渠道筹措教育经费,努力改善办学条件,取得了巨大成绩,改变了基础教育的面貌,促进了全省九年制义务教育的实施。

为了鼓励先进,加快教育的改革和发展,保证在1995年前全省基本完成中小学破旧校舍改造的任务,省人民政府决定,对多渠道筹措教育经费、改善办学条件成绩突出的温岭、余杭、慈溪、宁海、绍兴、桐乡、德清、磐安、龙游、龙泉、普陀、苍南等12个县(市、区)人民政府予以通报表彰并奖励。

希望各地认真贯彻落实党的十四大精神,学习先进,总结经验,从实际出发,进一步坚持"人民教育人民办,办好教育为人民"的方针,大力加强基础教育,继续完善多渠道筹措教育经费的机制,努力改善办学条件,把我省的教育工作推上一个新台阶。

浙江省人民政府

一九九二年十二月二十一日

[例文 20]

云南省档案局关于省级机关一九八二年档案工作先进单位、先进个人的通报

省级机关的档案工作,在省委和省人民政府的领导下,由于各级党委、党组的重视和支持,各单位有关领导同志和档案工作人员的积极努力,为完成恢复、整顿任务作出了显著成绩,并提供了大量的档案材料,为

提高机关工作效率,提高企业、事业的管理水平,建设社会主义物质文明和精神文明作出了贡献。经过检查评比,综合平衡,评出一九八二年文书档案工作和科技档案工作的先进单位九个;文书档案工作先进单位二十八个;科技档案工作先进单位二十三个。文书档案工作先进个人三十八人;科技档案工作先进个人十三人。文书档案工作表扬单位二个;科技档案工作表扬单位十一个。文书档案工作表扬个人四十一人;科技档案工作表扬个人十六人。

特此通报。

云南省档案局
一九八三年二月五日

表彰性通报的写法:

(1) 标题。可采用三项式;也可采用两项式;省略发文机关。表彰性通报标题的关键在于概括好事由,要做到文字简洁而意思明确,使人一看标题就知道表彰什么事迹。

(2) 受文机关。通报一般带有普发性,因此,受文的下级机关往往很多,要注意排列的顺序。用于张贴或登报的通报,可以不写受文机关。批评性通报、交流性通报与此相同,不再重复说明。

(3) 正文。表彰性通报的正文一般写三部分内容:

第一部分概述发通报的背景、原因、目的或依据,需较为具体地把事实写清楚。

第二部分写明先进集体、先进个人的主要事迹,简要分析原因,并作出表彰、奖励的决定。

第三部分对各单位提出希望和要求,或者发出学习的号召等。

以上三部分内容可以分段写,也可以"篇段合一"全部内容用一个自然段一气呵成。

(4) 发文机关印章和成文日期。

2. 批评性通报。

[例文21]

国务院办公厅关于湖南省怀化市社队煤矿三起重大伤亡事故的通报

（一九八三年十二月二十七日）

国办发〔1983〕98号

湖南省怀化市社队煤矿于今年10月5日至25日20天内连续发生三起重大事故，死亡30人。国家经委、劳动人事部、煤炭部、农牧渔业部和湖南省人民政府进行了联合调查。查明这三起事故均为责任事故，损失严重。为了汲取教训，防止类似事故重复发生，经国务院批准，现通报如下：

一、花桥公社联办煤矿瓦斯爆炸事故。10月4日，工人维修支架时，违章停止局扇运转。10月5日，副矿长张显海值班，下井安排工作后，既未布置恢复通风，又不检查瓦斯，擅离职守，上街赶集去了。由于停风达30小时，瓦斯积聚，明电火花引起瓦斯爆炸，死亡7人。

二、泸阳公社岩子园大队挂打坡煤矿冒顶事故。挂打坡煤矿系独眼井，不具备安全生产条件，县社曾多次令其关闭。大队领导人杨世考、矿长刘寿哇拒不停产。10月24日井矿冒顶，当时有20人被堵井下，经过40多个小时的抢救，救活18人，死亡2人。

三、中方公社煤矿透水事故。该矿开采废井深部的煤炭。掘进中曾四次发生透水事故。10月12日、21日市政府命令关闭一切小井，但公社副主任周光裕和矿长潘圣琪拒不执行。10月19日工人发现挂汗、滴水、渗水等明显透水征兆，即向潘汇报两次，但未采取任何措施。10月25日放炮时透水，死亡21人。

上述三起事故说明，社队领导的办矿思想不端正，只顾要煤，不顾安全，违法开采，违章作业。湖南省人民政府对这三起事故的责任者进行了严肃处理，对其中拒不执行国家规定和政府命令、玩忽职守的严重渎职者依法追究了刑事责任。调查中发现当前社队煤矿事故多的原因：一是不符合开采条件，政府命令关闭的拒不执行。二是管理水平低，技术素质差，社队煤矿多数是独眼井，局扇通风，明电照明，明火放炮；有些工人不懂技术，如花桥公社煤矿工人竟然用划火柴的办法检查有没有瓦斯。三是对事故不调查，不严肃处理，不从中汲取教训。为了保障煤矿的安全生产，特规定如下：

一、要认真贯彻执行国务院颁发的《矿山安全条例》、《矿山安全监察条例》和《国务院批转煤炭部关于加快发展小煤矿八项措施报告的通知》。教育干部和群众正确理解和执行放宽发展小煤矿的政策,各级人民政府要加强对社队煤矿的领导。社队办矿必须申请,经省、市、自治区人民政府或人民政府授权的主管部门按照《矿山安全条例》和《小煤矿安全规程》进行审查,对具备基本安全生产条件的方可发给开采证,并经当地工商管理部门凭证发给营业执照,凭许可证和营业执照办矿。各省、市、自治区,特别是县的主管部门要有专人对社队煤矿的安全技术进行检查指导并对社队煤矿的安全生产负责。

二、继续贯彻"扶持、整顿、改造、联合"的方针,促进社队煤矿的健康发展。各级人民政府,要抓好煤炭资源的统一规划、合理布局。严格划定社队煤矿的开采、开发范围,对越界开采的要严加制裁。积极帮助社队煤矿解决好人才、资金、材料、设备等问题。社队煤矿要统一规划、合理布局,坚决制止不顾条件盲目发展、乱采滥挖的倾向。

三、加强对社队煤矿的监督检查。各级经委、煤炭局、劳动局和社队企业局要加强对社队煤矿的安全管理和监察工作,以避免事故的发生。对事故要认真调查,分清责任,严肃处理。对事故的责任者要根据情节轻重、损失大小,给予纪律处分,触犯刑律的要依法追究刑事责任。

四、各级主管部门要加强对社队煤矿的管理,有计划地进行安全教育和技术培训。矿长、安全人员、电工和各种司机,不经培训,不准上岗。经过培训,考试合格发给证书,持证上岗。

五、各级人民政府要组织力量对社队煤矿进行一次全面整顿,有开采证和营业执照,具备基本安全生产条件的矿,可边整顿边生产;有开采证和营业执照,但不具备安全生产条件,隐患多的矿,要停产整顿,经有关部门组织验收合格后方可恢复生产;没有开采证和营业执照的矿,一律停产。凡不具备安全生产条件的矿一律封闭,不准开采。

批评性通报的写法:
(1)标题。采用三项式;也可采用两项式,省略发文机关。标题中的发文事由也应准确概括。
(2)正文。批评性通报正文一般由四部分组成:
第一部分写错误事实。对错误事实,应真实、准确、简要、重点突出,要言不烦。

第二部分写对错误事实的评议。对错误事实要进行分析、评议,指出其性质的严重性和后果的危害性,使被批评单位口服心服。

第三部分写处理决定。对犯错误的单位或个人要作出恰当的处分。如果处分决定不是一项的,可以分条开列。

第四部分写警戒要求。对各受文机关、单位和干部群众提出引以为戒的要求。

(3) 发文机关印章和成文日期。

3. 交流性通报。

[例文22]

××省人民政府关于××市民政事业费管理使用情况的通报
(一九八三年一月二十四日)
××发〔1983〕××号

现将省民政厅《关于检查××市民政事业费管理使用情况的报告》通报给你们。

××市任意挪用、占用和滥用民政事业费的问题,是非常严重的。民政事业是体现党和国家对广大优抚、救济对象生活疾苦的关怀,任何人挪用、侵占民政事业费,都是党纪国法所不容许的。凡是××市挪用和占用的民政事业费必须限期如数追回。为了严明党纪国法,对挪用、占用民政事业费的有关人员,要按政策严肃处理,并将处理结果报省人民政府。

各地要巩固民政事业检查的结果,进一步加强民政事业费管理体制的建设。要在财务检查的基础上认真总结经验和教训,堵塞漏洞,合理地使用各项经费。要把××市的问题引为借鉴,抓紧处理违反财经纪律和违法犯罪案件。目前尚未检查的地方要抓紧进行检查,一抓到底、善始善终,对验收不合格的,应进行补课。

附:《省民政厅关于检查××市民政事业费管理使用情况的报告》(略)

交流性通报的写法:

(1) 标题。采用三项式;如果几个机关联合发文的也可采用两项式,省略发文机关。

(2)正文。交流性通报的正文一般由两个部分组成：

第一部分主要是通报情况。如果是通报工作情况的，应该首先肯定已经取得的成绩，表扬成绩突出的单位，说明取得成绩的原因，使受文单位受到鼓舞和促进。如果是通报错误情况的，应指出工作中存在的问题和不足，批评一些问题严重的单位，说明产生问题的原因，以引起受文单位的重视，促使这些单位努力去解决问题。如果是通报突发事件、事故的，应该首先把事件、事故发生的时间、地点、当事人、事情经过和造成的严重后果交代清楚。其次要分析事件、事故发生的原因和造成的影响，使受文单位清楚了解情况。

第二部分主要是提出要求。针对工作中存在的问题和不足，或者突发事件、事故的原因，对受文各单位提出改进工作的要求或应注意的事项。要求不止一点的，可以分条开列，以便于执行。

(3)发文机关印章和成文日期。

三、通报、通知与通告的区别

第一，告知的范围不同。通报和通知属于机关内部公文，一般都有受文机关，有些还需保密。通告则属周知性公文，可以张贴甚至广播、登报。

第二，告知的内容不同。通报可以用来表彰先进，批评错误，而通知、通告不具备这一功能。通知可以用来转发、批转公文，发布规章制度，任免、聘用干部，通报和通告不具备这一功能。

第三，告知的时机不同。通告和通知告知的是"事项"，一般是在事前或事初告知，二者的区别在于告知的范围有大小。通报告知的是"情况"，只有在事后才能告知。

第七节　议　　案

一、议案的适用范围和特点

(一)议案的适用范围

《国家行政机关公文处理办法》规定：议案"适用于各级人民政府按照法

律程序向同级人民代表大会或人民代表大会常务委员会提请审议事项"。

全国人民代表大会和地方各级人民代表大会是人民行使国家权力的机关,国家或地方上的重大事项须经人民代表大会及其常务委员会讨论通过后方能付诸实施。因此,国务院或地方各级人民政府对于应由同级人民代表大会及其常委会讨论决定的重大事项,应写成议案提请同级人民代表大会或其常务委员会审议。

（二）议案的特点

1. 具有使用的专一性。只有各级人民政府对同级人民代表大会或人民代表大会常务委员会提出请求审议事项时才可使用,一般的公务联系可使用其他文种而不可轻易使用议案。其他部门、单位均不可使用议案,如有提请会议审议事项,可使用"提案"。

2. 具有行文的简洁性。议案一事一文,而且多有被审议的草案附于文后,所以议案本身一般无须详细论述,行文以简洁为好。

3. 具有语气的恳请性。各级人民政府是同级人民代表大会的执行机关。按照法律程序,凡是重大事项,只有经过同级人民代表大会或它的常务委员会审议批准,人民政府方能贯彻实施。因此,各级人民政府在提请审议有关事项的议案中,要使用祈请、恳求的语气。

二、议案的类型和写法

（一）议案的类型

议案按用途可分为提请审议法规草案的议案、提请决定某项重大工作的议案、提请任免重要行政干部的议案、提请审批国际条约和协定的议案等。

1. 提请审议法规草案的议案。用来提请同级人民代表大会或其常务委员会审议、批准某项重要的法律、条例、规定、办法等的草案。如《国务院关于提请审议〈中华人民共和国教师法（草案）〉的议案》、《××省人民政府关于提请审议〈××省城市规划条例（草案）〉的议案》。

2. 提请决定某项重大工作的议案。用来提请同级人民代表大会或其常务委员会审议、决定某项重大工程、措施等。如《国务院关于提请审议兴建长江三峡工程的议案》、《关于提请审议修改后的国务院机构改革方案的议案》。

3. 提请任免重要行政干部的议案。用来提请同级人民代表大会或其常务委员会审议、任免相应级别行政干部的职务,如《国务院关于提请审议××等二同志职务任免的议案》、《北京市人民政府关于提请审议××、×××同志职务任免的议案》。

4. 提请审批国际条约和协定的议案。用来提请全国人民代表大会或全国人大常务委员会审议、批准缔结国际条约和协定。如《国务院关于提请审议批准〈中华人民共和国和玻利维亚共和国领事条约〉的议案》。

(二)议案的写法

议案有不同的种类,不同类型的议案其正文写法有所不同。

1. 含案法。把提请审议的方案写入议案的正文中,不另附提请审议内容。

[例文 23]

上海市人民政府关于提请对本市城镇职工养老保险制度改革实施方案中基本养老金物价补偿办法解释的议案

沪议〔1994〕×号

上海市人大常委会:

1993 年 2 月 5 日市九届人大常委会第 41 次会议原则批准的《上海市城镇职工养老保险制度改革实施方案》(以下简称《方案》),规定了对退休人员按当年职工生活费价格指数比上年上升的幅度调整基本养老金的物价补偿办法。1993 年 12 月 4 日,国务院办公厅下发了《关于印发机关、事业单位工资制度改革三个实施办法的通知》(国办发〔1993〕85 号),国家在对机关事业单位在职人员增加工资的同时,离退休人员也增加离退休金。规定离退休前有职务、1993 年 9 月 30 日前已办理离退休手续和已达到离退休年龄的,离休人员原则按照同职务在职人员的平均增资额增加离休费,退休人员按照同职务在职人员平均增资额的 90% 增加退休费,1994 年 2 月 22 日国务院又下发了《关于调整企业离退休人员离退休金的通知》(国发〔1994〕9号),规定对企业离退休人员按退休时间分档增加离退休金。

市政府认为:国家不定期地规定对离退休人员增加离退休费,具有物价补偿的性质,与本市基本养老金的物价补偿办法一样,都是保障离退休人员基本生活的措施。两者如同时执行,从政策上讲是重复的,并将使离退休人员的生活费增幅高于在职人员的生活费增幅,造成新的不平衡,同时也超出了本市养老保险基金的承受能力。

为了保证《方案》正确、顺利地施行,处理好国家统一规定增加离退休费与本市按职工生活费价格指数上升幅度调整基本养老金的关系,特提请对《方案》中有关基本养老金的物价补偿问题作如下解释:

在全国尚未开展养老保险制度改革的情况下,遇有国家统一规定增加离退休费与本市基本养老金物价补偿办法重复时,按"就高不就低"的原则,选择其中增幅较高的一种执行。具体方法由市社会保险局提出,经市人民政府批准后执行。

上海市人民政府
一九九四年四月九日

2. 另案法。把提请审议的方案如行政法规、规章、条例、办法等的草案置于议案之后,不列入正文。但这些待审议的方案不能视为附件,因此在正文之后不加"附件说明"。

[例文24]

国务院关于提请审议《中华人民共和国教师法(草案)》的议案
国函〔1993〕137号

全国人民代表大会常务委员会:

为了保障教师的合法权益,建议一支具有良好思想品德修养和业务素质的教师队伍,促进我国社会主义教育事业的发展,国家教育委员会在总结建国四十多年来教师工作经验和充分听取各方面意见和建议的基础上,草拟了《中华人民共和国教师法(草案)》。这个草案,已经国务院常务会议讨论通过,现提请审议。

国务院总理　李　鹏
一九九三年十月七日

议案的写法如下:
(1) 文头部分。议案的文头部分与其他公文有所不同。
1) 版头。议案的版头一般使用发文机关全称,其后不加"文件"二字,或加"(议案)"有圆括号。如国务院议案的版头为"中华人民共和国国务院",上海市人民政府议案的版头称为"上海市人民政府(议案)"。
2) 发文字号。议案一般采用常规发文字号。与其他公文不同的是,议案用"函",或"议"来代替"发"字,如国务院议案用"国函〔2001〕×号",上海市人民政府议案用"沪议〔2001〕×号"。
(2) 标题。议案的标题又称"案由",一般采用三项式,即发文机关、发文事由、文种,有时也可省略发文机关。其中发文事由往往用"关于提请审议"连接一个待审议的法规草案或重大行政举措,如《国务院关于提请审议〈中华人民共和国教师法(草案)〉的议案》、《国务院关于提请审议兴建长江三峡工程的议案》;如果是任免干部,也可以用"关于提请任命"连接待任免的某同志职务,如《××市人民政府关于提请任命×××同志职务的议案》;如果是审议国际条约和协议,则其动词需"提请审议批准",条约和协议不加"(草案)"。
(3) 主送机关。议案的主送机关为同级人民代表大会或人民代表大会常务委员会的全称,或者规范化的简称,如"全国人民代表大会"、"全国人民代表大会常务委员会"、"市人大"、"市人大常委会";在人大或人大常委会开会期间提出议案,应标明人大的届次,如"第九届全国人民代表大会第四次会议"。
(4) 正文。
(5) 结束语。各类议案的结构基本一样,一般用"请审议"、"请予审议"、"现提请审议"等。
(6) 签署与日期。国务院或地方各级人民政府提出的议案,分别由总理、省、市、区、县长的职务和姓名签署,也可采用加盖发文机关公章的办法。以成文时间为日期。

其中,含案法的写法要注意:

第一,要有案据,即提出此项议案的依据,包括原因、目的、重要意义等,表明此议案的重要性、必要性,引起审议者的重视。案据的详略,要根据实际需要。有些重大事项,必须在案据部分详细论述理由,以便于人代会或常务委员会讨论通过。不属于重大事项的案据部分则可简而言之。

第二,要有方案,即解决此项议案的措施、方法。议案不仅要提出问题要求审议,还要提出解决问题的措施和方法。凡能具体说明措施和方法的,应写得详细些,可以分条列项;如涉及的面广,不能具体说明的,也可概括提出,待议案通过后再拟具体方案。

另案法的写法要注意:

第一,简要说明所提议案的原因和目的。如例文中提出制定《教师法》的目的是为了保障教师的合法权益,建立一支高素质的教师队伍,促进我国教育事业的发展。

第二,方案形式过程。用很简要的语言甚至一句话说明之,一般内容是总结经验、调查研究、征求意见、与有关部门商议等,表示是慎重提出的。如例文中所说,国家教委在总结建国四十多年来教师工作经验和充分听取各方面意见和建议的基础上草拟了《教师法(草案)》。

另案法因为正文不含具体方案,所以文字一般较为简短,大多只用一个段落,必要时分成两、三个段落。

提请审议行政法规、规章、条例、办法等的议案,提议案的行政机关应作好对行政法规、规章、条例、办法等的说明,由提出议案机关的领导人到会宣读,并回答代表们的提问。

三、议案、提案、建议的区别

行政公文的议案,是专指各级人民政府按照法律程序向同级人民代表大会或人民代表大会常务委员会提请审议事项的公文,具有法定效力,同级人民代表大会及其常务委员会接到议案必须审议。它只限于国务院和地方各级人民政府使用,其他部门、团体和个人都不能随意使用。

根据《中华人民共和国全国人民代表大会组织法》和《中华人民共和国地方各级人民代表大会和地方各级人民政府组织法》规定,人民代表大会本身也使用议案,只要符合法定代表人数的,可联合提出议案。但这种议案不代表政府机关,不一定列入大会审议,多数由大会议案审查委员会处理,因而不具有法定效力,不属于行政机关公文。

提案是政协会议或各机关、团体、企事业单位的职代会、教代会、学代会等会议使用的文书,其提出者、受理者、处理办法和效用,都与议案不同,因而也不属于行政公文。不能说"议案又称提案"。

在一些会议上,代表们提出的建议、批评或意见等,更不能称之为议案,一般可称为意见或建议。

第八节 报　　告

一、报告的适用范围和特点

（一）报告的适用范围

《国家行政机关公文处理办法》规定:报告"适用于向上级机关汇报工作,反映情况,答复上级机关的询问"。

报告还可用来向上级机关报送文件和物件。报告是陈述性公文,属上行文,在中下级机关中普遍使用。

（二）报告的特点

报告有以下三个特点:

1. 内容的真实性。写报告要以实事求是的态度向上级机关反映和提供真实情况,不能任意夸大或缩小,更不能弄虚作假。对于涉及到的时间、地点、人物、事件、情况、数据等,都要经过仔细核实,确保准确无误。

2. 意见建设的可行性。报告中提出的意见或建议一是要符合党和国家的有关方针、政策、法规、条例和上级的指示精神;二是要符合本机关、本单位、本部门的实际情况,具有可行性和可操作性。

3. 陈述的诚恳性。因为是向上级报告,笔调语气应诚恳、谦虚,不能生硬。

二、报告的类型和写法

（一）报告的类型

报告按其性质划分，可分为五种类型：

1. 工作汇报性报告。用于向上级机关汇报本单位开展某项工作的情况，以使上级机关及时了解工作中的成绩、经验和问题，取得上级机关的支持和指导。

2. 情况反映性报告。用于向上级机关反映本单位其他方面的重要情况，如本单位的先进人物和先进事迹，群众意见和思想动态，意外事故和突发事件等，以使上级机关及时了解情况，及时作出决策。

3. 意见建议性报告。用于向上级机关提出工作意见或建议，希望上级机关批准并转发给同级机关或不相隶属机关共同办理执行。这类报告需要提出解决问题、做好工作的具体要求、办法和措施等。

4. 答复询问性报告。用于答复上级机关的询问，以使上级机关了解有关信息。前三种报告一般由下级机关主动作出，这类报告则是上级机关要求下级机关作出。

5. 报送材料性报告。用于向上级机关报送文件、物品、资料等。

（二）报告的写法

1. 工作汇报性报告。

[例文25]

铁道部关于193次旅客快车发生重大颠覆事故的报告

铁报〔19××〕××号　签发人　×××

国务院：

5月23日16时05分，由济南开往佳木斯的193次旅客快车，行驶至沈山线锦州铁路局管内的兴隆店车站（距沈阳43公里）时，发生颠覆重大事故，造成×名旅客死亡，×××名旅客和×名列车乘务人员受伤，报废机车×台、客车×辆、货车×辆，损坏机车×台、客车×辆和部分线路、道岔等设备,沈山下行正线中断运输近××小时,直接经济损失达×××余万元。

事故发生后,东北铁路办事处和锦州、沈阳铁路局负责同志即随救援列车或救护车赶赴事故现场,组织抢救、抢修工作。当地驻军、地方党政领导同志和部分社员、学生也投入抢救工作。辽宁省、沈阳市的领导同志及沈阳军区、辽宁省军区有关负责同志先后赶到现场,组织抢救伤员,疏运旅客。我部李克非副部长率安监室和运输、机务、车辆、工务、电务、公安各局负责同志也于当日连夜赶赴现场,指挥抢修工作,调查分析事故原因,慰问伤员,并对省市党政领导和部队表示感谢。在省市的领导和驻军的大力支持下,伤员的抢救和治疗工作安排得比较周密,受伤的旅客和列车乘务人员,除少数送入就近的新民县医院抢救外,其余的均由沈阳市和军队、铁路医疗部门派车接到沈阳,及时得到了抢救和治疗。

经调查分析,造成这次事故的直接原因,是锦州铁路局大虎山工务段兴隆店养路工区工人在该处做无缝线路补修作业时,违反劳动纪律和操作规程,将起道机立放在钢轨内侧,擅离岗位,到附近的道口守房去吃冰棍,当193次快车通过时,撞上起道机,引起列车脱轨颠覆事故。

这次事故是发生在旅客列车方面的一次严重事故,又是发生在全国开展的"安全月"活动中,使国家和人民生命财产蒙受了巨大的损失,在政治上造成了极坏的影响,性质是非常严重的,我们心情十分沉痛。这次事故的发生和最近一个时期安全工作不稳定的状况,说明了我们铁路基础工作薄弱,管理不善,思想政治工作不落实,反映了我们作风不扎实,对安全工作抓得不力,在安全生产中管理不严、职工纪律松弛的问题长期没得到解决。

为了使全路职工从这起严重事故中吸取教训,我们于5月31日召开了有各铁路局、铁路分局、全路各工务段负责同志参加的紧急电话会议,通报了这次事故,提出了搞好安全生产的紧急措施。要求铁路各部门、各单位必须把安全工作放在第一位,各级领导干部要树立安全第一的思想,并向全体职工进行安全教育,使每个职工都牢固地树立起对国家、对人民极端负责的观念,认真落实岗位责任制,严格遵守劳动纪律、一丝不苟地执行规章制度和操作规程;各单位要针对近年来新工人比重不断增加的情况,加强对新工人的教育和考核工作,各行车和涉及安全生产的主要工种不经考试合格不得单独作业;对各种行车设备要进行一次认真检查,发现问题立即解决;同时,各单位要切实解决职工生活中应该而且可以解决的具体问题,解决职工的"后顾之忧";动员广大职工干部迅速行动起来,以这次事故为教训,采取措施,堵塞漏洞,保证行车安全。

我们在6月份开展的"人民铁路为人民"活动中,要把搞好安全生产作为重点,并在今后当作长期的根本任务来抓。党、政、工、团各部门从不同的角度抓好安全生产,迅速改变目前安全生产不好的被动局面。

锦州铁路局对这次事故的主要责任者,已按照法律程序提出起诉,追究刑事责任;对于事故有关的分局、工务段领导也作了严肃的、正确的处理。铁道部决定对锦州铁路局局长×××同志和党委书记×××同志给予行政记过处分。这次事故虽然发生在下边,我们负有重要的领导责任,为接受教训,教育全路职工,恳请国务院给我们以处分。

铁道部
××××年×月×日

工作汇报性报告的写法:

(1) 文头部分。报告属上行公文,在文头部分的发文字号右侧应标明签发人,即发文机关领导人应签字。其他类型的报告和请示都应有此项内容,不再重复说明。

(2) 标题。一般采用三项式;也可省略发文机关,采用两项式。

(3) 主送机关。上行公文一般只有一个主送机关,即直接的上级机关。如果此报告需几个上级机关知道,可用抄送形式。

(4) 正文。工作汇报性报告的正文一般包括以下几部分内容:

前言。正文开头部分,应简要说明工作的时间、依据、内容、成绩等,起到开宗明义、画龙点睛的作用,然后用"现将有关工作情况报告如下"等惯用语引起下文。

工作情况和成绩。把工作的基本情况和主要成绩或发生的事情作一汇报,可按时间顺序即纵式结构写;也可分几个方面即横式结构定;还可纵横交错,兼用这两种结构形式。要做到表达准确,条理清楚,文字简洁。

主要经验或教训。这是工作报告的重点,一般采用分条开列的方法,把工作中行之有效的做法、措施加以归纳提高,总结出带有规律性的经验,以对其他单位的工作具有指导意义或参考价值。或是对教训的深刻认识。文字应有说服力,防止抽象空洞。

存在的问题和不足。以"一分为二"的态度找出工作中存在的问题和不足,以便于在今后的工作中加以防止和改进。文字上不必着墨过多。

今后工作的意见或打算。工作汇报性报告应针对存在的问题和不足提出今后工作的意见或打算,一般情况下可以简单提出,不必展开叙述,如果希望上级机关批转本报告,这一部分须详细写出意见或建议,以便上级机关批转各机关、各单位贯彻执行,如上例。

结尾。工作汇报性报告的结尾常用"以上报告如有不当,请予指正",或"特此报告"作结束语,也可不用结尾。

(5)发文机关印章和成文日期。

2. 情况反映性报告。

[例文 26]

上海市人民政府贯彻国务院关于加强国有资产管理工作的通知的情况报告

沪府报〔1990〕×号　　签发人×××

国务院:

现将我市贯彻《国务院关于加强国有资产管理工作的通知》(国发[1990]38号)的情况报告如下:

一、开展对国有资产的调查统计工作,主要是调查统计全市国有资产存量,掌握资产分布的现状及其经营效益,了解资产管理中存在问题,为"八五"期间开展清查资产、核实国家资金作好准备。在清查国有资产存量中,我市采取了"先预算内后预算外,先账内后账外,先市内后境外"的做法,逐步摸清了全市国有资产的底数。国务院计划在"八五"期间进行清产核资,我们认为这是一项非常重要的工作,我市将根据国务院的部署,积极开展清产核资的试点。

二、对"撤、并"的公司做好国有资产的清理、评估、划转和收缴工作。我市由市清理整顿公司领导小组负责清理、整顿公司。对确定"撤、并"的各类公司,从保护国有资产、防止国有资产流失出发,市政府已责成财政局负责国有资产的清理、评估、划转和收缴工作。

三、加强企业的国有资产管理。在工业企业产业结构调整中,由我市经委牵头,国有资产管理机构参与组织企业集团、联合经营、企业兼并和其他各种试点涉及国有资产管理的工作,积极推进国有资产存量合理流动,提高经济效益。

四、纠正损害国有资产产权的行为。市政府已责成有关部门深入进行检查,如发现问题,要采取相应措施予以纠正。同时,研究如何加强对股份制企业、企业兼并、中外合资经营企业的中方资产管理等。此外,还将研究国有资产产权界定政策、闲置设备的调剂办法等。

五、逐步建立资产评估机构。我市将陆续开展对评估机构资格审查和颁发资产评估资格证书,以适应对外开放的需要。待条件成熟后,我市将设置国有资产评估中心,负责组织、领导和监督市管国有资产评估工作。

六、研究成立国有资产管理机构。我市已在市财政局设有国有资产管理处,开展有关国有资产管理工作。待条件成熟后,将研究成立市国有资产管理局,并在各区、县财政局和直属财政分局内相应增挂国有资产管理科(股)牌子,设专人负责,逐步理顺国有资产管理体系。

随着××的开发以及××改造的推进,××国有资产管理任务很重。我们按照国务院的要求,进一步把有关工作做好,请财政部和国家国有资产管理局继续给予指导和支持。

以上报告,请审阅。

上海市人民政府
一九九〇年十一月十日

[例文27]

林业部关于抢救大熊猫的紧急报告(摘要)

国务院:

今年五月以来,四川省卧龙、蜂桶寨、九寨沟以及陕西省佛坪等几个自然保护区,相继出现箭竹大面积或零星开花枯死的现象。箭竹是大熊猫的主要食料,箭竹开花将使这里的大熊猫难以生存。箭竹一般四十年至八十年开花一次,每次从开花、结籽到长成新竹,需要二十年左右的时间。过去每遇这种情况,大熊猫就要死亡一批。如一九七四年至一九七六年四川、甘肃的岷山北段，因箭竹大面积开花枯死，大熊猫死亡很多，经调查发现的尸体就达一百三十八具。

大熊猫是我国国宝，是世界人民喜爱的珍稀动物，国际上对拯救我国大熊猫的呼声十分强烈。最近世界野生生物基金会为此发表了专题公报。抢救和保护好大熊猫刻不容缓，这项工作关系我国的声誉。我们研究拟采取以下措施：

一、会同有关省联合组织力量，对大熊猫分布的地区进行一次全面普查，弄清开花枯死的箭竹种类、面积和威胁大熊猫生存的严重程度。

二、紧急抢救已受威胁的大熊猫，一是把体弱有病的熊猫捕捉饲养起来；二是把受灾熊猫有计划地转移到箭竹资源丰富，近期不会开花的林区；三是定点投食，补充饲料。

三、要从根本上解决熊猫缺食的问题，今后要在熊猫生存的地区引种一些新箭竹品种，搞好箭竹的研究和培育，努力扩大资源。同时，加强以保护大熊猫为主的自然保护区的建设和管理，保护好熊猫的栖息环境，积极开展有关科学研究，确保这种珍稀动物的正常生息和繁衍。

四、拟在四川省的蜂桶寨、九寨沟、唐家河、大风顶、喇叭河等五个自然保护区，各建一个半野养的熊猫饲养场；在熊猫受灾的岷山、邛崃山引种箭竹，培育竹林，努力恢复其食物基地。这两项建设，需要新增一笔经费，已商请国家计委从明年开始列入国家计划予以解决。

五、我部确定由×××副部长负责，组织有关部门，抽调有关专家，组成抢救小组，抓好此事。同时，请四川、陕西两省人民政府组织有关地、县和林业等部门，共同做好这项紧急工作。

对于拯救我国濒于绝灭的大熊猫、朱鹮、丹顶鹤、老虎等珍稀动物，有关国际组织、个人、驻京使馆人员及在华留学生等，近年来纷纷向我部表示关切。由于我部是行政管理部门，不便处理此类事项。为此，建议在中国科协领导下成立一个全国性的野生动物保护组织，其主要任务是：开展拯救、保护大熊猫等濒危珍稀动物的宣传教育；组织有关学术交流；接受国内外捐助资金。有关该协会的成立工作，我部拟和中国科协具体商定。

以上报告如无不妥，请批转四川、陕西两省和国务院有关部门研究。

一九八三年八月十三日

情况反映性报告的写法:
(1) 标题。一般采用三项式;也可省略发文机关,采用两项式。
(2) 主送机关。直接的上级机关。
(3) 正文。情况反映性报告的正文一般应有以下几个部分的内容:

汇报发生的情况并作客观的分析。应当把情况的时间、地点、情节、当事人等写清楚,并分析这些情况发生的原因、性质和造成的影响等。发生的情况和对情况的分析可以分段写,也可以结合起来,边叙边议。

报告处理结果或处理打算。已经做了处理的,应报告处理结果;尚未作处理的,应报告处理打算。

(4) 结尾。常用"以上报告,请审阅",或"以上报告如无不妥,请批转……贯彻执行"等惯用语结尾,也可省略不用。
(5) 发文机关印章和成文日期。

3. 意见建议性报告。

[例文 28]

关于全国清理三角债工作情况的报告

国务院:

1991 年上半年,全国企业间三角债达 3000 亿元以上,严重影响着国民经济的正常运行。因此,国务院决定把清理三角债作为搞好国有大中型企业和提高企业经济效益的突破口来抓。目前,原定清理三角债的任务已基本完成。现将有关情况报告如下。

一、两年来清理三角债工作的情况

1991 年 6 月 1 日,李鹏总理主持国务院总理办公会议,研究组织清理三角债问题,并决定在东北地区进行试点。朱镕基副总理带领国务院有关部门负责同志到东北调查后,分析了三角债形成的原因和源头:一是由于建设项目超概算严重,当年投资计划安排不足和自筹资金不落实,造成严重的固定资产投资缺口,形成对生产部门贷款和施工企业工程款的大量拖欠;二是企业亏损严重,挤占了企业自有资金和银行贷款,加剧了相互拖欠;三是企业产品不适销对路或根本无销路,产品积压,产成品资金上升,形成投入——产出——积压——拖欠——再投入——再产出——再积压——再拖欠的恶性循环。此外,商品交易秩序紊乱,结算纪律松弛,信用观念淡薄,也加剧了三角债。

经过试点,明确了清欠工作的指导思想,即立足于治本清源,从解决三角债源头入手,下大力气防止新的投资缺口、防止新的产成品积压、防止新的亏损,从而防止新的拖欠。经过两年的努力,全国共注入清欠资金555亿元(银行贷款520亿元,地方和企业自筹35亿元)。其中注入固定资产清欠资金427亿元,清理拖欠项目14121个(基建项目5420个,技改项目8701个),除少数不符合国家产业政策及贷款条件的项目外,全国基建、技改项目在1991年底以前形成的拖欠已基本清理完毕,共连环清理三角债1838亿元。在清理固定资产投资项目拖欠的过程中,与源头相关的机电、原材料等生产资料行业、建设安装施工企业,清理了流动资金拖欠1400多亿元。

对重点行业(产品)的拖欠也进行了清理。1991年对拖欠的煤炭、棉花和第一汽车制造厂贷款进行了清理;1992年以宝钢为龙头进行流动资金清欠试点取得经验之后,又积极稳妥地在煤炭、电力、林业和有色金属四个行业清理了重点企业流动资金拖欠73亿元。为了缓解棉花收购资金紧张的问题,清理了棉花拖欠款28亿元。两年共重点组织流动资金清欠352亿元。

以上两项合计,共清理拖欠款2190亿元(1990年清理1360亿元,1992年清理830亿元),取得了注入1元资金清理4元拖欠的效果。通过清理三角债,明显地缓解了企业资金紧张的状况,加速了资金周转,提高了经济效益,使一大批能源、交通、原材料重点建设项目建成投产,一大批亏损企业转为盈利,增强了经营活力、对国民经济健康发展起到了重要作用。至此,全国清理三角债工作已基本完成。

二、清理三角债工作的主要经验

1992年3月,李鹏总理对全国清理三角债工作取得的成绩给予了很高的评价。他认为这次清理三角债工作指导思想明确,工作方法科学得当,基本上遏制住了前清后欠的势头,取得了很大的成绩。这有利于搞好国有大中型企业,有利于企业转换经营机制,有利于国民经济的正常运行。

清理三角债工作所以能取得这样的效果,主要是抓住了形成三角债的源头和清理的重点,采取的主要作法是:

(一)立足于治本清源。从清理固定资产投资项目拖欠这个源头入手,顺次解开债务链,同时在防止新欠上下功夫。实践证明,从固定资产投资拖欠项目入手进行清理，抓住了主要矛盾，方法得当，措施有力，作法是成功的。两年来，大部分清欠资金都回流到了机电、原材料等生产资料行业以及建筑安装行业的国有大中型企业。由于解开了债务链，及时收回了流动资金贷款，银行总的贷款规模没有大的增加。

（二）治理流动资金拖欠采取釜底抽薪的办法，实行限产压库促销和"压贷双挂钩"的政策。这是减少和防止流动资金拖欠的治本措施。1991年全国完成限产压库229亿元，安排了70亿元技改挂钩项目。1992年由于库存上升和信贷规模十分紧张的原因，从清欠贷款指标中拿出30亿元兑现了部分技改挂钩项目，收到了好的效果。为扭转企业亏损严重的局面，还采取了清仓查库等强有力的措施。全国清理产品库存1303亿元，经审查，由于盘亏、报废、毁损、库存成本高于售价等原因，净损失320亿元，占清理库存的24.6%。对清仓查库损失的审定和处理，财政部、原国务院生产办公室和中国人民银行还专门制定了具体办法。

（三）各级领导高度重视，各有关部门步调一致，团结协作。国务院领导同志亲自组织制定了清理三角债的方针、政策。从固定资产投资项目拖欠入手进行连环清理，工作涉及面广，操作难度很大。但由于国务院各有关部门和各地人民政府主要负责同志加强领导，深入现场督促检查；各级计委、经委、银行、财政及清欠办等有关部门通力合作，全国几十万人的清欠队伍统一行动，艰苦努力，辛勤劳动，认真操作；各新闻单位加强宣传报道，保证了注入的银行信贷资金及时到位、启动运转顺畅和清欠工作的顺利进行。

（四）狠抓防欠措施的落实。为了防止新欠继续产生，国务院有关部门制定了清理三角债、限产压库促销、扭亏增盈、防止新的粮食财务亏损挂账等八个配套政策措施文件。1992年全国清理三角债工作会议以后，国家计委、中国人民银行、国务院经贸办、国务院清理三角债领导小组分别发出《关于防止固定资产投资项目资金拖欠的通知》《关于收回固定资产投资项目清欠贷款有关问题的通知》，并会同国家审计署两次发出通知，审计检查注入资金的项目是否又发生了新的拖欠。针对1992年上半年粮食财务亏损挂账和固定资产投资又出现新拖欠的情况，国务院清理三角债领导小组会同有关部门发出了《关于1992年上半年粮食财务挂账的通报》和《关于今年上半年固定资产新拖欠情况的通报》，国务院办公厅及时转发了这两个通报，对防止新拖欠的发生起到了积极作用。

三、关于防止新拖欠的意见

三角债是我国新旧经济体制转换过程中国民经济深层次矛盾的反映。贷款拖欠是企业之间的经济行为,本应由企业依法解决,由国家投入信贷资金进行清理,实际上是将企业之间的债权债务关系转移到企业与银行之间,这只能是国家采取的一种非常措施。目前企业之间相互拖欠的问题仍还存在。这部分拖欠中,大部分是属于寄销、代销、赊销等约期付款的商业信用行为和超合同发货、滞销积压产品,有的甚至是单纯追求发展速度,又造成新的产品积压和拖欠。按照社会主义市场经济的要求,这些问题今后不能再靠国家注入信贷资金进行清理,而要靠转换企业经营机制来解决。1992年以来,由于国民经济高速增长,固定资产投资增长过猛,带动银行货币投放和信贷规模增长较快,有些地区产成品积压和企业亏损额也在上升,有的地区又靠新的拖欠和施工企业垫资上项目,建设项目超概算和资金安排不到位的情况仍非常严重。据国家统计局统计,1992年1月至11月份,全国固定资产投资又形成新的拖欠68亿元(基本建设49亿元,技术改造19亿元;地方项目拖欠47亿元,中央项目21亿元)。为避免再度出现全国范围的三角债,必须认真贯彻落实防止新拖欠的各项措施。为此,特提出以下意见:

(一)搞建设要量力而行,不留资金缺口。要认真按照中共中央、国务院《关于加强对固定资产投资和信贷规模进行宏观调控的通知》(中发〔1992〕8号)和中共中央办公厅、国务院办公厅《关于确保农副产品收购和严格控制新开工项目的紧急通知》的精神,严格控制固定资产投资规模,严禁挪用流动资金贷款搞固定资产投资。要加快投资体制的改革,做到项目投资决策和审批者的权力、责任相统一。从1992年开始,由于建设资金不落实而发生新拖欠的,要扣减有关省(区、市)和部门下一年度的基本建设、技术改造投资规模和银行贷款规模,并对拖欠严重的企业和上级主管单位有关负责人予以通报批评或行政处分。

(二)落实好清欠贷款回收计划。要按照中国人民银行等部门《关于收回固定资产投资项目清欠贷款有关问题的通知》的要求,抓好清欠贷款的回收,按贷款合同规定的还款计划认真执行。凡完不成年度还款计划的,不得安排新开工项目;银行有权根据清欠借款合同,于第二年从企业自有资金或项目投资中扣还。企业无力归还的,扣减企业所在省、自治区、直辖市和部门的固定资产投资计划指标。

(三)认真落实《全民所有制工业企业转换经营机制条例》。《条例》赋予了企业十四项经营自主权,各级人民政府要尽快转变职能,防止由于政府指挥失误或计划失当造成的产品积压和拖欠,特别是不能继续向企业压产值、压速度。企业要适应社会主义市场经济需要,在经营活动中自觉按市场经济的要求,规范自身的行为,严格按经济合同办事,自觉防止产生新的拖欠。

(四)加快企业补充自有流动资金和压缩三项资金占用。作为搞好国有大中型企业措施之一,1991年国家选定了1000多户大中型骨干企业,在"八五"期间每年按企业销售收入的1‰提取补充流动资金。这项工作已经取得了一定成效,建议扩大到有承受能力的大中型企业。要继续压缩不合理的产成品资金占用,加快资金周转。对三项资金占有超过合理水平的企业,银行应当停止增加新贷款。

(五)采取有效措施解决粮食挂账问题。各地要按照国务院《关于解决财政欠拨、欠补、欠退和企业挂账问题的通知》(国发〔1992〕43号)中提出的要求,采取有效措施解决粮食挂账问题。

(六)进一步加强法制管理。企业要增强自我保护意识,依法保护自己的合法权益。在执行经济合同中发生的经济纠纷,企业应向仲裁机关申请仲裁或向人民法院提出起诉,追究违约方的责任。企业对经确认无法收回的应收欠款,要按照财政部颁发的《企业财务通则》和《企业会计准则》的有关规定处理,避免长期挂账,消除潜在亏损。

(七)加强对固定资产投资项目的监督检查。今后凡是由国家拨款、国家银行贷款和由各级政府承担债务(或担保)的各类国外贷款的固定资产投资项目,在项目决策阶段或开工建设之前,均需由国家审计机关审计确认资金(特别是自筹资金)来源的合理性和可靠性。企业以留用资金和自筹资金从事生产性建设并自主立项的项目,由注册的会计师事务所和审计事务所确认资金来源的合理性和可靠性,并出具验资证明。未经验资的项目,有关部门不予办理开工手续,施工企业不得施工。

(八)加快银行结算制度的改革,以适应社会主义市场经济体制的要求。要引导商业信用,使企业之间的信用行为合同化、票据化。银行还要按照国务院《关于整顿商品交易秩序严格结算纪律的通知》(国发〔1991〕39号)精神,继续加强银行系统的结算纪律和对企业结算活动的监督。企业不得无理拒付应付货款,银行也不得袒护在本地开户企业的无理拒付行为,否则追究有关人员的责任。

以上意见如无不妥,请批转各地区、各有关部门贯彻执行。

国务院清理三角债领导小组

一九九二年十二月二十六日

意见建议性报告的写法:

(1) 标题。一般采用三项式;也可省略发文机关,采用两项式。

(2) 主送机关。直接的上级机关。

(3) 正文。意见建议性报告正文主要由两部分组成:

汇报情况。对工作提出意见或建议,主要作针对工作中存在的问题与不足,因此,此类报告首先要汇报工作情况,包括工作中已取得的成绩、存在的问题以及问题产生的原因。这一部分可详可略,上例这一部分写得比较详细。

提出意见或建议。这是此类报告的重点部分。因为如果得到上级机关的肯定、批转,就要求各单位贯彻执行,因此要写得明确、具体、严谨、可行。一般采用分条列项的写法。

(4) 结尾。此类报告一般用"以上报告如无不妥,请批转各地区、各部门贯彻执行"等惯用语作结尾,这个结尾不能省略。

(5) 发文机关印章和成文日期。

4. 答复询问性报告。

[例文 29]

**××规划建设委员会办公室关于×县
拟建工业开发区的报告**

×规办〔1992〕×号

市政府:

根据××副市长的批示,我们就×县政府×政〔1991〕110 号来文《关于建立工业开发区的请示》中的问题曾转市规划局、规划院研究,1月13日,我们在规划办系统联席会议上再次进行了研究,我们的意见如下:

一、×县政府提出在现状××公路以南(即×县城西南)地区建设工业开发区,与×县城总体规划没有矛盾,可原则同意。

二、现状××公路以南至规划××公路之间地区可用于工业的用地共2平方公里,其中,规划的自来水九厂××至×县段管线巡线路以北地区为1.2平方公里。……

三、由于现状××公路和规划××公路之间地区是自来水八厂的水源补给区,因此,在选择工业项目时,必须注意保护环境。……

四、……

特此报告

附件:×县工业区规划图

××规划建设委员会办公室(印)

一九九二年×月×日

答复询问性报告的写法:

(1) 标题、主送机关与前相同。

(2) 正文。此类报告的正文开始应引述上级机关来文时间、标题、文号,并用"所询关于……一事,现答复如下"字样引出下文。如果答复内容较简单,可以用一段文字一气呵成;如果答复的内容较多,也可以分条开列,逐条写出。

(3) 结尾。一般用"特此报告"结尾,也可省略。

(4) 发文机关印章和成文日期。

5. 报送材料性报告。

[例文30]

上海市人民政府关于报送×××开发区规划的报告

沪报〔19××〕×号　　签发人　×××

国务院:

现将我市×××开发区的规划报上,请审核。

上海市人民政府

一九××年×月×日

报送材料性报告的写法：

其正文的写法一般很简短，只用一、二句话说明报送什么文件或材料，请审阅(阅核)、查核(查收)即可。

第九节 请 示

一、请示的适用范围和特点

(一) 请示的适用范围

《国家行政机关公文处理办法》规定：请示"适用于向上级机关请求指示、批准"。

请示可用来向上级机关要求对本单位工作中遇到的新情况、新问题作出指示；或者对本单位所提出的工作方案作出批准；也可以是就开展某项工作活动的具体意见、建议，请求上级机关批转有关单位、部门参照执行。

(二) 请示的特点

请示有以下三个特点：

1. 内容的单一性。请示要严格按照"一文一事"的原则撰写，不能在一篇请示中提出几个互不相干的问题，否则上级机关看后，无法予以审核、批复。

2. 要求的可行性。请示中提出的请上级机关予以批准的要求，应是切实可行的，而且应考虑到上级机关的审批权限和解决能力，不应提出根本办不到的、不合情理的要求。

3. 语气的祈请性。向上级机关提出请求批准事项，语气应诚恳，理由应充分，不能用不达目的决不罢休，甚至用威胁性的语气。

二、请示的类型和写法

(一) 请示的类型

请示按其性质划分，主要有两种类型：

1. 政策性请示。对党和国家的方针、政策、法律、法规和上级的指示等有不明确或不同的理解,在工作中遇到无章可循的新情况、新问题,需要上级机关加以指导,要向上级机关请示。

2. 事务性请示。按规定需要上级机关批准方能办理的事项,或者需要得到上级机关帮助的事项,事先要向上级机关请示。

(二)请示的写法

1. 政策性请示

[例文31]

关于《会计人员职权条例》中"总会计师"是行政职务或是技术职称的请示

财政部:

  国务院1987年国发〔1987〕××号通知颁发的《会计人员职权条例》规定,会计人员技术职称分为总会计师、会计师、助理会计师、会计员四种;其中"总会计师"既是行政职务,又作为技术职称。在执行中,工厂总会计师按《条例》规定,负责全工厂的财务会计事宜;可是每个工厂,尤其大工厂,授予总会计师职称的有四五人,究竟由哪一位负责全厂的财务会计事宜、执行总会计师的职责与权限呢?我们认为宜将行政职务与技术职称分开。总会计师为行政职务,不再作为技术职称;比照最近国务院颁发的《工程技术干部技术职称暂行规定》,将《条例》第五章规定的会计人员职称中的"总会计师"改为"高级会计师"。

  以上认识是否妥当,请迅速指示。

××省财政厅
一九八八年×月×日

政策性请示的写法:

(1)标题。一般采用三项式;也可省略发文机关,采用两项式。

(2)主送机关。请示的主送机关只能写一个,即直接的上级机关。即使是双重领导的机关向上级机关请示，也应以主管所请示工作的上级机关为主送机关，而以另一上级机关为抄送机关。因为主送机关要对请示作出批复，如果写两个主送机关，也许会作出截然不同的答复，或者互相推诿都不作答复，这样就会误事。事务性请示也同样，不再重复说明。

（3）正文。政策性请示的正文应有以下两部分内容：

第一，叙述情况，提出问题。根据工作中遇到的新情况、新问题，如实叙述，并把问题、矛盾摆出来，以便上级机关了解掌握。有不同的看法也应如实反映。

第二，阐明主张，陈述理由。在提出问题的基础上，阐明本机关的主张，并陈述为什么要这样做的理由，供上级机关审批。不能只提问题而没有主张，把矛盾上交，让上级领导去解决。

（4）结尾。请示的惯用结尾是："以上意见当否（妥否），请批示（指示）"等，不能省略。

（5）发文机关印章和成文日期。

2. 事务性请示。

[例文 32]

××市××区人民政府为加强交通安全管理请求于××路上禁止重型卡车和大型客车行驶的请示

××市人民政府：

我区××路位于××路与××路之间，在解放初期，原已封闭，并在该路南北两端，即穿越××路与××路的交叉处设置禁行标牌，至1966年，禁止一切车辆通行的标牌被人拔去，遂开路禁。

该路路面狭窄（仅六公尺），两侧人行道早已被居民占用建房或搭造棚屋，行人只能在马路上行走，而此路两边有××大学八个教工及家属宿舍、两所中学、两所小学、两所幼儿园及两个工厂，高峰时，行人摩肩接踵，与机动车辆争道，由于车辆的通行量日益增多，恶性交通事故已多次发生。

为了保证附近学校师生和居民的安全，最好能按"文革"前办法，封闭该路。考虑到目前完全禁止车辆通行确有困难，请先禁止重型卡车和大型客车通过，这些车辆可循附近××路和××路行驶，对于交通运输并无影响。

以上意见是否可行,请予批复。

××市××区人民政府(公章)

一九八×年×月×日

事务性请示的写法:

(1) 标题。采用三项式;也可省略发文机关,采用两项式。

(2) 主送机关。只能有一个主送机关。

(3) 正文。事务性请示的正文应有以下几部分内容:

第一,充分陈述理由。事务性请示的目的是为了得到上级机关批准,必须充分陈述理由,说服上级机关同意。为此,可以运用一些具体数据、对比等笔法来写。

第二,提出请求事项。请求事项是事务性请示的目的,也是上级机关审批的对象,因此,必须具体可行,如果请求事项太多,可以分条开列。请求事项要实事求是,不要认为所提出的要求或款项上级机关总要"砍一刀",因而"漫天要价"。

(4) 结尾。惯用的结尾是"以上请示妥否(当否),请批复"、"当否、请审批"等。

(5) 请示,应在附注处注明联系人的姓名和电话。

(6) 发文机关印章和成文日期。

三、报告与请示的区别

请示与报告是两种容易用错的公文,造成用错的原因有两方面。一方面,在历史上,1951年政务院颁布的《公文处理暂行办法》规定的公文种类中,只有报告没有请示,其规定是"对上级陈述或请示事项"都用报告。这在实际工作中带来了问题。1957年国务院秘书厅专门发出通知,提出"报告和请示必须分开使用","报告中不能写请示事项"。但这只是一个意见,未形成正式制度,因而没有引起普遍重视,在实践中反而出现了"请示报告"这种不伦不类的文种。另一方面,有些上级机关的领导干部对于下级机关请示工作,往往用"打个报告上来我们审批"的说法来代替要下级机关写请示,这也造成了下级机关报告、请示不分的情况。现行的《公文处理办法》已经明确规定了报告与请示是两个不同的文种,因而不应该再出现二者不分的情况了。

报告与请示的区别有以下几个方面:

第一,行文时间不同。报告是为了让上级机关了解和掌握情况,它所涉及的工作或事项,可能尚未进行或办理,可能正在进行或办理,也可能已经完成或办毕。因此,报告可以在事前、事中或事后行文。而请示中的工作或事项,必须经过上级机关审核、批准后方能实施、办理。因此,请示必须事前行文,切不可"先斩后奏"。毛泽东说过:"事前请示、事后报告"①。

第二,行文内容不同。报告可以是一文一事,作专题性报告;也可以一文数事,作综合性报告。请示必须一文一事,便于上级机关及时审批。如果在一份请示中写了几件事项,上级机关在审核时可能会因为有些事项尚需研究而不能立即批复,从而延误本可立即批复事项的办理。

第三,行文目的不同。报告的目的只是为了让上级机关了解掌握情况,或者提出意见、建议,一般无需上级机关批准。请示的目的是为了得到上级机关的审核、批准,必须要求上级机关及时给予批复。

第四,处理方式不同。与下级机关发出报告和请示的目的不同相对应,上级机关在收到报告和请示时的处理方式也不同。对报告一般只作为"阅件"在一定范围内传阅,然后立卷归档。而对请示则无论同意与否,都必须及时批复。

第五,行文重心不同。报告是陈述性公文,以叙事为主。请示是请示性公文,以说理为主。

第十节 批 复

一、批复的适用范围和特点

(一)批复的适用范围

《国家行政机关公文处理办法》规定:批复"适用于答复下级机关请示

---

① 《毛泽东选集》第四卷,人民出版社1991年版,第1265页。

事项"。

批复的用途比较单一。与其他下行文相同的是,批复中的有关指示,下级机关必须遵照执行。

(二)批复的特点

1. 针对性。批复是针对下级机关的请示而发,因而内容的针对性很强,与请示事项无关的内容一般不宜写在批复中。

2. 决策性。针对下级机关的请示事项,上级机关往往在批复中作出决策性意见,下级机关应在工作中认真贯彻执行。

3. 指示性。针对下级机关的请示,上级机关在批复中作出的开展工作的要求、措施等,与指示具有同样的作用,下级机关要认真落实。

二、批复的写法

请示有政策性请示和事务性请示的区分,针对请示而发的批复理应也有政策性批复和事务性批复的区分。但各类批复在写法上大体相同,因此合并作介绍。

[例文33]

国务院办公厅关于深圳特区私人建房问题给
广东省人民政府办公厅并福建省人民政府办公厅的批复

(一九八二年十二月十八日)

广东省人民政府办公厅11月24日《关于转报〈深圳市委、市人民政府关于清查处理深圳经济特区范围内私人建房情况报告〉的请示》收悉。

国务院认为,目前深圳特区出现的私占土地,乱建私房,破坏特区发展规划的现象,必须迅速纠正。根据《中华人民共和国宪法》第十条的规定,考虑到特区建设的需要,应当明确宣布:

(一)深圳特区内所有土地,应由深圳市人民政府统一管理、统一组织开发和经营,特区的各项建设必须服从特区的总体发展规划。任何单位和个人,不经市人民政府批准,不得擅自占地建设住房和其他各种建筑物。

（二）特区内干部和职工住房，应由市人民政府房管部门筹资统建，出售或租赁给个人居住。

（三）农村人民公社社员建造私房，也要按照国家的有关规定统一规划，加强管理，建房用地必须报深圳市人民政府批准，以便合理布局，节约用地。

对于过去未经批准，私人擅自占地建造的私房，要逐户进行检查，根据其不同情况进行处理。今后私人擅自占地建造私房的，以违法论处。

请深圳经济特区根据上述精神，按照立法程序，制订有关的单项法规，报请省人民代表大会常务委员会审议批准，公布实施。

珠海、汕头、厦门经济特区的类似问题，也按上述精神处理。

[例文34]

××省商业厅关于财产损失问题的批复

××市商业局：

你局×市商财字〔80〕第287号《关于两项商品损失的请示》收悉。经研究批复如下：

一、××市百货公司钟表商店营业室被强抢，纵火烧毁，罪犯已被处决，流动资产损失97127.66元，同意以"财产损失"核销，列入1979年度会计决算之内。

二、××百货公司批发商店库存××产白蜡线、××产青蜡线，残损变质，属于两项正常损失，按财务管理办法规定，在你局批准权限之内，省厅不予审批。

一九八〇年×月×日（公章）

抄送：省财政局，××市财政局，××市百货公司。

批复的写法：

（1）文头部分。与其他公文基本相同。其中发文字号可以采用常规写法；也可用"函"字代替"发"字，如国务院批复的发文字号写作"国函〔2001〕×号"。

（2）标题。一般采用三项式；也可省略发文机关，采用两项式。标题一般只写来文事由，不引用来文标题。

（3）正文。批复的正文一般包括三方面内容：

1）引述来文。批复的一开头，应引来文的日期、标题和发文字号，常用的写法是："你省×年×月×日《关于××××的请示》(××发〔2001〕×号)收悉"，随后用过渡语，如"现将有关事项作如下批复"，或"经研究，现批复如下"等。文字较短的批复也可不用过渡语。

2）表明意见。对来文中的请示事项表明同意或不同意的态度。有时还可复述请示的要点，简述同意或不同意的理由、依据。必要时还可分条开列作出如何实施的具体指导意见。在文字表述上，同意请示意见的，不能简单地说"同意你们的意见"，应把来文的意见复述清楚，然后表示态度；不同意来文意见的，不宜简单地说"不同意你们的意见"，而应用"暂缓进行"、"暂不宜考虑"等委婉的语气，并说明理由，以体现对下级机关的尊重，并取得他们的理解。

3）结束语。常用"特此批复"、"专此批复"、"此复"等惯用语。如开头已用"特作如下批复"、"现批复如下"等过渡语了，结束语不写也可以。

（4）发文机关印章和成文日期。

三、批复与指示的区别

批复与指示同属下行文，但两者有以下三个方面的区别：

第一，行文范围不同。指示适用于对下级机关布置工作，阐明工作活动的指导原则，面向所属的下级机关。批复适用于答复下级机关请示事项，面向来文请示的下级机关。

第二，行文原因不同。指示是上级机关根据实际的需要主动行文。批复是上级机关应下级机关的请示被动行文。

第三，行文篇幅不同。指示一般内容丰富，篇幅较长，常常分条列项写。批复一般内容单一，有的三言两语，短小精悍；即使分条开列，篇幅也不会很长。

第十一节 意 见

一、意见的适用范围和特点

（一）意见的适用范围

《国家行政机关公文处理办法》规定：意见"适用于对重要问题提出见解和处理办法"。

意见是国务院新发布的《国家行政机关公文处理办法》增加的公文文种。意见往往是为了更好地贯彻执行上级机关的某一方针、政策，根据某项决定、办法、规定、通知等文件而制定的实施方案，报请上级机关批准后形成的公文。意见一经上级机关批准转发，即成为政策性公文，下级机关、单位必须认真贯彻实行。

（二）意见的特点

意见有以下几个特点：

1. 行文有依据。意见又称为"实施意见"，其所以提出，往往是依据上级机关某一决定、通知、方案、办法等文件，结合本地区、本单位的实际情况，经仔细推敲、研究后而提出的。没有无依据的意见。因此，意见实际上是提出如何实施上级机关某一决策、要求的具体方法。

2. 条文可操作。意见中提出的实施办法是对上级机关的决策的细化，其条文可操作性强，是下级机关或有关部门、单位具体操作实施的根据。

3. 内容含政策。意见往往由政府某些部门制定，由政府或政府办公厅（室）用通知等公文转发（印发），其内容本身实际上也是一种政策，是各有关部门必须执行的。

二、意见的类型和写法

（一）意见的类型

意见从功能上划分，大体上有三种：

1. 实施性意见。依据某一文件精神提出具体的贯彻实施方法。如《关于加强本市青少年学生活动场所建设和管理工作的实施意见》。就是为贯彻《中共中央办公厅、国务院办公厅关于加强青少年学生活动场所建设和管理工作的通知》(中办发〔2000〕13号)精神而提出的。

2. 政策性意见。针对某一方案的总体要求提出若干政策性的想法。如《关于加快本市高速公路网建设的若干政策意见》,就是上海市计委等七个部门就有关政策提出的。

3. 试行性意见。在贯彻实行某一文件精神过程中,就某些具体问题提出某些实施方法,但还需试行一段时间才能做出最后决定。如《关于本市实施公务员医疗补助的试行意见》,就是按照国家《劳动保障部、财政部关于实行国家公务员医疗补助的意见》,为实现新旧医疗保险制度的平稳过渡而提出的。

(二) 意见的写法

各类意见虽然功能有所不同,但写法大体相同。

[例文 35]

关于本市机关、事业单位、社会团体和民办非企业单位实施 《上海市城镇职工基本医疗保险办法》的意见

根据市政府的统一部署,从 2001 年 3 月 1 日起,本市机关、事业单位、社会团体和民办非企业单位(以下简称用人单位)及其职工,实施《上海市城镇职工基本医疗保险办法》(以下简称《医疗保险办法》)。现就有关事项提出如下意见:

一、缴费

从 2001 年 3 月 1 日起,用人单位按《医疗保险办法》的规定,按月向指定的社会保险经办机构缴纳医疗保险费。

从 2001 年 1 月 1 日起,在职职工按《医疗保险办法》的规定,按月缴纳医疗保险费。

二、个人医疗账户资金

(一) 在职职工。根据不同的年龄段,2001 年度暂按照统一标准计入

个人医疗账户资金,计入标准为:45岁以上(1955年12月31日以前出生)的378元;35至44岁(1956年1月1日至1965年12月31出生)的308元;34岁以下(1966年1月1日以后出生)的238元。其中,2001年3月1日以后参加工作的职工,从其参加工作之月起至2001年12月底,按每月20元的标准,一次性计入账户。

本次在职职工个人医疗账户中计入金额低于《医疗保险办法》规定的个人医疗账户计入金额的,在2002年度予以补足。

(二)退休人员。2000年12月31日前退休人员的个人医疗账户计入资金:75岁以上(1925年12月31日前出生)的630元;74岁以下(1926年1月1日出生)的560元。

2002年度以后的职工个人医疗账户资金计入金额,按照《医疗保险办法》执行。

三、就医和就医凭证

从2001年3月19日起,职工凭《社会保障卡(医疗保险专用)》,在定点医疗机构就医或者定点零售药店配药。

四、医疗费用支付

从2001年3月19日起,职工就医所发生的医疗费用,其自负比例和个人自负段、统筹基金的起付标准和最高支付限额,均按照《医疗保险办法》的规定执行。

本意见由市医疗保险局负责解释。

主题词:卫生 医疗保险 通知

[例文36]

关于加快本市高速公路网建设的若干政策意见

为加快上海高速公路网建设步伐,根据本市高速公路网建设投融资体制改革方案的总体要求,现提出如下若干政策意见:

一、财税政策

1. 项目公司注册和税收征管。2010年以前,凡取得"153060"高速公路建设运营收费经营权的项目公司(以下简称"项目公司"),其工商注册登记集中于市工商局,税收统一由市财税直属分局征管和托管。

2. 项目公司再投资的税收征管。项目公司再投资设立的从事生产、经营的独立核算以及公路出入口延伸出去的房地产开发等其他公司法人,工商注册登记和税收征管仍按现行办法执行,市财税部门仍按"投资比例最大优先原则"和"注册地属地其次原则"来划分税收户管。

3. 财政收入的再分配。项目公司实施统一征管后,所交纳的各类地方税收均入市级金库,通过预算列支主要用于支持高速公路基础设施建设的用地补贴、贷款贴息、资本金投入以及设立发展基金,具体办法由市计委、市财政局会同有关部门另行制定。

4. 建设期缓征建安营业税。对列入市重大市政工程项目计划的高速公路项目,给予比照享受原市重大市政工程项目有关税收优惠政策。

5. 所得税优惠。(略)

6. "五免五减半"政策。凡涉及浦东新区高速公路建设的外商投资项目公司,可享受从获利年度起按"五免五减半"征收企业所得税的优惠。

7. 外商投资所得税优惠。外商投资的项目公司从事本市高速公路项目,其经营收益可享受减按15%的税率征收企业所得税的优惠。

8. 以税还贷。(略)

9. 配套设施财税政策。对高速公路封闭区域内按统一规划设立的加油站,以及与之配套的餐饮业,凡属地方性项目的,其上缴的税收在纳入预算以后,由市财政通过预算列支安排给有关职能部门(招商人)或有关区县,作为增加投资回报。

二、用地政策

10. 区县负责用地的有关工作。按照市政府印发的《关于进一步完善"两级政府、三级管理"体制的若干意见》(沪府发〔2000〕16号文)精神,在高速公路网项目建设用地方面,市、区县的分工原则不变,由市里统一组织实施项目,区县负责用地工作和相关费用,及时落实施工交地工作,支持项目公司组织建设高速公路和建成后的运营管理。同时,要妥善安置农民,保证农民的应得补偿落实到位,做好社会稳定工作。

11. 采取土地使用权合作方式。由被用地的集体经济组织以土地使用权参与项目合作,被用地农民身份不变。参照当地从事农业生产平均收入水平,由项目公司每年支付土地合作回报。

12. 市里对区县承担前期动拆迁给予支持。市里对区县承担前期拆迁费用困难的,根据具体项目,采取不同方式,适当给予一次性资金支持。

13. 明确用地政策适用范围。本用地政策仅适用于尚未正式实施的高速公路项目建设,已与区县谈妥条件的项目征地,以及已实施的项目征地,仍按已确定的责任落实。

三、其他有关政策

14. 对效益较差道路项目给予政策倾斜。市政府按照统筹平衡、调节收益的原则,根据不同道路投资额、流量、收费标准等因素而产生的收益差别进行调整,对效益较差的道路项目酌情给予支持。

15. 及时对政策变化等因素进行处理。项目经营期间,若项目适用的法律、法规、规章变动或发生不可抗力事件,对项目公司的权利和义务产生重大影响的,项目公司可书面申请延长经营期或调整合同条款,市有关职能部门应及时提出相应处理意见和补偿办法,并报市政府审定。

16. 严格收费价格管理。项目经营收费的立项、收费标准的确定和调整,由市计委(物价部门)按照有关规定审批。

17. 统一收费结算体系。成立收费结算中心,逐步形成总体规划、统一收费、集中结算的动作新机制。

四、对外招商工作

18. 统一对外招商。经市政府授权,由市市政局在本意见范围内,代表市政府具体负责全市经批准的高速公路网项目的统一对外招商工作。凡超出市政府授权范围的其他承诺事项,由市市政局与市有关职能部门协调解决;涉及重大承诺事项,报市政府审定。

19. 搞好政府部门工作分工。由市计委会同有关职能部门负责项目计划、价格和综合性政策等方面的事项,以及日常协调工作;市财政局会同有关部门负责财税政策等方面的事项;市建委、市市政局等有关部门负责项目节点进度、用地动拆迁、施工、监管等方面的事项;市市政局负责项目对外招商、洽谈、签约等事项;市政府法制办负责法律方面的事项。各有关部门遇到重大政策问题,要及时向市政府请示、报告。

有关部门可以根据上述政策意见,制订具体实施细则。

主题词:市政　建设　公路　通知

意见的写法:

(1) 标题。采用三项式,如《上海市贯彻〈关于城镇医药卫生体制改革的指导意见〉的实施意见》。由于意见往往是由上级机关用通知等公文转发

（印发），在通知的标题上已有发文机关，因此意见本身也可省略发文机关，采用二项式，如例文。

（2）受文机关。如上所述，意见往往由上级机关用通知等公文转发（印发），通知中已有受文机关名称，意见中不再重复出现。

（3）正文。意见的正文写法并不统一，一般包括三部分内容：

1）前言部分。用很简短的话提出制定本意见的目的、依据，一般引述所依据的文件的标题，有的还引述文件的发文字号，然后用"现提出实施意见如下"或"现就有关事项提出如下意见"接叙下文，无需说明理由。

2）主体部分。主体部分是意见的核心，不止一条意见的应分条列项写，每一条意见应相对独立，条下可以有项；可以条断项断，也可以条断项连。内容应具体清楚、可操作，不能有歧义。

3）结尾部分。主要写清楚主体部分未竟事项，如何时起实施，解释权归属，原有意见的废止等等。

（4）发文机关印章和成文日期。意见由通知等公文转发（印发），发文机关和成文日期均见通知，意见本身无需落款。

第十二节　函

一、函的适用范围和特点

（一）函的适用范围

《国家行政机关公文处理办法规定》：函"适用于不相隶属机关之间相互商洽工作，询问和答复问题，请求批准和答复审批事项"。

函是十三种公文中惟一的只用于平行文的文种，在不相隶属的机关团体和企事业单位之间经常使用。

（二）函的特点

函有以下三个特点：

1. 行文宽泛。函既可用于不相隶属机关之间，也可用于本系统内外各机关之间。

2. 内容多样。函的内容可以是商洽工作,也可是询问或答复问题,还可以是向主管部门请求批准事项等。

3. 写法简便。函在格式如一封信,篇幅可长可短,写法比较灵活、简便。

二、函的类型和写法

(一)函的类型

1. 从行文性质划分,有公函和便函两种。

(1)公函的格式与正规公文相同,有正式文件头、发文字号、标题、发文机关印章和成文日期等。

(2)便函是机关处理一般事务时使用,一般可不用正式文件头和发文字号,有时也不用标题,但有发文机关印章和成文日期。

2. 从行文方向划分,有来函和复函两种。

(1)来函。也可称去函,即发文机关主动提出商洽工作、询问事项、请求批准等用函。

(2)复函。也可称答函,即发文机关被动答复来函询问事项、批准(或不批准)请求等用函。

(二)函的写法

下面介绍来函与复函的写法:

1. 来函。

[例文 37]

上海市人民政府办公厅关于邀请总政歌舞团来沪参加上海电视节演出的函

沪府办函〔1990〕×号

中国人民解放军总政治部:

经广播电影电视部批准,今年十一月十日至十五日,上海市将举办第三届上海电视节。这是继亚运会后,由上海主办的一次大型国际性文化交流活动。中国人民解放军总政歌舞团是一支艺术水平高超、在全国具有较大影响的专业演出团体。为弘扬民族文化,提高上海电视节开幕式演出水准,拟邀请中国人民解放军总政歌舞团来沪参加开幕式等演出活动。演出的具体事宜由上海电视节组委会派专人前来联系。

上海市人民政府办公厅
一九九〇年十月六日

[例文 38]

上海市人民政府关于建议扩建上海铁路局
机械保温车辆段的函
沪府函〔1989〕×号

铁道部:

  近几年来,随着经济的发展和人民生活水平的提高,上海市及华东地区利用铁路保温车运输的副食品、果品和蔬菜的数量日益增多。××铁路分局机械保温车辆段配属的保温车虽相应增加,但现有运能远远不能满足需要,急需进行扩建。目前突出的矛盾是该分局机械保温车辆段因地处××镇,占地仅×亩,受周围条件限制,已无法就地扩建。最近,我们对上海铁路局报来的《关于在×××征地扩建××铁路分局机械保温车辆段的请示》(×铁辆〔1989〕44号)进行了研究,根据我市总体规划,我市可在××区××铁路编组站东侧预留一块基地供扩建××铁路分局机械保温车辆段。建议你部审批列项,并列入计划,争取在"八五"期内实施。我市将在征地、拆迁等方面给予积极支持和配合。

上海市人民政府
一九八九年五月二十三日

[例文 39]

关于计划外出口涤棉布的函

××省纺织厅：

  今春广交会以来，国际市场迅速好转，涤棉布需求量趋增，原安排的1984年出口涤棉布数量，被外商签订已完。为了扩大国外市场，增加纺织品出口数量，经请示总公司，准备在计划外增加涤棉布出口2000万米（具体品种和数量附后）。请贵处研究，并望于8月15日复函。

××省外贸公司（章）
一九八四年七月十日

来函的写法：

（1）文头部分。函的文头部分与正规公文一样。发文字号可采用"××函〔2001〕×号"的写法。

（2）标题。函的标题一般采用三项式，也可省略发文机关，采用两项式。

（3）主送机关。函的主送机关只能有一个，即直接的致发机关。

（4）正文。来函的正文一般由四部分组成：

第一，陈述发函的原因或理由。商洽工作的函开头一般要简短地说明原因。双方都能理解的原因一般无须长篇大论。请求有关部门批准的函类似于写请示，必须把理由写充分，以便于获得有关部门的同情和批准。

第二，提出商洽内容或请求批准事项。商洽的内容有的很简单，一句话就可讲清楚，如例文一。有的需要写具体，内容多的可分条开列。

第三，请求批准的事项。在陈述理由很充分的基础上，有的可以用几句话甚至一句话提出，有的也可以用分条开列的办法写具体。

第四，复函请求。凡需要受文机关复函的，在结尾应有复函请求，其惯用语是："盼予复函"、"请予函告"、"特此函达，盼蒙允诺"、"请予审核批准"等。函的用语都应使用尊重对方、平等协商的语气，不能语气生硬、盛气凌人。

（5）发文机关印章和成文日期。

2. 复函。

[例文 40]

关于计划外增加出口涤棉布的复函

××省外纺公司：

一九八四年七月十日来函悉。经研究同意在计划外增加安排出口涤棉布生产，并已与有关地、市企业做了初步接洽。为了保质保量并按时完成这批涤棉布生产任务，建议工贸双方在八月二十日前召开一次碰头会，具体协商生产和交货事项。另外，如国际市场仍有潜力可挖，建议在2000万米基础上，再增加出口500万米。能否，可在碰头会上协商。

××省纺织厅（章）
一九八四年八月八日

[例文 41]

关于接受××日报社记者进修的复函

××日报社人事处：

1983年6月30日第34号来函收悉。关于你社拟选送15名青年记者来我校中文系举办的新闻进修班进修一事，我们收函后立即同中文系领导进行了研究。由于进修人员较多，教室座位有限，只能接受你社10位记者来我校进修。现随复函寄去进修学员登记表10份，请填好后，于7月20日前寄到我校教务处师资培训科。其他有关事宜将另行函告。

××大学教务处
一九八三年七月五日

复函的写法：
(1) 复函的文头部分、标题的写法与来函相同。主送机关为来函机关。
(2) 正文。复函的正文写法类似批复，应有以下三方面内容：
第一，引述来函。复函的一开头应引述来函的标题、发文字号，然后用

"经研究,现复函如下"等惯用语过渡。

第二,答复来函。对来函提出的请求应做出明确的答复。如答复意见较简单,可以采用"篇段合一"方法,直接表示同意或不同意。如答复意见较复杂,可以分成几点意见,分条开列。如不能满足来函请求,应简要说明理由或情况,以取得对方谅解。

第三,复函结语。一般采用"专此函达"、"特此函复"、"特此函告,务请见谅"等惯用语。

第十三节 会议纪要

一、会议纪要的适用范围和特点

(一)会议纪要的适用范围

《国家行政机关公文处理办法》规定:会议纪要"适用于记载、传达会议情况和议定事项"。

会议纪要是一种重要的公文文种,党和军队机关也使用这一文种。

并不是所有冠以"会议纪要"的文体都是正式公文。公文是"具有法定效力和规范体式的公务文书"。一些学术性研讨会、收集情况性座谈会,参加者是某些专家学者,或者是各方面的代表人物,会上的发言主要阐述个人观点和意见,并不代表机关、单位。会议所形成的纪要不具有法定效力,没有行政权威性,体式也比较自由,因而不属于公文范畴。会议纪要一般用于行政机关、党的机关或军队机关领导人参加的重要办公会议或重要专题性工作会议。会议纪要一经领导人审核签发,即成为正式文件。

(二)会议纪要的特点

会议纪要具有以下三个特点:

1. 内容的客观性。会议纪要应忠实于会议情况,如实地反映会议的内容。

2. 表述的概括性。会议纪要应围绕会议的中心议题,以简练的文字概括会议内容。

3. 对工作的指导性。会议纪要中所决定的事项,指出的要求,作出的安排,对有关单位和部门的实际工作,具有指导作用,各单位、各部门应认真研究,结合本单位、本部门的实际情况加以贯彻执行。

二、会议纪要的类型和写法

（一）会议纪要的类型

会议纪要按其性质划分,主要有两种类型:

1. 办公性会议纪要。各机关、团体、企事业单位的领导人和有关部门负责人定期召开的研究日常工作的办公会议形成的纪要。如《市长办公会议纪要》、《校长办公会议纪要》等。

2. 专题性会议纪要。各机关、团体、企事业单位的领导人主持召开的研究某一方面或某一专门工作会议形成的纪要。如《全国农村工作会议纪要》、《西藏工作座谈会纪要》等。

（二）会议纪要的写法

1. 办公性会议纪要。

[例文 42]

××市××区人民政府办公会议纪要

时间:1993 年 1 月 3 日下午
地点:211 会议室
主持人:×××同志
出席者:(略)
列席者:(略)
会议研究决定事项如下:

一、×××同志传达了市加快发展奶牛、改善牛奶供应会议精神和我区集体发展奶牛的安排。会议同意 1993 年首先在×××、××、×××三个乡镇发展奶牛 700 至 1000 头,其他有条件的乡镇可以逐步发展。各有关部门要积极支持,提供方便。粮食部门要协同乡镇落实好饲料供应问题。

二、×××同志汇报了我区山前四个乡镇土地详查结果。会议同意由区划办公室将详查结果报市。

三、×××同志传达了市人防工作会议的精神,汇报了我区1992年人防工作的情况和1993年的工作安排。会议同意人防办公室的工作要本着加强维护、平战结合的原则,在保证人防工事安全的前提下,充分加以利用,发挥作用。

[例文43]

市长办公会议纪要
（一九九〇年十一月十九日）
×议〔1990〕×号

会议议题：

一、关于本市一九九一年计划安排设想和本市十年规划及"八五"计划基本思路。

二、关于本市"三迎"活动工作总结。

十一月十九日上午,×××副市长主持召开第七十次市长办公会议,副市长×××、×××、×××、×××和市政府秘书长×××出席了会议,市政工作咨询小组成员、有关委、办、局及各区的负责同志列席了会议。市人大常委会副主任×××、市政协副主席×××和市委办公厅、市委宣传部、市总工会、团市委、市妇联、部分民主党派的有关负责同志应邀列席了会议。

一

会议听取了市计委副主任×××关于本市一九九一年计划安排设想和本市十年规划及"八五"计划基本思路的汇报。

会议要求各有关部门会后认真讨论,提出意见,市计委要根据各方面的意见对汇报稿修改后报市委审定。

会议还对做好当前的经济工作,提出了如下要求：

（一）要继续扩大销售。工业、商业和外贸等部门要紧密配合,力争多销售产品。当前资金仍十分紧张,工商企业要积极组织力量,清讨欠款。银行应帮助工商企业清理拖欠,包括市内和外地的拖欠。有关部门对库存物资要作分析,积极处理滞销商品,清仓理库,把资金搞活。要在扩大销售、不增加库存的前提下,争取把今年的任务完成得好一些。

(二)要抓紧做好明年生产和基建的准备工作。各有关部门要早作准备,落实明年一季度生产和基建的准备工作。工业系统要认真做好原料及能源的衔接、产品销售的衔接和设备检修等工作。基建方面,对续建项目,可以草案形式尽快安排下去。新开工项目,着重要做好重点项目的准备,包括浦东开发和住宅建设,要严格控制一般性的新开工项目。

(三)要以防火为重点做好今冬明春的安全工作。各级领导要充分重视,及早采取措施,落实今冬明春的安全工作。

二

会议听取了市政府秘书长、市"三迎"活动领导小组办公室主任×××关于本市"三迎"活动工作总结的汇报。

会议认为,在市委、市政府的领导下,经过全市各级干部和广大市民的努力,今年八月以来在本市开展的迎亚运、迎国庆、迎全国城市卫生评比活动,基本达到了预期的目标,起到了凝聚人心、振奋精神、推动工作的作用。

会议指出,在肯定"三迎"活动成绩的同时,也要清醒地看到存在的问题。前阶段城市环境卫生的整治,带有较强的突击性,最近这方面已出现"回潮"现象,脏、乱、差问题时有发生,少数单位的服务水平也有下降。这些,需要继续花大力气,加以改进。

会议指出,"三迎"活动虽已告一段落,但全国城市卫生评比还没有结束,特别是改善市容环境卫生面貌、提高上海城市文明水平,作为一项基础工作,远远没有结束,要持之以恒,常抓不懈。各地区、各部门要进一步努力,珍惜和巩固"三迎"活动的成果。要深入开展纠正行业不正之风工作,树立良好的职业道德风尚。市容环境卫生要坚持标本兼治的方针,强化制度建设和基础设施建设,加强执法检查,充分发挥专业执法队伍和群众义务监督员的作用,同时增加市民的卫生意识。各大"窗口"单位和服务行业要不断提高服务质量。要继续整治交通;加强运能组织和运输管理,全面落实安全措施,迎接春运高峰的到来,切实做到"安全、畅通、服务好"。

办公性会议纪要的写法:

(1)文头部分。可采用常规文件的文头格式。也可专门为会议纪要制作固定的文头,并套红印制。如"市长办公会议纪要"、"区政府办公会议纪要"、"市政府专题会议纪要"等等。专用于会议纪要的文头,一般单列"第×

期",不用发文字号。在期号左下方印制发单位全称,右下方印制发日期。这种格式类似于简报。

(2) 标题。办公性会议纪要可采用三项式,把会议的议题写入标题,如《××市人民政府关于研究做好离退休干部服务工作的会议纪要》。也可采用两项式,有省略发文机关的,如《关于搞好国有大中型企业座谈会纪要》;有省略事由即会议议题的,如《××局办公会议纪要》等。

(3) 会议纪要不写主送机关。

(4) 正文。办公性会议纪要的正文包括两部分内容:

第一,会议概况。包括会议时间、地点、主持人、出席人、列席人等。出席人、列席人不多时,应写上职务、姓名;人数多时,可以写统称,如"各处、室、各公司、工厂负责人"等。如果是专门研究某项工作的会议,还应写上会议议题。

会议概况可以分列写,也可以连贯写,在开头用一段文字概括。

第二,会议事项。一般用"会议议定事项如下"引起下文。议定事项较多的,应分条开列。会议达成的共识或作出的决定,应用"会议认为"、"会议决定"、"会议要求"等专用连接语起头。

(5) 会议纪要一般不用落款。会议单位、会议日期和成文时间在文头部分已有记载。

2. 专题性会议纪要。

[例文 44]

全国政府系统公文处理工作座谈会纪要

1989年1月25日至27日,国务院办公厅在北京召开了全国政府系统公文处理工作座谈会。会议的主要议题是:在党的十三届三中全会精神指导下,总结交流实施《国家行政机关公文处理办法》(以下简称《公文处理办法》)的经验,研究当前公文处理工作中的问题,进一步提高公文质量和办文效率,以保障政务工作的顺利进行,更好地为治理、整顿和深化改革服务。各省、自治区、直辖市及计划单列市人民政府的秘书长、办公厅主任、秘书处长和有关文秘人员,国务院各部委、各直属机构的办公厅(室)主任、秘书长参加了会议。会议结束时,国务院总理李鹏,副总理姚依林、田纪云在中南海会见了出席会议的全体代表,李鹏总理作了重要讲话。

会议认为,各地区、各部门围绕贯彻执行《公文处理办法》做了许多工作,经过广大文秘人员的共同努力,政府系统的公文处理工作初步走上了规范化、制度化的轨道。一是认真组织学习、贯彻执行《公文处理办法》;二是制订实施细则,建立健全了各项规章制度;三是广泛开展业务培训,提高文秘人员的素质;四是通过多种形式的检查评比活动,促进了公文质量的提高;五是加强了文件的催办查办工作。但是,当前政府系统的公文处理工作还存在一些问题。主要是:各种文件和简报数量过多,质量不高;重要文件的落实和重要情况的反馈较差,缺乏严格的督促检查;行为关系混乱,越权、越级行文的现象时有发生,有些文件相互矛盾,难以贯彻执行。这些问题,都直接影响政府的工作效率和威信,应引起各地区、各部门足够的重视。

为了进一步做好公文处理工作,会议针对当前政府系统公文处理工作的情况和存在的问题,进行了认真研究讨论,并提出如下要求:

一、充分认识公文在政府工作中的地位和作用

政府机关的公文,是国家实施领导和进行有效管理的重要工具,反映广大人民群众的利益,为开展政务活动服务,为改革开放和社会主义现代化建设服务,具有鲜明的政策性、法定的权威性、严格的规范性和较强的时效性。公文处理工作做好了,不仅能够提高政府的工作效率,而且能够加速信息的传递与反馈,密切政府与基层单位乃至与广大群众的联系。在当前治理、整顿和全面深化改革中,更需要充分发挥公文在维护和实现政令统一方面的重要作用,各地区、各部门都要把公文处理工作放在应有的位置,认真抓紧抓好。不仅文秘部门要抓好这项工作,各部门和各级人民政府的领导同志也要重视这项工作,并带头执行《公文处理办法》。

二、在治理、整顿中进一步改进公文处理工作

国家行政机关需要运用公文实施领导和监督,以保证党和国家的路线、方针、政策的贯彻实施,保证治理、整顿和改革开放工作的顺利进行。改进公文处理工作,今年要突出地抓一下压缩文件数量、提高文件质量和文件的贯彻落实问题。各地区、各部门对自己办的"简报"、"情况反映"等都要进行清理,有的合并,有的取消,必须保留的则应做到言简意赅,今年所发的文件的数量一般应少于去年。要认真搞好文件的核稿把关,做好公文的协商会签,努力提高办文效率,狠抓文件的贯彻落实,及时通报、反映重要情况。要认真贯彻执行《公文处理办法》和各项规定,切实解决行文关系混乱问题,禁

止越级、越权行文；国务院各部门未经国务院授权，不能擅自向地方人民政府下达发号施令的文件；部门之间未对有关问题协商一致，也不得各自向下行文，要坚决纠正"文件打架"的现象。

三、在提高公文质量上多下功夫

公文质量的高低，是行政机关工作水平和工作作风的反映。各地区、各部门要把提高公文质量作为一项重要工作来抓。提高公文质量，特别是起草好重要文件，一靠调查研究，二靠领导干部亲自动手，三靠文秘人员精雕细刻，协助领导同志严格把关。政府公文，一定要切合实际，有可操作性。起草政策性公文，应采取上下结合、领导与群众结合的方法，经过调查研究，集中群众的智慧，这是提高公文质量的基础；政府机关的重要文件，领导同志要亲自主持起草，出主意、动笔头，这是提高公文质量的重要措施。从公文的起草到发布，文秘人员肩负着重要的任务，要有严谨的作风，锲而不舍的精神，要舍得在文件上倾注心血。

（以下各条从略）

会议指出，随着政府机关职能的转变和治理整顿、深化改革的发展，对公文处理工作和办公厅（室）的各项工作，提出了新的更高的要求。各级政府和部门办公厅（室）的同志一定要增强责任感，不断提高工作质量和效率，为建设廉洁、实干、高效的政府机关、促进改革和建设的发展，做好各项工作。

国务院办公厅
一九八九年一月二十七日

专题性会议纪要的写法：

（1）文头部分。同办公会议纪要。

（2）标题。一般由会议名称和"纪要"二字组成。

（3）正文。专题性会议纪要的正文一般由四部分内容组成：

第一，会议概况。专题性会议纪要除应介绍会议时间、地点、会议参加者等内容外，还应写明会议召集的机关、会议议题、出席会议并作指示或讲话的领导人。有的还对会议作出适当的评价。

第二，会议过程。常用"会议听取了……汇报"、"会议传达了……文件（讲话、会议）精神"或"会议围绕……进行了热烈地讨论"等写法。

第三,会议主要精神。会议对所研究的工作,应肯定成绩,指出问题,特别是对今后工作的任务、方针、措施、要求等,要有明确的阐述和具体的规定。这一部分内容应作适当的理论分析,常用"会议认为"、"会议指出"、"会议强调"、"会议决定"、"会议要求"等纪要惯用语,并且常用列小标题的形式排列,以便于阅文者掌握。

第四,会议号召。专题性会议纪要一般有一个结尾,向受文机关和单位发出希望和号召,激励和鼓舞有关单位和人员努力做工作。

三、会议纪要与会议记录的区别

"纪"不同于"记","纪"具有理出头绪、整理纲要的意思。《左传》中说:"理之为纪",说的就是这个意思。

会议纪要需对会议的全面情况进行分析、归纳、整理,抓住会议主题和要点,反映会议结论性的意见,尤其要以会议主持者和其他与会领导者的意见为准。

会议记录则是忠实地记录每个人的发言,来不及也不需要进行分析、归纳、理出要点。会议记录是今后整理会议纪要的依据。

思考题

1. 十三种公文的适用范围各是什么?
2. 十三种公文的写法各有什么具体要求?
3. 说明下列各组公文的区别:
(1) 命令(令)、决定、指示;
(2) 议案、提案、建议;
(3) 公告、通告;
(4) 通知、指示;
(5) 通报、通知、通告;
(6) 报告、请示;
(7) 批复、指示;
(8) 会议纪要、会议记录。

第四章 计　　划

第一节　计划的含义和作用

一、计划的含义

在日常生活中，为了更好的完成学习、工作、生产等任务，经常要制定计划。计划是各机关、团体、企事业单位和个人对将要进行的工作和活动所作的设计与谋划，并将其写成书面材料。常见的规划、纲要、要点、方案、意见、工作安排、设想、打算等，都属于计划类，它们由于时限不等、详略有别、成熟程度不同，因而名称各异。大致可区分为：

1. 规划、纲要。属长远的计划，它们一般时间较长，范围较广，内容比较概括。规划是6年以上的长远计划。如《上海市2000—2009年经济发展十年规划》。规划时限长，而情况又在不断的变化，所以不可能订得很具体。这二者之中，纲要更原则，更概括，它经常是对工作方向、目标提出纲领式的要求。如《上海市工业发展纲要》。而中期（两年至5年）和短期（一年以下）的计划称为计划。

2. 要点。也是纲要式的计划，它是只订出未来一段比较短的时间内工作的主要点，而不是周到、详细的计划。如《江海大学2000年第四季度工作要点》。

3. 方案。它一般是单项工作的、专业性比较强的、比较周密具体的计划。如《上海市旧城区改造方案》、《徐浦大桥建设方案》。

4. 安排。它是时间较短，范围较小，内容较少，较为具体的计划。如《第一中学开展交通法规学习的安排》。

5. 意见。它是领导机关向所属单位布置一定时期的工作，交代政策，提供工作方法的计划。如《上海市环卫局关于苏州河污染的处理意见》。

6. 设想、打算。它们一般是初步的、预备性的，都属于非正式的计划。

设想涉及比较长的一段时期，打算则是短期的。如《关于红星机械厂人事制度改革的设想》、《江海大学关于纪念"五一"活动的打算》。

二、计划的作用

（一）计划是建立正常工作秩序、提高工作效率的重要前提

"凡事预则立，不预则废"。无论做什么工作，有了计划，就有了明确的工作目标、具体的工作要求，就可以使工作人员对全局和整个工作过程心中有数，减少盲目性、随意性，增强自觉性、主动性，充分发挥整个部门及其每个个体的作用。

（二）计划是督促检查工作的重要根据

计划不仅有总目标，而且有分目标，并且落实到各个单位，有的落实到具体的人。这样，从上到下任务清楚，职责分明，督促检查起来就有了客观的依据。

（三）计划是任务得以完成的保证

计划不仅有目标、步骤，还要提出行之有效的措施，这些都使任务的完成有了一个确实的保障。

（四）计划的制订有利于信息的反馈，以便于及时进行调整

计划发送到有关部门以后，相关的部门及其人员会从各自的角度来考虑计划的贯彻执行，并且根据新情况提出意见和建议弥补计划的不足，使它得到合理的调整。

第二节　计划的种类和特点

一、计划的种类

计划的种类有多种划分方法，常见的分类方法有以下几种：

1. 按性质划分,有综合性计划、专题性计划。

2. 按内容划分,有工作计划、生产计划、军事计划、教学计划、科研计划、学习计划等。

3. 按时限划分,有周计划、旬计划、月份计划、年度计划、跨年度计划等;也可以将它们归并为短期计划、中期计划、长期计划。

4. 按范围划分,有国家计划、地区计划、部门计划、单位计划、班组计划、个人计划等。

5. 按效力划分,有指令性计划、指导性计划。

6. 按形式划分,有条文式计划、表格式计划、条文与表格相结合式计划。

7. 按名称划分,有规划、计划、方案、要点、安排、意见、设想、打算等。

二、计划的特点

(一) 针对性

计划总是针对本部门、本单位的实际情况,并结合形势的发展和上级的要求等主客观条件而制定的。

(二) 预见性

计划应对未来作出科学的预见,应充分考虑到可能遇到的问题、困难,并提出必要的防范措施和解决的办法。古人云:"人无远虑,必有近忧",就是告诫人们无论做什么都要有预先的谋划和准备。

(三) 明确性

计划制定好了,经过审定、印发以后,就必须付诸实行。因此,计划必须订得明确可行,而不能抽象、笼统。凡是需要落实的地方,都要力求明确,否则,执行起来让人无从着手,检查起来也没有标准,计划就会落空。如:某厂年度生产经营计划的目标为:"使产量和质量上一个新台阶"、"使职工收入有所提高"等等。这种计划目标模糊,起不到激励、鼓舞作用。而且,最后也难于检验是否实现了原订目标。但是如果将其确定为"年产汽车二万辆,并使汽车质量达到世界先进水平"、"使职工工资人均翻一番",这样效果就大不一样了。美国国家航空和宇宙航行局曾制定过一个航天计划,把目标确定为"在十年内把一个人放到月球上去",这样明确的目标令人振奋、向往,也易记易传,一时成为鼓舞人们努力工作的口号。

(四)规范性

尽管不同内容的计划,写法各不相同,但是它们都必须具备计划的三个要素:任务、措施、完成的时间,即做什么、怎样做、什么时候做和什么时候完成。这就构成了计划比较固定的写作程式和规范。

第三节 计划的写法和基本要求

一、计划的写法

计划作为一种专用文件,它的格式是在漫长的写作实践中逐渐形成的。计划由标题、正文和落款构成。它们的写作方法如下。

(一)标题

计划的标题写法有两类:

1. 完整式。由单位名称、时限、内容和计划名称四项要素组成,称为四项法。如《红星厂2000年生产计划》,"红星厂"是制定计划的单位名称,"2000年"是计划的时限,"生产"是计划的内容,"计划"是计划类文书常用的名称。又如《上海市2000—2009年经济发展十年规划》、《江海大学2000年第四季度工作要点》等都是四项具备的完整式标题。

2. 省略式。指对完整式有所省略的标题,根据省略的要素可以称为三项法和二项法。共有三种:

(1)省略时限。如《江海大学关于纪念"五一"活动的打算》、《第一中学开展交通法规学习的安排》等。

(2)省略单位。如《2000年学生会工作要点》。这种标题必须在正文之后落款部分署上单位名称。

(3)省略单位和时限。如《苏州河污染治理计划》。这种标题也必须在正文之后有署名。

如果尚未定稿,应在标题之后加括号写上"草稿"、"征求意见稿"等字样。

（二）正文

由于计划的性质、事项和详略不同,正文的写法也不完全一样,具有较大的灵活性。一般由前言、主体和结尾三部分构成。

1. 前言。除了极简短的工作安排外,多数计划都有前言部分。计划的前言一般是简要说明制定计划的根据,即回答"为什么做"的问题。计划的根据是指上级文件或指示精神,整体或较长期计划的要求,做好所计划工作的重要意义,本单位的实际情况和工作需要等。前言还包括计划的总任务、工作情况的分析,承上启下过渡等。这些内容并不是每份计划都必须具备的,应根据计划、任务、对象、范围等情况的不同酌情取舍。

2. 主体。主体部分是用来表述计划的具体内容,是计划写作的重点任务,要求写得周到明白,简洁而有条理。正规计划的主体主要包括"三要素":即目标（做什么）,措施（怎么做）和步骤（分几步做完）。

（1）目标。就是订计划的导因,写在文章中就是目的要求,即根据开头部分的需要和可能,目的和条件,确定任务和目标。目标有总目标和分目标,二者构成计划的目标体系。要写清总任务是什么,要完成哪些主要指标,下面再写几项分任务,分别达到什么具体指标。

（2）步骤。达到目标完成任务分几步走,先做什么,后做什么,什么时间该做什么,达到什么程度。这就是落实计划的时间要求和程序安排。一般是把计划分成几个阶段,从何时到何时达到什么目标,做到什么程度,人力物力如何分配,各阶段如何配合、衔接,等等。

（3）措施。即用什么办法,采取什么措施来完成任务、达到计划确定的目标。这是完成任务的保证,关系到计划能否实现。要写清楚怎样利用有利条件,依靠哪些力量,采取哪些方法,创造什么条件,克服何种困难;对各下属部门、人员提出要求,提供工作方法,各下属如何分工合作,各方职责分明。必要时要写明奖惩,具体而明确。

3. 结尾。计划的结尾部分,应根据行文的需要而定。内部使用和日常事务性计划的正文,主体内容写完即可结束,不必再加结尾部分。如《××机械厂上半年工会工作要点》、《××厂团委关于纪念"七一"活动的打算》等都是这样。重要的需要下发的计划,一般应有结尾部分。常见的结尾方式有三种。一是突出重点,在结尾部分指出计划全局中的重点任务与实施过程中的主要环节。二是强调有关注意事项,阐明在计划中可能出现的问题,预先提出防范措施。三是提出号召,鼓舞士气,分析完成计划的有利条件与不利因素,号召和鼓励人们扬长避短,鼓足干劲,积极进取,确保计划的实现。如例文中《××县1980—1985年林业发展规划》便是这样结尾的。

（三）落款

在正文的右下方署上制定计划的单位名称和日期。如果计划标题中写了单位名称,这里可以署名也可以不署名。

二、计划的基本要求

（一）要在调查研究的基础上制定计划

订计划前,必须进行深入的调查研究,全面分析主客观条件,有利因素和不利因素,尽可能预测到在计划执行过程中将会遇到的困难和问题,以便在计划中写清楚预防和解决问题的措施。如此,就可以把计划建立在切实可行的基础上。那种只凭主观愿望,不顾客观规律,闭门造车制定出来的计划,只能是纸上谈兵,不仅不能指导实际工作,反而会造成不良后果。

（二）制定计划要实事求是

制定计划一定要从本单位、本部门的实际出发,把上级的指示、部署和要求具体化。制定计划的指标和任务,既要积极又要稳妥可靠。积极是指必须经过努力才能达到。如果不费力气,轻而易举就能完成任务,那样的计划起不到积极的作用。稳妥,是指不图形式,不单纯追求速度,不搞高指标。那种背离实事求是原则的计划,表面使人心动,实际无法实现,最终使人气馁。

（三）计划要具体明确,有针对性

计划的目标、措施、方法、步骤和责任者,都必须表述得清楚实在,这样既便于执行,又便于检查。同时计划安排要有主次之分,要反映当前工作的重心。

(四)计划的内容要概括,语言要简明扼要

在制定计划前,要认真、周密、细致地分析基本情况和考虑工作内容,在形成文字时则应将上述内容用最简洁达意的语言加以概括和表达。撰拟计划条文时应做到要点明确,一般不作评论和发挥。

三、例文分析

[例文 45]

"三八"妇女节即将到来,根据公司妇委会《2001年妇委会的思想政治工作计划》的安排,针对广大妇女要求提高自身素质的愿望,在3至5月组织开展以下活动。

(《江化公司纪念"三八"妇女节的安排》)

[例文 46]

根据上级工会部署和我厂的实际情况,1999年上半年工会拟抓好以下几项工作。

(《红星厂1999年上半年工会工作要点》)

[例文 47]

中国共产党第十四届中央委员会第五次会议在我们党的历史和国家振兴的历史上,都具有深远的意义。会议审议通过的《中共中央关于制定国民经济和社会发展"九五"计划和2010年远景目标的建议》是指引全党和全国各族人民建设有中国特色社会主义的跨世纪的宏伟纲领,我们应当认真学习,深刻领会这一文件的精神。根据上级党委的指示和我院的具体情况,现将《建议》的学习做如下安排。

(《××学院党委关于学习十四届五中全会文件的计划》)

简析:

这三个例子分别是三个计划的前言。这几个计划的前言都简要说明了制定计划的根据。

[例文 48]

××市商业局 1983 年第二季度工作要点

根据全国商业工作会议和省、市计划、财贸工作会议精神,1983年商业工作总的任务是:促进商品生产,发展商品流通,繁荣城乡经济,为人民日益增长的物质文化需要和社会主义现代化建设服务。根据这一总的任务,商业局今后的工作主要是:加强调查研究,认真总结经验,继续解放思想,清除"左"的影响,大胆进行改革。积极推进以经营承包为中心的经营责任制。进一步疏通商品流通渠道,扩大推销。积极支持地方工业发展,繁荣城乡经济。不断开创商业工作的新局面。为此,第二季度要抓好以下几项工作:

[例文 49]

一九九三年经济体制改革要点

以邓小平同志视察南方重要谈话和党的十四大为标志,我国改革开放事业进入了一个新的历史阶段。1992年,全国改革开放的步伐明显加快,在企业转换经营机制、走向市场方面取得了明显成效;价格改革和市场培育取得了重要进展;宏观管理体制和社会保障制度的改革进一步深化;对外开放的深度和广度都有新的突破。

1993年,是按照党的十四大确立的建立社会主义市场经济体制的方向推进改革的第一年,我们要认真贯彻落实党的十四大精神,进一步解放思想,实事求是,转变观念,统一认识,用邓小平同志建设有中国特色社会主义的理论指导改革实践;要按照建立社会主义市场经济体制的目标,立足于加速结构调整、提高经济效益和解决经济体制中深层次矛盾,在经济体制改革的一些重要领域取得实质性进展。1993年改革工作的主要任务是:继续贯彻落实《全民所有制转换经营机制条例》,以转换国有企业经营机制、转变政府经济管理职能为重点,围绕把企业推向市场这一中心环节,加快企业改革;以加快价格改革为契机,配套推进财税、金融和计划体制改革;大力发展市场体系,加快以改革进口管理体制为重点的外贸体制改革;全面推进社会保障制度、住房和土地使用制度改革;提高综合改革试点水平,切实做好新体制建设的基础性工作。

简析:

　　这也是两个计划的前言。这是比较重要的计划或是长远的计划,篇幅较长。所以在前言部分还对前一段工作的情况(成效和问题),今后工作的总目标、总任务、指导思想作出概括。这样前言的篇幅就较长。例文49的前言还分成若干段。

[例文50]

××县1980—1985年林业发展规划

　　我县地处山区半山区,适合发展林业。解放以来,全县人民在党的领导下,在植树造林"绿化祖国"的伟大事业中,取得了重大胜利。现有林木面积24万亩,比建国初期增长1.5倍,占适宜造林面积的50.6%;四旁植树2712万株,平均每人68株;树木总蓄积量达到40万立方米。果树蚕桑也有了相应的发展。这有力地促进了农牧业的发展。

　　但是由于林彪、"四人帮"极左路线的干扰和破坏,近年来,林业发展速度不快。全县还有6万多亩荒山没有绿化,四旁植树任务仍很大;现有林木存在着布局不合理、植树不适宜的情况;补植和次生林改造任务还很艰巨,果区新区发展慢,老区管理水平低,蚕桑生产尚未恢复到历史上最高水平。为了尽快改变我县的自然面貌,调整好农业结构,为"四化"多做贡献,我们下定决心,尽快把林业生产搞上去,苦战六年,使森林覆盖面积达到20%以上。

（一）

我县林业发展六年规划的奋斗目标是统筹规划，形成用材林、防护林、薪炭林、经济林四大体系，完成种子、木材、果品、蚕桑四大基地建设，构成大地园林化的初步规模，把林业科学技术和各项林业产量提高到一个新水平。

一、加快荒山荒地造林

全县6万亩宜林荒山荒地要在四年内完成造林任务，即1980—1983年造林1.5万亩，1984—1985年主要抓好更新和补植。造林要因地制宜，根据不同土地情况，选择适生树种，北部山区以松柏为主，濒海沙滩以杨柳、刺槐为主，丘陵地区主要发展果树，梯田坝埂种植桑条、花椒。

二、全县现有四旁树木2712万株，到1985年完成种植1288万株

这时全县将把四旁树的重点放在农田林网建设上，做到林、田、水路配套；小丘陵区四旁植树重点放在沟谷、沙河两岸，以加强水土保持。1980年要集中力量抓好干线公路和县级公路绿化，做到"一路两沟四行树，乔灌结合两层楼"。

三、大力发展以木本粮油为主的果树生产

全县现有干果树55.8万株，水果树665.2万株。到1985年干果树要发展到185万株，总产量2090万斤。水果不作大力发展，只做部分更新，重在提高单株产量，至1985年总产量达到5000万斤。花椒发展到50万株，年产250万斤。在布局上，山区以发展核桃、栗子为主，丘陵区以水果为主。通过加强管理，努力提高单株产量和果品质量。

四、迅速恢复和发展蚕桑生产

蚕桑生产是农村一项重要副业，对于支援出口有着重要意义，必须尽快恢复。山区、丘陵区要在15万亩土坝梯田上植桑；风沙蚀地严重的西区要栽桑行。到1985年植桑面积达到5000亩。桑茧产量1979年已达4000斤，1980年要达到6000斤，1985年要达到15000斤。

五、努力发展紫穗槐

紫穗槐是高效绿肥树种，也是编织业的物质基础。根据县委"十亩一(亩)槐"的要求，要充分利用荒山荒坡、闲散隙地努力发展紫穗槐。全县现有紫穗槐林2万亩，从1980年开始每年增加1万亩，到1985年达到8万亩，实现"十亩一槐"，全县80万亩耕地，平均每亩可增施绿肥1300斤。

上述规划实现后，全县自然面貌和生产条件将大有改善。到规划末期，有林面积将达到××××亩，林木总积蓄量达到××万立方米，仅果品、蚕

桑、紫穗槐、桑条四项,每项即可收入3600多万元,平均每人收入90元,这将有力地推进农业现代化的发展,使我县尽快地富起来。

(二)

为了实现上述要求和指标,必须抓好以下几个方面的工作。

一、要按照自然规律,制定好社队林业发展计划

我县靠山临海,地形复杂,条件不一,各社队都要依据各自的特点,趋利避害,因地制宜地搞好规划,明确主攻方向,确定重点,保证本规划的具体实施。

二、要狠抓种苗,办好苗圃

要完成本规划提出的各项任务指标,目前种苗不足,质量不高,是一个亟待解决的问题。因此必须把育足育好苗木作为实现规划的基础一环,紧紧抓好。1980年要育足苗木800亩。要下大力办好县、社、队三级苗圃场;要大力推广速生、高产树种;要舍得拿好地、拿资金、拿肥料、拿劳力。建立种子和优种苗圃基地,加强母树林和种子园的经营管理。这样有了数量足够、质好种优的种苗。我们就争得了发展林业的主动权。

三、要把营造和管护紧密地结合起来

要完成规划中的各项任务,必须坚持"以营造为基础,造管并举"的方针,把群众性的季节造林和专业队的常年管护结合起来。每年要抓住春、雨、冬三个造林的有利时机,发动群众,集中时间和劳力,成片、成网、成带地完成绿化任务;要严格保证质量,做到适地适林,良种苗壮。精心栽培,密度合理,达到高标准、规格化;造林结束后,交专业队进行常年抚育管理,保证栽一棵活一棵,植树见林。

为了巩固造林成果,必须抓好三个方面的工作:第一要贯彻执行《森林法》,深入开展爱林、护林教育,制定护林公约,健全护林组织,严格林木更新、采伐审批制度,实行以法制林。第二要实行科学管林,努力搞好成、幼林抚育和次生林改造,达到林相完整;对现有果树加强树上、树下管理,努力提高果品产量和质量。第三要抓好病虫害防治,在人工药剂防治的基础上,努力抓好生物防治,大力推广超低温防治技术。

四、要努力把林业科研搞上去

科学技术是生产力,提高林业科学技术水平,是实现本计划并进而实现林业机械化的关键。要搞好林业科技工作,首先要建立林业科技机构,县要建立林业科学研究所,林区公社要建立果林科技组和专业队。林业科研要

从促进林业技术和林业生产现代化出发,把重点放在推广林业科研成果和群众植树、管树经验上。当前林业科技工作主要任务是订好规划,育好良种苗木,改进栽培技术,提高成活率和保存率,推广果林速生丰产经验。

五、要落实政策,加强领导

在林权归属上,坚持"国造国有,队造队有,社员在房前屋后种树,归社员所有",以调动群众植树造林的积极性;在产品收购上,要兑现国家的奖售政策,鼓励林业生产迅速发展;要实行果林生产责任制,保证专业队员增产多收。

为了加强党对林业的领导,各级党委和行政部门要确定一名副书记或行政副职分管林业;林业局、站,更要做好日常工作;各级领导要改变作风,深入林业建设第一线,搞好调查研究,抓好典型,总结经验,解决实际问题。

我们六年的任务是艰巨的,但也是十分光荣的。古语说:"十年树木"。只要我们加强领导,鼓足干劲,提高林业科技水平,六年树木,把我县林业搞上去,是完全可能的。让我们在党的领导下,团结战斗,去夺取林业生产的伟大胜利。

19××年×月×日

简析:

这是一份写得较好的正规计划,主体部分内容全面,从中可以大致看出这种计划的主体应当写好三项内容:目标、步骤、措施。目标是回答"做什么"的问题,步骤是回答"何时做"的问题,措施是回答"如何做"的问题。

例文主体的第一大部分说明该县六年林业发展所要达到的目标。第一段是讲总目标,即形成"四大体系",完成"四大基本建设",构成"初步规模",森林覆盖面积达到20%以上(这个比例数字应在前言中提到,因此主题不再重复)。然后下面接着分五个方面说明分目标,都有规定数字。这份计划的目标写得清楚明确。

人们常说:"十分计划,十二分措施。"它反映了措施的重要性和人们对措施的高度重视。此例文便在主体的第二大部分提出了五条措施。这五条措施对完成六年林业发展规划,都是很必要、很得体的,表明计划的制订者了解林业情况,熟悉森林法规,懂得林业发展规律,预见到了发展林业可能出现的困难和问题。有了这样的措施才能保证预定目标的实现。

例文把工作步骤与工作目标结合起来写。如主体第一项是讲要加快荒山荒地造林,同时把此项工作分成两步即两个阶段:1980—1983年,完成6万亩造林任务;1984—1985年抓好更新和补植工作。

[例文51]

××机械厂1993年上半年工会工作要点

根据上级工会有关部署和我厂的实际情况,1993年上半年工会拟抓好以下几项工作:

一、1月份、2月份分别举办两期工会干部、骨干短期学习班。

二、3月上旬召开一次"三八红旗手"座谈会,介绍经验。

三、3月下旬召开一次班组、车间民主管理委员会经验交流会,进一步推动全厂的企业民主管理工作。

四、4月上旬召开一次群众性歌咏比赛,以车间为单位准备节目,然后参加全厂的汇演。

五、4月中旬举行一次以车间为单位的板报稿、广播稿竞赛活动。

六、4月下旬搞一次男女篮球赛活动。

七、5月上旬召开第四届职工代表大会。主要议题是企业如何深化改革,转化经营机制,把企业推向市场。

八、5月中旬对退休工人进行一次普访,特别对70岁以上的退休老工人搞好慰问活动。

九、5月下旬组织一次劳模游园活动。

十、6月上旬召开一次振兴中华职工读书活动演讲会,表扬一批开展读书活动好的单位及个人。

××机械厂工会

1999年1月4日

[例文 52]

××厂团委关于纪念"七一"活动的打算

为了隆重纪念中国共产党成立八十周年,对全厂团员、青年集中进行一次热爱党、热爱祖国、热爱社会主义的教育,我们根据全厂青年的状况和特点,对不同对象分别提出不同要求,进行有针对性的正面教育。

一、目的要求

通过一系列不同形式的教育活动,让全厂团员、青年进一步认识党的伟大,进一步增强党的观念,进一步密切党同团员、青年的关系。

二、活动内容

(一)召开"在争取入党的日子里"座谈会。请厂党委书记与写过入党申请书的团员、团干部座谈,让这些积极分子进一步向党表示自己的心愿和决心。

(二)召开"与优秀党员见面会"。请本厂11名被机电系统党委授予优秀党员称号的同志同全厂团支部书记见面,由优秀党员介绍他们的先进事迹,使大家学有榜样,干有方向;同时又使大家从这些党员身上进一步感到党的可亲。

(三)召开"团是党的后备军"报告会。请党委组织部长向全厂团员作有关党的基本知识和对团员的要求的报告,使全体团员进一步了解党的性质、任务,明确团与党的关系,明确团员所负的责任。

(四)举办以党史和党的领袖人物的革命业绩为主要内容的"纪念建党八十周年图片展",组织全厂团员、青年参观,并以班组为单位进行一次座谈。

(五)组织全厂团员、青年观看革命历史题材的电影,如《南昌起义》等。

三、时间安排

上述活动除电影在7月1日放映外,其余安排在6月15日至30日期间进行。各有关部门要认真做好各项活动的准备工作。

2001年6月2日

[例文 53]

××公关学会公共关系培训班面授辅导安排

时　　间	辅导课程	主 讲 人	其他事项
10.29 下午 1:30—5:00	公关学概论	×××	发第一期教材
11.12 下午 1:30—5:00	公关应用文	×××	
11.26 下午 1:30—5:00	公关实例分析	×××	发第二期教材
12.10 下午 1:30—5:00	商业谈判导论	×××	
12.24 下午 1:30—5:00	企业文化	×××	发第三期教材

说明：

1. 上课地点均在北京市财贸管理干部学院三楼 321 教室。
2. 培训班教务联系电话：教务问题：51266643—108　×××；

　　教学问题：51266643—415　5128328　×××。

简析：

前面我们已经讲过，并非所有计划的主体都必须要素齐备。有些简要的、短期的工作要点或工作安排，可以有所省略。上面三个例子就是这样。

例文 51 是一份工作要点，因此其主体只列出了上半年要做的十项主要工作，而这些工作大多属于工会日常工作，只是比较重要罢了。这些工作怎样做、由谁做都是有常规的，因此只要交代什么时间做什么就够了。如果再写为什么做、怎样做等显然不必要，而且也不成其为"要点"了。

例文 52 关于纪念"七一"活动的打算，主体部分写了目的要求、活动内容和时间安排。对于短期活动的具体安排来说，打算到这种程度也就能保证活动的顺利进行了。

例文 53 是一篇表格式加说明的计划，事情比较简单，使用表格式计划清楚、醒目，而且可以节省许多连贯、过渡性的文字。

思考题

1. 什么叫计划？它有什么作用？
2. 计划有哪些种类？有什么特点？
3. 计划的要素是什么？怎样写计划？

第五章 总　　结

第一节　总结的含义和作用

一、总结的含义

总结就是对已经做过的工作进行回顾、检查、分析、研究,从中找出经验教训,并把它条理化,系统化,得出规律性的认识,以备考查和指导今后工作的一种应用性文书。广义的总结包括个人总结,这里我们讲的是公务文书的总结。

总结类文书最常用的名称是总结,有时还称为小结、回顾、体会、经验、做法等。

我们做任何事情,必须:事前做好计划,事后做好总结。在现实生活中,人们的各项工作,就是通过计划—实践—总结—再计划—再实践—再总结的多次反复而不断提高和发展的。

二、总结的作用

总结不是为了完成一种例行公事,而是为了提高认识,找出经验教训,改进今后的工作。总结的作用有:

1. 通过总结可以全面地、系统地了解以往工作的情况,从中找出成绩,发现问题,增强信心,防止自满。没有总结,人们对以前的工作就不能有一个全面的了解,尤其是做局部工作的单位和人员,由于对全局情况不了解,有时会产生片面的认识,因而牢骚满腹,丧失信心。总结都要肯定已经做过的工作所取得的成绩。成绩使人鼓舞,增强信心。通过总结成绩,人们看到自己的劳动成果,就会产生自豪感,增强自信心,对以后的工作是一种推动力。总结一般要找出工作中的问题,也就是缺点和不足。看到这些存在的问题,就不会自满自足,产生骄傲情绪,而会冷静地去检查工作中的不足,找出解决的办法。

2. 通过总结可以从过去的工作实践中寻找出规律性的东西,吸取成功的经验,记住失败的教训,从而在以后的工作中可以把握和遵循这些规律,使工作顺利进行,不犯或少犯错误,不走或少走弯路。总之,通过总结得出的成功经验和失败教训,都是做好今后工作的宝贵财富。

3. 通过总结可以推广、传播和交流先进经验,从而推动单位的工作,提高工作人员和领导的工作能力和水平。总结不仅为了搞好本单位的工作需要,有些总结,特别是成绩突出、经验先进的总结,还可以为其他单位搞好工作提供借鉴。另外,"他山之石,可以攻玉",先进经验的交流,可以使单位的工作人员、领导吸取先进经验,提高自身的工作能力和领导水平。

第二节　总结的种类和特点

一、总结的种类

总结的种类划分与计划类似,主要有以下几种划分方法:
1. 按性质划分,有综合性总结和专题性总结。

综合性总结是指对本地区、本部门、本单位一段时间内各方面工作所做的全面总结,所以又称全面总结,如《××厂2000年工作总结》。它的内容包括情况介绍,成绩和经验,缺点和教训,今后努力方向等方面。

专题性总结,又叫经验总结,是对某一方面的工作经验进行单项总结。如生产工作、工会工作、青年工作等。如《红星机械厂销售工作总结》就属此类。它的内容比较集中、单纯、针对性强而且偏重于总结经验,要求一定的思想深度,概括出规律性的东西。

2. 按内容划分,有工作总结、生产总结、学习总结等。
3. 按时间划分,有多年总结、年度总结、季度总结、月份总结等。
4. 按用处划分,有上报总结、下发总结、发表总结等。

二、总结的特点

（一）实践性，或称真实性

总结是人们实践活动的反映，是人们对前一段工作实践的回顾，它的内容，应当完全忠实于自身的实践活动。总结的材料，只能来自自身的实践，符合实际情况，不能添枝加叶，更不能无中生有。它的观点，应该是从自身实践活动中抽象出来的认识和规律。

（二）理论性

总结不是对工作实践的简单的"复制"，不只是对已经做过的工作的过程和情况的表面反映。总结是一种理论分析，它要对工作中诸如成功和失败，成绩和问题等情况进行分析研究，把感性认识上升为理性认识，找出规律性的东西，以便在以后的工作中能正确认识和把握客观事物的规律。由此可知，总结的理论性，不是要在总结中进行长篇大论，而是要提炼出规律性的东西来。

（三）本体性

总结是对本地区、本部门、本单位实践活动的反映和概括，因此都用第一人称，都用自身活动中的材料，不像议论性的文章那样古今中外的材料都可以引为论据。

（四）群众性

群众是历史的创造者，群众是实践的主体。一个部门、一个单位的总结，要集中群众的智慧来写，要反映群众的实践活动，要反映群众在实践中创造的经验。

第三节 总结的写法和基本要求

一、总结的写法

总结和计划一样,也由标题、正文和落款三部分构成。各部分的写法如下

（一）标题

总结的标题有两类写法：

1. 公文式标题。它有完整式和省略式两种：

（1）完整式。由单位、时间、内容和名称四个项目构成。如《××市2000年计划生育工作总结》、《××县2000年扶贫工作总结》。

（2）省略式。省略时间的标题,如《红星机械厂技术改造工作总结》;省略单位的标题,如《2000年宣传工作总结》;省略单位和时间的标题,如《计划生育工作总结》。

2. 新闻式标题。类似新闻通讯的标题,有单式和双式两种写法：

（1）单式。用一句话或一两个短语概括总结的主题或提出总结要回答的问题,如《深化改革,扩大开放,积极引进外资》、《我们是如何发展非公有制经济的》。

（2）双式。即采用正副双标题,正标题突出中心,概括总结的主题或要回答的问题;副标题说明单位、时间、内容和名称(也可以有所省略)。如《转变观念,搞活市场——××县发展私营经济工作总结》、《把德才兼备的年轻人推上领导岗位——××市××区2000年人事工作总结》。这种标题常用于专题性总结。

各单位常规工作总结大多数使用公文式标题;用来介绍经验,特别是准备在内外报刊上发表的总结,大多数采用新闻式标题。由此可以看出,总结标题的写法具有较大的灵活性,不像公文标题那样格式统一。

（二）正文

总结的正文一般由导言、主体和结尾构成。有的总结省略导言和结尾，只有主体部分。

1. 导言。即正文的开头部分，简要介绍所总结工作的根据、背景、时间、内容等，有的还对主要成绩和经验作出概括，以取得开门见山的效果。

导言常常采用以下几种写法：

（1）概括式。简要介绍基本情况，注意不要求全求详，与中心无关的不写。

（2）提问式。提出问题，点名总结的重点，引起人们的注意。

（3）结论式。先明确提出总结的结论，重点介绍经验或概括工作成绩。使人了解经验是什么或者成绩在哪里。前者也称经验式，后者也称成绩式。

（4）对比式。将前后情况进行对比，从而分别优劣，突出成绩，引出下文。

（5）提示式。对工作内容作提示性、概括性的介绍，它不介绍经验，只提示总结工作的内容和范围。如："近两年来，我们按照上级对干部培训的要求，在搞好干部培训工作方面，做了以下工作。"

2. 主体。是总结正文的主要部分。

（1）主体的内容。由于总结的工作多种多样，写总结的目的也有所不同，所以主体写些什么内容也不是千篇一律的。比较典型的主体部分应当有以下四项内容：

第一，基本情况。主体应首先介绍基本情况，即使前言部分已有概括，这里也应具体展开。基本情况包括：做了哪些工作，工作是怎么做的，取得了什么成绩或效果等。可以总体介绍，也可以分项说明。

第二，主要经验。这是对工作的理性认识，是具有指导意义的规律性的东西，是达到总结目的主要内容，因此要写得有理有据，令人信服。这部分内容不一定称为经验，有的称为"基本做法"或"主要措施"，实际上都是谈的经验，即分析归纳工作获得成绩或取得成效的原因。做法和措施都是行之有效、普遍适用的。

第三，存在的问题。总结既要看到成绩，也不能忽视存在的问题，这才是实事求是的态度，这才有利于改进工作，取得更大的成绩。因此，多数总结的主体中，都应有这部分内容。

第四,今后努力的方向。即针对存在的问题,讲一讲今后解决问题、改进工作的打算。这部分内容多数总结写得比较简略,因为要制定解决问题的具体方案是计划的任务。

根据情况和目的不同,上述内容不仅详略可以灵活掌握,还可以有所省略。连同导言,形成以下几种情况:第一种是两项式:①概况(作为导言,略写);②经验(或称做法、措施,详写)。第二种是三项式:①概况(略写);②做法(详写);③今后改进工作的意见(较略)。总之,总结写些什么内容,不强求一律。

(2)主体的结构。主体的结构形式常见的有以下几种:

第一,分条式结构。即把主体内容按情况、经验、存在问题和努力方向分成若干条,每条之下还可以分成若干小条。

第二,小标题式结构。这种结构形式是按材料性质分成若干部分,每部分拟定一个小标题,然后一部分一部分地写出。它的好处在于条理清楚,纲举目张,既便于写,也便于读。如武汉钢铁公司写的《坚持企业社会主义方向,走质量效益型发展道路》,全文分为三个部分,有三个小标题:"武钢质量效益型发展历程"、"武钢创建质量效益型企业的具体做法"、"武钢创质量效益型企业的成效和体会"。

第三,贯通式结构。这种形式既不列条款,也不分小标题,而是从头到尾,围绕主题,分若干自然段,一气呵成。它主要靠清晰的思路来串联材料,靠分清层次来构架全篇,靠语言的过渡来贯通始终。这种方式比前两种方式要难一些,但如果能将材料烂熟于心,就可以围绕中心,按时间顺序或事理发展的层次,抓住主要线索,层层分析说明,总结工作的全过程。贯通式结构适合于内容比较单一的专题性总结。如空军纪委办公室写的《查处一案,教育一片》,采用的就是全文贯通式结构。它将工作的背景、意义、方法、效果有机地组织在一起,既贯通一气,又不繁杂紊乱。

第四,阶段式结构。这种形式是按时间顺序或工作程序纵向安排内容,全文脉络清晰,便于反映工作的发展进程和每个阶段的特点。一般来说,总结周期较长、阶段性很明显的工作适合采用这种结构形式。

3. 结尾。有些总结的正文主体内容写完后,即可结束,不需要再加个结尾部分。但有几种情况需要写个结束语:

(1)介绍经验的总结,最好有个谦虚式的结尾,如说:"我们虽然取得了一些成绩和经验,但工作中还存在不少问题,和先进单位相比,还有不小差距,今后我们要向兄弟单位学习,进一步改进工作,争取作出更大的成绩。"这里实际上没有谈存在什么问题和今后有什么打算,单表示谦虚的态度和不满足现状的心情,也不是没有必要的。

(2)面向大会或群众的总结,可以加个号召式结尾。如例文59。

(三)落款

在正文右下方署上总结机关的名称和完成总结的日期。标题中已有总结机关名称,这里署名可有可无。

二、总结的基本要求

(一)实事求是

写总结必须实事求是,真实的反映本部门、本单位的工作成绩,切忌浮夸;缺点和不足也要敢于承认,不能报喜不报忧。总结中涉及的人物、事件、时间、数据、成果等一定要真实可靠。反映情况不能绝对、片面,不能前后矛盾。还要注意不要先入为主,带着框框看问题,把材料纳入自己的臆想之中,使总结带有主观性、表面性和片面性。

(二)突出重点

总结不是现象的简单罗列和记录,而是要反映出事物的本质和规律性,从而为以后的工作提供指导。规律性是指在一定条件下,反映事物本质联系和必然趋势的东西。总结就是要求从分析研究事物的现象开始,发现事物的本质,寻求事物的内在联系,找出取得成绩的原因和出现失误的根源。总结不求面面俱到,而应根据总结的目的有所侧重,选择能充分说明问题的材料把重点突出出来。切忌不分主次地罗列现象,堆砌材料,而无重点。

(三)务求特色

总结不能人云亦云,千篇一律,毫无特色。总结一定要根据实际反映出本单位的特点,总结涉及的只是本单位前一段时期的工作实践,因此要写出与本单位以往阶段不同、与别的单位不同的特点来。总之,要有创新独到之处。

（四）注重分析

总结一定要注意对工作情况的分析。总结往往要摆情况、谈成绩、讲做法,这时候,要注意不能简单地堆砌材料,最后冒出一个观点,好像硬贴上去的标签。总结一定要进行分析,总结出有价值的经验。没有分析,就不可能从现象中发现本质,不可能从实践中总结出经验和教训。

三、例文分析

[例文 54]

武钢是新中国成立之后建设起来的大型钢铁联合企业,70年代从国外引进了 1.7 米轧机系统。1989 年末已拥有固定资产总值 66 亿元,净值 42.6 亿元,职工 12 万人。30 多年来生产建设一直在向前发展,特别是党的十一届三中全会以来的十多年来里,企业面貌发生了深刻的变化,走出了一条坚持社会主义方向的质量效益型的发展道路。

[例文 55]

一要改革,二要发展,这是当前成人教育面临的两大问题。怎样改革?如何发展?二者是什么关系?对这些问题必须认真思考,给予正确的回答。

[例文 56]

我校是一所普通初级中学,学生入学时基础比较差。如 1979 年入学的新生,语文、数学两科总分都在 100 分以下,一半以上的学生两科总分不到 40 分。这给教学工作带来很大的困难。为了迅速扭转这种局面,我们狠抓教学管理,大力调动广大教师积极性,教学质量有了明显提高。上述学生共 344 人,经过三年的教育培养,1982 年毕业后,3/4 以上考上了中专和高中。其中不少人还进入了重点高中。

[例文 57]

　　根据国务院 1987 年 5 月 26 日在大兴安岭召开现场办公会议的决定，国务院大兴安岭恢复生产、重建家园领导小组于 5 月 29 日开始工作。经过调查、研究、规划、设计和制定方案，恢复重建工程于 6 月上旬开始施工。至 10 月 8 日，共完成房屋建筑面积 55.2 万平方米（已验收 48 万平方米），其中住宅已完成并验收 37.6 万平方米。预计到 10 月中旬可完成房舍 58.6 万平方米，其中住宅 43.2 万平方米，比原定计划超额完成 3.8 万平方米。被大火烧毁的生产设施，包括大型贮木场、铁路专用线、公路桥梁、动力线路和通讯线路等，已全部恢复、重建起来。

简析：

　　上面四个例子是总结的正文导言常见的几种写法。例文 54 是概括式，简要介绍了武钢的基本情况。例文 55 是提问式，在导言中提出三个问题，点明了总结的重点，引起人们的注意。例文 56 是对比式，将该校 1979 年和 1982 年的情况进行了对比，从而突出了成绩。例文 57 是结论式，重点介绍大兴安岭恢复重建工程的成绩。

[例文 58]

××省 1986 年稻谷生产总结

一、概况

　　1986 年，我省稻谷播种面积 3778.95 万亩，比上年增加 1.95%，平均亩产 261 公斤，比上年减少 5 公斤，总产量 986.59 万吨，比上年增产 0.06%。其中早稻播种面积 1736.9 万亩。比上年增加 7.15 万亩，平均亩产 304 公斤，比上年减产 10 公斤，总产量 527.55 万吨，比上年减产 2.71%；中稻播种面积 247.24 万亩，比上年增加 4 万亩，平均亩产 253 公斤，比上年增加 14 公斤，总产量 62.48 万吨，比上年增加 7.4%；晚稻播种面积 1769.99 万亩，比上年增加 3.6%，平均亩产 223 公斤，比上年减少 2 公斤，总产 395.02 万吨，比上年增产 2.9%；旱稻播种面积 24.81 万亩，比上年减少 0.83 万亩，平均亩产 62 公斤，与上年持平。

二、稻谷增产县的主要经验

1986年,在不利的气候条件下,全省仍有××个县稻谷获得增产,其中增产25%以上的有×县。这些县获得增产的主要经验是:

(一)实行了一系列的优惠政策。一是实行粮肥挂钩政策,农民交售100公斤贸易粮,按平价奖售标准化肥60公斤;二是实行粮食挂钩政策,恢复粮食预付定金的办法,按农户合同订购粮食价格款预付30%,同时预付化肥30%给农户;三是实行粮食运输补贴政策,农民每交售100公斤粮食,运输一公里,平原县补助4分,山区县补助5分;四是实行粮食订购任务给予奖励的政策,凡是完成粮食合同订购任务的农户,每100公斤原粮奖励4元,等等。由于实行了这些优惠政策,调动了农民种粮的积极性,对稳定和扩大稻谷种植面积起了积极作用。

(二)积极推广杂交水稻的种植面积。各县都推广了良种、良法相结合的综合性配套技术,从外地购进的种子,由地方财政拨款作为杂交稻种和经营种子的补贴。

(三)加强抗旱,抢上季节,搞好管理。1986年稻谷增产的县都积极推广各项有利于抢上季节的技术措施,既注意防止盲目早播,又避免消极的迟播、迟插,并根据冬春时节雨水少的情况,积极组织群众抗旱抢播抢插早稻。××县动员600多名干部下乡发动群众抗旱,并出动3万多劳动力,90多台喷淋机,340架龙骨车帮助农民进行抗旱抢种,使全县早稻播种都能抢上季节,为丰收打下了基础。很多县在水稻遭受灾害、生长不良的情况下,认真加强田间管理,及时进行中耕除草、追施肥料、防治病虫害,尽量挽回自然灾害造成的损失。如××、××等六个县,虽因遭受自然灾害减少了种植面积,但由于加强田间管理,提高了单产,全县的稻谷总产仍比上年增加。

(四)建立高产示范样板,实行以点带面。增产县各级领导都十分重视水稻高产示范样板田的作用,层层建设高产示范样板田、样板片、样板点,以点带面,积极开展高产评比竞赛活动。××县在高产示范样板田带动下,提高了科学种田的水平,促进了水稻生产的发展,使该县在遭受严重自然灾害的情况下,1986年水稻总产仍比上年增长10%以上。

(五)扩大稻谷种植面积。根据稻谷增产5%以上的30个县分析,靠扩大面积而获得增产的就有19个县。

三、部分县稻谷减产的原因

1986年,全省稻谷总产量虽比上年稍增,但仍有××个县减产。减产的主要原因是：

（一）遭受严重的自然灾害。1986年春，我省大部分地区没有下过透雨。据当年4月2日统计，全省无水耙田面积572.6万亩，因旱不能播种面积达141.3万亩。春旱时间过长，使得播种季节推迟，有的地方到五月份还没插秧。7月下旬和8月上旬，我省又遭到9号台风的袭击，早稻受灾，面积达1300多万亩，使本来可望增产的形势一下子转为减产的局面。晚稻受害面积达818.24万亩，占实插面积的46.2%，其中龟裂的308.9万亩，枯死无收的72万多亩，加上病虫的危害，晚稻的产量也未达到原定的计划。

（二）减少水稻种植面积。在减产的××个县中，有××个县是由于种植面积减少而导致减产。如××县1986年水稻面积比上年减少3.44%，面积减少后，该县在提高单产方面又没有过硬的措施，因此出现了总产大幅度下降。

四、存在的问题及今后努力方向

近几年来，我省稻谷产量连年下降，其原因除了农民种粮积极性尚未得到充分调动外，主要是农田水利失修，抗灾能力弱，对农业的投资少，先进的科学技术未能普遍推广。今后，除继续贯彻各项行之有效的措施外，应把"稳定面积，主攻单产，增加总产"作为主攻的方向。就我省来说，种植面积必须稳定在3850万亩以上，同时要尽量增加对稻谷生产的投入，改善生产条件，在栽培技术方面，要因地制宜地推广良种、良法配套技术，努力提高单产。

1987年2月5日

简析：

这篇总结的正文与一般总结不同的是，它没有写导言，直接进入主体内容。主体内容写得比较全面，很有代表性。第一部分概况介绍了基本情况，它从所总结工作的实际情况（既不是大丰收，也不是大减产）出发，有喜报喜，有忧报忧，反映情况做到了实事求是。第二部分写主要经验。它总结出稻谷增产县的五条经验，如实行优惠政策，改良品种，搞好田间管理，以点带面等，对增产稻谷来说，都是普通适用的好经验。其中大多有具体事例为证，很能说明问题。第三部分写部分县稻谷减产的原因，主要分析部分县稻谷为什么会减产的主客观原因。第四部分写存在问题及今后努力方向，又

第五章 总　结

进一步从全省的角度指出问题,并对今后的努力方向作了概括。

[例文 59]

在社会主义建设的新的历史时期,外交工作将更加活跃。对外民间文化交流有着十分广阔的前景。让我们以邓小平外交理论为指导,遵循党的十五大精神,从国家的全球战略和总体外交的角度来思考和规划我们的工作,总结经验,探索新路,把我们的文化交流工作推上新的台阶。

简析:
这是一篇总结的结尾,是一个号召式的结尾。

思考题

1. 什么叫总结?它有什么作用?
2. 总结的特点是什么?
3. 写总结前应做什么准备?
4. 怎样写总结?

第六章 调查报告

第一节 调查报告的含义和作用

一、调查报告的含义

调查报告,是运用辩证唯物主义观点,有目的、有计划地对某个问题或某一事件进行调查研究后,所写的反映客观事物本质和规律性的书面报告,是机关、团体、企事业单位工作中常用的一种应用文体。通常在调查报告标题或副标题上标出"调查"、"考察"等字样。

做好调查研究工作是写好调查报告的前提。著名的《湖南农民运动考察报告》就是毛泽东于1927年春在湖南做了30多天的调查研究后写出来的。恩格斯曾用了近两年的时间,深入到英国工人群众中间进行社会调查,写出了光辉著作《英国工人阶级状况》。调查研究是对工作和社会生活中的典型事例、急需解决的问题和经验教训,进行深入调查、取材、整理、分析、综合的社会活动过程。在这一过程中要用辩证唯物主义的科学方法,实事求是地揭示出客观事物的本来面貌和规律,达到反映情况、端正认识、指导工作和交流经验的目的。因此,调查报告是根据调查研究的成果,用文字形式写成的书面报告。

调查报告要鲜明地表达出作者的立场观点,全面、深入、准确地反映情况和分析问题,成为领导制定方针政策、解决问题的可靠依据。调查报告的表达方式是以叙述为主,兼有议论和说明,是机关事务文书中常用的一种文体。调查报告的写作是机关工作者的一项基本职能,也是提高干部素质的一门基本功。

调查报告与总结的相同之处都是以指导工作为目的,经过调查、分析、研究找出事物的规律性,反映出事物的实际情况。它们的区别是:从范围上看,调查报告可以是某一单位发生的事情,也可以是普遍存在的社会问题或情况;总结只限于本单位本部门的工作范围。从内容上看,调查报告所反映的问题和情况一般来说是有普遍意义和典型意义的;总结则可以是平常任何工作的总结。从写法上看,调查报告多用第三人称,总结多用第一人称。

二、调查报告的作用

调查报告的作用主要有以下几个方面。

(一)领导决策的依据,解决问题的凭证

只有经过认真调查研究,真正了解和掌握了实际情况,才能制定出正确的方针政策。调查报告反映了现实生活或工作中存在的问题和客观事物的本来面貌,有的还提出了解决问题的意见和方法。因此,调查报告是领导决策的重要依据。

(二)扶持新生事物,推广先进经验

随着社会的发展,科学的进步,新生事物层出不穷,而对新生事物也有一个认识和扶持的过程,这就需要进行深入调查,通过调查报告来宣传新生事物,介绍和推广它们的先进思想、先进经验,促进我国的改革开放和经济发展。

(三)揭露社会弊病,引起社会公众关注

从改革开放以来我国人民的生活水平有了很大提高,在各个方面都取得了显著成就。但是还存在着贪污腐败、吸毒贩毒、破坏生态环境等违法乱纪的社会问题。运用调查报告可以深入地揭露这些丑恶现象,引起有关部门的重视和社会公众的关注,起到舆论监督的作用,使问题早日得到解决。

(四)澄清事实真相,回答社会问题

社会上某些重大事件、重要问题,在难以辨明事实真相的情况下,需要经过调查研究,写出调查结果,有利于分清是非,澄清事实真相,以消除社会公众的疑惑误解。

（五）认识事物本质，掌握发展规律

在当今信息化时代，世界经济处在高速发展变化之中，及时认识新生事物的本质规律是非常重要的。调查报告是认识世界的一种有效的手段，能帮助人们较快地认识事物本质，掌握其发展规律，少走弯路，少犯错误，取得成绩。

（六）重视调查研究，培养求实作风

调查研究是党政机关历来的优良传统。写调查报告，必须深入基层，到广大群众中去，全面掌握实际情况，占有第一手资料。这对培养求实精神，克服官僚主义，具有重要作用。

随着我国改革开放的不断深化，市场经济的迅速发展，从政治经济、科学技术到社会生活的各个领域都出现了很大的变化。许多新情况、新问题需要反映、分析、解决，调查报告的应用日益广泛，它的作用日趋重要。目前，从中央到地方各种调查活动正方兴未艾，如社会调查、民意测验、商业调查和公关调查等，电视传媒的新闻调查、新闻追踪、股市调查和网络调查等栏目也颇受欢迎。全国已经注册的调查机构就有400余家，有国有企业，有中外合资公司，有民办公司。调查的内容更为广泛，形式更为多样，调查方法也更为科学。

第二节　调查报告的种类和特点

一、调查报告的种类

调查报告按内容可分为以下几类

（一）反映基本状况的调查报告

这类调查报告较为全面、系统、深入地反映某一地区、某一单位、某一方面的基本情况，包括社会公众意见调查、社会环境调查、人际关系调查等，往

往带有工作研究性质。

(二) 典型经验的调查报告

这类调查报告以先进单位和个人为调查对象,较为全面、具体地反映他们在工作中所取得的新鲜经验及教训,具有较强的指导性和说服力。

(三) 反映新生事物的调查报告

这类调查报告反映新生事物产生的条件、原因、特点和发展过程,说明其现实意义和社会作用,揭示其成长规律,帮助有关部门和社会公众认识和了解新生事物,以促进其健康成长。

(四) 揭露社会问题的调查报告

这类调查报告主要是揭露社会中存在的某些弊病和丑恶现象,阐明其产生的原因与危害性,引起人们的重视,使这些弊病和丑恶现象得以铲除。

(五) 澄清事实真相的调查报告

这类调查报告主要是揭示现实生活中一些重大事件和历史事实的真实面目,以澄清事实,使人们消除误解、得到启发教育。

二、调查报告的特点

调查报告的特点主要有以下几个方面

(一) 针对性

调查报告常常是有针对性地去了解某些具体情况,为解决某个具体问题提供决策的依据。只有围绕人们普遍关心的一些问题来写,才能起到端正认识、指导工作的作用。

(二) 真实性

调查报告必须用真实、准确的事实说话。只有坚持实事求是的原则,通过全面、深入、细致地调查,才能真实地反映客观事物,得出正确的结论。因此,调查报告的力量来自于具体材料的真实性。

(三）典型性

调查报告通常选择某地区或某单位具有代表性的先进人物或典型事物，通过调查研究，找出规律性的东西，总结出先进的工作方法和经验，加以宣传推广，起到以点带面的作用。此外，还对某些有害于社会或不利于工作的具有代表性的事件和行为进行调查研究，说明其事实真相、前因后果等，起到教育干部群众、纠正不良倾向的作用。

（四）新颖性

调查报告要有新视野、新角度、新思路，才能拥有广泛的读者群。特别是反映典型事物的调查报告，有了新颖性才能引起社会关注，产生强烈反响。

（五）规律性

调查报告不能仅限于叙述或介绍事实过程，要通过调查、分析、综合，揭示出客观事物的本质和发展规律，包括具有普遍意义的经验、教训和解决问题的方法等。

第三节　调查报告写作的准备

写调查报告可分为三个阶段：调查—研究—报告。做好调查研究是写好调查报告的第一阶段。但是调查与研究不能截然分离，二者是相辅相成的。在了解和掌握了实际情况的基础上进行研究，通过分析思考使调查进一步向全面和深处发展，经过这样一个反复不断的考察、获取、分析和整理的过程，使调查研究的结果更为准确、深刻，为领导做出正确的决策、有效的管理提供可靠的依据。

一、调查工作

调查要做好以下几个方面的工作

第六章 调查报告

（一）选好调查题目

题目选得好可以取得事半功倍的效果；题目选得不好，容易流于俗套，带有盲目性。因此，选题时既要考虑客观事物的难点和发展趋势，抓住人们所关注的热点问题，又要充分酝酿，发扬民主，听取大家意见，提高选题的准确性。

（二）拟定调查提纲

选好调查题目后，就要拟定调查提纲。调查提纲一般包括调查的目的、要求、步骤等内容。也可随着情况的变化而修改、调整。特别是对大的调查项目，一定要周密思考，精心拟定调查提纲，这样才能保证调查报告的写作有计划、有目的地顺利进行。

（三）明确调查要求

调查的要求主要有三个方面：全面、深入、准确。全面就是要尽量全面、系统地了解调查对象的历史和现实、局部和整体、原因和结果、正面和反面等具体情况，包括调查对象的周围情况和社会环境。深入就是透过现象看事物的本质，掌握事物的内在联系、发展规律，尽可能占有第一手材料，对所发现的问题和线索要追寻到底。不能满足于看到的表面现象，听到的一面之词，要深入基层，深入群众，兼听方方面面的意见，这样才能发现重要线索，弄清实际情况，达到深入调查的目的。准确就是要把情况搞清楚，如时间、地点、人物、原因和结果等，要真实、确切，不能张冠李戴，模棱两可。数字的统计和百分比要精确，不能随意夸大或缩小，否则就会走样失实，导致作出错误的判断，失去调查的意义。

（四）确定调查形式

调查总体来说可分为两类：间接调查和直接调查。间接调查就是针对某一问题，到被调查单位听取有关领导和群众的情况介绍，查阅有关书面材料。直接调查就是深入基层，亲自蹲点实践，掌握真实可靠的实际情况。

调查有多种形式，可归纳为两种主要的方法：典型调查法和全面、抽样调查法。典型调查法包括开调查会、个别访谈、现场察访等调查形式，是在长期工作实践中形成的一种深入实际、简便易行的方法。全面、抽样调查法包括问卷调查、统计调查、网络调查等形式,是一种能对事物进行全面系统调查的方法。

在调查过程中,采用何种形式要根据具体情况而定,可以将多种调查形式结合起来运用,这样做的好处是互补性强,验证性强。

二、研究工作

研究工作是写好调查报告的第二阶段,是经过分析思考,将调查写成报告的一个重要环节。

(一)研究的目的

研究的目的是经过对调查材料"去粗存精,去伪存真,由此及彼,由表及里"这样一个过程,通过分析、整理、综合,认识事物的本质、特征和规律,确立调查的结果和观点。

(二)研究的要求

首先,在认真筛选、鉴别材料和确立观点的研究过程中,要坚持实事求是的原则。实事就是一切从客观事物固有的实际情况出发,求是就是探求事物的本质,找出事物的发展规律。只有坚持实事求是的原则,才能避免用主观想象代替客观实际的错误,才能做好研究工作。其次,在研究过程中要全面、辩证地分析问题,不能以偏概全,不能绝对化,保证调查报告观点的正确性。再次,调查报告的观点与内容应有深刻的现实意义,要考虑其是否与当前的形势紧密结合,是否回答了的社会热点问题,是否解决了带有普遍性的问题。

(三)研究的方法

研究工作的方法主要有分析、综合、比较这三种方法。它们是密切相关的:分析是综合的基础,综合是分析的归结,经过分析将复杂的零乱的情况条理化、系统化,然后再综合成整体的情况,通过与国内外的同类事物相比较,找出规律性的东西,得出客观、全面、准确的理性认识。

三、拟定写作提纲

对调查报告的材料细心分类、精心选择,以已经确定的观点为中心组织好材料,安排好整体结构,考虑好怎样开头,怎样展开,怎样结尾。拟定写作提纲时,大型调查报告的提纲应详细、完整,小型、微型调查报告的提纲则可以简略一些。在结构安排上,如果用横式结构,就要用逻辑顺序的方法拟定小标题,确定每个层次内容。如果用纵式结构,就要用空间顺序和时间顺序的方法确定各个层次的安排。从拟定每一部分的小标题,到确定每一层次的内容,选用什么事例,说明什么问题,使用什么语言等,都要尽可能详细、清楚,做到心中有数。

第四节 调查报告的写法和基本要求

一、调查报告的写法

调查报告一般由标题、导语、主体、结尾和落款五部分组成。

(一)标题

调查报告的标题要精炼、贴切、醒目,用简洁的语言表明文章主题,引起人们关注。标题主要有以下四种类型:

1. 公文式。这类标题较为固定、严谨,类同公文标题,一般由调查对象+调查内容+文种名称构成,如《哈尔滨中学生心理健康状况调查》。有的调查报告的标题中省略调查对象的名称,有的标题中的文种名称写为考察等。

2. 新闻式,也称为通讯式。这类标题通常不写调查报告、考察报告等字样,只点明文章主题或调查对象,与一般文章的标题样式相同,如《艾滋病在中国的传播》。

3. 特指式。这类标题通常写明调查地点、对象和范围等,省略调查事项,如《兴国调查》。

4. 正副标题式,也称为双标题。这类标题由两行组成:正标题为第一行,一般是调查的主题或结论;副标题为第二行,用来补充说明调查报告的单位、对象、地点、性质等,破折号连接在副标题前,并写明调查等字样,如《萌动·嬗变·提升——河南青年农民精神文化生活调查》。

(二) 导语

也称为前言或引言,是调查报告的开头部分,有先入为主的作用。导语不能篇幅过长,不能与主体脱节,要写得简明、朴实、有吸引力。导语的基本内容有:调查对象的现状、成绩、问题、事件的经过等情况;调查的目的、方法、时间和地点;调查报告的内容及观点。在写法上常用的有以下几种类型。

1. 概述主旨式。这类导语概括地叙述了调查报告的主要目的和宗旨,点明了调查报告的主张或基本观点,起到开门见山的作用。

2. 介绍情况式。这类导语简要地介绍了调查对象的基本情况和文章的主要内容,使读者对调查报告有一个基本了解,起到内容提要的作用。

3. 说明方法式。这类导语重点说明调查的方法,同时也说明调查的缘由、对象、经过,显示出调查的科学性和真实性,起到令人信服的作用。

4. 提出问题式。这类导语提出调查报告要回答的问题,以引起读者兴趣和深思。

5. 突出成绩式。这类导语突出调查对象所取得的巨大成绩,引起读者对调查报告的重视,达到推广先进经验的目的。

6. 揭露问题式。这类导语主要揭露社会上或工作中所存在的某些重大问题,重点是说明问题的严重性和危害性,引起读者的关注。

导语的写法较为灵活,这些方式可单独运用,也可以把多种方式结合起来运用在一个导语段中,不论采取何种方式,都要有利于表现调查报告的主旨,有利于展开调查报告的主体,有利于调查报告的整体效果。

(三) 主体

调查报告中关于事件的叙述和议论主要在主体部分,是充分表达调查研究成果的重要部分,直接决定调查报告的质量和价值。

1. 主体的基本内容。主体的基本内容主要有三个方面:一是调查的事实。要具体写明时间、地点、人物、数据、事实的发展经过和前因结果等,尽量运用一些人物原型的语言、典型事例。二是对调查的事实作分析。要分析出经验教训，找出原因，指出影响。三是说明观点和结论。作者的观点和调查报告的结论，必须建立在客观事实的基础上，必须客观、正确、恰当。

2. 主体的结构。主体的结构安排，一般有四种类型：纵式结构、横式结构、对比式结构、综合式结构。

纵式结构是按照调查顺序、时间顺序写出调查事物的发生、发展和结局的演进过程，归纳出经验教训及客观规律。它的特点是简明单一，条理清楚，内容连贯，有吸引力。

横式结构是把调查的内容分为相对独立或并列的几个部分，进行叙述和说明。它的特点是多角度、多侧面说明问题，中心突出，论述较为全面、系统、透彻。

对比式结构是把两个性质、特点不同或相反的事物放在一起进行比较，如今昔、新旧、大小、正反或成败等，使读者作出正确的评价，留下深刻印象。

综合式结构是将纵式结构、横式结构、对比式结构等结合在一起。有的以纵式结构为主，兼用横式或对比式结构；有的以横式为主，兼用纵式或对比式结构。

（四）结尾

调查报告的结尾主要有这几种形式：归纳式、建议式、深化式和鼓舞式。它们提出建议、办法、措施，起到概括文章观点、号召、鼓舞和祝愿的作用。不论哪种结尾都要适合于导语和主体，都要简短有力、耐人寻味。也有一些调查报告在导语与主体中话已讲完，省去结尾，被称为零结尾。

（五）落款

内部使用的调查报告一般在正文后，要写上调查者的名称和完成的日期。公开发表的调查报告也可署名在报告的标题之下。

二、调查报告的基本要求

（一）深入实际，真实地反映客观事物

深入实际，详细地占有大量第一手材料，才能使调查报告所运用的材料具有权威性、可靠性，才能据此进行分析、综合，形成观点，得出正确结论。全方位地掌握事物的具体情况，它的过去和现状，正面材料、反面材料和侧面材料,横向、纵向的对比材料和精确的统计材料等,是真实地反映客观事物,全面、深刻地分析问题必不可少的基础。

(二)观点鲜明,要与材料紧密结合

观点鲜明就是赞成什么反对什么十分明确,不能含糊不清,模棱两可。鲜明的观点要得到材料的有力支持,要与材料紧密结合,要注意三个方面:一是选用具有代表性的材料来说明观点。二是用准确的统计数字来说明观点。三是通过不同事物或不同方面的对比来突出观点。

(三)对象典型,针对性强

调查报告反映的对象可以是现实的、历史的、个人的和单位的事情,但是不管是事物还是人物的材料,必须具有代表性和特征性。调查报告反映典型事物,有很强的针对性和指导性。它针对社会上或工作中存在的一些人们所普遍关心的事物或问题,通过全面、深入、细致地调查,得出正确的结论,起到宣传、推广和教育的作用。

(四)语言简洁、准确、生动,以叙述为主

调查报告的语言要凝炼、明了,不能拖泥带水;用词要精确、恰当;可适当选用一些群众语言或人物原型语言以增加文章的生动性、形象性。调查报告主要用叙述的方法,介绍事物的发生、发展和结果,用事实来说明问题;同时也要辅以议论,来阐明作者的见解和揭示事物的本质特征,这种议论要恰到好处,起到画龙点睛的作用。

三、例文分析

[例文60]

萌动·嬗变·提升
——河南青年农民精神文化生活调查

我们为什么关注农民

中国不仅以农业大国著称于世,而且也以农民大国著称于世。当代中

国农民是世界最大的社会群体。……中国农民状况构成了中国社会最基本的国情的一部分,不了解中国农民就不了解中国社会。因此农民问题是关系改革开放和现代化建设全局的重大问题。

农民是农业经济繁荣、农村社会发展的主体,而青年农民则是农民队伍中的生力军。他们担负着承前启后、继往开来的历史重任,是中国未来农村的希望。可以肯定地说,青年农民的基本状况直接或间接地决定了中国社会的政治、经济和文化特征,决定了中国现代化的进程,决定了21世纪中国综合国力的强弱。与青年农民所承载的历史重任形成强烈反差的是尽管他们人数众多,存在的问题和面临的困惑较多,但对他们的了解较少,研究得不够。所以……不如行动起来了解他们、关心他们、研究他们。

据有关资料显示,农村青年的犯罪率高于城镇青年;文化程度低的农村青年犯罪率高于文化程度高的农村青年。农村青年的自杀率高于城镇青年;农村女青年的自杀率高于农村男青年。农村青年对生活质量的自我评价低于城镇青年;农村青年对生存环境不满意程度高于城镇青年。

尽管导致上述结果的原因很多,但我们认为根本原因还在于对农村青年的精神文化生活缺乏全面的把握、正确的评价、科学的引导和必要的关心。基于这个认识,洛阳师范学院社会调查中心就农村青年文化状况进行了专项调查。调查以问卷为主,并结合访谈。调查地域包括洛阳、三门峡、平顶山、开封、商丘、新乡、焦作、南阳、信阳、许昌、漯河、安阳等地市的120个村镇,共发放问卷1200份,收回1172份,回收率为97.6%。调查对象包括18—40岁男性712人,女性460人;乡镇632人,村庄540人。走访人数达450多人次。

调查结果表明,处于社会转型期的青年农民,在从自然经济转向市场经济,从传统的农业社会转向现代的工业社会,从粗放型经济增长方式转向集约型经济增长方式的过程中,所面对的外界诱惑是前所未有的,面临的精神压力是巨大的。因为三个转向都要求农民的思维方法、价值观念、道德规范经历一个"扬弃"和"再塑"的过程。这个过程是从失序走向有序,从失范走向规范的过程;是既有告别传统后的轻松愉快,又有走向新天地的一时迷茫和不知所措。尽管如此,青年农民对现在的生活是满意的,对未来是充满希望的。

青年农民精神文化生活的基本状况

(一)政治社会观

调查表明当代农村青年已经不追求盲目的崇拜,更不喜欢空洞的说教、抽象的理论,而是面对现实,冷静思索,把对党、对国家、对社会主义的热爱体现在对农村改革和经济事业的拥护和参与上,把对事业的追求化作实实在在的行动。(略)

(二)理想与信仰

趋于现实的理想心态。座谈中,青年农民都有明确的理想和奋斗目标。他们或者是为了做好本职工作,获得领导信任和升迁机会;或者是为学习一技之长,实现脱贫致富;或者是走出黄土地,在城市获得一份理想的工作;或者是经商办企业把事业做大。总体而言,青年农民的理想心态呈现出阶段性、务实性和层次性。(略)

(三)道德观

传统美德的继承性。农村青年绝大多数喜欢听历史故事,看反映历史事件的电视,崇拜历史上的英雄人物如包青天、岳飞等。受传统文化的影响,他们呼唤传统美德,渴望社会太平安详宁和,人与人之间和睦相处,相互尊重。对目前在社会上少数人中盛行的金钱至上、个人主义等看不惯。(略)

(四)生活与交友

与老一辈相比,青年农民的生活观呈现出鲜明的时代色彩。已经开始由封闭、保守、节俭、单一转向开放、进取、丰富多彩。(略)

(五)民主法制观

法律意识日益强化,法律知识知之较少。市场经济是法制经济,不懂法不知法,就寸步难行。问卷中、访谈中,不少人通过报纸、杂志、广播、电视等媒体学习与现行农村政策及乡镇企业发展有直接关联的法律常识,主动了解掌握有关法律程序上的疑难问题。但从总体上看,青年农民的法律知识很少,获得的途径较单一。(略)

(六)教育科技观

文化程度呈提高的态势,知识价值被共同肯定。与他们的前辈相比,青年农民的受教育程度、文化水平、科学素质均比较高。(略)

(七)职业观

随着农村人口的膨胀,人均耕地的减少,农村剩余劳动力的增多,青年农民开始走出黄土地,把视角投向更广阔的天地。(略)

(八)婚恋观

改革开放20年来,农村青年的恋爱观在多种文化冲击中升华;婚姻状况在嬗变中进步;家庭规模在不知不觉中变小。原来最为村人看重的一些封建的观念在逐渐淡化,但未婚同居、婚外恋、少女配老夫、离婚等种种看似不可思议的事情正在乡村越来越多的出现。尽管如此,符合我国国情的婚恋家庭道德观念在农村青年中仍占主导地位。(略)

思考与对策

在改革开放的二十余年中,我国农村发生了三次历史性飞跃:一是家庭联产承包责任制的实施,二是乡镇企业的遍地开花,三是目前正在推进的小城镇建设。与此相适应,农村社会经济生活出现了前所未有的大变动、大震荡、大发展。在这社会经济转型期,正如上所述,农村青年的文化精神生活发生了剧烈的嬗变。特别是青年农民大量向城镇和非农产业的转移,把各种价值观念和生活习俗带给了城市,但它们很快又被城市的运作规则所同化、所融合。相反,城市的理念、生活方式、价值观念从各个方面对他们进行了重塑,在潜移默化中拓宽了青年的视野,使他们的价值取向、人生追求发生了极大的转换。上述青年农民精神文化生活的基本状况,可以概括出以下几大特点:

(1)生活方式城市化。(略)(2)理想追求实际化。(略)(3)社会交往简单化。(略)(4)法制意识增强。(略)(5)职业流动频繁。(略)(6)婚嫁生育趋晚。(略)(7)价值观念多样化。(略)(8)与城市青年价值观趋近趋同。(略)

如何加强农村精神文明建设的力度,如何使他们的人生态度、理想信念、生活方式、价值观念与整个社会的主导价值体系取得一致,从而激发起广大农村青年为中华民族的伟大复兴而努力奋斗的爱国热情,这一问题值得引起农村各级党团组织的高度重视。为此,仅提出粗略的若干措施。

1. 坚持正确思想导向,提升农村青年工作的文化内涵。针对青年中存在的"信仰真空"与"价值迷茫"现象要坚持以理想信念教育为核心,始终将构筑青年的共同理想和精神支柱作为首要任务。

提升农村青年工作的文化内涵,必须着力从两个方面寻求突破。一是使青年进一步对传统文化的吸纳与超越;二是努力建立理想信念的文化构架。

2. 服务青年实际要求,夯实思想政治工作的群众基础。调查资料在显示青年对人生的追求务实多样的同时,也反映出青年对"精神家园"的渴望,这表明青年除了功利色彩较浓的浅层需求之外,还渴望弥补一种较为深层的"精神缺失",他们向往一片纯净的私人空间,追求自己的精神家园。为此,首先,我们要努力净化青年的成长环境;其次,我们应当以兴味盎然的特色活动吸引和凝聚青年,为青年创造一个想象力的驰骋和创造力的实现的空间,使青年在满足自身情趣需求的同时,弥补"精神缺失",营建丰饶的精神家园。第三,要转变青年思想政治工作的组织模式。

3. 发展教育事业,提高青年农民的科技文化素质。改革开放以来,我国农村教育事业取得了令人瞩目的成就。但从总体上讲,农村教育仍然比较落后。据统计,在4.6亿农业劳动力中,文盲和半文盲有1亿人,占22.7%,小学文化程度有2亿人,占45.4%。义务教育作为新一代农业劳动者必备的文化要求,是农村职业教育、技术培训的基础。农村义务教育的落后,必然会影响农村职业教育、技术培训和农业科技推广的效果。因此,消灭文盲,提高入学率,减少辍学率成为农村教育工作的重点。

4. 增大投入力度,加快基础文化设施建设。文化基础设施是精神文明建设的物质保证。基础设施完备与否,直接影响到青年农民的精神文化生活的质量和水平。从各县(市)的总体情况来看,科技馆、文化馆、博物馆、图书馆和青少年活动场所等文化设施数量偏少,分布不均衡,条件差。所以,各级政府要加大对这些公益设施的投入,创造一个良好的活动环境。同时要加强对作为文化产业发展起来的各类场、馆、厅等的管理,使其按照社会主义精神文明的方向健康发展。

简析:

这是一篇反映农村社会基本状况的调查报告。这篇调查报告着眼于我国当前青年农民的精神文化生活问题,也是社会主义精神文明建设予以重视的方面。因此,在选题上把握了社会热点和社会公众所关注的问题。在调查方法上主要采用了问卷方式,并结合访谈,增强了调查的科学性。调查报告从八个方面阐述了当代青年农民的思想观念、精神风貌,使人们能较为全面、系统地了解当今青年农民精神文化生活的状况。报告主要采用横式结构,兼用对比式,通过分析比较,概括出农村青年的精神文化生活的八大特点,并提出了加强农村精神文明的若干措施。整篇报告条理清楚,结构完整,真实可信,结果明确,有较强的说服力。

思考题

1. 调查报告有什么作用？有哪些种类？
2. 调查报告的特点是什么？
3. 怎样做好调查研究工作？
4. 怎样写调查报告？

第七章 简　　报

第一节　简报的含义和作用

一、简报的含义

简报是机关、团体、企事业单位内部使用的一种简要的工作报告或情况报道,用来反映情况、沟通信息和交流经验。简报种类较多,常用的名称有工作简报、工作动态、内部参考、信息快报等等。1955年6月9日,国务院通过的《关于所属各部门工作报告制度的规定》要求:"每两周向总理写一次工作简报,明白、扼要地报告所掌管的范围内重大问题的处理,工作中的重要情况和经验。"当时简报专向有关领导简明扼要地反映情况的作用可见一斑。到了当今信息时代,简报内容更为丰富,使用范围更为广泛,成为机关、团体、企事业单位内部传递信息的书面载体。

简报是一种常用的事务文体,不能代替"通报""请示""报告""指示"等文种。简报的作用与报告相近,都是反映工作情况的。它们的不同之处有:一是简报用来及时迅速地反映情况和信息,不一定由单位主要负责人签发,不是正式公文;报告是用来向上级部门反映一些较为重要的工作动态、问题、经验,及经过提炼后的观点和今后工作建议等,是正式公文。二是简报较简短灵活,可以上报下达,也可以经过修改后公开发表;报告只向上级单位行文,报告情况。

简报与新闻都具有报道性,都是以叙述为主,兼有议论。它们的不同之处有:一是简报是内部报道,有一定的保密性;新闻是公开报道。二是简报只限于本部门、本单位、本地区使用;新闻报道则可以是全社会的范围。三是简报是一种机关应用文,叙议结合,不采用描写抒情方式;新闻报道则可以用文艺性语体。

简报与调查报告都是用来汇报情况、交流经验的,简报重点在"简",要求简洁、迅速、及时地反映情况;调查报告重点在调查和研究,通过深入调查、认真分析、仔细研究,得出反映客观事物规律性的结论,需要较长的过程和时间。

二、简报的作用

简报可以用来及时介绍情况、传递信息,主要有三个方面的作用。

(一)下情上达

通过简报的形式向上级机关汇报工作,反映业务活动情况,便于领导了解下情,及时指导工作或作出有关决策,是领导了解情况的一条重要途径。

(二)上情下达

通过简报的形式可以向下级机关提出领导意图和工作要求,或介绍工作经验和教训,或提出应注意的问题和事项,以便于开展工作和推动工作,是领导指导工作的一种方法。

(三)同级机关之间互通情报

通过简报的形式可以使同级机关之间沟通情况、交流经验、得到启发,使彼此之间加强联系,更好地配合工作。

第二节 简报的种类和特点

一、简报的种类

简报主要有以下几种类型

(一)工作简报

这类简报是最常见的简报,主要内容有:一是贯彻执行党和国家的方针、政策,完成上级布置的工作任务等情况。二是及时反映工作或生产等业务活动的情况,为上级了解情况,研究工作和指导工作提供参考。三是用来总结、介绍和交流经验,以配合或开展某项工作,有一定的指导意义。这类简报往往是定期或不定期的内部刊物,有固定的简报名称。

(二)专题简报

这类简报是为开展、推动和配合某项工作而印发的,工作完毕后就停发,具有临时性和专项性的特点。专题简报,一种是专项工作简报,如人口普查工作、财务大检查等;另一种是会议专题简报,通常是在一些较重要的或大型会议举行期间编发的,内容包括会议概况、会议进展情况、领导人的重要发言、与会者的意见和建议等事项。

(三)信息简报

这类简报可以反映经验性信息和预测性信息,也可以反映综合性信息和动态性信息,内容较为广泛;写法上简短、朴实、叙议结合,主要用来快速反映一些重要消息和情报,以更好地促进科技进步和经济发展,推动社会前进。反映动态性信息的简报较为常见,重点在于说明已经或正在发生的客观情况,一般可分为社会动态、工作动态、会议动态和思想动态,如"内部参考""情况反映"等。

二、简报的特点

(一)真实性

简报的内容必须完全真实,所采用的材料,包括人名、时间、地名、事件等必须准确可靠、不夸张、不缩小、不弄虚作假。坚持实事求是的原则,未经核实的材料不用,一知半解的不写;不以偏概全,不报喜不报忧;用客观的态度和科学的方法对事物进行分析、解释。

(二)简明性

简报重点在简:篇幅简短,观点简明,内容简要,语言简练。一般以千把字为宜,最好不超过两千字,一文一事,文约事丰,简明扼要。篇幅较长内容较多的工作报告或情况报道,要经过压缩和改写方可登入简报,使读者花最少的时间,得到较多的信息。

（三）新颖性

传递新的信息是简报的重要功能。新消息、新情况、新事物、新问题、新动态、新经验、新观点、新措施等是简报的魅力所在。如果缺乏新颖性,不能引起人们的关注,就失去了简报的意义。

（四）时效性

简报的编写和印发要迅速及时,强调时间和效率,特别是会议专题简报、突发性消息等,更要分秒必争,以最快的速度报道出来,使人们及时获得有关信息、了解情况和掌握情况,使问题得到处理。

（五）综合性

简报内容广泛,信息量大,表述灵活多样。可以报道有益于工作的任何事物、任何消息,也可以转载调查报告和经验总结等;可以上行和平行,也可下行,比公文的发送面要宽,具有综合性的特点。

第三节　简报的格式和写法

一、简报的格式

简报的格式,可分为报头、主体、结尾三个部分。

（一）报头

简报的报头一般设在首页的上方,约占1/3的位置。共有六个项目:

1. 简报名称。位于报头上端中央,用醒目的大号字标出。一般套红,如"工作简报"、"情况简报"等等。

2. 期号。位于简报名称正下方,标明年度期数和用括号的总期数,如"第8期(总第302期)"。

3. 主编单位。位于期号下端左侧,标出主编单位的名称,如"上海市人民政府办公厅编"。

4. 印发日期。位于期号下端右侧,标明印发的年、月、日。

5. 保密程度。分绝密、机密、秘密、内部文件等,位于简报名称的左上端,空出一行,顶格标出。

6. 编号。位于简报名称的右上端,标出保密简报印发的份号,以便保存和查找。如不属于保密性的普通简报则不必编号。

(二) 主体

共有五个项目:

1. 目录。一份简报通常是一事一文,如需刊载多篇文章时,应在主体首部标明目录,包括每一篇文章的标题和页码,如标题过长时也可只标主题。

2. 标题。在报头分隔线下空一行写标题,居中。如有目录,则在目录下空一行写标题,居中。

3. 按语。简报编者如果需要有所说明或评议时,可在标题之下,正文之前加上按语。

4. 正文。这是简报的主要内容所在,由前言、主体、结尾三部分组成。

5. 署名。在简报的右下方标出供稿单位名称或作者姓名,如是编发单位则不必署名。

附:简报首页

秘 密		编号:0001
	情 况 简 报	
	第×期(总第××期)	
××××××××编		2001年×月×日

目录
　　××××××××××××××………………（1）
　　××××××××××××…………………（2）

　　　　　　　××××××

　　编者按：××××××××××××××××××
　　××××××××××××××××××××××
　　××××××××××××××××。

　　　××××××××××××××××××××
××××××××××××××××××××××××
××××××××××××××。
　　××××××××××××××××××××
××××××××××××××××××××××××
××××××××××××××××××××××××
××××××××××××××××××××××××
××××××××××××××。
　　××××××××××××××××××××
××××××××××××××××××××××××
××××××××××××××。

（三）报尾

　　在简报末页下方两条横线内标明本期发送范围。上级部门称"报"，同级部门或不相隶属的部门称"送"，下级部门称"发"。在发送范围右下端可标明印制份数。

附：简报报尾

```
报：×××××、×××××、×××××、×××××。
送：×××、×××××、×××××。
发：××××、×××××、×××××。
                                          共印××份
```

二、简报的写法

（一）标题

简报的标题要明确、质朴、醒目,使读者一见标题就能知道简报的主要内容和思想。写法上主要有概括性标题,如《竹山县政府为少数民族办十件实事》；形象化标题,如《延边不老松艺术团的精神风貌》；还有提问式标题和主副式标题。

（二）按语

按语是代表编写简报单位说的话,还可传达领导指示或工作要求。按语写作要观点鲜明、短小精悍；如转发下级部门的材料,或刊登上级部门的简报时,则应说明材料的来源和转发的原因、目的。

（三）正文

一般分为三个部分：

1. 前言。用最简明的一两句话概括出全文的主要内容,给人一个总体印象。前言写作常见的方法有叙述式,交代时间、地点、人物、事件、原因、结果等；结论式,先点出简报的结论,在主体部分再解释、说明；提问式,开门见山地提出问题,在主体部分再具体阐述。会议简报一般先写时间、地点等。

2. 主体。简报的主体如篇幅较短可一气写成,如篇幅较长则可分段或采用序数法或小标题来写。写作时要注意抓住要点、突出主题；用富有说服力的典型事例；用简明质朴的语言。在叙述方法上常见的一是并列式,适用于报道一件事的几个方面和多场面；二是逻辑式,根据因果、递进、正反等方面的事物内在联系来写；三是纵贯式,按照事情的发生、发展和结果的时间顺序来写,适用于报道一件完整的事情；四是数据式,用简洁准确的数据来说明问题。

3. 结尾。可用几句话总括全文,提出要求。如需连续报道时则可写明"发展情况下期再续"等,如主体部分已将情况说清楚,结尾可省略不写。

三、例文分析

[例文 61]

邯郸市民族宗教局积极组织学习 WTO 知识

为使广大干部职工学习了解世贸组织基本知识及"入世"对我国的影响,邯郸市民宗局组织全体干部职工,参加了 WTO 基本知识的学习。通过学习了解世贸组织的历史和现状、基本原则,掌握了"入世"对我国所产生的深远意义和重大影响。一致认为,当前需要加强对世贸组织知识的学习宣传,抓好人才培训;调整完善经济发展战略,加快建立现代化企业制度,提高企业参与国际竞争能力;积极调整产业结构,努力提高经济增长质量;加强开放;扩大出口,不断提高开放水平;加速与 WTO 原则相适应的经济运行机制和法律法规建设,营造促进竞争的良好经济和社会环境。

简析:

这篇短文第一句开门见山地交代了目的和原因,概括了全文内容;在叙述方法上采用了逻辑式和并列式,简明扼要,一气写成,是一篇言简意赅、短小精悍的信息简报。

思考题

1. 简报有什么作用和特点?
2. 简报有哪些类型?
3. 简报的报头、报文和报尾各有哪些项目?
4. 简报的写法如何?

第八章 规章制度

第一节 规章制度的含义和作用

一、规章制度的含义

规章制度是机关、团体、企事业单位,为了维护公共秩序,维护劳动纪律,保证生产、工作和学习正常开展,根据国家法律、法规和自己的职权范围制定的一种共同遵守的规范和约束人们行为的规则、章程、制度的总称。

法律是由国家最高权力机关及全国人民代表大会及其常务委员会制定的。法规是由国家最高行政机关及国务院制定的。法律、法规都具有普遍的规范性和约束力。规章制度的制定范围比较广泛,我国宪法对制定规章制度的权限有明确规定:全国性的规章制度,应由中央主管部门制定;地方性规章制度,由省、市、自治区制定,也可以制定执行全国规章制度的补充规定;而一般机关、团体和企事业单位为了实现一定的宗旨,搞好各方面的工作,也须建立自己必要的规章制度。当然,任何规章制度都不能与国家的法律、法规和上级制定的规章制度相抵触。

二、规章制度的作用

(一)规章制度是党的方针、政策的具体体现

邓小平同志在全国科技大会上曾经这样说过:"纪律和自由是对立和统一的关系,两者是不可分的,缺一不可。我们这么大的一个国家,一靠理想,二靠纪律。团结起来就有力量。"全国各级党政机关、人民团体、企事业单位制定的各种规章制度就是严明纪律的实际体现,是抵制不正之风和违法行为的有效手段,是开展正常工作、建设社会主义现代化国家必不可少的组成

部分。

(二) 规章制度是个体服从集体的有效手段

任何一级组织或团体都是由许多个体组成的,各个个体的具体行为综合构成整体丰富的内容,只有用规章制度来约束和控制个体的各种行为,才能使整体与个体之间形成一种稳定有序的结构。因此,规章制度是一种有效的约束、控制、管理和指导的手段。

第二节 规章制度的种类和特点

一、规章制度的种类

规章制度的种类很多,细分起来有章程、条例、规定、规则、守则、准则、细则、办法、公约等等。下面介绍几种。

(一) 章程

各政党、社会团体制定的规定本组织宗旨、任务、制度、成员的权力和义务等内部原则和事务的文书。国家机关及其职能部门和国家企事业单位不制定章程。

(二) 条例

用于对某一方面的工作作全面、系统、原则的规定。过去使用较为普遍,但现在规定的比较严。对党的机关来说,只有党的中央组织制定规范党组织的工作、活动和党员行为的规章制度,国务院规范某方面的工作可以用条例。国务院办公厅最近规定:国务院各部门和地方人民政府制定的行政法规不得使用"条例"。这样,条例已成为党中央制定的党规和国务院制定的行政法规的名称之一。属于法律性质的条例,须经全国人大常委会通过。

(三) 规定

对特定范围内的工作和行为制定的规章和禁令。与条例相比,规定的针对性较强，适用范围集中，对时间、地点、方式、方法和数量等都作出规范、约束。各机关、团体和企事业单位都可以使用。如果本规定尚未定型，可称为暂行规定。

（四）办法

对处理某项工作或解决某种问题制定的原则和方法。它既有指导原则，又有具体办法。各机关、团体和企事业单位也都能使用。

（五）细则

地方各级党、政、军机关为执行上级机关的法规和规章所制定的明晰规则。与其他规章制度不同的是：细则都是执行某一特定法规和规章的规则，必须以这一法规或者规章为依据，只是根据本机关的实际情况将其具体化，以利于执行，因此又叫实施细则。

二、规章制度的特点

（一）执行的严格性

规章制度是切实可行的法规性文件，一经正式公布、生效，有关人员必须严格执行，认真遵守，如有违反，要照章处理。

（二）表达的直接性

规章制度是规定人们应该做什么，怎样做，不能做什么，如有违反将怎样处理。对这些内容都应当直接提出，至于为什么则不必说明，不摆事实，不谈道理，更不能拐弯抹角，一切都照直说，这样才简易可行。

（三）语言的准确性

规章制度的所有规定都要不折不扣地实行，因此其所有的内容都要旗帜鲜明地与党和国家的方针政策保持一致，用语应仔细推敲，对所规定的条款含义不能含糊，务必做到准确严密，没有歧义和漏洞，实行起来毫无疑问。

（四）制定的严肃性

规章制度是具有法律效力的文件，凡法规涉及到的，有关方面均应做出相应的规章制度。规章制度的起草应广泛调查、认真分析研究、慎重制定，多次修改讨论，防止偏颇疏漏，避免矛盾。同时要做到令行禁止，保证文件的相对稳定，保持文件的严肃性。既有针对性，又必须符合实际情况，做到合情、合理、合法。

（五）形式的条文化

多数规章制度都采用条文形式撰写。简短的分条，较长的分章、分条，有的条下还分款。这种写法使人一目了然，便于贯彻执行。

第三节　规章制度的格式和写法

一、规章制度的格式

规章制度由标题、题注、正文三部分组成。

（一）标题

标题一般由制定和发布法规文件的单位、内容、法规文件的名称三部分组成。规章制度种类不同，标题的写法也不完全一样，归纳起来有两种形式：

1. 完全式：标题三部分俱全。即"单位（或地域）＋内容＋法规文件的名称"。如《第十九棉纺织厂倒班宿舍管理规定》。这三者也可以像公文标题那样用"关于"引起的介词结构连接，如《国务院关于鼓励投资开发海南岛的规定》。

2. 两项式：只含标题中的两部分。一种是"内容＋法规文件的名称"。如《出版物汉字使用管理规定》，也可以用"关于"引起的介词结构连接，如《关于党内政治生活的若干准则》。也可以是"单位＋法规文件的名称"。如《中国科技协会章程》。还有一种是"人员＋法规文件的名称"。如《会计人员职权条例》。

规章制度如果是暂行或试行的，应当在标题中标明，如《保守国家机密暂行条例》、《高等学校学生行为准则(试行)》等。

（二）题注

规章制度都要由制定机关用命令、决定、通知等公文印发施行，以表明其合法性和有效性。但张贴和翻印时，一般不需要附加发布规章制度的公文，而是在标题之下加题注，注明发布机关和发布时间，有的还注明通过会议的名称和时间，因此在正文之后一律不署名，不写日期，不盖公章。如：

中国行政管理学会章程

（中国行政管理学会第二次全国代表大会1993年5月20日修正通过）

（三）正文

正文由三部分组成：即开头、主体、结尾。根据法规文件的内容长短可按篇、章、节、目、条、款、项来写。

开头：需写明制定文件的依据、目的、宗旨、背景、基本原则、意义、要求等，以确定和保证文件的法律效力。

主体：紧接开头后边的便是文件的主体部分，这部分要具体叙述所制定的法规性文件的基本内容，这是文件最核心最重要的部分，写得要周密、准确、层次清楚、条理分明。采用的写法可根据文件的内容多少，涉及范围的大小而定。

结尾：这是文件的最后部分，主要是对所制定的规章制度的补充和说明。要说明文件的制定权、修订权、解释权的归属者。对需强调指出的有关事项应明确说明。还要声明和其他相关的规章制度的关系，对原有的文件若与刚刚制定的文件相抵触的应在声明有效期的同时宣布原来文件予以废止。

由于规章制度繁简不同，正文的形式也有所不同。归纳起来，主要有以下三种惯用形式：

1. 章条式。分章分条，章断条连。第一章是"总则"，以下几章是"分则"，最后一章是"附则"。全文各章分条，应连续编次。这种"章断条连"的写法，使一个规章制度共有几章几条一目了然，也便于引用。

2. 条贯式。正文从头到尾按条排列内容。有的条下还分款，但各条分款单独编次，不与上条分款连续。

3. 总冒分条式。正文开头先写个总冒，说明目的和根据，主体分条开列各项规定。

无论是哪种形式,都要做到条目、层次清楚。在制定规章制度时所用篇、章、节、目、条、款、项的运用顺序除应注意由高往低选用外,章、节中所包含的各条要始终连续排列,但每条中的款、项可独立排列。

二、规章制度的写法

各种规章制度的写法比较类似,而且与法律、法规的写法也大体相同。以下结合实例加以说明:

（一）章程

[例文62]

中国行政管理学会章程

（中国行政管理学会第二次全国代表大会1993年5月20日修正通过）

第一章 总 则

第一条 中国行政管理学会是研究行政管理理论和实践,发展行政管理科学,为政府改进行政管理服务的学术团体。

第二条 本学会的宗旨是:遵循建设有中国特色社会主义的理论和党的基本路线,坚持实事求是、理论联系实际的原则,贯彻百家争鸣的方针,开展行政管理科学研究,为促进行政管理改革,提高行政效率,逐步实现行政管理科学化、法制化、现代化,建立具有中国特色的行政管理体制,为我国社会主义现代化建设事业,做出积极贡献。

第三条 本学会广泛团结全国有志于从事行政管理研究的人员,以及有关学术团体和科研教学单位,协调配合,共同努力,以推进行政管理科学的发展。

第二章 任 务

第四条 研究行政管理的实际问题,总结行政管理的经验,提供行政管理改革的建议,发挥咨询参谋作用。

第五条 研究行政管理理论,探索建立具有中国特色的行政管理学体系,推动行政管理学科建设的发展。

第六条 普及行政管理科学知识,促进行政管理教育的发展和教学质量的提高。

第七条 通过各种学术活动聚集人才,培养人才,促进行政管理科研教学队伍的建设。

第八条 组织学术活动,开展学术研究,出版研究刊物,编著行政管理的著作和资料,促进学术交流和发展。

第九条 代表中国行政学界同国外学术组织及学者开展学术交流和友好往来。

第三章 会 员

第十条 会员分为个人会员和团体会员。

(一)个人会员。凡承认本会章程,有志于研究行政管理科学并有相当研究能力的理论工作者、国家机关工作人员以及其他人员,由本人提出申请,经学会会员管理机构按规定条件审查批准,即为会员。

(二)团体会员。主要指各地区和国家机关的行政管理学术团体,或行政管理科学及其分支学科、相关学科的学术组织、科研教学单位。凡承认本会章程,申请加入本会的,经审查批准,即为团体会员。

第十一条 会员的权利:

(一)会内的选举权和被选举权;

(二)参加学会举办的学术活动;

(三)申请参加本会科研课题和进行科研活动,获得学会的支持和资助;

(四)优先获得学会编印的书刊资料,在本会出版的书刊上发表科研成果;

(五)对学会工作提出意见或建议;

(六)介绍和推荐新会员。

第十二条 会员的义务:

(一)遵守学会章程,执行学会决议;

(二)积极向学会提供研究情况和科研成果;

(三)接受并努力完成学会委托的任务;

(四)促进行政管理科学研究和知识普及;

(五)按规定标准交纳会费。

第十三条 会员退会自由,但须书面告知学会会员管理机构。

第八章 规章制度

第十四条 会员无特殊原因,连续两年不参加学会活动,不履行会员义务,即视为自行退会。

第四章 组 织

第十五条 全国会员代表大会是学会最高权力机构,每届任期五年。全国会员代表大会由学会常务理事会召集,按地区、部门和单位分配名额,经民主协商推选代表和理事候选人。

第十六条 全国会员代表大会行使下列职权:

(一)制定和修改学会章程;

(二)讨论并决定学会的工作方针和任务;

(三)听取和审议常务理事会的工作报告;

(四)选举理事会成员。

第十七条 理事会。理事由会员代表大会民主协商推选产生。理事会会议一般两年召开一次。

理事会的职权是:

(一)在会员代表大会闭会期间决定本会重大事项;

(二)选举常务理事及会长、副会长和秘书长。

第十八条 常务理事会的职权是:

(一)负责领导学会日常工作;

(二)制定学会年度工作计划;

(三)向会员代表大会提出工作报告和建议;

(四)领导学会各专门机构开展活动;

(五)召开学会年会;

(六)临时增补或更换个别理事、常务理事及学会领导人,由常务理事三分之二通过即为有效,并提请理事会审查追认。

第十九条 常务理事会下设办事机构,在常务副会长和秘书长主持下,具体负责经常工作。

第五章 附 则

第二十条 会址设在北京。

第二十一条 本章程由常务理事会负责解释。

章程的写法:

(1)标题。一律采取由政党或团体名称和"章程"二字组成。

(2) 题注。注明通过会议的名称和通过日期。
　　(3) 正文。因内容较多,应采用章条式写法。
　　第一章写总则,应说明本组织性质、宗旨等总的原则事项。
　　以下各章写分则,应根据各组织的性质、任务而确定。大多写以下内容:一、任务;二、会员的条件、权利、义务;三、组织机构及其职权;四、会议制度。
　　最后一章写附则,写本章程的解释机关和施行时间等总则和分则未尽事宜。
　　分条应采用"章断条连"的方法。如果某一条内容包括几点内容,便应分款,各条的款项应单独编次,用"(一)"、"(二)"、"(三)"等作为序号。
　　上面所举的例文,体现了章程写作的方法和要求。

(二) 条例

[例文 63]

上海经纪人条例

第一章　总　　则

　　第一条　为了规范经纪活动,促进经纪业发展,维护市场秩序,保障经纪活动当事人的合法权益,根据有关法律、行政法规,结合本市实际情况,制定本条例。

　　第二条　本条例所称的经纪人,是指依法取得经纪执业证书,并在经纪组织中从事经纪活动的职业人员(以下简称职业经纪人)和依法设立的具有经纪活动资格的公司、合伙企业、个人独资企业及其他经济组织(以下简称经纪组织)。

　　本条例所称的经纪活动,是指接受委托人委托,为促成他人交易提供居间、经纪、代理等服务,并收取佣金的经营行为。

　　第三条　本条例是用于在本市行政区域内从事经纪活动的执业经纪人、经纪组织及其相关管理活动。法律、行政法规另有规定的,从其规定。

　　第四条　从事经纪活动应当遵守法律、法规,遵循平等、自愿、公平、诚实信用的原则。

　　第五条　经纪人依法从事经纪活动受法律保护。

第六条 上海市工商行政管理局(以下简称市工商局)负责执业经纪人和经纪组织的登记注册,按照本条例规定对执业经纪人、经纪组织进行监督管理,指导上海市执业经纪人协会(以下简称市执业经纪人协会)的工作。区、县工商行政管理部门按照职责分工,负责辖区内的执业经纪人、经纪组织的监督管理工作。

本市有关行政管理部门按照各自职责,做好执业经纪人、经纪组织的规划、协调、指导等管理工作。

第七条 鼓励建立经济业风险准备金、保证金等执业风险防范机制。

第二章 执业经纪人的条件

第八条 执业经纪人应当取得执业资格和执业证书。

第九条 本市实行经纪执业资格考核制度。

经纪执业资格考核,由市执业经纪人协会组织。考试大纲和考核要求由市工商局会同有关行政管理部门审定。

第十条 具备下列条件的人员,可以申请经纪执业注册:

(一)取得经纪执业资格考核合格证明;

(二)在本市有固定住所;

(三)无本条例第十一条规定的情形。

第十一条 有下列情形之一的,不予经纪执业注册:

(一)无民事行为能力或者限制民事行为能力的;

(二)刑事处罚执行完毕未满三年的,但过失犯罪的除外;

(三)吊销经纪执业证书未满三年的;

(四)法律、法规禁止经纪执业的其他情形。

第十二条 申请经纪执业注册的,应当通过所在经纪组织向市工商局提交下列文件:

(一)申请书;

(二)相应的经纪执业资格考核证明;

(三)申请人本市固定住所的证明材料;

(四)申请人有效身份证明的复印件。

第十三条 市工商局应当在收到经纪执业注册申请之日起十五个工作日内,做出准予注册或者不予注册的决定。准予注册的,发给经纪执业证书;不予注册的,应当书面通知申请人。

第十四条 经纪执业证书是执业经纪人的执业凭证,应当载明下列主要事项：

（一）执业经纪人姓名；

（二）执业经纪人所在经纪组织的名称及地址；

（三）经注册的经纪业务范围。

经纪执业证书不得涂改、出租、转借、转让。

第十五条　经纪执业证书中载明的经纪组织的名称发生变化的，执业经纪人应当自发生变化之日起三十日内通过所在经纪组织向市工商局申请变更；执业经纪人的经纪业务范围需要变更的，应当另行申请执业注册，取得相应执业证书。

经纪执业证书每两年审验一次。

第十六条　执业经纪人应当以经纪组织的名义执业，不得同时在两个以上经纪组织从事同一行业的经纪业务。

未取得经纪执业证书的人员，不得以执业经纪人的名义执业。

第三章　经　纪　组　织

第十七条　经纪组织应当依法登记注册，取得经纪活动的资格。

经纪组织应当及时为执业经纪人办理经纪执业注册、变更和审验等手续，并如实提供有关材料。

第十八条　公司从事经纪活动，除应当符合《中华人民共和国公司法》规定的条件外，还应当有五名以上与其经营范围相适应的执业经纪人。

合伙企业从事经纪活动，除应当符合《中华人民共和国合伙企业法》规定外，还应当有两名以上与其经营范围相适应的执业经纪人。

个人独资企业从事经纪活动，除应当符合《中华人民共和国个人独资企业法》规定的条件外，还应当有一名以上与其经营范围相适应的执业经纪人。

非公司企业法人从事经纪活动，除应当符合《中华人民共和国企业法人登记管理条例》规定的条件外，还应当有五名以上与其经营范围相适应的执业经纪人。

第十九条　经纪组织可以设立从事经纪活动的非法人分支机构。设立分支机构应当有与其经营范围相适应的执业经纪人。

第二十条　经纪组织同意接受业务的委托，与委托人签订合同，并按照约定收取佣金。

第四章　执业经纪人的权利和义务

第二十一条　执业经纪人有权在其执业的经纪合同上签名。

第八章 规章制度

经纪组织签订经纪合同时,应当附有执行该项经纪业务的执业经纪人的签名。

第二十二条 执业经纪人有向委托人了解所委托事物真实情况的权利。

第二十三条 执业经纪人依法享有保守自己经纪业务秘密的权利。

第二十四条 执业经纪人依法享有其承揽经纪业务的执行权,未经本人同意,经纪组织不得随意变更经纪业务执行人。

委托人隐瞒与经纪业务有关的重要事项、提供不实信息或者要求提供违法服务的,执业经纪人有中止经纪业务并建议终止经纪合同的权利。

第二十五条 执业经纪人应当在经注册的经纪业务范围内据实提供经纪服务。

执业经纪人应当据实介绍经营业绩,并在执业服务说明材料上署名。

第二十六条 执业经纪人应当为当事人保守商业秘密。

第二十七条 执业经纪人不得有下列行为:

(一)从事国家禁止流通的商品和服务的项目的经纪活动;

(二)以隐瞒与经纪活动有关的重要事项、虚构订约机会、提供不实的信息、夸大业绩的虚假宣传等手段促成交易;

(三)与他人恶意串通,或者以胁迫、贿赂等手段促成交易;

(四)利用委托人的商业秘密谋取不正当利益;

(五)利用执业便利,收取佣金以外的报酬;

(六)从事损害所在经纪组织利益的活动。

第二十八条 执业经纪人的合法权益受到侵害的,可以向市工商局或者区、县工商行政管理部门、有关行政管理部门申诉,也可以向市执业经纪人协会投诉。

第五章 市执业经纪人协会

第二十九条 市执业经纪人协会是社会团体法人,市执业经纪人的自律性组织。

第三十条 市执业经纪人协会章程由会员大会或者会员代表大会制定,报市社团管理机构批准,并报市工商局备案。

第三十一条 执业经纪人应当加入市执业经纪人协会。经纪组织可以加入市执业经纪人协会。

市执业经纪人协会会员按照市执业经纪人协会章程,享有章程赋予的权利,履行章程规定的义务。

第三十二条 市执业经纪人协会履行下列职责:

(一)组织经纪执业资格考核,颁发经纪执业资格考核合格证明;

(二)维护会员的合法权益;

(三)组织执业经纪人业务培训;

(四)制定经纪执业准则,进行执业经纪人职业道德和执业纪律的教育和检查;

(五)接受投诉,调解经纪执业活动中的纠纷;

(六)按照章程对会员进行奖励和惩戒;

(七)协助建立经纪业风险准备金、保证金等执业风险防范机制;

(八)对执业经纪人的违法行为,向市工商局或者区、县工商管理部门提出处理建议。

第三十三条 市执业经纪人协会应当建立会员执业信誉档案制度。

第六章 法律责任

第三十四条 执业经纪人违反本条例规定,给当事人造成损失的,由其所在的经纪组织依法承担相应的赔偿责任。经纪组织承担赔偿责任后,可以向执业经纪人追偿。

第三十五条 违反本条例规定,有下列情形之一的,由市工商局或者区、县工商行政管理部门责令改正或者限期改正,并按照下列规定进行处罚:

(一)违反本条例第十四条第二款、第二十五条第一款规定,涂改、出租、转借、转让经纪执业证书或者超越注册的经纪业务范围开展经纪活动的,给予停止执业三个月以上一年以下的处罚;情节严重的,吊销经纪执业证书。

(二)违反本条例第十五条规定,执业经纪人逾期三个月未办理变更和审验手续的,处以五百元以下的罚款;逾期一年的,吊销经纪执业证书。因经纪组织的过错逾期未办理变更和审验手续的,对经纪组织处以五百元以上一千元以下的罚款。

(三)违反本条例第十六条第二款规定,未取得经纪执业证书,以执业经纪人的名义从事经纪活动的,给予警告,没收违法所得,可并处五百元以上三万元以下的罚款。

(四)违反本条例第二十一条规定,经纪组织侵犯执业经纪人合同签名

第八章 规章制度

权或者经纪合同上未附执业经纪人签名的,责令改正或者给予警告,可并处五百元以上一千元以下罚款。

(五)违反本条例第二十七条第(一)项规定,从事国家禁止流通的商品和服务的项目的经纪活动的,没收违法所得,可并处一千元以上十万元以下的罚款;情节严重的,并可吊销经纪执业证书。法律、行政法规另有规定的,按照规定处罚。

(六)违反本条例第二十七条第(二)项、第(三)项规定,在经纪活动中弄虚作假或者以非法手段促成交易,给当事人造成损失的,对执业经纪人处以一千元以上十万元以下的罚款;情节严重的,并可吊销经纪执业证书;构成犯罪的,依法追究刑事责任。

(七)违反本条例第二十七条第(四)项、第(五)项、第(六)项规定,侵犯委托人商业秘密或者在经纪活动中谋取不正当利益,给当事人造成损失的,按照有关法律、法规的规定予以处罚,并吊销经纪执业证书。

前款规定的吊销经纪执业证书的处罚决定,由市工商局作出。

第三十六条　行政管理部门直接负责的主管人员和其他直接责任人员及市执业经纪人协会的工作人员玩忽职守、滥用职权、徇私舞弊的,由所在单位或者上级主管部门依法给予行政处分;构成犯罪的,依法追究刑事责任。

第三十七条　当事人对行政管理部门的具体行政行为不服的,可以依照《中华人民共和国行政复议法》或者《中华人民共和国行政诉讼法》的规定,申请行政复议或者提起行政诉讼。

第七章　附　　则

第三十八条　本条例自2001年5月1日起施行。

条例的写法:

条例的结构方式与章程基本一致,其特殊要求表现在下述几个方面:

(1)标题一般由"事由+文种"两部分组成。如《保守国家机密暂行条例》、《企业职工奖惩条例》。如果条例是"暂行"或"试行",则要在标题中写明。

(2)签署。其位置与章程相同,一律放在标题下面;但签署方式不同,章程是以通过的组织机构和通过日期作为签署方式,而条例则是以发布机关和发布日期作为签署方式,但通过会议、批准机构和批准日期也需要说

明,例如:

××水电工程建设征地补偿和移民安置条例

(1991年1月25日国务院第77次常务会议通过,1991年5月1日起施行)

(3)正文由三部分组成:一是制订条例的目的、依据;二是条例主体内容;三是条例的实施说明。

上例是章条式。第一章为总则,最后一章为附则,中间各章为分则。条例总则即制订的目的和依据部分是用来说明其法律依据和政策依据,行文直截了当、庄重简洁,强调其权威性。条例的主体内容即分则是条例的核心部分,本部分作出定性、定量规定,如权利与责任、奖励与惩罚等方面,以保证条例付诸实施。条例法规性的强与弱,约束力的大与小,就取决于这一部分。条例实施说明部分即附则阐述了生效日期、解释权的说明及其他未尽事宜的处置办法等事项。如果条例的内容简单,可以不设"附则"。

(三)规定

[例文64]

上海市传统工艺美术保护规定

第一条 (目的和依据)

为保护本市的传统工艺美术,促进传统工艺美术的繁荣和提高,根据《传统工艺美术保护条例》和有关规定,制定本规定。

第二条 (使用范围)

本规定适用于本市范围内从事传统工艺美术的保护、发展及其研究、创作、生产等活动。

第三条 (含义)

本规定所称的传统工艺美术,是指具有百年以上历史,世代相传,有完整的工艺流程,主要采用天然原材料制作,具有鲜明的民族风格和地方特色,在国内外享有声誉的手工艺品种和技艺。

本规定所称的工艺美术精品,是指前款规定的传统工艺美术中属于技艺创新、工艺精湛的作品。

本规定所称的工艺美术大师,是指长期从事传统工艺美术制作,具有高级技师或者高级美术师职称,或者掌握一定绝技的传统工艺美术设计、制

第八章 规章制度

作者。

第四条 (管理部门)

上海市经济委员会(以下简称市经委)是本市传统工艺美术保护的主管部门,负责传统工艺美术的保护、发展及相关的协调和指导工作。

本市各有关部门按照各自职责,协同做好传统工艺美术保护和发展工作。

第五条 (保护计划)

市经委应当将传统工艺美术列入都市型工业的发展计划,制定具体的传统工艺美术保护计划,采取有效措施,扶持和推动传统工艺美术健康发展。

第六条 (行业协会)

上海工艺美术行业协会(以下简称工艺美术行业协会)是本市保护传统工艺美术的社团法人,依法开展传统工艺美术的保护和发展工作。

第七条 (认定保护制度)

本市对传统工艺美术品种和技艺、工艺美术精品、工艺美术大师实行认定保护制度。

本市设立传统工艺美术评审委员会(以下简称评审委员会)负责传统工艺美术品种和技艺、工艺美术精品、工艺美术大师的评审工作。工艺美术行业协会承担评审的具体事务工作。

认定工作每四年进行一次。

第八条 (评审委员会的组成和专家库)

评审委员会的组成人员由工艺美术行业协会提出,经市经委同意后予以聘请。

评审委员会应当由中国工艺美术大师、专家、学者等组成。评审委员会应为9人以上单数,其中,中国工艺美术大师不得少于半数。

工艺美术行业协会应当建立评审专家库。

第九条 (传统工艺美术品种和技艺的申请材料)

申请认定为本市保护的传统工艺美术品种和技艺的,应当向评审委员会提交下列书面材料:

(一) 申请表;

(二) 品种和技艺的形成历史;

(三) 工艺流程及主要原材料;

（四）技术特点和艺术风格；

（五）国内外评价。

第十条 （工艺美术精品的申请材料）

申请认定为本市工艺美术精品的，应当向评审委员会提交下列书面材料：

（一）申请表；

（二）原材料及技艺特点；

（三）作品（照片及文字说明）；

（四）有关从业经历和资质情况。

第十一条 （工艺美术大师的申请材料）

申请认定为本市工艺美术大师的，应当向评审委员会提交下列书面材料：

（一）申请表；

（二）从业经历和相关资质证书；

（三）代表作品（照片及文字说明）和技艺特点；

（四）国内外获奖证明。

第十二条 （预先公示与异议处理）

工艺美术行业协会应当将提交评审委员会评审的传统工艺美术品种和技艺、工艺美术精品、工艺美术大师名单，预先向社会公示。

自公示之日起30日内，任何单位和个人有权提出异议。评审委员会负责在公示截止之日后30日内，对异议进行处理，难以及时处理完毕的，有关申请材料不列入本次评审范围，并由评审委员会向申请者做出说明。

第十三条 （评审时间和表决形式）

评审委员会应当自公示截止或者异议处理截止日起三个月内，分别对传统工艺美术品种和技艺、工艺美术精品、工艺美术大师的申请材料进行评审。

评审委员会采取一人一票、三分之二以上票数通过的表决形式。

第十四条 （回避）

评审委员会成员的作品申请认定为本市工艺美术精品的，或者申请认定为本市工艺美术大师的，在评审和表决时，该成员应当回避。

第十五条 （认定与命名）

经评审委员会评审为本市保护的传统工艺美术品种和技艺的，由市经

第八章 规 章 制 度

委认定后予以公布。

经评审委员会评审为本市工艺美术精品的,由市经委认定后予以公布,并颁发上海市工艺美术精品证标。

经评审委员会评审为本市工艺美术大师的,由市经委报市人民政府批准后,授予上海市工艺美术大师称号。

第十六条 （工艺美术大师的资格复审）

上海市工艺美术大师每四年复审一次。

有下列情形之一的,由市经委报请市人民政府批准,取消其上海市工艺美术大师称号:

（一）剽窃、伪造他人作品或者严重丧失艺德的;

（二）因犯罪被追究刑事责任的。

第十七条 （专项资金）

本市设立传统工艺美术保护专项资金。

传统工艺美术保护专项资金的使用,由市经委和市财政局另行制订。

第十八条 （保护措施）

对本市传统工艺美术品种和技艺,由市经委组织有关部门采取下列保护措施:

（一）收集、整理并建立档案;

（二）征集、收藏优秀代表作品;

（三）对工艺技术确定密级,依法进行保密;

（四）对濒临失传的品种和技艺,采用录像制作、记录等方式进行抢救或者发掘。

第十九条 （特殊保护措施）

对于制作经济效益不高,但艺术价值高并且面临失传的传统工艺美术品种和技艺,市经委及有关单位可以从专项资金拨出专款,或筹措配套特殊保护资金,予以特殊保护。

本市鼓励社会、企事业单位和个人对需要予以特殊保护的传统工艺美术品种和技艺,捐赠保护资金,或者采取其他形式进行特殊保护。

第二十条 （保护基地）

本市建立传统工艺美术的保护基地,主要开展下列保护工作:

（一）进行传统工艺美术的理论研究;

（二）挖掘和整理已失传的传统工艺美术资料;

（三）培养传统工艺美术人才；

（四）收集传统工艺美术优秀作品；

（五）开展传统工艺美术的国内外交流。

第二十一条 （师承传艺）

工艺美术大师带徒学艺的，其所在单位或者工艺美术行业协会可以给予一定的授艺补贴。

第二十二条 （鼓励和支持措施）

本市有关部门单位应当支持工艺美术大师的创作工作，并按照下列规定为其创造条件：

（一）设立工艺美术大师工作室；

（二）按照国家有关规定，适当推迟工艺美术大师的退休年龄；

（三）为工艺美术大师传授技艺创造其他便利条件。

第二十三条 （传统工艺美术博物馆）

鼓励单位和个人建立传统工艺美术收藏展示场馆，用于收藏展示中国工艺美术珍品、工艺美术精品和其他优秀作品。

鼓励单位和个人向本市传统工艺美术收藏展示场馆捐赠中国工艺美术珍品、工艺美术精品和其他优秀作品。凡向传统工艺美术收藏展示场馆捐赠并符合规定的，可准予在应纳税所得额中扣除。

第二十四条 （评选）

申报国家认定的中国传统工艺美术品种和技艺、中国工艺美术珍品和中国工艺美术大师，由市经委从本市认定的传统工艺美术品种和技艺、市工艺美术精品、市工艺美术大师中评选产生并负责上报。

第二十五条 （保密制度）

评审委员会成员对本办法第九条、第十条、第十一条规定的申请材料，负有保密义务。

制作传统工艺美术产品的单位应当建立、健全传统工艺美术技艺的保护和保密制度，并依法与有关人员签订保密协议。

从事传统工艺美术产品制作的人员应当遵守有关法律、法规的规定，不得泄露在制作传统工艺美术过程中知悉的技术秘密和其他商业秘密。

第二十六条 （表彰或者奖励）

对符合下列条件之一的单位和个人，由市经委给予表彰或者奖励：

（一）保护、发掘、研究传统工艺美术有突出贡献的；

（二）设计、制作的传统工艺美术作品被评为中国工艺美术珍品或者市工艺美术精品的；

（三）捐赠中国工艺美术珍品、市工艺美术精品和传统工艺美术保护资金的；

（四）培养传统工艺美术人才成绩显著的；

（五）为促进传统工艺美术的继承、保护、发展、繁荣作出重大贡献的。

第二十七条 （行政违法行为的处理）

评审委员会成员玩忽职守、滥用职权、徇私舞弊的，由市经委解聘其资格，并由其所在单位或者上级主管机关给予行政处分；构成犯罪的，依法追究刑事责任。

第二十八条 （复议和诉讼）

当事人对市经委的具体行政行为不服的，可以依法申请行政复议或者提起行政诉讼。

第二十九条 （实施日期）

本规定2001年4月1日起施行。

规定的写法：

（1）标题。可采用两种写法，即"内容＋种类"；或如上例"单位（或地域）＋种类"，如：《北京市公共场所禁止吸烟的规定》。

（2）题注。注明发布单位和发布日期，由会议通过的，还应注明会议名称和通过日期。

（3）正文。可根据内容繁简选择章条式、条贯式或总冒分条式写法。

上例正文采用的是条贯式，即不分章，只分条，条贯到底。尽管如此，我们仍然可以看出它是写了总则、分则和附则三部分内容，第一条至第四条分别写目的和根据、适用范围、规定所指对象的含义、主管此项工作的机关，这是总则部分。第五条至第二十八条，分别就传统工艺美术的保护措施、鼓励和支持措施、保密制度等、本规定的奖励与处罚办法等做出规定，这是分则部分。第二十九条指明实施日期，这是附则部分。由此可见，规定正文的内容和顺序安排大多是采用这种三分式（总则、分则、附则）的结构。

上例各条规定，要求明确，表达准确，切实可行。如无第三条对传统工艺美术的明确说明，那么在执行中就可能产生片面性和出现争议。如果不在分则各条中对普遍情况和例外情况做出不同的规定，并明确规定奖惩办法,那么就难以执行和落实。

（四）办法

[例文65]

上海市社会公共安全技术防范管理办法

第一条 （目的依据）

为了加强本市社会公共安全技术防范管理,保障公私财产和公民人身安全,制定本办法。

第二条 （概念）

本办法所称社会公共安全技术防范(以下简称技术防范)是指:运用科学技术手段,预防、制止、延缓盗窃、抢劫、非法入侵、破坏、爆炸等违法犯罪行为,维护社会公共安全的活动。

本办法所称社会公共安全技术防范产品(以下简称技术防范产品)是指:用于技术防范活动,具有入侵探测、防盗报警、出入口控制、安全检查等功能的专用设备。

本办法所称社会公共安全技术防范工程(以下简称技术防范工程)是指:运用技术防范产品和其他相关产品所组成的安全技术防范系统。

第三条 （适用范围）

本市行政区域范围内技术防范产品的安装、维修、使用,技术防范工程的设计、施工、维修、使用及其管理,适用本办法。

第四条 （主管与协管）

上海市公安局(以下简称市公安局)是本市技术防范管理工作的行政主管部门。区、县公安部门在其职责范围内,负责本辖区内的技术防范管理工作。

工商、建设、质量技术监督等行政管理部门按照各自职责,做好技术防范管理工作。

第五条 （配建技术防范工程范围）

下列场所和部位应当采取技术防范措施:

（一）枪支弹药、爆炸物的生产、存放场所;

（二）广播、电视、电信单位的要害场所或者部门;

（三）集中存放重要档案资料的馆、库；

（四）存放重要计算机数据库的场所；

（五）金银等贵重金属、珠宝的加工、储存、经销场所；

（六）货币、有价证券的制造、存放场所和金融营业以及金融信息运行、存储等场所；

（七）博物馆、展览馆、文物店等集中陈列、存放、经销文物、珍宝和贵重物品的场所；

（八）剧毒物品、放射性物品和致病性细菌、病毒的集中存放场所；

（九）星级饭店、高级商务楼及大型活动场所的重要部位；

（十）国家和市人民政府规定应当采取技术防范措施的其他场所和部位。

第六条 （技术防范产品管理）

本市产品的质量监督由上海市质量技术监督局（以下简称市质量技监局）负责。本市技术防范产品的质量监督管理由市公安局在市质量技监局的指导下实施。

从事安装、维修技术防范产品的单位及其从业人员，应当事先报经市公安局核准。

第七条 （技术防范工程产品的标准）

技术防范工程中使用的技术防范产品应当符合国家标准或者行业标准；无国家标准、行业标准的，由市质量技监局会同市公安局制定地方标准；无国家标准、行业标准或者地方标准的，企业应当制定企业标准。不符合标准的产品，不得安装使用。

第八条 （技术防范工程的标准和规范）

技术防范工程的设计、施工、验收和维修，应当按照国家标准、行业标准、地方标准和有关规范执行。

第九条 （技术防范工程的建筑设计）

本市技术防范工程建筑设计规范由市建设行政主管部门会同市公安局制定，并纳入本市建设工程设计规范。设计部门在进行建筑设计时，应当遵守技术防范工程建筑设计规范。

第十条 （技术防范工程的使用）

使用技术防范工程的单位，应当建立健全技术防范工程的使用和维护保养制度，确保技术防范工程的正常、有效运行，并接受公安部门的指导和监督。

第十一条 (技术防范工程从业和使用单位的要求)

技术防范工程的设计、施工、验收、维修和使用单位应当遵守下列规定：

（一）执行国家和本市安全保密规定；

（二）加强对涉密人员的教育和管理,制订安全保密制度；

（三）严格限制技术防范工程知密人员的范围,并登记注册；

（四）妥善保管技术防范工程的设计图纸以及有关资料；

（五）设计、施工、维修和使用人员经过技术防范安全培训,持证上岗；

（六）不使用曾被追究刑事责任或者被劳动教养、受到治安拘留处罚的人员。

第十二条 (禁止规定)

任何单位和个人都应当遵守技术防范工程使用规定,禁止下列行为：

（一）毁坏技术防范工程的设备、设施；

（二）擅自改变技术防范工程的用途；

（三）泄露技术防范工程的秘密；

（四）影响技术防范工程使用的其他行为。

第十三条 (法律责任)

违反本办法的,由公安部门责令限期改正,并按下列规定予以处罚：

（一）违反第五条、第七条、第十条、第十一条、第十二条规定的,处200元以上1000元以下罚款；

（二）违反第八条规定的,对单位处1000元以上3万元以下罚款,对个人处500元以上5000元以下罚款；其中对非经营性行为的,罚款幅度最高不得超过1000元。

违反本办法规定,应当给予治安处罚的,由公安部门依照《中华人民共和国治安管理处罚条例》予以处罚；构成犯罪的,依法追究刑事责任。

第十四条 (执法保障)

公安人员应当遵纪守法,秉公执法。对玩忽职守、滥用职权、徇私舞弊、索贿受贿、枉法执行者,由其所在单位或者上级主管部门给予行政处分。构成犯罪的,依法追究刑事责任。

第十五条 (涉及国家安全、国家秘密的规定)

建筑项目中涉及国家安全、国家秘密,国家和本市另有规定的,按照有关规定执行。

第十六条 （应用解释部门）
市公安局可以对本办法的具体应用问题进行解释。
第十七条 （施行日期）
本办法自2001年4月1日起施行。

[例文66]

股份有限公司董事及监事选举办法

（××年×月×日股东大会通过）

一、本公司董事及监事的选举，依本办法办理。

二、本公司董事及监事的选举采用单记名累积选举办法，选任董事时，每一股份有与应选出董事人数相同的选举权，可以集中选举一人，也可以分配选举数人。选任监事时亦同。如董事、监事同时选任，采用合并选举方式，每一股份有与应选出董事及监事人数相同的选举权，可以集中选举一个，也可以分配选举数人。选举人的记名，可用在选举票上所印出席证号码代替。

三、选举开始时由主席指定监票员、唱票员、记票员若干人，执行各项有关任务。

四、本公司董事及监事，依本公司章程所规定的名额，由所得选票代表选举权数较多者，分别当选为董事或监事，同时当选为董事与监事者，应自行决定充任董事或监事，其缺额由原选票多之被选人递充。如有二人或二人以上所得选票代表选举权数相同而超过规定名额时，由所得选票代表选举权数相同者，抽签决定。未出席者，由主席代为抽签。

五、选举票由董事会制定，依出席证号码，以一人一票，按应选出的人数点发选票，每张票按比例分载各该股东的选举权数。

六、选举人在选举票上"被选举人"栏须填明被选举人姓名，并得加注股东户号。

七、选举票有下列情形之一者无效：

（一）不用本办法第五条所规定的选举票者。

（二）所填被选举人在二人以上者。

（三）除被选举人姓名及其股东户号外，夹写其他文字者。

八、被选举人在选举票内有下列情形之一者无效:
(一)字迹模糊,无法辨认者。
(二)所填被选举人的姓名与股东名簿所列不符者。
(三)所填被选举人的姓名与其他股东相同而未填股东户号可资识别者。
九、投票完毕后当场开票,开票结果由主席当场宣布。
十、当选董事及监事由董事会分别发给当选通知书。
十一、本办法经股东大会通过后施行。

办法的写法:
(1)标题。办法的标题有两种情况:一是规范化标题法。即由"制文单位＋事由＋文种"三项要素构成,如《国家计划委员会关于废钢铁回收管理暂行办法》。二是两要素标题法,即省略制文单位,如《汇票结算办法》、《关于改革全国银行联行制度的实施办法》。在这两种标题中,以第二种使用较多,如果是短期的,或临时性的,"办法"前加"暂行"、"试行"字样;有的为了突出其具体可行性,往往在"办法"前加"实施"二字。

(2)发布。即在标题方下注明"办法"发布的机关和发布的时间,并用括号括上。将发布单位与时间放置标题下的重要位置,一方面是为了引起重视,另一方面又表示其约束性和法规性的起始时间。

(3)正文。"办法"的正文格式有三种形式:

1)"前言——主体——结语"式,即"总冒分条式"。前言用以写明目的、依据、意义、作用等;结语则用以写明要求和希望。前言和结语必须简短明了。有时结语可以省略。如例文一。

2)"总则——分则——附则"式,即"章条式"。这种结构方法与前不同,总则往往比前言包含的内容要多。它除了说明制订本文件的目的、依据、意义外,还要包括本文件的适用范围,以及一些原则性的重要规定。分则中采用分章、分条、分款的办法写明"办法"的基本内容。附则用以写明"办法"实施意见,包括解释权、说明权、施行日期等。

3)条目式。这种结构方法最能体现"办法"的文件结构特点,既无前言、结语,也不分总则、分则、附则。从头到尾,用"条"通下来,依次排列。故这种格式又称"条贯式"。如例文二,条例内容简单、层次也不复杂。

不管用哪种方法,其行文措词必须干净利落,多用短句,并应注意序号,注意层次性和标点符号的使用。

（五）细则

[例文67]

国际收支统计申报办法实施细则

第一条 为贯彻执行《国际收支统计申报办法》，特制定本细则。

第二条 中国居民通过境内金融机构向境外支出款项，按照如下办法申报：

一、付款人对外付款时，须按照《对外付款申报单》（分对公、对私两种）的格式和要求填报申报单一式三联，一并交银行营业员。

二、付款银行在收到《对外付款申报单》时，须履行如下责任：

（一）对付款人所交的申报单进行检查，对不符合填报要求或填报内容与付款内容不符的申报单，应退给付款人重填。

（二）经检查核对无误后，在申报单上加盖营业员私章，将其中第一联转送外汇管理局，第二联妥善收存（付款银行须保留原始申报单二十四个月），第三联退申报人备查（申报人须保留原始申报单二十四个月），然后方可为其办理对外付款手续。

（三）付款银行须于其本工作日业务结束后，将关于本工作日发生的对外支付的信息和申报信息通过计算机系统逐笔传送至同级外汇管理局。

三、外汇管理局须对付款人申报的信息和其对外付款信息进行检查和核对，发现问题，应及时通知有关银行。银行须按外汇管理局的要求责令付款人补充或修改其申报信息，并于修改当日将补充或修改的申报信息逐笔传送至同级外汇管理局。

第三条 中国居民通过境内金融机构从境外获得的收入款项，按照如下办法进行申报：

一、收款行在向解付行拨付涉外收入款项的同时须将有关收入款项的信息逐笔通知解付行。该信息应能满足填报《涉外收入统计表》的要求。

二、解付银行须于收到涉外收入款并贷记收款人账户当日，按照《涉外收入统计表》的格式和要求，将收入款项的情况，通过计算机系统逐笔传送至同级外汇管理局，同时，向收款人发出入账通知书。收款人须于收到涉外收入款项之日(以其解付银行入账通知书的日期截记为准)起25个工作日内,按照《涉外收入申报单》(分对公、对私两种)的格式和要求逐笔填报申报单一式三联,申报其从境外获得的收入情况,并将申报单交其解付银行。解付银行在收款人报送的《涉外收入申报单》加盖营业员私章后,将其中第一联交外汇管理局,第二联妥善收存(银行须保留原始申报单二十四个月),第三联退申报人备查(申报人须保留原始申报单二十四个月)。

三、未在申报期内按规定进行申报的,除仍须申报本笔涉外收入款项外,其在申报期到期之日起三个月内收到的从境外收入的款项,须按如下规定进行申报:

(一)解付银行须于收到涉外收入款项当日向收款人发出收款通知书和《涉外收入申报单》,并按照《涉外收入统计表》的格式和要求,将收入款项的情况,通过计算机系统逐笔传送至同级外汇管理局。

(二)收款人须依据交易内容和收款通知书,按照《涉外收入申报单》(分对公、对私两种)的格式和要求,逐笔填报申报单一式三联,并将申报单交其解付银行。

(三)解付银行在收款人报送的《涉外收入申报单》加盖营业员私章后,将其中第一联转送至外汇管理局,第二联妥善收存(银行须保留原始申报单二十四个月),第三联退申报人备查(申报人须保留原始申报单二十四个月),然后方可为其办理解付手续。

四、解付银行须于其柜台业务结束后第二个工作日内,将关于本工作日发生的涉外收入款项的信息和申报信息通过计算机系统逐笔传送至同级外汇管理局。

五、外汇管理局须对收款人申报的信息和其涉外收入款项的信息进行检查和核对,发现问题,应及时通知有关银行。银行须按外汇管理局的要求责令收款人补充或修改其申报信息,并于修改当日将经补充或修改的申报信息逐笔传送至同级外汇管理局。

第四条 对于通过境内邮政机构对外支付的款项和从境外收入的款项分别比照本细则第二条和第三条的规定进行申报。

第五条 中国境内以任何形式办理外币兑换人民币以及人民币兑换外币业务的兑换机构须按照《汇兑业务申报表》的格式和要求向外汇管理局申报其经办的汇兑业务情况。

第六条 中国境内外商投资企业以及有对境外直接投资的企业,须按

第八章 规章制度

照《直接投资统计申报表》的要求直接向外汇管理局申报其投资者权益、直接投资者与直接投资企业间的债权债务状况以及分红派息情况。

第七条 涉外证券投资须按照以下规定进行申报：

一、中国境内的证券登记机构以及通过境内证券交易所进行自营或代理客户进行对外证券交易的证券交易商，均须通过证券交易按照《证券投资申报表》的要求向外汇管理局申报其自营以及其代理客户的对外证券交易及相应的收支情况。

二、中国境内的各类证券登记机构，须按照《证券投资申报表》的要求，通过境内证券交易所向外汇管理局申报其客户对非居民分红派息情况。

三、中国境内的证券交易所须向外汇管理局传送境内证券登记机构及证券交易商申报信息。

四、中国境内进行自营或者是代理境内客户进行对外离岸证券交易的证券交易商，须按照《离岸证券投资申报表》的要求直接向外汇管理局申报其自营及其代理客户离岸证券交易和相应的收入和分红派息情况。

第八条 对外期货、期权等交易须按照以下规定进行申报：

一、中国境内通过境内交易所（交易中心）以期货、期权等方式进行自营或代理客户进行对外交易的交易商，须按照《期货、期权交易申报表》的要求通过交易所（交易中心）向外汇管理局申报其自营以及其代理客户的交易以及相应的收支情况。

二、中国境内的交易所（交易中心）须向外汇管理局传送交易商申报的信息。

三、中国境内不通过境内交易所（交易中心）以期货、期权等方式进行自营或代理境内客户进行对外交易的交易商，须按照《离岸期货、期权交易申报表》的要求向外汇管理局申报其自营及其代理客户的交易以及相应的收支情况。

第九条 中国境内直接从事各类国际金融业务的金融机构，须按照《金融机构对外资产负债申报表》的要求向外汇管理局直接申报其对外资产负债状况及其变动情况，以及相应利息、服务费、中介费收支情况。

第十条 凡在境外开有账户的我国非金融单位均须按照《境外账户收支申报表》的格式和要求向外汇管理局直接申报其境外账户的账户余额及其变动情况，申报人须向外汇管理局提供相应银行对账单。

第十一条 国家外汇管理局的分、支局均须按照申报单或申报表的要求向国家外汇管理局通过计算机系统传送国际收支统计申报信息。

第十二条　中国各级工商行政管理机关应向外汇管理局提供有关国际收支统计申报的工商企业登记信息。

第十三条　国家外汇管理局可以根据《国际收支统计申报办法》修改、补充或重新制定国际收支申报表格及其申报要求；中国居民须按照要求进行申报。

第十四条　对于违反《国际收支统计申报办法》及本细则的行为，按照以下规定进行处罚：

一、对于逾期未履行申报或申报信息传送义务的，外汇管理局可对其处以警告处罚，并向其发出警告通知书。

二、对于收到外汇管理局发出的警告通知书后仍未按照外汇管理局要求履行申报或申报信息传送义务的，外汇管理局可根据《国际收支统计申报办法》的规定对其处以罚款处罚，并向其发出罚款通知书。

三、对于收到外汇管理局发出的罚款通知书后拒不交纳罚款的或交纳罚款后仍未按照要求履行申报或申报信息传送义务的，外汇管理局可对其处以通报批评处罚，并向其发出通报批评通知书；外汇管理局可将通报批评通知书向社会公布。

四、对于收到通报批评通知后仍未按要求履行申报或申报信息传送义务的金融机构，外汇管理局可吊销其经营外汇业务许可证，并向其发出相应的处罚通知书。

五、对于造成国际收支统计申报信息遗失的申报信息传送者，外汇管理局可视情节轻重对其处以警告、罚款、通报批评的处罚，并向其发出相应的处罚通知书。

六、对于误报、谎报、瞒报其国际收支交易的，外汇管理局可视情节轻重对其处以罚款、通报批评、吊销其经营外汇业务许可证的处罚，并向其发出相应的处罚通知书。

七、对于阻挠、妨碍或破坏外汇管理局国际收支统计人员对国际收支申报信息进行检查、审核的，外汇管理局可视情节轻重对其处以罚款、通报批评、吊销其经营外汇业务许可证处罚，并向其发出相应的处罚通知书。

八、对于违反本细则第二条第二款，第三条第一、二、三款之规定，或拒不配合执行外汇管理局国际收支统计处罚决定的金融机构，外汇管理局可视情节轻重对其处以罚款、通报批评、吊销其经营外汇业务许可证的处罚，并向其发出相应的处罚通知书。

九、罚款金额为所涉及国际收支交易金额的1‰—5‰,但最高罚款金额不超过50万元人民币。

第十五条 对外汇管理局做出的处罚发生争议时,按以下规定办理:

一、对外汇管理局的处罚决定不服的,可在接到处罚通知之日起十五个工作日内向上一级外汇管理局申请复议。

二、接受复议的外汇管理局应在接到复议申请之日二个月内做出复议决定。当事人对复议决定不服的,可在接到复议决定之日起十五个工作日内向人民法院起诉。外汇管理局逾期不做复议决定的,当事人可在复议期满后向人民法院起诉。

三、复议、诉讼期间应执行外汇管理局的处罚决定。

四、当事人逾期不申请复议也不向人民法院起诉、又不履行处罚决定的,外汇管理局可申请人民法院强制执行。

第十六条 对外汇管理局违反保密规定泄漏国际收支统计具体申报信息的,有关单位和个人可提请责任者所在外汇管理局或者上一级外汇管理局进行处理。

第十七条 对于违反《国际收支统计申报办法》和本细则规定的行为由外汇管理局具体负责查处。

第十八条 外汇管理局国际收支统计工作人员对中国居民的国际收支统计申报行为进行调查、检查和审核时,须持《国际收支申报核查证》;中国居民须为之提供便利。

第十九条 国家外汇管理局负责设计、监制、修改和颁发《国际收支申报核查证》。

第二十条 本细则由国家外汇管理局负责解释。

第二十一条 本细则自1996年1月1日起施行。

细则的写法:

(1)标题。标题有两种:一是"运用范围+依据条文+文种"组成;二是由"依据的条文+文种"组成,一般要注明"实施细则"。如本例《国际收支统计申报办法实施细则》。

(2)题注。题下签署或文尾签署制文机关名称均可。

(3)正文。也像规定一样可以选择规章制度正文三种写法中任何一种。

　　上例正文采用的是条贯式。第一条用"为……"的句式,表明了制定本细则的目的和根据。在这一部分,必须说明是贯彻执行什么法规或规章的名称,否则便不成其为"细则"。从本细则的各条内容中可以看出,从开头到结束,全文紧扣所要贯彻执行的法规或规章,并抓住那些令人易出现问题的关键地方进行阐述与说明。如从第二条至第九条,全都为收支统计申报具体办法。从第十条至十三条为申报的注意事项。从第十四条至第十七条为违反本细则的处罚。第二十条为解释权的归属,最后一条为本细则的实施日期。全文眉目清晰,表述严谨,制定的规则详细具体,界线分明,使执行人员既易于正确地理解,也利于准确地贯彻执行,从而起到指导、帮助贯彻执行原条款的作用。这些都体现出细则的内容和写法的特点。

思考题

1. 规章制度有哪些特点和类型?
2. 规章制度有哪些格式?
3. 怎样写规章制度?

第九章 讲 话 稿

第一节 讲话稿的含义和作用

一、讲话稿的含义

讲话稿是指在各种会议或集会上(公众面前),为口头表达自己的主张、见解,进行宣传或开展工作而使用的具有一定目的性、条理性、完整性的文稿,又称"讲演稿"。

二、讲话稿的作用

讲话稿是人们在工作和社会活动中使用频率较高的一种应用文体。在各种会议上,它可以用来交流思想,表达感情,发表意见和主张,提出号召和倡议。通过它,讲话的人可以把自己的主张、观点、见解以及思想感情传达给与会者,从而产生一定的作用和影响,达到宣传和教育的目的。

讲话稿是领导工作的重要组成部分,是传达信息、部署工作的重要方式,也是贯彻政策、指导或推动工作的重要工具。

第二节　讲话稿的种类和特点

一、讲话稿的种类

讲话稿内容丰富,应用范围广泛,表现形式灵活多样,故很难进行严格的分类,有些类与类之间是相互交叉、相互包容的,只能从不同角度作大体区分。

1. 从内容上可分为:政治讲话稿、学术讲话稿、礼仪讲话稿、社会生活讲话稿、工作讲话稿等。

(1) 政治讲话稿。指在研究和解决政治问题的会议上发表讲话,或在群众集会上发表政治宣传色彩浓厚的演讲所使用的稿子。如国家领导人及各级党政部门负责人在一定场合宣传贯彻党和国家方针政策的讲话稿;外交官员发表外事演说的稿子等。

(2) 学术讲话稿。指在学术报告会上专家们就某一个专题所做的学术性很强的演讲,以发表自己的学术研究成果,争取得到同行认可的稿子。

(3) 礼仪讲话稿。指在纪念会、追悼会、开幕式、闭幕式、欢迎会等场合发表追悼、答谢及应酬性的讲话所用的稿子。

(4) 工作讲话稿。指以动员、布置工作和总结、交流工作经验为目的的讲话所用的稿子。

2. 从应用范围和表现形式上又可分为:会议讲话稿、广播讲话稿、集会讲话稿等。

二、讲话稿的特点

虽然讲话稿的种类多样,但它们却有着共同的写作特点。

(一) 针对性

撰写讲话稿,一要针对讲话者。不同的讲话者由于个性差异,讲话风格和特点不尽相同。因此,讲话稿最好由讲话者本人起草,以便真正写出有个性化的讲话稿。二要考虑听众的需要。讲话的题目应与现实紧密结合,所提出的问题应是听众所关注的事情,所讲的内容深浅也应符合听众的接受水平。

（二）鲜明性

讲话稿的内容不能只是客观地叙述事情,还必须表明自己的主张,阐明自己的见解。在阐述道理时,态度、观点要明朗,赞成或反对,表扬或批评,均应做到立场鲜明、观点正确,不能含糊其辞,模棱两可。

（三）条理性

讲话主要是用声音作为传播的媒介,声音在空中停留短暂,因而,要是讲话的内容被听众听清、听懂,就要条理清晰,层次分明。否则,所讲内容虽然丰富、深刻,但缺乏清晰严密的逻辑性,不能一环扣一环、一步进一步地叙事、说理,听众接受起来困难,势必会影响讲话的效果。

（四）通俗性

讲话稿与一般文章不同,要合乎口语,具有说话的特点。这就要求撰写讲话稿要深入浅出,通俗易懂,使用语言时不要咬文嚼字,句子不要太长,修饰部分要少,以免造成听众的错觉,不得要领。同时,也应当讲究文采,以便讲起来生动,达到雅俗共赏的效果。

（五）限定性

任何类型的会议时间都是事先预定的,那么,讲话的时间也是事先预定好的,一些重要的讲话还需在会前印发给有关部门、领导或代表。因此,讲话稿的篇幅要控制在限定的时间内,不能拖沓冗长,也不能过于简短草率。必须适时把握好尺度,力求做到恰当妥帖。

第三节 讲话稿的写作和基本要求

一、讲话稿的写作

讲话稿一般没有一个固定的格式,可以根据不同的对象、时间,以及所讲的问题自由灵活地安排结构方式。但从大量的讲话稿中仍可找到可供参考的结构方式。讲话稿多是由标题和正文两部分组成。

(一)标题

标题的形式有三种:

1. 直接标示式。它一般由讲话人姓名、会议名称和"讲话"构成。其格式为:

××同志在××会议上的讲话
(×年×月×日)

2. 直接标示式变体。其格式为:

在××会议上的讲话
(×年×月×日)
×××

3. 正、副标题式。它用正题概括讲话中心,点明主旨,副题说明在什么会议上的讲话。副标题之下写明讲话时间。其格式为:

×××××××
——××同志在××会议上的讲话
(×年×月×日)

(二)正文

正文的结构,一般有开头,先是针对与会者的称呼,接着开始讲话。开头要造成一种气氛,引起听众注意,控制会场情绪。主体部分全面展开论述,突出讲话中心,把全部所要表达的内容逐层交代清楚,给观众留下深刻印象。结尾部分总括全文,作出结论,表明态度。最后有表示祝贺、敬意、勉励的话等。

二、讲话稿的基本要求

讲话稿由于有其明显独特的个性,所以,写作者在撰写过程中,必须做到以下几点。

（一）言之有物,实事求是

讲话稿必须写得实实在在,即要有充实的内容。听讲人无论参加什么会议,总希望能够有所得。然而,有些讲话稿却是"空话连篇,言之无物",开头"戴大帽",中间"圈圈套",结尾"喊口号"。看似慷慨激昂,实则空洞无物,让人觉得虚无飘渺,空空如也。结果,听讲人往往是乘兴而来,败兴而去。

要做到言之有物,实事求是,写作者就应该在撰稿之前,摸清听众的思想状况,了解听讲人的心理动态,掌握听讲人的要求,这样才能避免盲目性,增强吸引力。譬如工矿、企业的听众,他们往往关心经济效益,即产量、质量、利润、销售等等；农村干部群众关注气象、气候、收成、农贸市场动态、农村政策等等。因此,讲话稿就应当针对不同职业、不同层次的要求,选择他们最关心的热点去写。在写作中,不仅要有实实在在的理论材料,而且还要有有根有据的事实材料,做到理论联系实际,这样才会收到比较理想的效果,容易达到预期的目的。

（二）言之有序,脉络清晰

讲话稿必须讲求组织结构、层次条理。只有脉络清楚、井然有序、递进发展,听众才会循序渐进,认真细致地领会领导讲话的精神实质。然而,有些讲话稿却是结构紊乱,前后倒置,让人听了如坠万里云雾,不知所云。

要做到言之有序,脉络清晰,就应该对讲话内容进行总体设计,怎样开头,如何结尾,哪里制造高潮,哪里轻描淡写,哪些内容详写,哪些略写,都要精心构思,认真布局。例如,毛泽东撰写的《在延安文艺座谈会上的讲话》一文,在谋篇布局上堪称典型。其特点是：条理有序,环环相扣,前后照应,内容衔接,整体布局天衣无缝。讲话稿只有言之有序,层次分明,才能吸引听众,也才能让听众逐步深入地理解其讲话的意图。

（三）言之有理,逻辑严密

讲话稿理论性强,它要宣传观点、见解,要说服人、教育人,使听众心悦诚服。这就要求讲话人必须平心静气,推心置腹,对自己的观点、见解进行充分、严密的合乎逻辑的论证,用无可辩驳的事实,以理服人。然而,有些讲话稿,要么占有材料很少,且缺乏具体分析;要么观点和材料相互脱节,只是进行抽象概括,使听众不禁有乱麻一团之感。

要做到言之有理、逻辑严密,就应该从不同类型听众的角度去占有材料,提炼观点,力求达到抽象与具体的统一,理论与实际的统一,真正使观点和材料形成一个有机的整体。在占有材料时,还可以引经据典,谈古论今。例如,讲加强廉政建设,就可以引用些典故,以增强内容的生动性和说服力。

（四）言之有情,形象生动

讲话稿具有一定的规范性,有其特殊要求,讲究庄重、严肃,但并不排斥比喻、描写和形象化。讲话稿应该具有丰富的情感,在心理上、情绪上与听众息息相通,能够引起听众感情上的共鸣。然而,有些讲话稿书面语过多,且干巴无味,使人听而生厌。

为了做到言之有情,形象生动,就应该在讲话稿之中适当穿插一些富有感情色彩的语言,运用一些生动形象的比喻。讲话稿的内容是诉诸于听觉而不是视觉,要熟悉不同类型、不同层次的语言特点,灵活生动地运用表述语言,力争起到教育人、感染人的作用。

（五）言之有趣,诙谐幽默

讲话稿用生动有趣、诙谐幽默的语言比用板起面孔严肃地讲出自己的观点和看法更易被听众接受。有些讲话稿放不下"架子",不愿失掉"训人"的风度,左一个"遵照",右一个"必须",再加一个"严格",使听众神经始终处于紧绷状态,这怎么能收到好的效果呢？

要做到言之有趣,诙谐幽默,写作者就应该在讲话稿中有意穿插和安排一点幽默资料或简短有趣的小故事,让听众在轻松愉快的气氛中领会领导的精神实质。

[例文 68]

共同迎接新世纪
—— 对中国国际广播电台海外听众及港澳台胞的新年讲话
江泽民
（1994年12月31日）

女士们、先生们、朋友们：

在1995年到来之际，我很高兴再次通过中国国际广播电台，向各国人民和朋友，向台湾同胞、港澳同胞和海外华侨、华人朋友，致以美好的新年问候！

1995年是包括中国人民抗日战争在内的世界反法西斯战争胜利50周年，是联合国成立50周年，是世界人民为和平与发展继续奋斗的一年。对于我们中国人民来说，是全面完成第八个五年计划的最后一年。两年之后和4年之后，中国将在香港、澳门恢复行使主权。5年之后，我国人民将同世界人民一起迈入21世纪。展望未来，我们充满信心。

对中国来说，20世纪是一个充满苦难与抗争的世纪，也是一个通过探索与创造、革命与建设不断取得伟大历史性胜利的世纪。以毛泽东同志为代表的中国共产党，领导全国各族人民经过艰苦奋斗，终于在1949年创建了中华人民共和国，结束了半殖民地半封建的悲惨历史，开创了中华民族独立自主、建设社会主义的新纪元。经过30年的摸索，以邓小平同志为代表的中国共产党，终于找到了建设有中国特色社会主义的正确道路，开创了中国现代化建设的新时期。16年来，中国政治稳定，民族团结，经济发展，社会进步，人民生活水平不断提高。我们深知，中国的经济文化仍比较落后，实现现代化任重而道远，我们不能有丝毫的懈怠，必须奋发图强，继续前进。

刚刚过去的1994年，是中国改革和发展继续取得胜利的一年。在这一年里，中国顺利地进行了包括金融、财税、投资、外汇、外贸在内的一系列重大改革，为建立社会主义市场经济体制迈出了决定性的一步，国民经济继续保持快速发展的势头。1995年，中国将继续处理好改革、发展、稳定的关系，在经济工作中，重点是加强农业、深化国有企业改革、抑制通货膨胀，继续保证国民经济持续、快速、健康发展，继续促进社会全面进步。

朋友们，和平与发展仍然是当今世界两大主题。中华民族在历史上曾经为人类的文明与进步做出过重要贡献。在新中国成立前的近百年中,中国落后了。现在我们要做的事还很多,最重要的是把中国的经济搞上去。中国有着占人类1/5以上的人口,中国的发展和富强,不仅对于亚洲,而且对于整个人类的进步事业,都将是一个新的重要贡献。

维护和平、相互尊重、加强合作、促进发展是各国人民的普遍愿望。本世纪发生的两次世界大战曾给包括中国在内的全人类带来巨大的灾难。前事不忘,后事之师。中国一贯主张,国与国之间应当友好相处而不应彼此对抗;求同存异而不应强加于人;相互尊重而不应以强凌弱。世界历史和现实不断证明,任何搞霸权主义、强权政治的行径,都是不得人心的。任何只顾本国利益而损害别国利益阻挠别国发展的做法,最终都是要自食其果的。

中国是维护世界和平与稳定的重要力量。1994年,中国与各国的交往十分频繁,同各国的友好合作关系有了新的发展。我国领导人1994年在国内外会晤了许多国家的领导人,就双边关系和共同感兴趣的问题进行了建设性探讨,并达成了广泛的共识,增进了相互了解、信任与合作。1995年,我们欢迎更多的朋友到中国来亲眼看一看。我们将积极参加世界性的纪念二战结束和联合国成立50周年的各种活动,承办世妇联在北京举行的联合国第四次世界妇女大会。在新的一年里,中国将在国际事务中为世界的和平与发展事业继续做出自己的努力。

朋友们,我们对香港问题的基本立场和方针是坚定不移的。无论发生什么情况,中国都将按期恢复对香港行使主权,并且对保持香港的长期繁荣和稳定有充分的信心。中葡两国在澳门问题上的良好合作有利于澳门的前途。我们相信,中葡两国将继续本着友好合作的精神,最终完成澳门的顺利交接。世界上只有一个中国,台湾是中国的一部分。海峡两岸的和平统一是大势所趋,人心所向,符合整个中华民族的根本利益。任何势力要分裂祖国,搞台湾独立,是包括台湾人民在内的全体中国人民绝对不能接受的,这种图谋是注定要失败的。

朋友们,中国人民愿与世界各国人民共同努力,把一个和平、稳定、繁荣和进步的世界,带入曙光初露的新世纪。我再次向各位致以美好的祝愿!

谢谢各位!

这篇讲话稿是属于纪念庆祝类型,它在写作上有以下几点特色值得我们学习和借鉴:

1. 结构清晰，井然有序。这篇讲话稿的标题采用了正、副标题式。正题"共同迎接新世纪"，概括中心，点明题意。副标题"对中国国际广播电台海外听众及港澳台胞的新年讲话"，说明了在什么会议上的讲话。副标题之下，又写明讲话人的姓名"江泽民"。讲话人下面又用圆括号注明讲话的年、月、日。接着写称谓，即"女士们、先生们、朋友们"。然后是讲话的正文，开头、主体、结语都非常清楚明晰，条理有序，完全符合讲话稿的写作要求。

2. 主旨突出，观点鲜明。这篇讲话稿首先向听众表示祝贺和慰问；其次，主体部分不仅指明了讲话的意义，而且对过去的一年进行了概括性的总结和对新的一年进行了展示；再次，讲话主题层层深入，步步升华。讲话紧扣特定的听众，进行客观中肯的分析，指出了"和平与发展仍然是当今世界两大主题"，并且就此旗帜鲜明地亮明自己的观点："中国一贯主张国与国之间应当友好相处而不应彼此对抗；求同存异而不应强加于人；相互尊重而不应以强凌弱"。紧接着又提出"我们对香港问题的基本立场和方针是坚定不移的。无论发生什么情况，中国都将按期恢复对香港行使主权，并且对保持香港的长期繁荣和稳定有充分的信心。中葡两国在澳门问题上的良好合作有利于澳门的前途……世界上只有一个中国，台湾是中国的一部分……任何势力要分裂祖国，搞台湾独立，是包括台湾人民在内的全体中国人民绝对不能接受的，这种图谋是注定要失败的"。中心明确，观点鲜明，态度明朗，对人们最关心和亟待解决的问题，作出了切合实际的十分肯定的回答，给人以启迪，使大家能够明确奋斗目标，统一思想认识，达到团结的目的。

3. 简明扼要，表述明确。这篇讲话稿写得简洁洗练，干净利落。而且表述也很准确，符合实际。如对中国 20 世纪以来的变迁进行了扼要明确的介绍，给人以奋进拼搏的勇气和胆量。在对香港、澳门、台湾问题的阐述上简洁明确，用语十分确切，给人以希望，使人对未来充满了信心。另外，讲话稿中的语言简短有力，通俗易懂，且有警句出现，抑扬顿挫，琅琅上口，大大增强了讲话的效果。

思考题

1. 讲话稿的种类和作用是什么？
2. 写讲话稿应注意什么问题？

下篇 商务文书

第十章　商务文书概述

第一节　商务文书的含义及内在环节

　　商务文书是为了适应人们在现代商务活动中及时记录、总结、交流、沟通商务信息和处理各种事务的需要而产生的。随着人们的实践活动在时间与空间上的不断深入和拓展，人们的视野相应地在扩大。尤其是进入信息时代以后，各领域各系统，前所未见的各种复杂的问题纷至沓来，使得现代管理所面临的问题呈现出更加多元化的状态。建立在这种管理活动基础上的商务写作，也日益朝着多元化方向发展。在这种情况下，如何更进一步更新商务写作的观念，完善其写作体系，寻找更有效的提高商务写作能力的途径，已经越来越成为现代管理活动中不容忽视的基本课题之一。

　　在现代社会中，信息已经成为社会活动的一个先决条件。它同物质和能量一起构成现代社会活动和现代科学技术的三大支柱，并且起着物质和能量所不能起的作用。随着社会信息化进程的日益加速，信息逐渐成为社会发展的主导。作为信息积累和传递载体的商务文书，在其写作过程中首先需要撰写者充分了解并掌握信息。尤其是企业在市场经济活动中，涉及经营运作、贸易往来、发展开拓等活动的信息。这是从事商务写作的出发点。

一、商务信息

　　商务信息有广义和狭义之分。广义的商务信息是指一切与商品的生产和流通有关的商业经济信息。它既包括对各种形式的商品经济活动的变化和特征的直接描述，同时也包括间接地反映与商品经济活动有关的各种情况，诸如社会形态及其组织状况、人才培养与流动情况以及地区间的文化差异等,常常通过各类计划、合同、货单、报告、简报、记录、财务核算、会计统计报表、标准及规章制度等形式传递并发挥作用。狭义的商务信息专指企业在商务活动中采用简报、消息等文体样式,借助各类媒体所传递的与企业生产经营有关的消息。对商务文书写作而言,所涉及的是广义的商务信息。

(一) 商务信息的特点

1. 社会性。商务信息的社会性主要表现在两个方面:

其一,从事商务信息工作是一种普遍的社会现象。商务信息的来源十分广泛,各个经济部门既是商务信息的使用者,同时又是商务信息的发送者。它们不断从社会上获取商务信息加以利用,同时又不断地向社会提供商务信息。

其二,商务信息联系着人们的一切活动。商务信息广泛地联系着国民经济的各个领域,渗透到各行各业以及人类社会活动的各个方面,贯穿于社会生产的全过程。无论是商品生产的经营管理,还是物质文化生活的分配和消费,都必须紧紧地依靠商务信息。在现代市场经济条件下,离开了商务信息,商品生产、交换、分配、消费都无法进行。

2. 客观性。商务信息是经济活动状态和变化的客观反映。由于经济活动的发展变化是不以人们的意志为转移的客观存在,所以反映这种客观存在的商务信息同样具有客观性。

3. 价值性。商务信息的价值是指商务信息对人的效用。商务信息的价值是以商务信息对人的有用程度来区分其大小的。如果有用程度高则商务信息价值大,有用程度低则商务信息价值小,两者成正比例。在市场经济条件下,商务信息资源的开发和利用能给企业带来社会效益和经济效益,这已成为全社会的共识。

4. 时效性。商务信息是有寿命的、有时效的,和任何商品一样,它有一个生命周期。商务信息的使用价值与其所提供的时间成反比。商务信息一经生成,其提供所花费的时间越短,它的使用价值就越大;反之,其提供所花费的时间越长,它的使用价值就越小,时间的延误会使商务信息的使用价值衰减甚至完全消失。

5. 依附性。商务信息是由商务信息实体和载体构成的整体。商务信息的实体是指其内容而言,如商品需求情况、市场竞争态势等;商务信息载体是指反映商务信息实体的各种中介,如电磁波、声波、文字、语言等。因此作为商务信息的内容,其生成、传递、储存或被利用,必须采用某一信号,即必须通过一定的载体才能得以进行。

6. 相对独立性。商务信息的相对独立性是指商务信息的内容不因载体的形式不同而发生改变。例如,某种商品的价格信息,无论是用中文还是外文,是用广播还是电视来表达传播,其信息内容都不会改变。这就为人们在载体的选择上带来了一定的灵活性。另外,商务信息的灵活性还表现在,无论什么时间、空间传播,其内容是不变的。

7. 可传递性。传递是商务信息发挥作用的前提。一方面商务信息是可以通过一定的形式传递的;另一方面商务信息必须经过传递才能被获取、被利用。

8. 可存储性。商务信息的客观性决定了商务信息具有可存储性。有的加工处理后的商务信息并非立即就用,有的当时用了,但考虑到以后还有参考价值,于是人们便把该信息存储起来。商务信息的存储和积累,使人们能够对商务信息进行系统的、全面的研究和分析,使商务信息得以延续和继承。

9. 可加工性。商务信息的加工,是指人们运用大脑和有关工具,对其进行处理的过程。商务信息只有通过加工才有价值。商务信息的可加工性表现出人们对商务信息的可认知性,人们根据需要有选择地收集商务信息,通过筛选审核、分类、编码等加工处理过程,保证商务信息的完整性和真实性,为商务信息的运用提供方便。

10. 可增值性。商务信息有确定性的价值,但在不同的时间、地点对不同的人又有不同的意义,并且这种意义还可以引申、推导、繁衍出更多的意义,从而使商务信息增值。

(二)商务信息的构成要素

商务信息是由发生源、载体、接受体三个基本要素构成的。

1. 商务信息的发生源。商务信息的发生源简称商务信息源,是指生成和发送商务信息的源头。有的商务信息是人们在从事企业生产经营活动中直接以语言文字形式记录传送出来的,此称为第一商务信息源;当人们把第一商务信息源发出的商务信息转发或经过各种形式加工再次传送时,就成为第二商务信息源。在商务文书写作中,采用的更多的是第二商务信息源所发出的信息。

2. 商务信息的载体。商务信息的载体是指用来记录存储和传递商务信息的有形和无形的物质。在实际工作中,商务信息的载体大致可分为三种类型,它们分别标志着载体发展的不同阶段。

(1) 语言。语言是传递商务信息的最为原始的载体。在简单的商品经济条件下,商品生产、商品交换的范围比较狭窄,生产者与消费者直接见面,大量的商务信息是以语言为载体传递的。

(2) 文字。文字是人类超时间、超地域传递和交换商务信息的载体。文字的出现,使依靠口头传递的商务信息得以固定下来,大大地增强了商务信息的存储和传播效果。

(3) 电磁波。随着科学技术的进步,人们发明了电报、电话、广播、电视,借助电磁波这一载体,不仅可以超越空间在瞬间同时收听语言和音响信息,而且还可以收看到图像和文字的信息。尤其是以电子计算机和现代通讯设备为主要标志的现代商务信息载体(如互联网技术)的运用,从根本上消除了时间与空间对信息传播的限制。

3. 商务信息的接收体。商务信息的接收体有直接接收体和间接接收体两种。商务信息发出后,通过人们的听觉、视觉等感觉器官直接进行接收称为直接接收体。人们在直接接收商务信息后,再通过各种方式进行转发,此称为间接接收体。

(三) 商务信息的种类

商务信息种类繁多,范围广泛。从不同的角度对商务信息进行分类,可以分为六大类。

1. 按照信息活动的领域来分,可分为内部商务信息和外部商务信息。内部商务信息是指在经济组织内部产生和活动的信息,如企业的生产情况、销售情况、物质储备情况、成本和利润状况等。外部商务信息是指由外部环境流向经济组织内部的信息,如国家为实行对企业的宏观管理所制定的有关政策、法令、条例、制度、计划等;国内外权威调查机构或专业咨询部门围绕市场供求状况所进行的描述、分析和预测,以及其他生产、流通部门和消费者等的活动信息。

2. 按照信息产生的过程来分,可分为原始商务信息和加工商务信息等。原始商务信息是指记载企业经营管理各环节具体活动的原始单据、数据和记录等。加工商务信息是指根据管理者的既定目标和要求,按照一定的格式、内容和程序等,对原始商务信息进行汇总、计算、筛选、综合、归纳而得到的信息。

3. 按照信息的性质不同来分,可分为常规性商务信息和偶然性商务信息。常规性商务信息是企业在正常的经营活动中,反映经济活动的正常情况的信息。它是按照一定的程序,采用一定的格式,定期地、经常地通过收集整理加工而形成的信息,如各种统计报表等。偶然性商务信息是反映企业生产经营活动中特殊的、突发的、偶然事件的信息。偶然性商务信息多来自企业外部环境,如国家重要法规的颁布、产业结构的调整、金融部门的利率下调、新技术的开发利用等给企业带来的影响情况。

4. 按照信息的时效性不同来分,可分为滞后性商务信息、实时商务信息和商务预测信息。滞后性商务信息是指描述过去已经发生过的事实或记录以前经营活动情况的信息,它是商务活动的重要资源。实时商务信息是对正在发生的企业经营活动的反映与记载,它直接作用于企业经营者,掌握这些信息可以在经营活动中,有目的、有针对性地制定经营策略。商务预测信息是根据对滞后信息和实时信息进行系统分析的结果,是预测未来的一种主观性的分析信息。

5. 按照信息的用途不同来分,可分为决策信息、控制信息和业务信息。决策信息是指在企业经营活动中,经营者为确定经营目标、经营方针、经营计划所必须的信息。它主要来源于市场环境,如国家经济政策、市场供求状况、行业竞争态势等。控制信息是管理者进行经营控制所需要的信息,其目的是使企业经营活动符合既定的目标要求,克服在经营过程中出现的偏差,它多来源于企业内部。业务信息是与企业主体日常经营活动有关的信息,包括日常企业内部各环节间的信息流动以及各环节业务活动所必需的各种信息。

6. 按照信息收集渠道不同来分,可分为正式组织系统的商务信息和非正式组织系统的商务信息。正式组织系统的商务信息是指按照规定和正常的渠道,有组织、有计划所获取的信息,能比较全面地反映各项经济活动的相互联系,反映经济组织发展变化的原因和过程。非正式组织系统的商务信息是指以特有的灵活性和快捷性又不乏偶然性而获取的信息。

对商务信息分类的目的是为了科学考察企业经营活动中所产生和需要的信息的特点,揭示商务信息管理的一般规律性,以便更好地搜集、加工、存储、传递和利用商务信息。

二、商务信息的搜集

商务信息的搜集,就是按照一定的原则,根据事先设计的程序,采用科学的方法,通过相关的渠道,有计划、有步骤地汇集、提炼商务信息的工作过程。

(一)商务信息搜集的原则

1. 目的性原则。商务信息的搜集,必须有明确的目的。所谓商务信息的目的性原则,就是指搜集能够反映客观事物的变化和特征,并能为人们所应用的事物信息。

2. 时效性原则。时效性是事物信息本身所具有的一个重要属性。客观事物总是在不断变化着的,由此呈现出错综复杂的现象。每一事物的变化都产生一定量的信息,而且具有较强的时效性。客观事物变化越快,事物的时效性就越强。这就要求事物文书的撰写者尽可能迅速地搜集信息,尤其是预测发掘各类潜在的信息,以保证对信息及时有效地运用。

3. 准确性原则。商务信息的准确性,是指搜集商务信息要如实反映实际情况。准确是商务信息的生命,信息越准确,其价值就越大,信息不准确多是搜集工作上的问题。为此,一方面要做到一切从实际出发,开展周密的调查研究,更多地掌握第一手材料,另一方面要广开信源,互相印证,以确保商务信息的准确有效。

4. 全面性原则。全面性也称系统性和完善性,这是提高商务信息搜集质量所必须遵循的原则。商务信息即使是准确的、适用的、及时的,但如果其本身残缺不全、支离破碎,也难以为企业所利用。当然强调全面性并非盲目贪多求全,而是要求对反映的某个客观事物及其活动变化情况,从其连续过程、整体全貌方面去搜集,这样才有利于进一步着手对其加工处理。

5. 经济性原则。商务信息作为一种经济资源,其本身就具有价值,同时在处理商务信息的过程中还需要付出一定的代价。在企业的实际工作中,对信息的要求越高,所耗费的费用就往往越大。因此,应考虑到获取商务信息的经济性问题,即如何以较少的耗费来获得企业经营管理中所必需的及最有价值的信息。

（二）商务信息搜集的程序

商务信息的搜集是一项有目的、有计划、有组织的活动,系统而科学的搜集程序,能使整个信息搜集工作得以正常和有序地进行。一般而言,商务信息的搜集程序有以下几个步骤:

1. 确定目标。确定信息搜集的目标,即要解决"为什么搜集信息"的问题,这是整个信息搜集工作的第一步。在搜集商务信息时要根据不同的需要确定不同的目标,对商务信息的搜集对象、范围、重点等必须事先有所计划,尽可能避免商务信息搜集过程中的盲目性。

2. 选择信息源。目标明确之后,紧接着要解决的问题就是"搜集什么信息"及"从何处搜集这些信息"。这就涉及到信息源的选择。商务信息源极为广泛,就渠道而言,有来自银行、统计及工、农、商、财、贸等国家机关的信息;有来自生产、销售部门及消费者的信息,有来自广播、电视、报刊等传播载体的信息等等。当然,不同的信息源所产生的信息量和信息价值也往往不同,应根据所需信息内容,选择那些信息量丰富且信息价值高的信息源作为获取信息的主要渠道,以收到事半功倍的效果。

3. 选定方法。搜集商务信息的方法多种多样,对不同载体所传递的信息,其搜集的方法各有不同。如通过语言载体所传递的信息,可以采取现场录音、个别访问、开会座谈等方法去搜集;通过文字载体传输的信息,可以采取查阅、交换、购买等方法搜集;通过电磁波载体来传输的信息,可以用现代化的手段予以调用。总之,应根据搜集信息的目标及其所需信息的性质、精确程度、时间、费用等,进行全面权衡作出决定。

（三）商务信息搜集的方法

常用的搜集信息的方法除了较简便易行的购买法、索取法、征集法、交换法外,还有稍显复杂的文献检索法、计算机联机检索法、市场调查法、观察法和实验法等。

1. 文献检索法。文献检索法即利用文献检索工具去查找获取现有信息资料的一种方法。利用该法,可以帮助信息搜集者迅速找到经过提炼、筛选的信息资料,大大提高获取信息的效率。可供利用的文献检索工具主要有经济类工具书、统计资料、广告、产品目录及产品样本等。

2. 计算机联机检索法。计算机联机检索法是利用情报信息网络获取现有信息的现代化信息搜集方法。随着经济和科技的发展，目前，许多信息机构相互之间建立起了更为紧密的联系，利用计算机和现代通讯手段，形成了遍布全国甚至国际市场的信息网络，该信息网络系统的任何一个终端用户都可以利用计算机检索终端，检索获取网络中任何一个数据库存储的信息。联机检索不受时空距离的限制，可以充分共享各种信息资料，是一种极为有效的搜集商务信息的方法。

3. 调查法。调查法是通过实地调查直接获取信息的一种重要的方法。利用调查所获得的信息具有较高的针对性、时效性和可靠性，有利于直接调整企业的经营活动。根据调查内容的不同，可分为企业环境调查、企业形象调查和企业市场调查；根据调查对象的不同，又可分为普遍调查、典型调查、重点调查和抽样调查四种。

4. 观察法。观察法是指在不向被调查对象提问的情况下，信息搜集者对被调查对象的行为反映、感受、特征进行观察记录的一种方法。使用观察法只能观察到事物的外部现象，而不能了解被调查对象的行为动机或意见态度等，同时，在使用观察法中，时间有时需要很长，费用也高。为了扬长避短，提高观察效果，在使用该法时，应注意对观察内容的选择，并且要有效地与其他各种方法结合使用。

5. 实验法。实验法指通过小规模的实验来了解和测定被研究对象各方面的特征及在一定条件下的反映。如选样定产实验、试销试用实验等等。实验法比较科学，所取得的原始信息资料也较为准确，但有时所需时间较长，成本较高，可变因素也难以掌握。

第二节　商务文书写作的原则

商务文书的撰写与现代经济管理是同步的。现代经济管理的一系列本质特性必然要求商务文书写作同时也遵循这样或那样的写作原则。

一、目标性原则

所谓目标性原则,是指任何商务文书都不是一般的有感而发,而是为事而作的,是针对现代经济管理活动中的实际问题,适时地作出分析、阐述、说明和通报等,以解决实际问题,使管理活动能沿着正确的轨道正常运行,实现最大的经济效益。这个原则是由现代经济管理活动的方向性所决定的。

经济管理活动是一种有目的的活动。经济管理活动的过程就是为实现管理目标,达到管理的目的而不断地远离始点、逐步接近终点的活动过程。在这一过程中,尽管可能会因为各种因素的干扰,使活动的速度减慢,甚至出现暂时的局部的迂回曲折,但从长远的总体角度来看,其运动的指向总是朝着管理终点的。管理过程的各个环节和各项管理活动,都是从各个不同的方面,以不同的内容形式和方法来保证管理动态变化方向的正确,为实现管理目标、达到管理目的服务。

企业管理活动的目标是多重的、多方面的,从目标的具体内容及其相互关系分析,可分为总目标、中间目标和具体目标三类。总目标是一切活动的立足点和出发点,决定着长期的发展方向、规模和速度。中间目标是实现总目标的措施和手段,是为实现总目标服务的。具体目标是实现中间目标的手段,是为实现中间目标服务的。商务文书的写作必须以实现上述各类目标为前提。

二、层次性原则

所谓层次性原则是指在商务文书的撰写过程中,必须首先明确行文对象,确立行文关系,明确商务文书所诉诸的对象,也即本单位本部门所处的位置与受文者是一种什么样的关系。这一点直接关系到撰写者使用文种的正确与否,同时也规定了行文过程中的语气特征。注意写作中的层次性原则,有利于处理好与其他相关层次的协调工作,为现代管理的高效率打下基础。

商务文书的层次性原则是由现代经济管理组织本身的层次结构所决定的。组织层次的结构由垂直方向的等级结构和水平方向的部门化结构所组成。前者显示出垂直方向的权利与责任的关系体系;后者体现了水平方向的分工与专业化的分组现象。以商务文书等形式存在的商务信息,正是通过组织的这种层次结构得以在整个管理系统内有效而迅速地协调与沟通的。从垂直方向的等级结构来看,企业的生产经营活动大致上可以分为三个层次,即战略规划层、管理控制层和日常业务层。与此相适应,企业商务文书写作系统也由三个层次组成,每个层次所提供的信息和对经营层次的辅助作用均有所差异。

（一）战略决策层

战略决策层的主要任务是向企业最高经营管理者提供有助于他们制定企业中、长期战略的信息,并利用各种决策模型,辅助或参与他们的决策过程。这个层次通常要层次大量的外部信息,如商品需求信息、竞争对手信息、市场环境信息等,并采用模型或模拟的方法进行有关的信息加工、转换和处理,如撰写市场调查报告、市场预测报告、供决策用的备选方案等,辅助企业最高领导者作出正确的企业战略决策。

（二）管理控制层

管理控制层是向企业中级管理者提供用于衡量企业效益、实施企业经营活动和制订资源分配方案等活动所需的信息。这个层次一般建有若干个模型,除了存储调用反映日常业务活动的有关数据外,还存储调用同行业企业经营状况、经营成本、市场占有率等数据以及企业计划目标、预算等数据,辅助中级管理者制订或修改企业经营的近期与短期计划,撰写各类经济活动分析报告,分析经营业务执行结果与计划要求的偏差,提出较为有效的解决方案,以便作出正确的经营决策。

（三）业务处理层

业务处理层的任务是在有效地使用现有设备和资源基础上实现大量日常数据处理的自动化,以提高数据处理的数量、质量和速度,确保企业日常业务活动的实施与执行。它通常采用业务数据处理模块、统计报表生成模块和查询处理模块来自动处理日常生产经营活动中的各种原始记录、数据、报表、资料,为企业基层管理者完成具体生成经营业务活动、衡量生产经营活动效果提供信息,并向中层和高层管理者反馈信息。

从水平方向的部门化结构来看,主要有四种类型。

（一）功能部门化

功能部门化是指按企业生成经营活动的功能划分部门。如企业可以按其功能组成市场调查部、营销部、公关部、财务部、工程部和生成部等。每一个功能部门，各自有自己的目标和任务，其写作活动也较具稳定性。

（二）产品或服务部门化

产品或服务部门化是根据企业的产出类型划分部门。这样可以使同一部门中的人员更好地协调活动，从而有助于提高部门的总体效率。反映在写作活动中更注重其写作内容的综合性。

（三）用户部门化

用户部门化可以较快地积累有关用户的广泛信息，并对用户的要求作出迅速的反应。在商务文书写作活动中，往往更注重其时效性。

（四）地区部门化

地区部门化是根据企业成员主要业务发生地区来划分部门。这样不仅有利于企业确定自己在市场活动中的位置以及在社会上的形象，而且使得信息沟通渠道缩短，因而有利于进行直接交流。

三、系统性原则

所谓系统性原则是指所有的商务文书，在同一个经营管理过程中，都存在有一定的内容上的相关性，或者说都有可参照性。今天的市场调查报告也许便是明天管理决策中可行性研究报告的依据，而后天有关的内容也许又写进了某一产品的营销方案中。就商务信息而言，这种系统性有表现在其发生和变化是一个横向联系与纵向联系相互作用的动态变化体系。因此作为商务信息的应用，在各类文种的写作中，必须充分了解并掌握该经济管理活动中已有的各种信息资料，对各种信息资料进行全方位分析、多角度思维，以保证管理各环节的相互衔接，避免同一单位在同一管理过程中撰拟发送的商务文书，在内容上的矛盾和无序。

在写作活动中遵循系统性原则，必须把握好以下三种关系。

（一）纵向系统关系

商务文书主要传递的是商务信息，商务信息由产生、发展到衰减是一个动态变化过程。在写作活动中，掌握商务信息的纵向变化规律，也是正确把握信息时效的关键。这不仅要求撰写者了解商务信息的现状，还必须了解商务信息发生发展的过程，并预测未来的变化。

（二）横向系统关系

作为商务文书写作源泉的商务信息，其重要特点之一是内在作用因素和外部影响条件的多样性和复杂性，它们不仅是构成商务信息的要素，同时也是构成商务信息发展变化的条件。商务信息的应用过程，不仅是商务信息本身作用于企业生产经营活动的过程，同时也是对相关因素适应和协调以获得理想效果的过程。

（三）纵向与横向关系的作用体系

商务信息的系统关系所表现的纵向关系与横向关系，它们又会形成一个有机结合的关系系统。在商务信息的应用过程中，必须对这个系统的联系和作用进行全面深入地研究，这样，才能把握事物的全局，洞察事物的发展方向。

四、灵活性原则

所谓灵活性原则是指在具体的撰写过程中，要认真把握好写作商务文书的时间性，在某种情况下商务文书在语言使用上的富有弹性，以及在处理商务文书时的适当变通性等等。

时间性是指商务文书一定要写得及时，发得及时，办得及时，以缩短周期。语言使用上的富有弹性是指撰写商务文书时，无论是选择目标还是提出措施，都应该巧妙地将明确性与模糊性统一起来。另外，在创造性开展工作的原则下，当一个部门在无"法"可依、无"章"可循的情形下，可以不经请示"先斩后奏"，这些都是所谓的"适当变通性"。

商务文书写作中的这种灵活性原则，既与管理活动本身所具有的时效性有关，同时又是经济管理系统结构本身具有的足够的自我调节能力在商务文书写作中的体现。当前，经济活动中的弹性管理在西方一些国家正在成为一种时尚。这势必会对商务文书的写作提出一个新的课题。

第三节　商务文书写作者的修养

随着现代经济管理内部网络的日益完善,对外辐射功能的日益强化,管理环境中的那种僵化、封闭的点式结构,单纯贯穿上下的线式结构,局限于块块的面式结构,正在被全新的立体结构管理模式所取代。这一变化既向作为管理主体的领导层提出了更高的要求,也向商务文书的写作者提出了挑战。

商务文书的写作者如何迎接这一挑战,如何使其所撰文书在现代管理活动中起到应有的作用,我们认为除了具有良好的思想素质、品德素质以及个性心理素质之外,还必须具备以下三个方面的修养。

一、思维素质

商务文书写作者作为经济管理活动中的管理主体之一,努力提高自己的思维素质是提高整体素质的基础。商务写作者较完善的思维素质应具备以下几个方面的特征。

(一) 定向辐射性

不人云亦云,不为外界干扰所左右,独立瞄准方向和目标。能熟练地运用逻辑与非逻辑的思维方法,善于透过现象抓住本质,深入探寻规律,并能比较正确、全面地认识与把握规律。

(二) 全方位开放性

从点式、线式、面式思维的局限中突破出来,将思维触角伸向外部空间的各个方位,对新事物、新领域、新知识有高度的敏感性。保持强烈的好奇心,具有丰富的联系力和模拟力,在比较广泛的领域内进行全面综合的思考。

（三）灵活敏捷性

不从现成的公式结论出发，对外部立体环境网络中出现的新矛盾、新问题，善于灵活变通。既能对它作出快速灵敏的反应，准确有效的判断，又能以它为中心，进行多向的联系思考，做到综合反映。

（四）定量预见性

不仅仅以定向思维为满足，还要进一步推进到定量思维的阶段，使定性思维达到精确化的程度。再以这个精确化的程度为基点，进行高瞻远瞩的预见，达到处理解决问题的目的。

二、知识结构

知识结构是思维素质的外化形式。在现代经济管理活动中，商务写作者如果没有广博的知识和合理的知识结构，就达不到思维素质优化的要求。具体说来，商务文书写作者应注意以下几点。

（一）纵向知识

所谓纵向知识是围绕商务活动、与写作行为相关的各种知识。这种知识一般也可称为基础知识。它包括这样几个方面：

1. 写作学的基本知识。如有关的材料、主题、结构、语言等方面的要求或原理，文体的分类等。
2. 商务文书写作的总体过程，即从准备起草、修改、审定到校对、缮印、用印、封发的全过程中，每一环节上的有关知识，以及商务文书处理流程中各环节上的有关知识等。
3. 在具体撰写及处理商务文书时的某些规定性知识，如用纸、用墨，特定的款式，数字的用法，引文、注释、图表和提要等的技术处理。

（二）横向知识

所谓横向知识是指以经济管理学为基点的各类相关学科的知识，这种知识一般也称专业知识。

商务文书写作与现代经济管理密不可分。作为商务文书的写作者首先要成为现代管理专家,这就需要懂得现代经济管理的基本理论,如了解经济管理的对象、方法和技术,熟悉经济管理过程和组织等等。除此之外,还要掌握诸如世界经济学知识、国际贸易知识、市场学知识、商品学知识以及金融、财政、税务、投资、法律等方面的知识。

(三)交叉知识

所谓交叉知识是指与纵向知识和横向知识均相关联的知识,一般也称为辅助知识,能起到将纵向知识和横向知识融会贯通的作用。交叉知识包括以下两个方面:

1. 一些交叉学科或称边缘学科的知识,诸如信息经济学、管理心理学、行为学运筹学、传播学等等。

2. 有关方法论方面的知识,诸如信息论、控制论、系统论、熵的理论、耗散结构理论、模糊数学理论、混沌学以及宇宙全息统一论等等。

总之,商务文书写作者需要具备多层次的、专与博相结合的知识结构。但人的精力总是有限的,不可能面面俱到,样样精通。这就需要根据自身的情况和所从事的实际工作,有所侧重,有所选择。

三、表达能力

表达能力是管理实践中沟通信息、对管理全过程进行有效控制的主要手段。没有它就不能把管理主体的意志有效地传递给管理组织的各个层次,也就形成不了一种立体网式的管理结构。具体说来,表达能力主要表现为以下六点。

(一)选材能力

为了写好商务文书需要搜集许多材料,但是能够用得上的材料只是很少的一部分。从搜集到的大量的材料中选取最有价值的一小部分材料,准备写进文书中,就是材料的选择。重视材料的选择,一是要在材料的分析上下功夫,二是按照系统的方法,通过比较决定材料的取舍。

(二)立意能力

立意能力也就是确定主题的能力,指商务文书写作者在长期的经济管理活动中，或在调查采访中，通过掌握大量的感性材料，对材料进行区分、整理、筛选，剔除无使用价值的内容，保留真实、适应、合理的部分，经过不断思考和反复研究，由感性认识跃进到理性认识，从而形成一个统摄这些材料的见解的能力。

立意能力又包括限制主题的能力和深化主题的能力。所谓限制主题，是指在一份文书中，能"抓住一点，不及其余"，即针对最关键、最重要的问题阐明自己的态度或看法。所谓深化主题，是指为了使文书所表达的观点、态度和对人对事的分析、评价得到人们的认可，对其他单位、其他工作或其他人有普遍的指导意义和启发作用，使已确立的主题有一定的思想深度和理论深度。

(三) 谋篇能力

谋篇能力是根据表达商务文书主旨的需要和人们的认识规律，分析材料的主次、安排材料顺序的能力。

文书的结构具有两重含义，一是宏观结构，即商务文书的总体构思、大体框架；二是微观结构，即商务文书的层次、段落、开头、结尾、过渡、照应和主次、详略的具体设计。各类商务文书有着各不相同的结构类型，谋篇能力的强弱具体取决于这么两点：一是对结构方法的熟练程度；二是对结构原则的把握程度。

(四) 语言能力

语言能力是商务文书写作者自觉进行思维、选取材料、形成观点，再物化为书面表达的能力。除了最基本的识字用字能力、遣词造句能力外，作为商务文书写作者还应特别注意对语体把握能力和数字表达能力的培养。

语体把握能力，是指由于文书的性质功用不同而在语言运用上所表现出来的各种独特的语言体式的能力。如表述工作研究成果的各种调查报告、预测报告、经济活动分析报告，以及一些技术性较强的产品说明书等，应当运用准确严密的"科技语体"来表达。科技语体不仅要求用词准确，注意同义词的细微差别，区分词语的感情色彩，还要求造句准确，选择恰当的句式和语调；不仅要适当运用专业术语和富有理论概括色彩的抽象词语，加强判断的准确性，还要多用长句、复句，增强判断的严密性和推理的逻辑性。反映企业经营活动态势的商务信息、诉诸于消费者的商品广告等，具有鼓动性宣传性的特点,则应当运用形象生动、具体可感的"宣传语体"来写。宣传语体要求灌注感情,刻画形象,注重文采。

数字表述能力,是指商务文书常常要求运用准确的数字使材料具有科学性和说服力。人类对客观事物的认识更多地走向定量方面,是现代社会生活的一个重要标志。商务文书要反映数字、说明数字,要从数字中发现问题、分析问题、寻找解决问题的对策和措施。如正确使用绝对数、比较数、平均数、参数、系数以及基数、序数、分数、小数、倍数等,明确"以上"、"以下"、"不足"、"超过"、"小于"、"大于"等数字的范围概念,以免给读者造成疑窦。

（五）图表显示能力

图表是商务专业类文书简洁而有效地表述某种资料、描述相关动态或结果等的必不可少的手段。图表分表格、柱状图、曲线图、圆形结构图等。一份好的图表可以把非常复杂的语言难以表达清楚的问题准确地表达出来。因此,写作者应充分重视图表的设计和使用,力求科学、实用、清晰和美观。

（六）文面规范化能力

文面规范化是针对所有的书面表达而言,但对于商务文书写作来说,显得尤为重要。主要包括用纸、用墨、字体、文面设计以及标题、序码、注释、引文、标点等的安排和使用。

思考题

1. 什么是商务信息？其特点是什么？搜集商务信息应遵循什么原则？
2. 商务文书写作的原则是什么？
3. 商务写作者应具备什么素养？

第十一章 综合报告文书

第一节 概 述

一、综合报告文书的概念和作用

商务综合报告文书也称研究决策商务文书,是指企业为实现经营目标,对内部条件和外部环节进行分析,拟出经营方案,从中选择和实施理想方案这一前后相连的过程中所使用的各种文书。企业的现代化首先是管理的现代化,而管理的重心在于经营,经营的关键在于决策。

报告文书在企业的经营活动中发挥着重要的作用:

首先,科学的报告文书,可以使企业上下明确经营目标和发展方向,可以用来统一全体企业人员的思想和行动,以保证企业经营活动的健康发展。

其次,科学的报告文书把企业和宏观的经济环境甚至整个社会环境联系起来,使企业的经营行为与外部环境相协调,从而提高企业的应变能力,增强企业活力,使企业在激烈的市场竞争中立于不败之地。

再次,科学的报告文书把决策条理化、细致化、具体化,可以使企业各部门明确职责,提高经营活动的自觉性,在各部门良好协作的基础上,使企业的人力、物力、财力得到有效合理的分配和使用,以获得良好的经济效益。

二、综合报告文书的写作原则

(一)目标原则

商务综合报告文书必须有一个明确、准确的目标作为写作的前提。如果目标不明确就无法提供解决问题的正确方法;目标选择不准确,报告没有科学性,决策也难以成功。

（二）信息的原则

信息是综合报告的写作基础。商务综合报告必须在掌握大量准确、完整、及时的信息基础上进行。事实证明，占有信息越充分，决策的基础就越坚实，可靠性程度也就越大，其价值也就越高。

（三）系统原则

企业经营活动是一个系统，它由各种相互联系，相互制约的因素或子系统构成。因此，要按照系统的原则将报告放入大系统中，充分考虑其所涉及的各相关因素和整个系统的关系，研究系统中的各部分、各层次、各因素之间的相互关系，不仅从方案本身评估其合理性和可能性，更要从整体上权衡其合理性和可行性。

（四）可行原则

综合报告类文书的写作不能只强调需要，而不考虑可能；也不能只片面地考虑有利因素和成功的机会，而不考虑不利因素和失败的风险。必须全面分析，把主观愿望和客观条件有机地结合起来。

（五）满意原则

企业经营活动的复杂性，往往使寻求最优方案成为一件十分困难的事。尽管这个最优方案是存在的，但可能要耗费大量的人力、财力、物力，或者要花费大量的时间才能获得。因此，综合报告文书不必费时费力去寻求十全十美的方案，只要能寻求一个相对满意的方案即可。

（六）集团原则

随着社会的发展，科学技术的进步和企业经营复杂程度的增大，决策往往面临着许多问题，一些重大的问题的决策已非个人或少数人能胜任。因此，商务综合报告文书的写作常常要得到其他部门或人员的协调配合，如调查的进行、资料的提供和搜集、资料的整理等都常常不是个人所能完成的。

（七）实践原则

综合报告不是基础性的理论研究，它自始至终围绕着企业经营。提出企业经营中存在的问题加以分析研究——定量的和定性的分析、宏观的和微观的分析,然后提出解决问题的对策和方案,并对这些对策和方案进行系统的分析判断,是报告文书要完成的任务,也是报告文书所要表达的中心内容。

三、综合报告文书的分类

商务文书的分类可以从使用的角度分为四大类:
1. 确定目标阶段使用的文书,如市场调查报告、市场预测报告、经济活动分析报告等;
2. 拟定方案阶段使用的文书,如项目建议书、可行性研究报告等;
3. 评估选择阶段使用的文书,如项目评估报告、商务咨询报告等;
4. 实施反馈阶段使用的文书,如企业经营计划、经营决策报告等。

有些文种如市场调查报告和市场预测报告等往往在两个以上的阶段里使用到。因此,在商务决策程序中的某一阶段和综合报告中的某一具体文类之间并不存在严格的对应关系。在企业的具体决策运作过程中,具有典型意义的文类是市场调查报告、市场预测报告、可行性研究报告、经济活动分析报告和经营决策报告。

第二节 市场调查报告

一、市场调查报告的概念和作用

市场调查报告是企业或企业代理人、专门的调查机构或研究人员,运用科学的方法,对市场商品供应与需求信息、市场营销活动信息、消费信息等进行搜集、记录、整理、研究分析,从而得出合乎客观事物发展规律的结论之后所写出的书面文字材料。市场调查报告的目的是研究市场的历史和现状,把握市场变化的规律,使企业的市场营销行为和外部市场环境相适应。具体地说,市场调查报告具有以下几个方面的作用:

（一）有利于企业生产适销对路产品

产品符合消费者的需要，企业才能实现自身的目的。消费者的需要不是静止的，而是直接受到消费者的经济收入状况、文化教育水平、生活观念与生活方式以及社会风尚等因素的影响，处在不断变化之中。科学的市场调查报告可以揭示不断变化着的消费需求，让企业及时了解消费者的购买能力及其资金投向，进而按市场需求信息，组织生产适销对路的产品，使企业生产和销售诸环节能正常衔接，顺利实现从生产到消费的转移。

（二）有利于企业提高决策的科学性

准确把握市场供求状况是企业决策者制定切实可行的经营计划与进行正确的经营管理决策的前提。市场供求状况受商品供求状况和市场需求状况两方面因素的影响。市场调查报告通过对商品市场、商品库存、财政拨出、商品进口及其他商品货源的调查，揭示商品需求的总体情况；通过对消费人口、购买力、消费水平、消费构成、消费心理的调查，揭示商品生产的总体情况。市场调查报告通过准确揭示供应和需求两方面的情况及对这两方面情况的科学分析，使企业决策者牢牢把握市场脉搏，正确预测市场供求变化态势，从而作出科学的决策。有了科学的决策企业才能生产和经营适当的产品、适当的数量，并以适当的价格、适当的方式，于适当的地点、适当的时间进行恰到好处的产销。同时，市场调查报告所提供的资料和信息还为企业营销决策失误的纠正提供了依据。

（三）有利于企业制定有效的广告策略

广告宣传是企业促进销售的重要手段。广告宣传的目的在于引起消费者的注意，诱发其购买欲望，提高其购买信心，促动购买行为的发生，从而扩大销售。要达到这一目的，关键在于了解消费者的需要、动机、兴趣，其中特别是消费者心理性变化。市场调查报告能够反映消费者需求状况，使企业经营者能够有针对性地开展广告宣传活动，以达到最好的宣传效果。

（四）有利于企业提高竞争能力

企业的竞争能力归根结蒂取决于所提供商品的竞争力。商品竞争既有质量的竞争，又有价格的竞争。质量是生命，是绝对企业声誉的主要因素；

而价格既关系到生产经营者的利益,又关系到消费者的利益。生产经营者希望以最少的成本获得最佳的经济效益,消费者则希望以较为低廉的价格购买到高质量的商品。市场调查报告可以帮助企业了解本企业产品销售的现状,了解竞争对手同类产品的销售信息,从而及时地制订合理的营销策略、改善经营管理,提高企业的竞争力。

二、市场调查报告的种类和特点

市场调查报告所涉及的内容及其广泛,凡是直接和间接地影响市场营销的情报资料,都在其搜集和研究之内。较为常见的有以下几种。

(一)商品情况的调查报告

通过对消费者的广泛调查,反映消费者对某一商品或某一类商品的质量、价格、使用状况与技术服务等方面的评价、建议和要求;消费者对商品的包装、商标、售后服务的评价、商品在市场上的情况,如市场占有率、市场覆盖率及其走向等。

(二)消费者情况的调查报告

通过对消费者的调查,反映购买某一种商品或某一类商品的消费者的数量及地区分布状况;消费者的性别、年龄、职业、民族、文化程度等情况;消费者的个人收入和家庭平均收入水平、购买能力的大小、购买商品的数量情况;消费者中哪些人是主要购买者,哪些人是忠实购买者,什么人是使用者,什么人是购买决策者;消费者的欲望和购买动机,影响消费者购买决策的因素;消费者的购买习惯等。

(三)销售情况的调查报告

这类市场调查报告主要通过对销售情况的调查,反映商品在市场上的供求比例、销售能力和影响销售的因素;销售渠道是否通畅合理,应该如何广开渠道,减少中间环节;中间商的销售情况,如销售额、潜在销售量、利润、经营能力、本地区市场占有率;销售者对代销商和零售商的印象;商品储存和运输情况;采用人员推销和非人员推销的不同效果;不同媒体的宣传效果;销售服务方式是否令人满意等。

（四）市场竞争情况的调查报告

这类市场调查报告主要是通过对竞争对手及其产品的调查，反映竞争对手的数量及其人力、财力、物力和经营管理水平；竞争对手产品的质量、品种、花色、式样及其特色；竞争对手所采用的市场价格策略、广告宣传策略；竞争对手市场产品的市场占有率和市场覆盖率；竞争对手的企业发展战略及其目标等。

此外，还有市场环节情况的调查报告、技术发展情况的调查报告、产品生命周期情况的调查报告等。

无论哪一种市场调查报告，都必须具备以下特点。

（一）事实性

事实是调查的对象，也是报告的最基本的内容。实事求是是市场调查报告的最基本的原则。一切写入市场调查报告的材料，无论是历史资料还是现实材料，是正面材料还是侧面材料，统计数字还是典型事理，都应该翔实可靠，确凿无误。

（二）时效性

市场调查报告服务于具体的工作需要，有明确的目的。它对市场情况作反映要迅速、及时，以适应瞬息万变的市场。市场调查报告的价值有一定的期限，如果滞后就失去其存在的意义。因此，要及时开展调查，及时撰写成文。

（三）科学性

市场调查报告在运用材料确凿无误的基础上，还要对材料进行科学的分析研究，找出规律，得出正确的结论以指导具体的工作实际。这就需要写作者掌握科学的分析方法，以得出科学的结论。

（四）针对性

需要调查的问题很多，如产品质量、价格、市场占有率、营销状况、消费状况、消费心理、销售环节、竞争对手状况等等。在一篇市场调查报告中不可能做到面面俱到，一般应围绕本企业某种产（商）品或服务所面临的主要问题开展调查，有的放矢，以找到问题的症结所在，进而寻求解决办法。

三、市场调查报告的写作格式

市场调查报告是在开展市场调查和必要的分析研究之后写成的。全面完整地论述市场调查报告的写作应包括前期的基础性工作，共四个阶段，即：准备阶段、调查阶段、研究阶段、撰写阶段。准备阶段需要确定调查范围、对象、内容、方法、时间安排以及人力、物力、财力的准备。调查阶段主要由调查人员深入实际运用恰当的科学方法开展调查，搜集各种资料、信息。研究阶段是在调查结束之后将获得的大量资料、信息进行整理、鉴别、分析、研究，从中找出规律性的东西，得出符合实际的结论。撰写阶段就是执笔成文了。这里所说的市场调查报告的写法即是指一篇成文的市场调查报告的基本格局以及各个部分应写的内容。

市场调查报告由标题、正文、落款三部分构成。

（一）标题

市场调查报告的标题没有固定的格式，较常见的有以下几种。

1. 直叙式标题。在标题中以概括性的文字交代调查的内容和范围，并直接使用"调查"或"调查报告"字样点明文种名称，如《上海市2001年彩电市场调查报告》。还有的标题在表示范围和内容的短语前加介词"关于"构成介宾短语作"调查"或"调查报告"的定语，如《关于上海市商品房销售状况的调查》。直叙式标题可以视为是以"调查"或"调查报告"为中心词、有一层或两层修饰关系的名词性短语。这种标题清楚具体，使人能通过标题就对文章所论述的范围一目了然，而且显得朴素自然，也不需要花费更多的精力。

2. 结论式标题。将市场调查报告的主要观点浓缩为一个概括性的短语，作为文章的标题，如《市场定位准确是取得经营成果的关键》。这种标题有时体现为前后有某种逻辑关系的两个到三个短语，如《市场供求总体较好，结构矛盾突出，调整任务艰巨》。这类标题与新闻标题极其相似，能够使人一下子就进入报告的中心，需要写作者高度的概括能力。

3. 问题式标题。将调查研究的问题加以概括后作为市场调查报告的标题，如《安徽农民人均纯收入距小康标准还有多远》。这类标题在引人入胜方面较其他类标题都强,需要写作者准确地把握读者的关注的热点。

4. 复合式标题。即在正标题下加副标题。正标题一般点明本篇市场调查报告的主要观点,或表明调查的问题,或对观点、问题有所暗示;有时直截了当,有时比较含蓄。副标题一般交代调查的内容、范围、时间等,有时也交代调查的实施者。副标题应在正标题下另起一行,正副标题之间用破折号衔接。如《枝叶不展茶自愁——我国茶叶销售现状调查》。这类标题综合了直叙式标题和结论式标题或问题式标题的优点,需要写作者在遣词造句方面多下功夫。

(二) 正文

市场调查报告的正文分为开头、主体和结尾三部分。

1. 开头。开头也称前言,通常要简要地说明调查的目的、时间、对象、范围以及调查方法和效果,也可指出全文的主旨或简要概括全文的主要内容,使读者对全文有一个大致的了解。常见的方式有新闻报道式、概括交代式、提问解答式。有时也可省略不写。

发表在新闻媒体上的市场调查报告,出于宣传效果的考虑,其开头往往不是力求讲清情况、阐明观点,而是仅仅停留于对问题有所暗示。表达上的含蓄,可以达到一定的文学效果。

2. 主体。这部分是市场调查报告的核心所在。从逻辑上讲,一般包括基本情况及分析、得出结论、决策建议三个方面的内容。写作时应根据基本主题表达的需要和材料性质,按照人们的认识规律合理布局。

基本情况分析是对市场调查了解到的客观事实、有关数据的叙述、解释和说明。目的是在帮助读者了解事实真相、也为后面的预测和建议提供依据。对一般情况可用简洁的语言加以介绍,重要情况要作详尽阐述。不一定要面面俱到,要根据主题表达的需要有所侧重。一般以文字叙述为主,辅之以数据、图表加以说明。然后再根据调查发现本企业在市场竞争中所处的位置,分析产生的原因。如有多种原因可以条分缕析,以达到清楚明确的目的。

得出结论是在基本情况分析的基础上得出的科学性的结论。市场调查报告虽不以预测为重点,但一般应在反映市场现状的基础上简略地推断发展趋势,展望市场前景,以此作为企业生产经营管理的参考。

决策建议是市场调查报告的落脚点,它是在情况介绍和分析判断、预测基础上提出的关于未来行动方案、经营策略的建设性意见。一般是为决策者作参考用的。写作时应注意有针对性、可行性和委婉性。

主体部分在写作上通常采用纵式结构和横式结构两种形式。

纵式结构是按市场调查报告的内在逻辑把主体分为前后形成因果关系或递进关系的几个部分:先说明基本情况;然后对基本情况加以分析,得出结论;最后根据分析得出的结论提出决策建议。在具体的写作时,也可以将基本情况和对基本情况的分析糅合在一起。

横式结构是把市场调查报告的主体分为逻辑上相互并列的几个方面,分头叙述和归纳。这种结构形式的优点是调查研究的问题或涉及范围较大时能突出基本问题,使报告纲目清楚。

不同目的和要求的市场调查报告,其主体部分的写作重点各有不同。有的把重点放在弄清事实情况上,有的把重点放在分析形成某种状况的原因上,有的则把重点放在决策建议上。在写作过程中应该通盘考虑,灵活变化,而不拘泥一格,墨守成规。

3. 结尾。结尾是全文的结束部分。这一部分内容有的是重申或概括自己的观点;有的是进一步提出问题,引起注意;有的是对调查过程作一简要评价;也有的在这里把其他部分无法交代的内容作一补充。如果主体部分观点清楚,内容完备,也可以意终文止,不要结尾。

(三) 落款

落款即署名和日期。如果市场调查报告是为了单位领导或领导部门而写,则应在文章正文结束后右下方位置署上调查部门名称或调查人员姓名,并写上调查报告完成的日期,以示对调查报告的内容负责。如果是在报刊上发表,则应将单位名称或作者姓名署在标题之下、正文之前,结尾之后一般不写报告的写作日期。

写作市场调查报告应该注意以下几点:

1. 实事求是。要客观介绍市场状况,如实反映市场中所存在的问题。所引用的资料、信息必须是真实可靠,对重要数据要反复测算、核实,必须做到准确无误。

2. 重点突出。需要调查或反映的问题可能很多。但在一篇有限的调查报告中不宜面面俱到,而应该抓住主要矛盾、突出重点。这样才可能把问题讲深、讲透。如果市场调查涉及的内容过多,可分专题写成几份市场调查报告,各有侧重,以求得对问题的深入探讨。

3. 叙议结合。叙是叙述情况,议是分析原因、阐明观点。只叙不议仅有现象的罗列而缺少分析研究,不能把握事物的规律和本质,于事无补;但只议不叙,又可能流于空洞说理,不能说服人。因此市场调查报告应该有叙有议,做到寓理于事、事周旨显。

4. 讲究时效。市场情况瞬息万变,撰写市场调查报告一定要讲求时效。在保证质量的前提下尽快完稿,避免时过境迁而失去现实意义。

四、例文分析

[例文 69]

节能型灯泡为啥竞争不过老产品

最近,我们随国家有关部门和厂家的同志,就××灯泡厂生产的节能型灯泡竞争不过老产品一事,做了专门调查。

××灯泡厂是我国生产节能型灯泡——双螺旋丝灯泡较早的工厂之一。1983 年从国外引进先进的生产设备,现在却要走回头路,岂非怪事?原来,节能型灯泡社会效益虽好,但对工厂来说,却是赔本的买卖。1983 年以前,由于免税和试验经费的补贴,生产节能型灯泡亏损不多或略有盈余。但是,1984 年投入大批量生产后,按规定不能享受免税待遇,今年第一季度生产××万只,亏损××万元。也就是说,每生产一只节能型灯泡,企业要赔×分钱。而生产同型号的老产品,每只可盈利×分钱。一亏一盈,企业利润减少××万元。

生产节能型灯泡亏损的现象,在全国同类型工厂普遍存在。浙江某灯泡厂每生产一只节能灯泡赔×分钱;河北某灯泡厂每只亏损×分钱左右;上海某灯泡厂今年 7 月份以前享受免征产品税优惠,但是每只灯泡仍要亏损×分钱。

生产节能型灯泡亏损,原因是成本高。节能型灯泡对钨丝、芯线、玻璃管、导线等材料的质量要求较高,选用材料与老产品不同,价格贵,每只灯泡大约要增加成本×分钱左右;国内配套材料,半成品如钨丝、玻璃壳用于老产品,合格率在 90% 左右,而用于节能型灯泡,合格率只有 70% 左右;企业生产没有达到设计要求,设备利用率低。这些都是节能型灯泡成本较高的因素。

对先进产品应当实行优质优价的政策,这是毫无疑义的。但是,优质优价必须得到市场的肯定。××灯泡厂正是在这个问题上碰了钉子。××省五金交电公司1983年以来共收购滞销的节能型灯泡×××万只。之所以大量积压,并不是产品质量有问题。××灯泡厂的节能型灯泡曾获全国同类产品评比总分第一,获国家"××杯"优秀新产品奖。关键还是价格问题。上海、杭州、石家庄节能型灯泡与老产品同价,节能型灯泡供不应求,东北地区节能型灯泡比老产品贵×分钱就销不动。其实,消费者在使用过程中得到的节电费用远大于购买时增加的支出部分。

节能型灯泡是我国普通白炽灯生产发展的方向,必须得到保护与支持,回头路走不得。那么,如何解决企业亏损,商品积压的矛盾呢?有关行家提出:

一是用价格、税收等经济杠杆扶持节能型灯泡的生产。靠补贴来发展新产品,国家负担不起,新产品也缺乏竞争力,必须发挥价格、税收的经济杠杆作用。可以考虑对节能型灯泡适当调价,改变目前价格与价值背离的状况,使企业生产略有盈利,有发展后劲。同时,采取具体措施,使企业逐渐淘汰老产品,改为生产节能型灯泡。

二是加强对节能型灯泡的宣传工作,尽快打开市场。消费者对新产品有一个认识过程,需要运用各种形式广泛宣传节能型灯泡,尽快让人们认识和推广使用它。

三是在社会效益与企业利益发生矛盾时,企业要顾全大局,向前看。主管部门要协助企业解决节能型灯泡配套材料、半成品的质量问题,企业应集中力量抓好引进技术的吸收消化,不断改善经营管理,降低生产成本,尽快提高产品合格率和设备利用率,努力提高经济效益。

(引自《商务文书》,赵子文主编,民主与建设出版社2000年版)

简析:

这篇调查报告的主旨是分析节能型灯泡在市场上竞争不过老产品的原因以及改造现状的方法。它采用的是提问式的标题,开门见山地提出了文章的目的所在。所以在报告的前半部分主要是以具体的事实和现象为依据,说明节能型灯泡作为性能优良的产品不但不盈利反而亏损,其原因就在于它的成本高以及用户对优质优价的政策不理解。怎样解决这个问题呢?文章接下来就提出了自己的建议,即适当调价,加强宣传,降低成本。在整篇文章中,第一自然段属于前言部分;第二、三自然段交代基本情况;第四、五自然段分析原因;第六自然段是个过渡段;最后的三个自然段提出建议。所以这篇调查报告虽短,但结构完整,条理清晰,说理充分。

第三节 市场预测报告

一、市场预测报告的概念和特点

市场预测报告是反映市场预测工作和分析研究过程及其成果的书面报告。它要求在正确的理论指导下,在全面掌握市场情况的基础上,运用科学的方法,根据市场调查获取的资料、数据,对未来一定时期内市场供需前景和发展趋势作出预测,得出定性或定量结论,提出有针对性的措施或决策。

市场预测是一门应用性的边缘学科,它要求融合经济学、系统工程学、信息论等各门学科的知识,对市场因素进行定量定性分析,并用现代化的计算手段,对市场现象进行描绘和运算。

市场预测报告和市场调查报告既有联系又有区别。市场预测报告也要建立在市场调查的基础上,通过充分调查市场的历史、现状以及变化,预测市场的未来。而且市场预测报告要随着市场客观情况的变化、市场调查的深入而不断深化,以提高其科学性。但是,市场调查报告是对市场的历史和现状的客观的反映,目的是及时而正确地了解情况,掌握信息;市场预测报告研究市场的未来,通过科学的分析预见市场未来的发展,着重揭示未来的趋势。市场调查报告主要是调查资料的叙述和分析;市场预测报告主要是依据现有的资料进行推断和预见。市场调查报告首先要求做到的是资料的准确可靠,符合客观实际;市场预测报告首先要求预测具有科学性。

市场预测报告有以下几个特点。

（一）趋向性

市场预测报告面向未来，要对市场未来发展变化趋势作出预计，所得结论是未然的。结论正确与否，取决于是否掌握市场的有关情况，运用科学的预测方法，寻求市场内部变化规律，更有赖于未来实践的证明。

（二）科学性

市场预测不是主观想象，而是依靠科学的预测方法，根据事物的内在联系，在详尽占有市场信息资料的基础上由已知推断未知，由现实推断未来。这个推断过程应该是严密的逻辑推理和科学运算过程。

（三）时效性

市场预测的目的是为了控制未来市场，在未来市场中占有主动权。因此，对市场预测以及市场预测的写作，应迅速及时。也就是在市场发展的前一阶段尚未结束时，就应预测下一阶段的发展趋势，展示其前景，以便发挥预测报告的作用。如果预测不及时，就失去了它的存在价值。

（四）近似性

市场预测报告是根据过去和现在的已知因素，来探测未来的变化趋势。未来的情况并不是过去和现在的简单的重复。过去的演变规律已是一个静态现象，而未来的变化处于动态之中。预测值不可能与实际值完全一致，只能是一个近似值。市场预测报告首先要求预测准确，其次允许预测存在误差。关键是充分掌握资料，尽力减小误差程度，减少对市场未来趋势把握的盲目性。

二、市场预测报告的种类

市场预测报告按其划分的角度不同，有不同的分类。

（一）按时间划分

1. 长期预测，又称战略预测报告，这是指对市场未来变化趋势五年以上的预测。适应于供应比较稳定的大类商品，其重点一般在于商品销售的长期经营方向和商品销售结构的变化趋势。由于期限长,受未来因素变化的影响较大,预测的误差也较大,需要在实际工作中不断调整。

2. 中期预测,又称战术预测报告,这是指时间在一至五年内的市场预测,适用于在供求方面变化较大的一般商品。一般对预测期内各种影响因素考虑比较全面,预测误差相对较小。

3. 短期预测,这是指一年或一个季度的市场预测,适用于新产品或时间季节性强的商品。作用在于指导企业在一段时间内采取一定的应变措施。这种预测报告的准确性和可靠性都比较高。

(二) 按空间划分

1. 国际性市场预测,它是对国际市场上某种商品供求变化发展趋势的预测。

2. 全国性市场预测,它是对全国范围内某种商品供求情况发展变化的预测。

3. 地区性市场预测,它是以企业所在市、县的市场为对象,对某种商品供求情况及发展变化的预测。

(三) 按预测内容划分

1. 市场需求预测,这是根据人口的变化、人们物质文化生活水平提高的程度、社会购买力的增减以及消费者的爱好、习惯、消费结构的变化等各种因素,分析市场对各种商品的需求,包括对商品的数量的需求和对商品质量、花色、规模、价格等方面的要求。

2. 市场占有率预测,这种预测报告是对某种产品中某品牌产品的需求量或最好销售量作出预测,着重考虑的是产品本身的特性和销售努力对销售量的影响。影响产品销售量和市场占有率的因素包括产品的品种、质量、价格、交货期、零配件供应、技术服务、装潢以及推销方法等,其中质量和价格是两个重要因素。在市场占有率预测中,还要分析竞争对手和其他产品的替代能力。

3. 生产情况预测,这种预测报告是在了解生产情况,了解各类商品的生产能力和布局,了解有关的资源、能源、运输等条件,了解产品的数量、质量和性能等的情况基础上,预测这些情况的变化趋势。

三、市场预测的程序

要保证市场预测的质量,首先必须能够熟练地进行市场预测。市场预测必须严格按照预测的程序进行。

1. 提出问题和设想。企业在生产经营过程中常常遇到许多问题;企业为了发展某项科学技术或发展某种新产品,也会根据实际经验和各方面的资料信息提出各种设想。这些问题和设想均可作为预测的初始前提。

2. 确定预测目标。从问题和设想中选择确定一个切合实际的有价值、有意义的目标,同时确定预测的期限、预测的范围。

3. 拟定预测计划。包括预测内容、预测人员组成、资料搜集计划、工作进程及日程安排等。

4. 收集分析资料。对于非企业本身可控制的资料,可以从政府有关部门、行业组织、市场情报机构和高等院校等发表的统计资料中收集。收集到的资料必须进行分门别类进行核对、整理和分类,并在此基础上进行深入的分析和研究。

5. 选择预测模型。定量预测可以选择或建立合适的数学模型,定性预测可以建立逻辑推理模型。选定的具体预测方法可以是一种,也可以是多种。

6. 作出分析评价。通过模型预测得到的结果往往与实际情况存在差异,必须进行分析评价方能运用。分析评价时要综合考虑企业内部和外部各种影响因素及其变化情况,尤其是那些在预测中涉及到的与过去不同的新因素。分析评价时还要分析预测结果可能产生的误差大小及原因。

四、市场预测报告的写作格式

(一)标题

市场预测报告的标题和市场调查报告的标题既有相似之处,又有各自的特点。

1. 直叙式标题。直接在标题中交代预测的期限、预测的范围、预测的内容,并以"预测"、"走势"、"趋势"、"分析"、"研究"、"展望"、"前瞻"、"发展前景"等词语表明文种性质。这一类标题最为常见。如《2000年全国纺织品市场趋势》。如果是全国市场,有时省略范围;如果在报刊杂志上发表的预测报告,也常常省略时间,只要在标题中点明主要内容即可,如《居民小区智能化管理的前景》。

直叙式标题还有一种较为常见的情况是:在交代清楚预测的有关要素同时,先交代回顾分析的内容,如《2000年家用电脑市场情况及2001年趋势预测》。这种预测报告一般出现在两个时间段交接时,如年底或年初。

2. 结论式标题。直接在标题中表明预测的主要观点,如《网络销售:市场竞争的新热点》。

3. 复合式标题。由主标题和副标题两部分组成。主标题一般表明预测得出的主要观点,副标题一般交代预测的期限、范围、内容等。主、副标题分行书写,用破折号连接。如《繁荣·活跃·稳定——2001年国内时装市场预测》。与市场调查报告相比,复合式标题在市场预测报告中较为少见。

市场预测报告无论采用何种形式的标题,都应围绕预测目标、预测范围拟定。如果在报刊上发表,标题之下应署作者姓名或单位名称。

(二)正文

市场预测报告的正文一般分为开头、主体两大部分。

1. 开头。也称前言,通常在前言中交代市场预测报告的写作动因和有关情况,或者概括说明预测的主旨和采用的主要方法。这种开头方法能起到居高临下、统摄全文的作用。

开头部分以概括的方式来写时,要注意概括程度的高低。一般来说,概括程度高的,既能避免与主体部分内容之间的重复,又能起到提纲挈领的作用。在较多的预测报告中没有前言部分,而是直接进入主体部分。

2. 主体。市场预测报告的主体一般包括基本情况、预测、建议三部分。

(1) 基本情况部分。这部分是预测的基础,要求根据收集来的市场信息,运用数据资料,说明预测对象的历史情况和现实状况。写作上要求选取的资料和数据一要充分,二要确凿,三要有代表性。写作手法上一般运用概括叙述的方法,以使读者对预测对象的历史和现状有一个全面的了解。这一部分的写作要求情况全面,事实准确,符合客观,以保证预测的准确性。

(2) 预测部分。这部分是全文的重点和核心,要求根据前面部分叙述的基本情况对预测对象在未来市场的趋势和可能发生的状况作出估计和判断。写作上主要是以基本情况为依据进行分析、比较、判断、推理,找出预测对象的方向性、规律性、主导性的东西。写作手法上主要采用叙议结合、夹叙夹议的方法,以引述客观情况为基础,以评析客观情况、阐明观点为目的。这一部分的写作要求判断准确,推理严密,分析具有说服力;要考虑到影响市场变化的各种因素,运用科学方法对市场动态作出判断,尤其要注意定量分析和定性分析方法的区别运用和结合运用;预测过程要防止简单化、表面化,防止以偏概全。

(3) 建议部分。这部分是在对市场发展趋势进行分析研究的基础上,提出切合实际的应变措施,如确定企业经营方案的设想、调整企业经营方向的意见、改善企业经营管理状况的建议等。这一部分在写作手法上采用说明的方法,要求简明扼要、条理清晰;形式上一般要分条列项。

建议部分不是市场预测报告必须具备的内容。市场预测报告的主要目的在于预测市场未来动态和趋势,以供有关部门或人员参考,根据情况作出相应的调整,制订相应的对策。如果作者觉得没有把握或觉得没有必要,也可以不写建议部分。

市场预测报告一般没有专门的结尾,就以建议部分归结全文。如果有专门的结尾,一般是总结全文的观点,并简单提示有关人员应注意的问题,或简要交代在报告其他部分没有交代的内容。

(三) 落款

与市场调查报告的落款一样,用于单位内部的市场预测报告,在文末要标明作者和写作时间。

另外,写作市场预测报告还应注意以下几点:

1. 对象应明确。要写好市场预测报告,必须选择好对象,明确预测目标。这样才能围绕对象和目标收集材料,进行分析预测。一般而言,预测对象是关系本企业前途命运的目标市场,或是企业经营销售中遇到的新情况、新问题。

2. 重点要突出。市场预测报告对历史和现状的交代是必要的,但不是重点。其重点应是对市场未来前景的预测,而这种预测应是具有说服力的,是科学、可靠而又具体明确的。为此要做到论据可靠、推理严密、语言简明准确、观点和材料要有机结合。

3. 结构要合理。一般采用"提出问题——分析预测问题——解决问题"的结构形式。提出问题部分实际上是对现状及现状隐含的矛盾和问题的揭示。分析、预测问题部分侧重于对市场未来前景的分析和预测。解决问题部分是提出相关建议。要做到层次分明、主题集中。

4. 要合乎程序。市场预测报告的撰写过程实际上是一个调查与研究相结合的过程，必须遵循一定的程序。这就是：选定预测对象、目标、范围——收集有关资料——选择适当的预测方法——分析、评价、预测——拟定写作提纲——撰写文稿——修定文稿。

五、例文分析

[例文 70]

今年月饼产销总趋势看跌

(杨　办)

中秋节吃月饼是我国人民的传统风俗习惯，由于月饼生产利润较高，各生产厂家每年对月饼生产都很重视。1992 年月饼产销形势如何？这是各生产厂、经销商所关心的一个问题。

据有关行家分析预测：1992 年月饼产销总的趋势是看跌。1991 年全市烟糖系统月饼总产量为 9218 吨，比 1990 年的 13252 吨下降 30.4%。其中，市区销售 5502 吨，同比下降 27.1%；郊县销售 857 吨，同比下降 60%；销往市外 2587 吨，同比下降 17.5%。今年预测比去年要降低 15%—20% 左右。究其原因，主要有：

1. 今年中秋节是 9 月 11 日，较去年提前 11 天。时间早，天气热，这是影响月饼产销的关键。按惯例，月饼生产一般在节前 40 天开炉，时值大伏天，至生产高峰时期，又遇"秋老虎"，这些既不利于工厂生产和商店储存，也不利于消费者品尝。

2. 今年是月饼果脯料生产小年，价格要上涨 15%—20%。另外，猪肉、水、煤、电调价，也影响月饼生产成本，促使零售价格提高。

3. 随着消费卫生观念增强，对月饼质量要求提高。多年来，消费已从大众化趋向个性化。自食者,求精不求多;送礼者,为显示"派头",名厂、名店、名特商品行俏,大路货品种日趋衰落,销量受到限制。

4. 集团购买月饼将有部分分流。近年来,集团购买数量较多。"购物卡"的兴起,将使原来购买月饼的份额有部分分流到其他商品上去。

5. 市场竞争更加激烈。除了市内各行业之间的相互竞争之外,近年来,广东月饼和中外合资月饼进入上海市场,特别是广东月饼在上海市场已有一定占有率。今年威胁较大的是一些中外合资酒家,他们在去年"投石问路"、试制试销基础上,今年将加大力度,参与上海月饼市场的竞争。

上述不利因素对今年月饼生产和销售将产生较大影响。对生产条件较好的一些专业厂来说也有一些有利因素。今年本市制定了"月饼质量卫生标准",并实行"月饼准产证"制度,这将淘汰和限制一些没有条件生产月饼的单位,保证月饼质量的提高。

行家们认为,要做好今年月饼的产销工作,品种结构要对路,要适应消费者口味,包装、规格要有新意。对今年月饼生产总的要求是:"高质量、多品种、小规格、低糖度、软式化、新包装"。同时要求企业随时掌握市场动态,早作准备,增强应变能力,在产销之间加强合作,从而做好一年一度的月饼市场供应工作。

(引自《经济应用写作教程》,中国商业出版社1994年版)

简析:

这篇市场预测报告短小精悍,逻辑严密,结构匀称。它是一篇以月饼产销市场为预测对象,对1992年月饼产销的趋势作出科学预测的报告。标题为结论式标题,包含了预测对象、时间、范围、结论,简明扼要。第一自然段为开头部分,从"中秋吃月饼"的风俗,很自然地就引出了"月饼产销的形势问题"。从第二个自然段至结束为文章的主体部分。在这一部分里,文章首先提出了预测的结果,然后再分析今年月饼的产销量之所以比去年降低15.2%的五点原因,最后以提出做好今年月饼产销工作的具体措施作结束。

第四节　可行性研究报告

一、可行性研究报告的概念和作用

可行性研究报告是在工业投资、新产品开发、技术改造、联合经营等经济活动项目有了初步的意象之后，对该项目的可行性和有效性进行全面分析、论证的一种书面报告。

可行性研究是投资决策前对拟建项目进行全面、系统的技术经济分析和论证的方法。具体地说，就是在投资决策项目之前，运用多种确实有效的方法，对与拟建项目有关的社会、经济、技术等各方面情况进行深入细致的调查研究，围绕拟建项目技术上的先进性和适用性、建设条件的可能性和可行性以及经济上的合理性和有效性等问题进行科学论证、综合评价，由此作出该项目是否应该投资和如何投资等结论性意见，从而为项目投资决策提供可靠的科学依据。

投资一个项目，目的在于最大限度地获得经济效益和社会效益。任何投资决策的盲目和失误，都可能导致重大损失。可行性研究是项目建设的首要环节，从某种程度上说，也是决定投资项目成败的关键。就投资项目的管理而言，可行性研究的作用主要表现在以下几个方面。

（一）项目投资决策的依据

任何一个投资项目，其成功与否，投资后的效益如何，都将受到社会的、技术的、经济的等多种因素的影响。只有对投资项目进行深入细致的可行性研究，方可对该项目的多种因素的影响作出充分的认识，从而积极主动地采取有效措施，避免各种不确定因素所造成的投资风险，切实提高项目的经济效益和社会效益，实现项目投资决策的科学化。

（二）项目设计及编制设计任务书的依据

在项目可行性研究中，对厂址选择、建设规模、产品方案、建设进度、主要工艺技术方案和主要设备选型等都作了技术经济分析和论证工作,这就为项目设计及编制设计任务书提供了可靠的依据,任何一种设计不得随意改变可行性研究报告中已确定的各类控制性指标,设计中的新技术、新设备也必须经过可行性研究才能采纳,各种试验也应根据可行性研究中提出的要求进行。

（三）与各协作单位签订合同和有关协议的依据

根据可行性依据报告,项目单位方可同有关协作单位签订建设项目所需的原材料、燃料、水电、运输、通讯、工程建设、设备购置等方面的合同和协议。

（四）申请建设执照的依据

工程项目的建设需要当地政府和规划部门批拨建设用地,并要求符合当地的市政规划、法规以及环保要求。在可行性研究报告中,对选址、总图布置、环境及生态保护方案等诸方面都作了论证和优选,这就为申请和批准建设执照提供了可靠的依据。

（五）向银行申请贷款的依据

在可行性研究中,详细计算了项目的财务、经济效益、贷款清偿能力等具体的数量指标以及筹资方案和风险程度。银行可在可行性研究报告的基础上,加以审查评估后,决定对该项目贷与不贷、贷多贷少,以确保贷款决策的科学合理。

二、可行性研究报告的种类和特点

写作可行性研究报告首先应明确项目的分类,因为不同的项目通常具有不同性质的特点,国家在其项目的管理及其某项具体的规定上也有不同的措施及要求。这往往决定着可行性研究的范围和程度,自然也会影响研究报告的写法。可行性研究报告根据不同的方法可得出不同的种类。

（一）按内容划分

1. 政策、改革方案可行性研究报告。它主要是对拟议中的经济、技政策或改革方案的必要性和实施的可行性进行分析论证,为制订政策提供依据和建议。

2. 建设项目可行性依据报告。它主要是指国家计委制订的有关管理办法中规定的那些生产建设和基础设施建设项目以及利用外资、技术改造等项目的可行性以及报告。这类可行性以及报告是最为常见、广泛使用的,是大量存在的,主要目的是为了减少投资决策的失误,减少风险,确保建设项目经济效益和社会效益的顺利实现。

3. 引进或开发性项目可行性研究报告。它使用于引进新技术、新设备以及开辟和拓展新市场、开发新产品和新技术、采用新工艺和新管理方法之类的经济管理和商务活动,主要从发展前景、技术或设备的先进性、生产需要、市场需要、效益、效率等方面论证其可行性。

(二) 按性质划分

1. 肯定性可行性研究报告,即肯定、认可拟议项目实施的必要和可行。大多数研究报告属于这一类。

2. 否定性可行性研究报告,即通过分析论证,发现拟议中的项目不具备实施的条件,从而予以部分否定或彻底推翻。

3. 选择性可行性研究报告,即原拟议项目可能提出两个以上实施方案,通过分析论证,肯定其中一个方案可行,否定其他方案,或者是在肯定原项目前提下否定其具体实施方案,再提供两个以上可行性方案供决策者使用。这两种情况都可称为选择性可行性研究报告。

可行性研究报告具有以下特点:

1. 严格的论证性。可行性研究报告是在一个项目付诸实施之前的论证、把关。这种论证、把关必须严格,不仅要从经济、技术、财务、市场销售等方面对工程项目进行综合分析论证,还要从法律、政策、环境保护以及社会影响等方面作出科学的论证与评价。论证必须充分透彻,实事求是,合情合理。

2. 缜密的科学性。可行性研究报告所得出的结论应该是缜密的科学的。对某一项目的论证不仅仅是定性的论证分析,还需要作定量的分析论证。在论证过程中需要运用大量的数字、资料、技术性指标,通过介绍、分析、比较、图表、数据等说明方法以增强其科学性。

3. 运用系统分析方法。对一个项目的分析论证必须将这一项目置放到社会大系统或自然生态大系统中作全面系统的分析,即既要作微观的分析,又要作宏观的分析。有些项目从局部看是有利的,但从全局看是不合算的。反之,有些项目从局部看不合算,但从全局看却是有利的。还有些项目经济效益好而社会效益差;也有些项目经济效益差而社会效益好,等等。所有这些,都必须作出全面系统的分析,要结合实际,对多种方案进行比较,从中选出最优方案。

可行性研究报告还具有超前性和有效性特点。超前性是因为报告中的可行性研究都是在实际方案实施之前进行的。有效性是指凡是经过可行性研究并认可的方案,一般在付诸实施后获得成功的把握都比较大。

三、可行性研究报告的写作格式

一份完整的可行性研究报告,一般由封面、编制说明、目录、报告内容、图表、参考文件、附件组成。

封面。可行性研究报告的文本通常为十六开本,封面上方正中间为报告的名称,写法较固定,往往由事由和文种构成,如《关于合资经营××公司的可行性研究报告》。封面下方居中注明编制时间。

编制说明。通常包括项目名称、项目建设单位及其负责人、可行性研究报告的编制单位及其负责人和报告审核人等几项。

目录。将总体、主体部分各条目、结语、各附件的名称分别标上页码,依次罗列出来,并在上首居中用较大字号标明"目录"二字。

图表、参考文件、附件材料,通常合称为附件。主要包括项目建议书的批准文件,有关供电、供水、消防等方面的协议书,环境影响报告书,银行财政部门给予支持的证明材料,以及投资估算表、成本概算表、利润预测表、财务平衡表和地理位置图、总平面设计图等。

报告内容,也即正文部分。由于建设项目的任务、性质、规模及工程复杂程度不同,在编制项目可行性研究报告时其内容往往各有侧重,深度和广度也不尽一致,一般由总论、分论、结论三部分组成。

1. 总论。主要说明项目提出的背景、投资的必要性和经济意义,交代承担可行性研究的单位、研究方法、简要过程以及基本评价等内容。

2. 分论。这是报告的主体,从不同角度对项目是否必要、可行加以论证。主要包括以下内容:

市场需求与拟建规模。市场需求分析是确定项目的前提,项目的可行性在很大程度上取决于市场需求分析的准确性。通过市场需求分析,着重说明产品有无市场、市场需求量的大小及现有供给量与市场需求之间的差距,以证明拟建项目及其规模的合理性。市场需求分析主要包括市场调查和市场预测两部分内容。如在确定的市场范围内,分析市场需求量大小及其构成情况;在工程项目整个寿命期内对整个市场的各个部分的需求预测;在所预测的期限内,该项目产品可能达到的市场占有率;根据需求的发展和对市场的占有情况,预测产品的价格变化。产品外销的投资项目,应调查分析主要的出口对象是哪些国家和地区,国内外已有和可能出现哪些竞争对手,国外市场有多大需求量,向国外市场销售的渠道、手段和措施等。拟建规模是指在市场分析确认市场市场对项目产品有较大需求量之后,为了进一步构造项目的具体方案,需要确定项目的生产规模,更具体地说是要确定项目的设计生产量。

建场条件和厂址方案。包括地理位置、气象、水文、地质、地形条件及其交通运输、供水、供电的现状和发展趋势。

设计方案。主要说明项目的构成范围、工艺流程以及设备和技术的来源、质量的可靠性和先进性。

资源、原材料、燃料及公用设施落实情况。

环境保护、劳动保护与安全防护。

企业组织、劳动定员和人员培训设想。

工程设施进度。

投资估算和资金筹措。

经济效益及社会效益。

3. 结论。根据上面的论证,对项目建设的整体必要性和可行性作出明确判断,也可提出存在的问题或提出有关建议。如果总论和分论部分对这些内容已有交代,也可省略不写。

写作可行性研究报告应注意以下几个问题:

1. 研究的内容要真实、完整、准确。可行性研究报告常常是国家决定基本建设项目或中外合资项目的依据,直接关系到项目能否成立以及实施的成败。因此一定要注意内容的全面性和准确性,所引数据必须真实可靠。为此必须作好调查研究,掌握大量的第一首材料,关键性数据要反复核实。

2. 实事求是、观点鲜明。撰写可行性研究报告一定要严格遵守实事求是的原则,要有老老实实、精益求精的科学态度,不能掺杂任何个人私念,不可屈从外界压力,不能作任何夸大和贬低,态度要明确,观点要鲜明。

3. 结构严谨、表述清晰。可行性研究报告容量大,需要论证的事项多,要做到层次清晰、标码准确、结构严谨、论证符合逻辑。对专业性很强的名词术语要加以解释,做到表达明晰、通俗易懂。

4. 编排格式要规范化。不同种类的可行性研究报告有不同的编排规范化要求,要按要求编排。如属于大中型可行性研究报告在文字较多时要装订成册,按照封面、目录、报告内容、图表、参考文献、附件秩序装订成册。附件要尽可能收集齐全,并在正文之后注明名称和件数。

四、例文分析

[例文71]

××建立钛白粉厂的可行性研究

钛白粉(T_iO_2)是精细化工产品。占世界无机颜料总消费量的50%以上,占世界白色颜料总消费量为80%以上,主要用于涂料,其次是塑料、橡胶、化纤等。

钛白粉有金红石型和锐钛型两大类,有硫酸法和氯化法两种生产工艺。

钛白粉历来是世界性的热销商品。我国钛白粉历来短缺,特别是占涂料用量50%以上的金红石型钛白粉,几乎全靠进口,花费大量外汇。为了满足国民经济发展的需要,要大力发展钛白颜料,重点是发展高档次钛白颜料。

一、××建立钛白粉厂的基本条件

中国是世界钛资源最丰富的国家之一,总蕴藏量为×亿吨。××占全国海滨钛资源的×%以上,总储量约×万吨……××钛资源与国内各钛资源相比,质优易采。目前××钛每年可采×多万吨钛砂矿,每年钛精矿近×万吨。

二、钛白粉市场概况

我国钛白粉工业落后,仅占世界总产量的13%,发展缓慢……

钛白粉工业的落后严重地拖了我国涂料工业的后腿……

按预测,1990年需钛白粉×万吨,2000年需×万吨。当前除镇江钛白粉厂年产×吨长石型钛白粉改造项目外,仍无别的长石型钛白粉新建项目。

70年代资本主义国家经济不景气,加上苛刻的环保法,使欧洲一些大型硫酸法钛白粉工业关闭和限产,1982年世界钛白粉生产能力下降到237.8万吨。1983年以美国经济回升为转机,需要量大增,造成世界的钛白粉短缺……1986年需求量达250多万吨,供应能力利用率达102%……利用率的上升,促使价格的上涨……

今后若干年内世界消费量平均增率为1.5%～2.3%……预测,1990年世界消费量将增至286万吨,2000年增至310万吨。而按1982～1989年间的供应能力,年平均增长率只有0.94%。预计供应能力只有256.3万吨,2000年仅有278.5吨。

三、生产工艺的选择和技术设备的来源
- 生产工艺的选择……
- 技术设备的来源……
- 主要设备名称……

四、建设规模、物料及动力供应规划
- 建设规模的选定。……
- 物料及动力供应规划……

五、厂址选择……

六、环境污染的防治……

七、生产组织形式和劳动力定员
- 投资概算。……
- 资金来源设想……

八、经济分析
- 工厂产品成本的估算……
- 利润估算……
- 净现值分析……
- 基准投资收益率……
- 盈亏平衡分析……
- 敏感性分析

九、结论

以上分析研究表明:为开发利用××丰富、易采、质优的钛砂矿,引进国外先进设备,以××化工二厂为基地建设年产×吨(第一期)氯化法金红石型钛白粉是可行的,若不能引进国外先进技术设备,利用国内现有的技术设备在××化工二厂的基地上建设年产×吨(第一期)氯化法金红石型钛白粉厂也是可行的。

××××年×月×日
(引自《商务文书》,赵子文主编)

简析:

　　这篇可行性研究报告结构清晰,条理鲜明,说理充分,写作格式规范。开头部分即文章的第一、二、三自然段,以简短的文字高度概括了钛白粉的概念、作用及其在中国的产销现状。分论部分分别从八个方面来论证建立钛白粉厂的必要性和可行性。这也是文章的主体部分,作者采用科学的态度,运用科学的方法,客观、全面、深入地进行分析,将经济效益和社会效益紧密地结合起来,并在此基础上作出符合科学的结论。文章的最后是结论部分,具体、明确地提出了自己的建议,为决策者提供了可靠有用的参考依据。

第五节　经济活动分析报告

一、经济活动分析报告的概念和种类

　　经济活动分析报告是以提高经济效益为目的,以科学的经济理论为指导,以国家有关政策为依据,以经济指标、统计资料、会计核算资料和调查研究所获得的大量信息与相关情况为基础,运用多种方法,对某一地区、某一经济领域或者某一企业的经济活动状况或态势进行分析评价,总结成绩经验,揭露矛盾问题,作出预测,指明方向或提出改进措施的一种书面报告。

　　经济活动的范围十分广泛,内容丰富繁杂,因而经济活动分析报告也种类繁多,可以从不同的角度、按不同的种类进行分类。

（一）按容量划分

综合分析报告，又称全面分析报告。是将某一部门或某一单位在一定时期内的经济活动分析作为一个整体进行全面系统的分析研究，对如生产进度、产品质量、成本、效益、财务收支状况等生产经营活动的各个方面作比较全面的反映。一般用于年度、半年或季度的经济活动分析。这种综合分析有利于把握整体、了解全貌，是全面总结经验、发现问题、改善经营管理以提高效益的好的形式。

专题分析报告，又称单项分析报告。即对某一部门或单位的某个特定问题、某个项目、某个措施、某种产品等进行专门分析而写成的报告。这种报告一事一报，目标集中，灵活简便，易于深入地解决问题。这类分析报告通常由有关职能部门或人员撰写，如生产部门分析各项生产指标完成情况、财务部门分析各项财务指标完成情况等，所以又称部门经济活动分析报告。

（二）根据范围划分

宏观经济活动分析报告，这是对一定行政区域内的宏观经济运行情况所作的分析。如一县一市一省乃至全国的经济运行情况的分析，可以是全面的，也可以是某一方面的。

微观经济活动分析报告，这是对某一独立的经营单位全面或单方面的经济运行状况的分析。

（三）按分析目的不同划分

预测分析报告，指在经济活动开展之前，或经济指标完成过程中，通过对完成结果的预测分析而形成的报告。它可以帮助企业预见经济活动的发展趋势，事先发现问题，以便提前采取措施，消除影响指标完成的薄弱环节和不利因素，保证全面完成和超额完成预定目标。

决策分析报告，指在方案选择过程中通过对各个方案预期的经济效果进行分析而形成的报告。它为决策者从中选出最佳方案，取得最佳经济效益提供有力的参考。

控制分析报告，指对计划执行过程中进行日常分析而进行的报告。它可以随时揭示脱离计划的差异情况，揭露矛盾，明确原因，分清责任，便于管理者采取有效措施，以保证计划和目标的实现。

考核分析报告,指通过对一定时期企业经营计划完成情况及各部门、各岗位责任指标的完成情况进行分析而形成的报告。这种报告常常把影响计划完成情况的各因素一一展示出来,找出关键,从而为本期的奖惩提供依据,也为改善下期经营指明方向。

二、经济活动分析报告的作用和特点

(一)经济活动分析报告的作用

它作为一种认识经济规律的手段和经济管理的重要方法,其作用主要体现在以下几个方面。

1. 指导企业提高经济决策的科学性和可行性。从一定意义上说,所谓决策就是在分析的基础上,根据分析结果,拟定若干个行动方案,通过比较判断,从中选择一个最佳方案,加以实施。由此可见,企业的经营决策离不开对经济活动的分析,分析是决策的一个重要环节。通过分析,把技术的先进性、市场的可靠性和经济合理性统一起来进行研究,把经济活动可能出现的各种因素及其作用弄清楚,促进有关因素的最佳结合,从而为企业的领导、管理人员制订经营方针作出决策提供客观依据。

2. 协调经营目标,为正确编制经营计划提供依据。为了决策付诸实施,需要进行具体的计划。企业计划涉及面很广,有销售方面的、生产方面的、技术方面的、财务方面的等,共同组成一个复杂的系统。编制计划时如何协调好它们之间的关系,必须借助于经济分析。在对企业各种因素分析的基础上,根据它们发展变化的规律,合理安排,精心部署,才能保证企业经济活动按照既定的目标前进。

3. 揭示经济差异,实施过程控制。企业在落实经营计划的过程中,往往会因为这样或那样的原因而出现一些偏差。如果偏差得不到及时的纠正,就会导致相应计划不能按质按量如期完成,从而影响企业经营目标的实现。为此,企业需要通过对经济活动实施有效的过程控制分析,随时确定计划的执行情况,及时掌握脱离计划的偏差,并对差异形成原因和责任进行全面的分析和评价,指明出现不合理的环节和相关责任人员,责成有关部门制订相应措施,促进计划实现。

4. 合理评价经济活动,正确考核经营业绩。在某一经济活动结束以后,通过经济分析,追踪各项技术组织措施在经济活动中发挥的作用,暴露企业经济工作中存在的矛盾,有根据地评价企业有关方面和责任人员的成绩和不足,查明哪里先进,何处落后,并分析其原因。这样,一方面可正确考核经营业绩,另一方面也可以在不断总结经验、掌握规律的基础上,针对新发现的问题,提出新的行动方案,促进经济效益进一步提高。

5. 促进企业加强经济核算,完善经济责任制。经济分析是经济核算的灵魂,因为经济核算只能反映生产经营的一般情况,只有通过分析,才能揭露矛盾,查明原因,提出措施,改进工作,以达到核算的目的,充分发挥经济核算的作用。态势,通过对经济活动的分析,有助于检查企业实行经济责任制的情况,了解各项经济规律制度是否健全,从而促进经济责任制的完善,促进企业经济管理水平的提高。

6. 挖掘企业内部潜力,不断提高企业经济效益。企业经营活动的核心目标是提高经济效益,关键问题是以较少的劳动力占用和劳动耗费,实行更快的价值增值。因而加强企业的经济分析,围绕提高经济效益这一核心目标,有利于不断挖掘企业内部的潜力,充分认识未被利用的劳动力和物质资源,发现简便提高利用效率的可能性,以便从各个方面找出差距,寻求措施,从而促进企业经济效益的提高。

7. 为财政部门和银行开展业务活动提供依据。监督企业经营管理和指导企业资金投向是财政部门和银行等单位的业务之一。通过对企业诸如产品成本情况、利润情况、货币流通情况、生产发展情况、资金占用和库存积压情况等方面进行发现研究,可以对企业进行监督和指导。对那些经济效益好的企业,在贷款数额、结算方法等方面给予支持,反之,对资金使用不合理和长期亏损的,可加以约束,甚至给予必要的制裁。

(二)经济活动分析的特点

1. 时效性。多数的经济活动分析都是定期进行的,如按年度、季度、月度,以便及时了解某一阶段的经济活动状况。这就要求经济活动分析报告也要及时撰写,注意时效性。

2. 分析性。通过分析,对企业经济活动状况作出正确判断,是经济活动分析报告的价值所在。注意分析企业取得经济效益或造成经济损失的原因。通过分析,得出令人信服的结论,为企业改善经营管理提供有价值的参考意见。

3. 专业性。经济活动分析报告涉及经济活动的各个专业领域、部门、单位和各个环节,范围极其广泛。撰写经济活动分析报告,作者应具备相应的专业知识和业务工作经验,还要采用一些专门的分析方法和数学计算方法,才能得出规律性的认识,其专业性是非常明显的。

4. 指导性。经济活动分析报告着眼现在,面向未来,能给企业经营者以启迪。优秀的经济活动分析报告可对未来的生产经营发展指明方向,可为企业制订新的规划和经营方针提供真实可靠的依据。因此,具有一定的指导性。

三、经济活动分析报告的写作格式

经济活动分析报告的写作过程和市场调查报告、市场预测报告有相似之处。第一步要确定分析对象,明确是全面分析还是单项分析。第二步要收集有关资料、数据。第三步进行分析。第四步撰写成文。由于分析的主体、对象或分析的目的、方法等不同,其内容也有所不同,但一般应包括如下几个方面:情况;分析;作出评价;提出今后改进措施。从结构来看,往往由标题、正文、落款三个部分组成。

(一)标题

1. 公文式标题。一般由单位名称、时限、内容范围、文种构成,如《××公司2000年财务分析报告》。如果是内部使用的可以省略单位名称,如《流动资金周转情况分析报告》。

2. 论文式标题。一般以分析的目的和材料所涉及的内容命题,如《关于降低原材料消耗的建议》。

3. 正副结合式标题。正题揭示主旨,副题交代分析对象和内容,如《扩大购销财源茂,加强管理效益高——××销售公司经营成果分析》。

(二)正文

正文的写法灵活多样。在形式上包括前言、主体、结语三部分。

1. 前言,是经济活动分析报告的开头部分,它往往起点题和引入主体等作用。有的提出分析的内容和范围,有的说明分析的目的,还有的简要介绍经济活动分析的结果。多用概括式说明情况,也可用对比式提出问题,或用结论式以引起对问题的重视。

一般来说,综合性的分析报告由于内容较多,面较广,又带有一定的指导性,在前言部分往往对经济活动的背景作一定的说明,同时扼要交代分析的内容和范围。专题性的分析报告,由于内容单一,在前言的写作上,一般都是围绕分析的对象,运用比较分析法介绍经济活动的相关情况。有时也可不写前言。

2. 主体,是经济活动分析报告写作的重点。一般由情况介绍、内容分析、建议措施三部分组成。

情况介绍。介绍被分析对象在一定时期内经济活动的基本情况。可通过文字叙述或图表、数据来说明各项经济指标完成的情况、发展趋势,使读者对被分析对象的经济运行状况有一个完整的、概括的认识。有的经济活动分析报告未设"前言"部分,即以情况介绍为开头。

内容分析。这是经济活动分析报告的核心部分。要根据收集获得的计划、统计、财务会计和预决算,以及调查研究占有的历史和现实的各种资料和数据,有时还要依据国家有关的经济政策、法律、法令,运用科学的方法进行对比分析,对各项经济技术指标的实际完成情况、存在的问题、各项指标的构成因素及主客观原因等作出客观、公正、中肯的评价。分析时既要分析经济活动的成效,总结经验,又要揭露矛盾,分析原因。这部分内容往往采用文字概说和数据表格相结合的写法,或先用文字概说后列数据表格补充,或先列数据表格再用文字说明,或二者穿插展开说明,一切视表述的实际需要而定。

3. 结语,也即经济活动分析报告的结尾部分,起归纳文章、收束全文的作用。最为常见的是在主体部分分析评价基础上,根据已揭示的问题和差距,有针对性地提出今后工作的建议和改进措施。诸如挖掘人力潜力,定岗定员,节约劳动时间,提高劳动生产率;挖掘物力潜力,节约能源,提高材料、设备的利用率;挖掘财力潜力,加速资金周转,减少资金占用以及大力开发新产品,调整产品结构,提高产品质量等。实际上就是对存在的问题提出应采用的相应的对策,为今后的经济活动指明方向,为部门和企业管理者决策提供参考。

(三) 落款

在经济活动分析报告的文末要注明作者和写作的时间,有的还需要单位或部门负责人签署。

另外,写好经济活动分析报告要注意以下几个方面。

1. 明确分析对象。作为一个工商企业可供分析的经济活动范围和内容十分广泛,如生产管理、市场营销管理、成本核算、技术更新、质量指标、劳动分配等方面,作为专题性经济活动分析报告只能确定其中的某一个方面作为分析的对象。即使是综合性的经济活动分析报告也应有所侧重,不可能面面俱到。侧重点应是直接影响经济运行和经济效益的一两个方面。只有分析对象明确,才能有的放矢,才能抓住主要矛盾和矛盾的主要方面,从而抓住问题的关键所在,找到解决问题的方法。如果分析对象不明确,无的放矢,没有针对性,这样的经济活动分析报告是不能解决问题的。

2. 掌握科学的分析方法。经济活动分析报告常用的分析方法有对比法、因素分析法、预测分析法。

对比分析法就是将现实与历史作比较,将完成的实际指标与计划指标作比较,将本单位与同行业先进单位作比较,通过分析比较了解本单位现阶段的经济活动展开、所处地位、存在的问题和差距。

因素分析法是将综合指标分解成若干因素进行分析的方法。企业的各项经济活动都是相互联系又相互制约的,如利润的多少,要受到商品销售数量、销售价格、成本、税金、费用等因素的影响和制约。利用因素分析法可清楚地探求出各种因素之间的相互关系,以及这些因素与企业效益之间的关系。找到了影响企业效益的各种因素,就可以调动一切积极因素,克服消极因素,就可以不断提高企业的经营管理水平,取得更好的经济效益。

预测分析法是在分析经济活动的过去和现状的基础上,遵循规律预测经济活动的未来发展趋势,以对产销方向、信贷需求等作出判断。此外,还有结构分析、平衡分析、动态分析等方法。这些分析法各有长短,只有掌握多种分析方法,以其中一种方法为主,其他方法为辅,则可互为补充,扬长避短,进行全面深刻的分析,从而收到良好的效果,获得正确的结论。

3. 抓住主要矛盾,解决具体问题。写作经济活动分析报告不是例行公事,不是为分析而分析,其目的是为了解决实际问题。经济活动错综复杂,千变万化,因此,在撰写经济活动报告时,一定要分清主要矛盾与次要矛盾、主流与支流、现象与本质、关键性问题与一般性问题。只有重点突出,抓住主流、本质和关键问题其他问题也就迎刃而解了。

四、例文分析

[例文 72]

××卷烟厂 19××年上半年经济效益分析报告

××卷烟厂是近年来新建的地方国有卷烟厂,现有职工600人。建厂几年来,生产逐年上升,但利润增长较慢,远低于生产的增长。本年上半年利润额略有下降,有关资料如下:

表 1

	上年上半年	本年上半年计划	本年上半年实际	本年与上年对比		本年与计划对比	
				差异	%	差异	%
产量(万箱)	3.8	4.2	4.2	+0.4	+10.5	0	0
销售量(万箱)	3.8	4.2	4.0	+0.2	+5.3	-0.2	-4.8
销售收入(万元)	2000	2200	2060	+60	+3	-140	-6.4
销售利润(万元)	90	100	86	-4	-4.4	-14	-14
单箱利润(元)	23.68	23.92	21.5	-2.18	-9.2	-2.42	-10.1

从表1看出,本年上半年实际与上年同期对比,产量继续上升,增长10.5%,销售量增长5.3%,销售收入增加3%,但销售利润却下降4.4%,单箱利润下降9.2%。如与计划对比,除产量计划完成外,其他指标都未完成,特别是销售利润指标比计划下降14%,单箱利润下降10.1%。

经济效益差,这是该厂需要重点分析研究的重大课题。

为了分析这一问题,现收集有关经济效益的数据资料和情况,以及国内同行业的有关资料如下:

表 2 上年度的有关指标对比表

指标	同行业先进水平	全国平均水平	本厂	与先进水平对比		与全国平均水平对比	
				差异	%	差异	%
劳动生产率(箱/人)	400	240	221	-179	-44.8	-19	-7.9
产品合格率(%)	99.9	99.5	98.1	-1.8	-1.8	-1.4	-1.4

(续表)

指标	同行业先进水平	全国平均水平	本厂	与先进水平对比		与全国平均水平对比	
				差异	%	差异	%
单箱消耗烟叶(hy)	51	56	58	+7	+13.7	+2	+3.6
煤(hy)	18.9	19.2	21.1	+2.2	+11.6	+1.9	+9.9
电(度)	0.3	8.9	10.9	+4.6	+73	+2	+22.5
百元产值占用流动资金(元)	2.7	9.8	10.4	+7.7	+285.2	+0.6	+6.1
单箱利润(元)	52.20	25.10	23.20	−29	−55.6	−1.9	−7.6

从表2可以看到，与同行业先进水平比，该厂各项指标都相差很远。与全国平均水平比，本厂各项指标都有不小差距。足以说明本厂的人力、物力、财力利用效果欠佳，生产耗费过多，利润减少，经济效益差。

经过调查研究，产生上述差距的原因是：

● 职工队伍素质较差，技术力量薄弱，劳动纪律松弛

该厂是新建厂，除少数老工人、骨干是兄弟厂支援来的外，大部分是近年进厂的新工人。目前全厂工人技术等级水平为1.9级，有的车间平均只有1.05级。职工队伍文化技术素质较低，又没有进行严格培训，劳动纪律松弛，不按规程操作。相当一部人顶不了岗，定员超编，劳力浪费。这使得劳动生产率不高，不仅与国内先进水平相差甚多，且比全国平均水平还低7.9％；产品质量欠佳，合格率比全国平均还低1.4％。

● 采购无计划，验收不严格

烟叶是卷烟工业的主要原料，约占卷烟成本的80％以上。为保证生产，一般要求甲99级烟叶贮备1年生产用量，其他等级烟叶贮备半年用量即可满足要求。但该厂采购无计划，盲目购进大量烟叶，积压严重。仅甲级烟叶库存量，按目前生产用量计算，即可用4年多。超额贮存从而大量占用储备资金，使资金周转减慢（由上年的40天周转一次减慢为本年上半年的56天）。百元产值占用流动资金指标也上升较多。另外，烟叶收购入库无严格的验收手续，缺斤短两，混级变质，时有发生；既增加了烟叶的采购成本，又影响卷烟质量。

● 消耗无定额，成本上升

由于各项规章制度不健全,生产用料无严格定额和核算,材料和能源的消耗偏高。从表2可看出,上年度每箱卷烟消耗烟叶58千克,比全国平均超过3.6%,消耗煤和电也分别超过9.9%和22.5%,本年上半年仍无下降趋势,使成本降低计划难以完成,从而利润计划也没有完成。

- 追求产量,忽视质量

因片面追求产量,忽视了质量。加以新工人增加,技术力量薄弱,卷烟质量逐步下降。上年度产品合格率为 x%,比全国平均水平低1.4%;本年上半年与去年同期对比,一级品率下降,次品烟和废品烟比重上升,以致平均单价略有降低,使销售收入受到影响。

此外,还由于烟叶提价,水费提高和银行利息升高等客观因素,也给经济效益的提高带来不利影响。

根据上述分析过程和结果,该卷烟厂今后应在如何提高经济效益方面多作些努力,具体来说,应从以下几个方面进行改进:

- 积极抓好职工队伍的培训工作,提高他们的文化技术素质。同时大力整顿劳动纪律,制定各项岗位责任制。
- 加强计划管理工作,健全各项规章制度,使采购有计划,消耗有定额,费用开支有预算,材料和成品进出库有严格的验收手续。
- 努力提高产品质量,搞好市场调查,以销定产。
- 搞好经济核算,加强经济活动分析工作,及时总结经验教训,发扬成绩,提出措施,改进工作。

(引自《商务文书》,赵子文主编)

简析:

这篇经济活动分析报告堪称该类文体的典范之作。报告的结构标准完整,层次分明,逻辑性强,分析和论证都充分有力。文章的标题是标准的公文式标题,包括单位的名称、时限、内容范围、文种,四者俱全。作者在正文部分也采用写作该类文章时的标准写法,遵循了情况介绍、原因分析、提出建议三个基本的层次逻辑顺序。

思考题

1. 什么是市场调查报告？其特点和作用是什么？怎样写市场调查报告？
2. 什么是市场预测报告？其特点和作用是什么？怎样写市场预测报告？
3. 什么是可行性研究报告？其特点和作用是什么？怎样写可行性研究报告？
4. 什么是经济活动分析报告？其特点和作用是什么？怎样写经济活动分析报告？

第十二章　专项报告文书

第一节　概　　述

一、专项报告文书的概念和作用

专项报告文书是指企业在具体的生产、营销、流通、分配等具体的活动中所需要写作的各种书面文书。

综合报告类文书是解决企业在调研、预测、决策、计划方面问题的文书,是把握企业生产经营大方向的一些文书,要想在具体的生产经营实践中实施这些决策和计划,还必须将决策和计划中的每一个环节都处理好,这就必须掌握一些专项报告文书的要求。换句话说,综合报告文书所解决的是企业与外部环境之间的协调问题,而专项报告文书所解决的是企业内部各系统、各部门之间的协调问题。

二、专项报告文书的特点和种类

由于现代企业的生产经营中的管理工作是一种有目的、按一定规律和一定程序进行的,因此,反映企业管理工作种种内容及某一活动过程的文字信息载体也形成了如下三个明显的特点

(一)明确的实用目的

商务文书写作的最主要的特点就是具有明确的目的,专项文书也不例外。从企业管理工作中的实际出发来确立文章的宗旨,如实地记载企业管理工作中的各种活动过程或结果。记载这些活动过程或结果总是紧紧围绕着一个目的,就是为了促进管理工作的顺利进行,以期获得预期的社会效

应、经济效应。

专项报告文书要根据国家和各级政府的有关方针政策，根据当时的形势和全局情况，联系企业本身的实际状况，实事求是，有的放矢。只有指导思想明确的业务文书，方能产生实际的效果，具有现实的指导意义。如企业经营中要有具体的项目建议书；企业与企业之间要进行某项经济的合作，就必须进行一系列的商谈，要通过招标投标的方式确立合作关系；在具体的经营过程中还要对生产出的产品进行详细的说明；企业为了维护自己的利益，当新的产品和技术投放市场时还要进行专利的申请，等等。

（二）观念意识的系统性

现代化大生产区别于自给自足自然经济的最显著的特点就是其系统性，一个企业就是一个有独立结构形式、层次分明的整体，管理者对这个功能的控制就是对各个结构单元的协调和对各层次的不断调整中寻找企业各部门的最佳组合形式，最大限度地提高企业的社会效益和经济效益。企业文书写作从获取信息到构思、表达、传播、反馈，也是一个系统工程。它必须体现为思维的运动性，它要求作者从运动变化的角度多侧面、多层次地展示思维运动的全过程，尤其强调以整体性原则、具体性原则、本质性原则为指导，全面具体地分析问题的本质。

（三）格式的规范性和统一性

企业文书属于实用文体，在长期的使用过程中形成了日趋稳固的固定格式。尤其是专项报告文书，在格式的规范化上往往有较为严格的要求，甚至已经以表格的方式固定下来，有专门的部门管理，如专利申请等。

专项报告文书的种类繁多，包括企业在处理具体的经营活动中所涉及到营销往来、招商引资、财税审计甚至经济司法等方面的所有申请、报告、说明类的文书，而且它随着企业的现代化进程以及相关的政策、法规的不断完善而不断变化和更改。本章所述的招标书和投标书、专利申请书、商标注册书和产品说明书在现代企业各类专项报告文书中较为常用的几种专项报告文书。

第二节　招标书和投标书

招标投标是在兴建工程、采购或定做商品时，以业主为招标人或由业主委托专门的招标机构为招标人，事先公布竞争条件，由投标人竞投，然后依照有关规定择优选定中标人的活动。以上所称的专门的中标机构是指按国家规定设立的，具有法人资格和招标资格，从事国内、国际招标业务的专职机构；业主是指兴建工程、采购或定做商品的法人和其他组织；投标人是指按招标文件规定参加竞投的建造商、供应商、制造商或其他组织；中标人是指招标投标中被招标人、业主选定为工程承包商、供应商、制造商的法人或其他组织。

招标投标书是国际上普遍采用的一种贸易方式，能够促进市场经济体制的建立与完善，加快公平竞争机制的建立，保障资金得到合理有效的使用。

招标投标书必须遵循公开、公正、公平的竞争原则和诚实、信誉、效率的原则。

一、招标书

（一）招标书的概念和特点

招标人在进行科学研究、技术公关、工程建设、合作经营或大批物质交易之前，所发布的用以公布项目内容及其要求、标准和条件，以期择优选择承包对象的文书，即招标书。

招标文书一般有以下特点：

1. 公开性。这是由招标的性质决定的。因为招标本身就是横向联系的经济活动，凡是投标者需要知道的内容，如招标条件、招标要求、注意事项，都应在招标文书中予以公开说明。

2. 紧迫性。因为招标单位或招标者只有在遇到难以解决的任务和问题时，才需要外界协助解决，而且要在短期内尽快解决，若拖延，势必会影响工作任务的完成，这就决定了招标书具有紧迫性的特点。

（二）招标书的种类

招标书的种类繁多，按照不同的分类方法有不同的种类：

1. 若按招标内容分类，可分为建筑工程招标书、劳务招标书、大宗商品交易招标书、设计招标书、企业承包招标书、企业租赁招标书等。

2. 若按招标范围分类，又可分为国际招标书、国内招标书、部门系统内招标书和单位内部招标书等。

3. 若按合同期限分类，又可分为长期招标书和短期招标书两类。

4. 若按招标环节分类，还可分为招标公告、招标通知书、招标章程等。

（三）招标书的写作格式

在招标书中，用得最多的是招标公告和招标通知书。招标公告，是公开招标时发布的一种周知性文件。招标通知书，则是用以向有承包能力的若干单位直接发出投标邀请的内部招标文件。二者都要公布招标单位、招标项目、招标时间、招标步骤及联系方法等内容，以吸引投资者参加投标。这两种文书的结构一般由以下几个部分组成：

1. 标题。由招标单位的全称、招标项目、文种组成。如《中国技术进出口总公司国际招标公司招标公告》；也可由招标单位和文种名称组成，如《××公司招标通知书》。还有的招标书用双行标题，以正标题标明招标单位和文种名称，以副标题点明招标项目。

2. 招标号。标题下方一般应标列招标号。招标号一般由招标机构的英文缩写、编号两部分组成。

3. 正文。正文分开头和主体两部分。

开头是指在招标公告的开始简要说明招标的缘由、招标项目的资金来源、招标的依据或目的。

主体部分又包括三个方面的内容：

（1）招标项目的情况。具体说明招标项目名称，如工程名称、要采购的商品的名称，并说明项目的主要情况，如工程的主要内容、规模，商品的具体品类和数量等。如项目包含内容较多，应分类列出。

（2）招标范围。说明投标人应具备的条件，使潜在投标人明确自己是否能成为投标人。

（3）招标步骤。说明潜在投标人与招标人联系的单位名称，招标文件发售的时间、价格,投标截止的时间,开标的时间、地点。有的还说明签约的时间或时限,项目计划开工和预期完成的时间或时限。

上述三个方面内容在写作时可有所变化,如将招标范围在招标步骤中一笔带过而不专门列项交代。

4. 落款。在招标公告的文末写明招标单位的名称、招标公告发布的日期。如果招标公告是刊发在报纸上,也可不署日期。同时这部分还要注明招标单位地址、电话、电报挂号、电传、传真、邮政编码等,以便投标人与招标人联系。

二、投标书

（一）投标书的概念和特点

投标书是指投标单位按照招标书的要求和规定,专门向招标单位提交的文书。

投标书一般有以下几个特点:

1. 真实性。投标书的内容一定要真实可信、切合实际。如果单纯为了中标而增加水分,就会适得其反,使招标者产生怀疑,以致对中标产生不利影响。

2. 竞争性。投标书既是一种表明自己实力、经营策略、管理手段等的书面材料,又是一种可以在招标答辩会上发表自己意见的演说稿,招标单位要通过投标书择优选择中标者,所以投标书具有很强的竞争性。

3. 针对性。编写投标书既要针对招标者提出的条件和内容,也要针对企业或工程任务的现状,经过分析和论证,决定是否投标和投标的程度,因此具有很强的针对性。

（二）投标书的种类

投标书按不同的标准划分具有不同的类别。

1. 若按投标内容划分,可分为建筑工程投标书、大宗商品交易投标书、招聘经营者投标书、企业承包投标书、企业租赁投标书等。

2. 若按投标范围划分,可分为国际投标书、国内投标书。

3. 若按投标方的身份划分,又可分为个人投标书、合伙投标书、法人投标书、联合投标书等。

4. 若按投标书的性质划分,又可分为投标申请书、投标审查书及投标书等。

一般来说,投标申请书和投标书最为广泛。所谓投标申请书是指投标单位得知招标公告之后,按公告通知的时间,向招标单位申请参与投标而报送的申请书。所谓投标书则是指投标单位在充分领会招标文件、进行现场实地考察和调查的基础上所编制的投标文书。它是对招标书提出的要求的响应与承诺,并同时提出具体的标价及有关事项来竞争中标。

(三)投标书的写作格式

投标文书种类很多,其中较为常用的是投标申请书和投标书,一般有以下几个部分组成:

1. 标题。由投标方名称、投标项目与文种两部分组成。如《××公司承包××大学新教学楼建设工程投标书》,也可由投标方名称与文种两部分组成,如《××建筑工程公司投标书》,更多的是用文种直接代替标题。

2. 招标单位称呼。投标书的主送机关即招标单位,要顶格书写招标单位的全称,与书信体中的称呼写法相同。

3. 正文。投标申请书的正文只需用简洁的文字直接表明态度,写明保证事项即可。有时也可根据需要介绍一下本单位的情况,或者写明其他应标条件及要求招标单位提供的配合条件等,必要时也可附上标价明细表。一般说来可分为前言和主体两大部分。

(1)前言部分要采用简练的语言说明投标方名称、投标的方针、目标以及中标后的承诺等内容,开宗明义,提纲挈领。

(2)主体部分则应包括以下内容:

写明投标的具体指标。

若为大宗货物贸易投标,还要写明投标方对应履行责任义务所作出的承诺;若为建筑工程项目投标,则应写明项目开工、竣工日期。

说明此投标书的有效期限。

说明投标方将按指标文件要求交纳银行担保书和履约保证金。

(3)结尾。说明对招标单位不一定接受最低价和可能接受任何投标书表示理解。

4. 落款与投标书相同。

无论是招标书还是投标书在写好以后须加盖单位及其负责人的印鉴。

三、例文分析

[例文 73]

四川省成南高速公路监理招标公告

中华人民共和国接受亚洲开发银行(ADB)的一笔贷款,其中部分贷款拟用作为四川省成都至南充高速公路项目的各项支付(贷款号:1638—PRC)。成南高速公路是国家发展计划委员会"计基础[1988]1496号"文批准立项建设的项目,是交通部规划的国道主干线上海至成都公路(支线)位于四川省境内的重要部分,是四川交通基本建设重点工程项目。经上级批准,决定由我部对本工程项目的施工监理实行公开招标,凡具有交通部甲级资质证书或参加过高速公路、特大桥施工监理,证实具有可靠监理资质和能力的监理公司,均可申请参加本项目施工监理招标的资格预审。

1. 本项目技术标准为高速公路,路线全长208.236公里,其中:成都螺狮坝—廖家场段(0—22公里)为六车道,路基宽度35米;廖家场—遂宁桂花段(22—130公里)为四车道,路基宽度26米;遂宁桂花—南充民建段(130公里—止点)为四车道,路基宽度24.5米。路线跨越沱江、涪江、嘉陵江,有特大桥3座,另有双洞单向隧道2处,互通式立交15处。本次施工监理招标合同段共为13个(与公路土建施工招标合同段相同),实行分段招标,各监理合同段独立进行资格预审。

2. 有意参加该项目施工监理投标的单位请于1999年3月30日—4月10日到我部购买资格预审文件,每份收取成本费人民币500元整,售后不退。

3. 请于1999年4月12日12时(北京时间),将填写好的资格预审申报资料送达我部,过时不予以接受。

业主:四川成南高速公路建设指挥部
地址:四川省成都市洗面桥横街9号
邮编:610041

(引自《经济日报》1999年4月2日)

简析：

这是一篇招标公告。标题由招标项目和招标文种两部分组成。在正文的开头部分介绍了该招标项目的资金来源及其招标的依据（该项目获准立项的根据），同时也对参加投标单位的范围作了大致的界定。接下来的主体部分详尽地介绍了招标项目的具体情况，接着规定了招标项目在展开过程中的时间安排，即对招标步骤作了具体明确的规定。最后注明招标单位的地址。

[例文 74]

投 标 书

工程名称：××纺织印染厂移地改造工程
投标企业：××省第七建筑工程公司
企业负责人：王瑞珩

一、综合说明

根据××地区建筑工程招标办公室19××年×月×日发布的《××纺织印染厂移地改造工程招标启事》以及××市有色冶金设计研究院设计的设计图纸内容，我公司具备承包施工条件，决定对以上工程投标。本公司经历了长期建筑工程的施工实践，于19××年企业整顿验收合格；19××年经省建委审定为一级土建施工企业。公司现有职工人数×人。公司设有建筑×个处，共×个队，并配有预制品厂、机修厂和大型运输车队。公司具有对液压滑模、全柜架现浇、大跨度钢架、预应力工艺、轻钢骨架、装配式工业厂房等的施工能力和经验。具备大型土石方工程、建筑工程和水电安装工程总承包施工能力。

我们决心在此工程建筑中以全面质量管理为核心，严格编制施工组织设计，发挥企业优势，挖掘企业潜力，保证缩短工期，力争在该项目上创优良、优质工程。

二、工程标价

预算总造价为×万元，标价在预算总造价基础上降低×%。（详见报价表）

三、建筑工期

在接到中标通知书后十五天进场,做好开工前的一切准备工作,19××年×月×日正式破土动工,19××年×月×日竣工,总工期为×个日历工作天。(详见进度计划)

四、工程质量

根据图纸要求,保证工程质量达到优良级,保证质量安全的主要措施见施工组织设计。

五、合理的施工措施

1. 计划控制:采取总进度计划控制与土石方工程平衡调配和主车间平行,主体交叉流水网络计划控制相结合。

2. 质量控制:制定质量目标,坚持TQC管理方法,建立各单位工程中的分项工程质量预控网络体系。

3. 健全技术档案,做到技术资料"十二有",提高施工管理科学性。

4. 安全生产,运用安全"三宝",搞好安全教育,加强安全检查监督,防范事故于未然。

5. 加强职工队伍思想政治工作,增强劳动纪律,讲究职业道德。

6. 各工种工程,分部分项实行挂牌施工,落实岗位职责,推行栋号承包。

六、建议

建设过程中如有设计变更、材料串换代用等现象出现,相互间都应本着实事求是的原则来处理。

20××年×月×日(公章)

(引自《商务文书》,赵子文主编)

简析:

这篇投标书条理清晰,责任明确,说明缜密,行文规范。标题是常见的仅以文种名直接代替标题名的形式,标题的下面紧接着是招标单位和投标单位及其负责人的全称。正文由六大部分组成,前五部分将投标方的基本情况、实力首先作简明有力的介绍,充分表明投标方是有备而来,给对方留下态度严谨、考虑周密的印象,再将工程的标价、工期和工程质量等关键内容作明确具体的承诺,以打消招标单位的顾虑。最后面的建议又对今后在双方合作的过程中处理突变情况的原则作了说明。

第三节 专利申请书

一、专利申请的含义和取得专利的条件

专利是专利权的简称,是指一项发明创造经专利局审查合格后授予的在一定期限内对该发明创造享有排除他人使用、销售或制造的个人所有权。中国实行三种专利:发明专利、实用新型专利、外观设计专利。

专利法规定,申请专利的发明和实用新型,必须具备新颖性、创造性和实用性。

1. 新颖性。指该发明或实用新型在申请日以前没有同样的发明或实用新型在国内外出版物上公开发表过、在国内公开实用过或者以其他方式为公众所知,也没有同样的发明或者实用新型由他人向专利局提出过申请并且记载在申请日以后公布的专利申请文件中。

2. 创造性。是指同申请日以前已有的技术相比,该发明有突出的实质特点和显著的进步,该实用新型有实质性特点和进步。

3. 实用性。是指该发明或者实用新型能够被制造或者使用,并且能够产生积极效果。

当发明或使用新型具备新颖性、创造性和实用性,可向专利局提出申请。申请人可自行申请,也可委托专利代理机构申请。

申请人应当向专利局提交申请文件一式两份。申请发明或者实用新型专利的,应当提交请求书、说明书及其摘要和权利要求书等文件。申请外观设计专利的,应当提交请求书以及外观设计的图片或者照片等文件,并说明使用该外观的产品及其所属类别。经审查批准后,专利局发给发明专利证书,并予以登记和公告,申请人获得专利权。

二、请求书的写作格式

请求书是由国家科委统一制作的表格,根据对象不同而略有差别,但一

般都包括以下几项内容。

1. 申请日期。申请日期由专利局确定，一般以专利局收到专利申请文件之日计算。通过邮局寄发的，则以寄出的邮戳为申请日。

2. 发明或实用新型的名称。根据专利法规定，请求书用度写明发明、实用新型或外观设计的名称。如果一件专利申请包含多个不同种类的发明创造，在名称中应清楚具体地表现出来，不能使用"及其他"、"等等"概念模糊的词语，也不宜使用以自己的姓氏命名的名称，还应避免使用广告性、宣传性词语。语言要精炼，不超过 20 个字。

3. 设计人。

4. 申请人的姓名、邮政编码、地址。如果为多人共同提出，则应指定一个申请人或代理人为其联系人。申请人为个人时，应写出所在单位全称。地址应是固定地址。

5. 专利代理机构名称、地址、邮政编码、代理人姓名和登记号。申请人委托专利代理机构向专利局申请专利或办理专利事务，应同时提交委托书，写明委托权限。登记号是指代理人在中国专利局的登记号。

6. 优先权请求。是指享受优先待遇的权利。中国专利法规定："申请人自发明或者实用新型在外国第一次提出专利申请之日起十二个月内，或者自外观设计在外国第一次提出专利申请之日起六个月内，又在中国就相同主题提出专利申请的，依照该外国同中国签订的协议或者共同参加的国际条约，或者依照相互承认优先权的原则，可以享有优先权。""申请人自发明或者实用新型在中国第一次提出专利申请之日起十二个月内，又向专利局就相同主题提出申请的，可以享有优先权。"

7. 其他事项。一般包括申请文件清单、附加文件清单、其他发明人、申请人姓名。最后还应写明请求书写作的时间，并由申请人或代理人签字盖章。

三、说明书的写作格式

（一）摘要

要写明专利所属技术领域、需要解决的技术问题、主要技术特征和用途。有附图的专利申请，应当由专利申请人指定并提供一幅最能说明专利技术的附图。摘要的文字部分不得超过 200 个字，不得使用宣传性用语。

（二）正文

1. 说明书正文的撰写内容和顺序如下：

（1）名称。名称应当与请求书的名称一致。

（2）发明或实用新型所属技术领域。

（3）写明对发明或者实用新型的理解、检解、检索、审查有用的背景技术，并且引证反映这些背景技术的文件。

（4）发明或者实用新型的目的。

（5）写明要求保护的技术方案，使所属技术领域的技术人员能够理解，并且能够达到发明或者实用新型的目的。

（6）发明或者实用新型与背景技术相比所具有的有益效果。

（7）有附图的应该有附图说明。

（8）详细描述申请人认为实现发明或者实用新型的最好方式，在适当情况下，应当举例说明；有附图的应当对照附图。

2. 注意事项。

（1）上面的写作顺序一般不能变动，除非发明或实用新型的性质用其他方式或者顺序撰写能节约篇幅，并使他人能更好地理解其发明或者实用新型。

（2）说明书中不得使用"如权利要求……所述的……"一类的引语，也不得使用商业性宣传用语。

（3）发明或者实用新型有几幅附图，可以绘在一张图纸上，附图要按照"图1、图2……"顺序编号排列。附图的大小及清晰度，应当保证在该图缩小三分之二时，仍能清楚地分辨出图中的各个细节。

（4）说明书中未提及的附图不得在附图中出现，附图中未出现的附图标记不得在说明文字部分提及。申请文件中表示同一组成的附图标记应当一致。

四、权利要求书的内容和写法

权利要求书是申请人请求对发明或者实用新型的对象和范围加以保护的文件。权利要求有独立权利要求和从属权利要求两种。

（一）独立权利要求的写法

独立权利要求应当从整体上反映发明或者实用新型的技术方案,记载为达到其目的的必要技术特征。其写法分为两部分:

1. 前序部分。写明发明或者实用新型要求保护的主题名称和发明或者实用新型主题与现有技术共有的必要技术特征。

2. 特征部分。应使用"其特征是……"或者类似的用语,写明发明或者实用新型区别于现有技术的技术特征。这些特征和前序部分写明的特征在一起,限定要求保护的范围。

（二）从属权利要求的写法

从属权利要求书应当用要求保护的附加技术特征,对引用的权利要求作进一步的限定。其写法分为两部分:

1. 引用部分。写明引用的权利要求的编号及主题名称。
2. 限定部分。写明发明或者实用新型附加的技术特征。

（三）注意事项

1. 权利要求书有几项权利要求的,应当用阿拉伯数字顺序编号。
2. 权利要求书中使用的科技术语与说明书中使用的科学术语一致,可以有化学式或者数学式,但是不得有插图。除绝对必要外,不得使用"如说明书……部分所述"的用语。
3. 权利要求中的拘束特征可以引用说明书附图中相应的标记,该标记应当放在相应的技术特征后,并置于括号内,以利于理解权利要求。
4. 一项发明或者实用新型应当只有一个独立权利要求,并写在同一发明或者实用新型的从属权利要求之前。

第四节　商标注册文书

商标是企业的产品,在其审查、制造、加工、拣选或者经销的商品上使用的,用以区别商品来源的独特标志。我国先后颁布了《中华人民共和国商标法》、《中华人民共和国商标法实施细则》，对一系列的商标管理法律程序都规定有相应的文书要求与格式。

一、商标注册申请书

在取得商标专用权的完整过程中，商标注册申请书是第一文件，其目的在于使商标获得国家法定部门的认定，并取得专用权。

商标注册申请书由正件、附件和基层工商行政部门签署三部分组成。

1. 正件即商标注册申请书，一般为表格式，由管理商标的工商行政部门印制。填写正件时应注意以下几点：

（1）在一份申请书中不得填写两个或两个以上商标。

（2）填写的商标名称与附送的商标图样必须一致。

（3）在一份申请书中只准填写同一类中的商品，难以确定类别的商品，应当附加商品原料和用途说明。

（4）商品的名称必须是商品的通用名称，一个商品有两个或两个以上通用名称的，应附加说明。

（5）技术标准必须是实际执行的标准，无技术标准的，应附加说明。

（6）申请人名称与印章，应和营业执照核定的名称一致。

（7）地址必须是申请人实际地址，要具体详细。

2. 附加文件主要有商标图样、特殊商标附加件、国际商标注册附加件等。商标图样在每份商标注册申请书中应附带10张，须使用光洁耐用的纸张，不得使用硬质塑料及不能粘贴的面料充当图纸。图样长宽不得大于10厘米，不得小于3厘米，圆形图样的直径不小于5厘米。指定颜色的，应当交送着色图样和商标黑白墨稿一份。图样应清晰洁净。所用文字要书写正确。加注汉语拼音的，应按标准普通话的语音拼写。特殊商标（如申请注册卷烟、雪茄烟商标）需有附加件（如国家主管部门批准生产的证明文件）。国际商标注册附加件主要是指我国企业向国外申请商标注册、国外企业或个人来华申请商标注册时请人代为办理申请事宜时所撰写的委托书，注明委托权限。委托人签字后即生效。代理人在委托权限内的行为具有法律效益。

3. 基层工商行政管理部门签署，是指县市和省市两级签署核转。

二、商标注册过程中的其他申请书

在商标注册过程中,除了商标注册申请书,还有注册商标注销申请书、注册商标变更注册人名义申请书、注册商标变更注册人地址申请书、注册商标变更注册其他事项申请书、商标叙展注册申请书、补发商标注册证申请书、转让注册商标申请书、驳回商标复审申请书、撤销注册商标复审申请书等。

这些申请书均为表格式,但因各自的目的不同而申请理由必须写明。注册商标注销申请书是商标注册过程中的终止件,它标志着注册商标登记的消失。注册商标的注册人名义的变更标志着专用所有权的转移。注册人地址的变更往往涉及到商标行政管理部门的一些重要事项的变动。商标的注册登记是由多项因素构成的,每一项构成因素的变更都同时涉及到其他事项的变动。商标叙展是指欲超过原来商标注册登记中已经规定的期限。补发商标注册证是为了完善保护商标专用权的重要措施。注册商标可以转让,但转让必须得到叙展管理部门的批准。驳回商标复审是争取再次申诉自己理由的机会。撤销注册商标复审是对商标局撤销其注册商标商标注册人不服时使用的反驳手段。

三、商标的创制

(一) 概念和分类

商标是生产者或销售者为了把自己生产或销售的商品与其他企业生产或销售的商品区别开来而制作的一种外在标志。商标具有促进生产者保证商品质量,维护商品信誉,便于识别商品,进行商品宣传,保障消费者利益,促进经济市场发展的作用。

商品的种类很多,按不同标准可以作不同的分类,如按商品结构成分,可分为词组商标、字母商标、数字商标、图形商标、组合商标等;按使用者,可分为制造商标、销售商标和服务商标;按使用范围,可分为个别商标和家族商标;按是否申请或获准注册,可分为注册商标和未注册商标。此外还有防御商标、共有商标、联合商标等。

（二）商标的构造

商标一般包括两个部分：第一部分为"品名"，可以发音，便于称谓，通常由文字、字母或数字注册，如"永久"牌自行车，"金星"牌彩电，"光明"牌牛奶等；第二部分为"品标"，不能发音，通常由图形、记号、象征、特殊色彩等组成。虽然有的商标只有品名而无品标，如日立（HITACHI）等，但是绝大多数的商标是由品名和品标共同组成的。

（三）商标文字的创制

企业常常以其自身名作为商标，或在商品出名后以其商标取代企业集团名称。如上海杏花楼集团公司的杏花楼月饼，青岛海尔集团的海尔电冰箱等。

功能名以商品本身的效用、品质、成分、用途等功能命名。它们中又有明示和暗示之分，其中暗示取名方法效果更好，如"美加净"牙膏，"白丽"香皂，虎牌啤酒，"联想"电脑，"威力"洗衣机，"润舒"眼药水，"标致"轿车等。

字首类似企业名称或功能名称的字母缩写构成商标，如韩国的 SK 公司，美国的 IBM 公司都是其英文字头缩写构成的。

人名类直接以人名或姓氏构成商标，有以创业人命名的品牌名称，如张小泉刀剪、丁家宜面容一洗白等；有以设计家建立的品牌，如皮尔·卡丹服饰、李宁运动服饰、肯德基快餐等；也有以历史名人或传说中的人物作品牌的，如孔府家酒、阿诗玛香烟等。另外还有以官衔来命名的商标，如将军牌香烟、海尔小王子电冰箱等。

动物和植物名也常常用来命名商品。动物多是可爱或珍稀动物，如大白兔奶糖、骆驼牌香烟、宝马车、白象电池、凤凰毛毯、熊猫牌收录机、金猴皮鞋等。植物当以佳木名花为多，如红梅围巾、春兰空调、春竹羊毛衫、菊花电扇、樱花热水器、水仙热水器、牡丹自行车等。

数字类全部以数或前边带有数字的商标为多，如 555 香烟、414 毛巾、101 毛发再生精等。

另外，在全球经济一体化越来越显著的今天，以外语直译、新生词为品名的商标日益增多，而且取得了较好的效果，如桑塔纳、奥迪轿车，菲利普、澳柯玛空调等。知名度越高的地名越不适宜于作商标名称。

第五节 项目建议书

一、项目建议书的概念和作用

项目建议书是企业在调查研究基础上提出的拟建项目的大致设想，是从项目的发展背景、基础、条件出发，提高对拟建项目的必要性和可能性进行分析论证而写成的书面申请。项目建议书的目的是向上级单位或有关主管部门申请批准立项。其所针对的项目可以是基本建设、技术开发、技术引进、技术改造，也可以是设备进口、合资经营、产品开发等。

提出项目建议书，在国外又称为投资机会研究。在某一项目落实前，主办单位首先要做的是，对能发展为项目的投资机会进行研究，提出立项建议；经上级单位和有关主管部门批准立项后，主办单位再对项目进行初步的和详细的可行性研究，提出可行性研究报告；然后再由上级单位或有关主管部门对可行性研究报告的各项内容进行分析评估，提供领导决策。提出项目建议书作为项目投资前时期的第一个阶段，也是项目整个发展周期的第一个阶段。这一阶段的任务是项目主办单位根据国家经济发展的长远规划和行业、区域规划，国家经济建设方针、政策和项目建设任务，结合资源和建设布局等情况，在收集资料、初步分析投资效果的基础上，提出需要进行可行性研究、评价决策各阶段组合成一个前后连接的科学的项目决策程序，以保证企业正确选择投资机会，把资金投入到具有良好发展前景的项目上。

项目建议书主要是通过对所申报的项目的性质和任务、预期目标、必要性与可能性、工作计划与方法步骤等内容的说明达到请示上级主管部门审核批准的目的。从这一角度说，它与可行性研究报告有相似之处。两者的区别在于，项目建议书侧重于所申报的项目的有关内容的全面介绍，诸如申请单位、企业性质、经济形式、项目名称、项目性质、经营方式、经营范围、项目规模、项目条件、项目实施初步意见、经济效益与社会效益分析、项目负责人和联系人等。可行性研究报告也会涉及到这些内容，但它侧重于项目可行性程度的研究,即侧重于分析论证项目是否合理,是否必要,是否切实可行。对于和所要论证的中心问题关系不大的某些纯客观的介绍性材料,或是必须等整个计划的可行性得到科学论证以后才能付诸实施的工作计划之类,则可以从简处理。其次,项目建议书的内容一般比较粗略,可行性研究报告的内容相对比较精确。

项目建议书的作用主要表现在两个方面。首先,它是项目立项报批的依据。项目建议书编制完成后,由主办单位直接报送涉及单位、当地政府及政府各有关主管部门。如系中外合资项目,则报送的主管部门中首先应包括当地外国投资工作管理部门。然后,上级单位、当地政府及政府各有关主管部门据此审查批复。其次,它是企业开展下一阶段工作的依据。项目建议书是进行各项准备工作和年度计划安排有关工作和费用的依据。任何项目都只有在项目建议书得到批准后才能列入年度计划。中外合资经营项目只有在项目建议书得到批准后才可以进行下一步的工作;与外商进一步洽谈,编制项目可行性研究报告。

二、项目建议书的内容

不同性质的项目建议书,其内容也有所不同。在项目建议书中,技术引进项目建议书和中外合资经营企业项目建议书是较为常见的两种。

(一)技术引进项目建议书的内容

1. 项目名称:项目的主办单位及负责人。
2. 项目的内容与申请理由。说明拟引进的技术的名称、内容及国内外技术差距和概要情况。进口设备要说明拟进口的理由,概要性的生产工艺流程和生产条件,主要设备的名称及其简要的规格、数量,国内外技术差距和概要情况。
3. 进口国别与厂商。国别和厂商的名称应写全称,包括其外文名称。
4. 承办企业的基本情况。说明工厂是新建、改进或扩建,工厂地点在哪里及其他基本情况。其他基本情况包括企业规模、产量、市场影响与信誉、技术力量、发展能力等。
5. 产品名称、简要规格与生产能力及其销售方向。销售方向要说明国内销售和出口外销的情况。

6. 主要原材料、电力、燃料、交通运输及协助配套等方面的近期和今后要求具备的条件。如果是矿山、油田等，要说明资源落实情况。

7. 项目资金的估计与来源。主要说明以下三个方面的内容：

（1）项目的总用汇额。其中包括准备工作阶段的用汇额及用途。说明是均折算为美元，以万元计算，使用非美元外汇的要注明折算率。

（2）外汇资金的来源与偿还方式。外汇资金的来源要说明申请国家拨付现汇或延期付款、利用外资贷款、补偿贸易、自筹外汇等情况；外汇资金的偿还方式要说明国家统一偿还、企业自行偿还的情况。

（3）国内费用的估计与来源。其中要具体说明基本建设投资所占比例和来源情况。

8. 项目的进度安排。说明引进项目的具体进度和详细的安排情况。

9. 初步的技术、经济分析。对拟引进的项目的技术、经济状况和拟达到的经济效益进行具体分析说明。

10. 附件。包括要求外国厂商来华技术交流计划；出国考察计划；可行性研究工作计划等。

（二）中外合资经营企业项目建议书的内容

1. 项目名称，包括项目的主办单位和负责人的全名。

2. 中方合营者的基本情况。要说明现有资金、设备、技术力量及生产情况等。

3. 外方合营者的基本情况。要说明外方企业的名称、国别、资信情况及生产情况等。

4. 创办合资企业的目的和理由。

5. 生产经营的范围、规模及生产能力。

6. 合营方式和合营年限。

7. 项目总投资额、注册资本、各方的投资比例、出资方式及资金来源。

8. 合营项目产品在国内外市场的销售比例、销售渠道。

9. 合营企业的地点，周围环境、基础设施、市政配套以及交通运输等条件。

10. 外汇平衡估算及平衡方法。

11. 初步的经济效益分析。

12. 项目建设的进度安排。

13. 附件。包括合资经营意向书、外国厂商来华考察洽谈计划、出国考察计划、可行性研究工作计划。

三、项目建议书的写作格式

(一)标题

项目建议书的标题由单位名称、项目名称和文件名称构成。如果是国内企业的合营项目,则应并列写明合作双方的名称;如果是技术引进项目,则写明引进单位名称;如果是中外合资经营项目,标题中写明中方合营者的名称即可,但应在写明名称中写明"中外合资"。文件名称一律用"项目建议书"。在项目建议书标题的三个部分中,有时可以省略单位名称部分,但其他两部分不能省略。

项目建议书的标题下方应注明项目主办单位、地址、项目负责人、主管部门。如果使用封面,则应在封面下方注明项目建议书编制日期。

(二)目录

项目建议书的内容较多,篇幅较长,一般在正文前标列目录。

(三)正文

按照不同性质的项目建议书各自应具备的内容分条列项来写。如内容较多,则可分章分节。

(四)附件

项目建议书只有一份附件时,在附件后加冒号直接写明附件名称即可。如有两份或两份以上附件,则应写明附件顺序和名称。

(五)落款

包括申请立项单位名称,编制完成日期,单位印章。日期应写清楚年、月、日,用汉字书写。

第六节 产品说明书

一、产品说明书的概念和作用

产品说明书是一种以说明为主要表达方式,概括介绍商品用途、性能、特征、使用和保养方法等知识的文书材料。

作为厂家推销其产品的一种重要宣传工具,产品说明书的作用具体表现为:

1. 推销产品。产品进入市场,便称为商品。消费者购买商品,尤其是购买新问世的商品,首先要考虑是否经济适用。产品说明书对产品的专门介绍,有助于消费者对产品的认识,也能激起消费者的购买欲望,促成购买行动。

2. 指导用户。产品说明书可以指导用户理解产品的性能,了解产品的用途,掌握产品的使用、保养方法。是向用户传授产品知识,为用户服务的有效途径。用户通过产品说明书,能够理解应该怎样使用,不应该怎样使用,从而避免因不了解有关知识带来的损害。

3. 交流信息。随着科学技术的迅猛发展,信息情报的传递和交流愈加频繁,在经济活动中,产品说明书从原始的解说手段而一跃成为交流信息互通情报的重要工具。一些企业借助产品说明书进行技术改造、产品研制,它的价值已日益受到工商企业、科研机构的重视。

二、产品说明书的类型

由于产品的性能、功用和消费者了解产品的需要不同,推销商品的方法也不一样。有的产品只需要用户了解使用方法,有的产品却需要有声有色地来吸引消费者。根据推销商品的目的、方式的不同,产品说明书可分为以下几类:

1. 梗概型产品说明书。梗概型产品说明书运用极其扼要的文字,说明产品的主要特征或概况,使消费者在瞬息之间能了解到产品的基本情况。有些产品,比如饮料、食品的说明书不一定需要向人们介绍饮食的方法和注意事项,也不需要说明它们的性质和功能,只要做简单概括而无须分条列项的介绍便可达到说明的目的;有的产品虽然也需要介绍使用方法或特征,但只要用散述的方法做简单的说明便可以给消费者留下鲜明深刻的印象。

2. 描述型的产品说明书。描述型产品说明书运用优美流畅的笔法,介绍、渲染产品的特点和风格,以加强其形象性、个性化。为了达到这个目的,还可以运用比喻、拟人的手法,寓知识性于趣味性之中,使人在撷取产品信息的同时,获得艺术的享受。

3. 说明型产品说明书。说明型产品说明书运用说明的方式对产品各方面情况进行分类介绍。目前最为常见的产品说明书大都是说明型的。

4. 析疑型产品说明书。析疑型产品说明书通过说明和议论相结合的方法,对产品最恰如其分的解释和评价,对产品的价值和社会影响等作出鉴定。有效新产品刚刚问世,尚未被人们所认识,特别是对它们的性能、功用等还有疑惑,产品说明书必须有目的地对其加以解释,这种解释有理论性的,也有通过实验法或临床运用的方式进行。其目的不仅要说明这是什么,怎么办,更重要的在于说明为什么,怎么样。

三、产品说明书的写作格式

产品说明书有印在包装上的,有印成专页的,也有印成小册子的。在写法上虽没有固定的格式,但其基本结构往往都是由标题、正文、落款构成。

(一)标题

产品说明书的标题,大致有以下三种写法:一是以产品名称为标题,如《西瓜霜含片》;二是由产品名称与文种构成,如《H强场磁化杯说明书》;三是由产品名称及其功效结构而成,如《补脑冲剂——神经系统滋补品》。

产品说明书的标题字体都较大,放在明显的位置上,以突出其产品;有的说明书还印上商标样式,给消费者以深刻的印象。医药用品还注明有关主管部门的批准文号,以示药品的可靠性。

（二）正文

正文是产品说明书的主体部分，一般在开头介绍生产单位的历史、规模、技术力量和产品声誉等，随后介绍产品的性能技术规格、构成、用途、使用方法和保养等知识。有些关系到人们健康、安全问题的产品，其说明书上还印有技术鉴定单位和鉴定委员会成员名单，或提供有关测试实验资料和例证，以示慎重。

正文的结构方式主要有两种：

一是条款式，对正文内容分条列项地进行说明，它一般适用于程序性的内容说明，如机器、设备、装置、仪表以及耐用消费品常含的技术经济参数、使用寿命、使用范围、保证期限、安装方法、维修方法和保存条件、技术保养检修期及其他有关产品涉及参数的有效数据等条目；定型包装食品和食品添加剂，根据不同产品分别按规定标出品名、产地、厂名、生产日期、批号、规格、配方或者主要成分、保存期限、食用或者使用方法等条目，这种方式的特点是层次清晰，详细严谨，客观可信。

二是概述式，对产品的有关知识作概括的叙述、介绍，一气呵成，有利于突出产品的个性，也容易给消费者留下深刻的印象。

（三）落款

落款应标明企业名称、地址、邮政编码和电话等，便于消费者识别和联系。

四、例文分析

［例文 75］

碧 螺 春 茶

"碧螺春"是我国十大名茶之一。产于江苏吴县洞庭东山和万顷碧波中的洞庭西山。洞庭东山在太湖之滨，洞庭西山是太湖中的小岛，这两个地方风光秀丽，相传已经有1300多年的采茶历史了。据《太湖备考》记载：东山碧螺春石壁，有野茶数枝，山人朱正元加以采制，其香异常，便把这种茶叫作

"吓煞人"香。清代王应奎著《柳南随笔》说,公元1675年,康熙皇帝在江南一带巡游,到了太湖,巡抚以这种茶进呈。康熙皇帝以其名不雅,改名为"碧螺春"。其实,这只是一种传说。"碧螺春"的得名大概是由于它的形状蜷曲如螺,最初的采摘地在碧螺峰,采摘的时间又在春天。

碧螺春由采摘茶树嫩梢初展的一芽一叶制成。叶片长约一点五厘米。嫩叶背面密生茸毛。茸毛也叫白毫,白毫越多,说明茶叶越嫩,品质越好。碧螺春的品质特点是:色泽碧绿;外形紧细,蜷曲,白毫多;香气浓郁,滋味醇和,饮时爽口,饮后有回甜的感觉;泡出茶来,汤色碧绿清澈,叶底嫩绿明亮。碧螺春茶中含有咖啡碱、茶碱和多种维生素,有兴奋大脑和心脏的作用,以及润喉、提神、明目的功效。喝了之后,能使人精神振奋,消除疲劳。

制作碧螺春是一项辛苦细致的劳动,又是一项技术性很强的传统工艺。一斤碧螺干茶,要采摘55000到60000个嫩芽,经过精拣、杀青、揉捻、搓团等工序,采摘需及时、精细,做工也十分讲究。春天的清晨,在一个个茶园里,采茶姑娘神采飞扬,敏捷地从茶树上精采细摘一片片嫩叶,情景动人;入夜,山村里万家灯火,一片忙碌。焙茶手把拣好的鲜叶倒进滚烫的锅里,叉开手指,不停地翻拌,看看叶芽深绿了,变软了,就让锅里保持中等温度,开始揉捻,使叶芽水分蒸发,条条紧缩,蜷曲成螺形,以后一边降温,一边搓团,等到茶叶捏拢放开就能自行松散时,一锅优质碧螺春就制成了。

(引自《经济文书写作》,洪坚毅编著,民族出版社2000年版)

简析:

这是一篇文学性较强的产品说明书。说明书的题目就是产品名称。按照碧螺春茶的历史、形状、制作等三个方面作详细的介绍。既显示出作者有关碧螺春茶的丰富知识,而且也显示出其深厚的文学修养。由这篇产品说明书也可得出这样一个结论:成功的产品说明书既可以使生产厂家借此获利,又可以使购买者在享受产品的同时扩大自己的知识面,还可获得一种审美上的满足。

思考题

1. 什么是招标书、投标书？怎样写招标书、投标书？
2. 按照专利申请的程序，专利申请文书包括哪几种类型？请求书、说明书和权利要求书各自包括哪些内容？
3. 商标注册申请书包括哪些内容？在商标创制中常见的方法有哪些？
4. 项目建议书主要包括哪些内容？
5. 产品说明书有哪些常见的类型？怎样写产品说明书？

第十三章　商务协约文书

第一节　概　　述

一、商务协约文书的概念和作用

商务协约文书是指在商务往来中双方或多方经过谈判而形成的规定相互权利义务关系或表达其他谈判成果的文书材料。这里所谓的其他谈判成果,是指就相互权利义务关系作出明确规定以外的谈判成果,如双方各自就权利义务关系所持的态度,双方就权利义务关系达成的初步一致意见等。

商务协约文书首先是保证市场正当竞争、维护社会经济秩序的需要。市场经济条件下的任何企业,其最终目的都是为了获取自身最大经济利益。企业作为社会的经济细胞进入统一的国内市场和国际市场后,相互之间必然以各自所具有的能力——增加盈利的能力;适应市场和其他经济条件的变化,特别是适应新的技术革命的趋势,进行自我改造和自我发展的能力;持续开发智力、开发新产品和开拓新市场的能力——为基础,竞相表现各自的具体本领,争取各自利益的最大化。企业经营的过程实质上也就是企业参与市场竞争的过程。就企业而言,竞争既是企业发展的内在动力,又是企业发展的外在压力。市场竞争又是一个严酷的优胜劣汰、你死我活的过程。在这个过程中,各企业的优势和劣势常处于迅速的变化之中,但市场竞争不管以什么形式出现,不管激烈到什么程度,都不应该是无序竞争,不应该是依靠欺诈、垄断、封锁、搞不正之风等手段进行竞争,而应该是正当竞争,有序竞争。为此,国家需要通过法律的、经济的、行政的手段进行必要的管理、调控、指导、检查、督促,以保证市场有共同的竞争规则和良好的竞争环境。商务协约文书从根本上来说是以书面形式明确不同经济利益的经济个体之间的权利义务关系。那些表明双方就权利义务关系各自所持的态度或达成的初步一致意见的文书材料,其最终目的也是导向以法律认可的书面形式规定的相互之间的权利义务关系。有了这些书面文字材料,国家的法律和行政调控与管理才有据可依,当事人的经济利益才能得到保障,才能形成和维护指导竞争的社会经济秩序。

商务协约文书又是保证企业相互协作、社会化大生产得以实现的需要。在现代社会里,企业之间是激烈竞争的,同时又是相互协作的。随着经济的发展,社会生产越来越走向专门化。到了现代社会,以往手工作坊的那种自备原料、自己加工、自己销售的封闭式经营模式越来越成为过去。企业生产某一产品,需要有稳定的原材料供应,相对复杂的产品生产需要有零配件供应,企业维持生产需要有燃料、电力、水的供应,产品生产出来以后需要由经销、零售商零售,产品从产地转移到经销地、零售地需要运输部门提供运输服务。可以说,现代企业犹如纵横交错的社会立体经济网络中的一个点,前后上下左右都和其他企业发生经济往来。相互发生经济往来的企业,虽然各有不同的经济利益,但又需要相互配合,真诚协作,以求得共同发展。对一个企业来说,任何一个方向的协作如果没有顺利地实现,都可能影响到它的正常运行,影响到它的经营目标的完成。商务协约文书以法律所认可的形式保证了企业之间相互协作的顺利实现,从而保证了企业的正常生产和企业目标的完成;从社会宏观角度而言,也保证了高度分工的社会化大生产能够有条不紊地进行下去。

二、商务协约文书的种类

较为常见的商务协约文书种类大致有如下几类:

1. 合同。这是商务协约文书中最重要的一类。通常所说的"签约",大多即指签订合同。合同包括《中华人民共和国合同法》规定的十五类合同。

2. 协议书。商务协约文书中除出现频率较高、类型化规定较清晰、国家有专门规范的经济合同以外的其他为实现一定目的、明确相互权利义务关系的契约。

3. 意向书。商务谈判结束后签署的对对方并无法律约束力的意向声明,主要说明签字各方的意愿,和带有先决条件的可能的承诺。

4. 谈判备忘录和谈判纪要。谈判备忘录记录谈判双方的意见,以作为进一步洽谈时参考。谈判纪要记载谈判情况和谈判的主要内容及议定事项,作为下一步谈判签订合同或协议书的依据。

第二节 合 同

一、合同的分类

根据《中华人民共和国合同法》(1999年3月15日由中华人民共和国第九届全国人民代表大会第二次会议通过、1999年10月1日起施行,以下简称《合同法》)规定了十五类合同,包括买卖合同;供用电、水、气、热力合同;赠与合同;借款合同;租赁合同;融资租赁合同;承揽合同;建设工程合同;运输合同;技术合同;保管合同;仓储合同;委托合同;行纪合同;居间合同。其中技术合同又分为技术开发合同、技术转让合同、技术咨询和技术服务合同。

在《合同法》的总则中还规定了适用于所有合同的一般规定,对合同的订立、合同的效力、合同的履行、合同的变更和转让、合同权利义务的终止、违约责任等都有明确具体的规定。

(一)买卖合同

根据《合同法》规定,"买卖合同是出卖人转移标的物的所有权于买受人,买受人支付价款的合同。"买卖合同的内容除了双方当事人共同约定的一般内容外,还可以包括包装方式、检验标准和方法、结算方式、合同使用的文字及其效力等条款。

(二)供用电、水、气、热力合同

"供用电合同是供电人向用电人供电,用电人支付电费的合同。""供用电合同的内容包括供电的方式、质量、时间、用电容量、地址、性质、计量方式,电价、电费的结算方式,供用电设施的维护责任等条款。"

(三)赠与合同

"赠与合同是赠与人将自己的财产无偿给予受赠人,受赠人表示接受赠与的合同。"

（四）借款合同

"借款合同是借款人向贷款人借款，到期返还借款并支付利息的合同。"

借款合同的内容包括借款种类、币种、用途、数额、利率、期限和还款方式等条款。

（五）租赁合同

"租赁合同是出租人将租赁物交付承租人使用、收益，承租人支付租金的合同。"

租赁合同的内容包括租赁物的名称、数量、用途、租赁期限、租金及其支付期限和方式、租赁物维修等条款。

（六）融资租赁合同

"融资租赁合同是出租人根据承租人对出卖人、租赁物的选择，向出卖人购买租赁物，提供给承租人使用，承租人支付租金的合同。"

融资合同的内容包括租赁物名称、数量、规格、技术性能、检验方法、租赁期限、租金构成及其支付期限和方式、币种、租赁期间届满租赁物的归属等条款。

（七）承揽合同

"承揽合同是承揽人按照定做人的要求完成工作，支付工作成果，定做人给付报酬的合同。"

承揽包括加工、定做、修理、复制、测试、检验等工作。

（八）建设工程合同

"建设工程合同是承包人进行工程建设，发包人支付价款的合同。"
建设工程合同包括工程勘察、设计、施工合同。

（九）运输合同

"运输合同是承运人将旅客或者货物从起运地点运输到约定地点，旅客、托运人支付票款或者运输费用的合同。"

根据运输对象的不同,运输合同又分为客运合同和货运合同两种。

(十)技术合同

"技术合同是当事人就技术开发、转让、咨询或者服务订立的确立相互之间权利和义务的合同。"

技术合同的内容由当事人约定,一般包括以下条款:项目名称;标的的内容、范围和要求;履行的计划、进度、期限、地点、地域和方式;技术情报和资料的保密;风险责任的承担;技术成果的归属和收益的分成办法;验收的标准和方法;价款、报酬或者使用及其支付方式;违约金或者损失赔偿的计算方法;解决争议的方法;名称和术语的解释。与履行合同有关的技术背景资料、可行性论证和技术评价报告、项目任务书和计划书、技术标准、技术规范、原始设计和工艺文件,以及其他技术文档,按照当事人的约定可以作为合同的组成部分。

(十一)保管合同

"保管合同是保管人保管寄存人交付的保管物,并返还该物的合同。"

(十二)仓储合同

"仓储合同是保管人储存存货人交付的仓储物,存货人支付仓储费的合同。"

(十三)委托合同

"委托合同是委托人和受托人约定,由受托人处理委托人事务的合同。"

(十四)行纪合同

"行纪合同是行纪人以自己的名义为委托人从事贸易活动,委托人支付报酬的合同。"

(十五)居间合同

"居间合同是居间人向委托人报告订立合同的机会或者提供订立合同的媒介服务,委托人支付报酬的合同。"

二、合同的订立

（一）订立合同的原则

订立合同应该遵循如下主要原则。

1. 平等性。《合同法》第二条、第三条、第四条规定："本法所称合同是平等主体的自然人、法人、其他组织之间设立、变更、终止民事权利义务关系的协议。""合同当事人的法律地位平等,一方不得将自己的意志强加给另一方。""当事人依法享有自愿订立合同的权利,任何单位和个人不得非法干预。"

2. 合法性。《合同法》第七条规定："当事人订立、履行合同,应当遵守法律、行政法规,尊重社会公德,不得扰乱社会经济秩序,损害社会公共利益。"

3. 严肃性。《合同法》第八条规定："依法成立的合同,对当事人具有法律约束力。当事人应当按照约定履行自己的义务,不得擅自变更或者解除合同。依法成立的合同,受法律保护。"

《合同法》在第七十七至一百零六条里规定了合同的变更、转让和终止。第七十七条："当事人协商一致,可以变更合同。法律、行政法规规定变更合同应当办理批准、登记手续的,依照其规定。"第七十九条："债权人可以将合同的权利全部或者部分转让给第三人,但有下列情形之一的除外:(一)根据合同性质不得转让;(二)根据当事人约定不得转让;(三)依照法律规定不得转让。"第九十一条："有下列情形之一的,合同的权利义务终止:(一)债权人已经按照约定履行;(二)合同解除;(三)债务相互抵消;(四)债务人依法将标的物提存;(五)债权债务同归于一人;(七)法律规定或者当事人约定终止的其他情形。"

（二）订立合同的程序

订立合同既要严格遵守订立合同的原则,又要能够实现自己这一方的目的。由于这两方面的决定,订立合同的程序一般包括以下几个方面。

1. 准备。主要包括两个方面的内容:

(1) 可行性研究。比如通过市场调查了解市场的供求情况,了解有关的法律法规和行政政策的规定,以确定该不该签订,与谁签订效益更好。

(2) 资信审查。包括资格审查和信用审查两个方面。资格审查主要是了解对方是否具备订立合同的资格，或者是否合法经营者。信用审查是了解对方的支付能力（如注册资金、银行贷款等）、生产能力（如生产规模、技术水平等）以及是否重合同守信用。

2. 洽谈协商。洽谈协商是订立合同的必经的程序，具体体现为"要约"和"承诺"两个阶段。

(1) 要约。要约又称订立合同的提议，是指一方当事人向对方提出签订合同的建议和要求。要约中提出要约的一方为要约人，要约的对象为受约人。要约到达受约人时生效。

(2) 承诺。承诺又称为接受订约提议，是指受约人完全接受要约中的各项条款，并向要约人表示同意按要约签订合同。承诺必须由承诺人或承诺人的代理人作出；必须在要约的有效期内作出；必须是对要约的内容表示完全同意，如有增减变更，就不视为承诺，而视为向要约人提出新的要约（反要约）。承诺生效时合同成立。

要约、承诺的过程也就是当事人双方洽谈协商、取得一致意见的过程。当双方取得一致意见时，即可拟定合同文书。

3. 拟定合同文书。《合同法》第十条规定："当事人订立合同，有书面形式、口头形式和其他形式。法律、行政法规规定采用书面形式的，应当采用书面形式。当事人约定采用书面形式的，应当采用书面形式。"接着在第十一条又规定："书面形式是指合同书、信件和数据电文（电报、电传、传真、电子数据交换和电子邮件）等可以有形地表现所载内容和形式。"拟定合同文书时当事人双方应依据洽谈协商所取得的一致意见，采用现行合同示范文本或国家有关政府部门拟定的各类合同参考文本拟定的条款内容。如无现行合同示范文本，又无参考文本，则由双方自拟合同文书。

4. 办理生效手续。合同的生效手续包括：双方签名，盖章，签证或者公证。

(1) 签名。双方法定代表人或委托代理人在合同文书上签名。代订合同必须事先取得委托人的委托证明，并根据授权范围以委托人的名义签订，才对委托人直接产生权利和义务。《合同法》第四十七条还规定："限制民事行为能力人代理的合同，经法定代理人追认后，该合同有效。"签名前，当事人应出示本人身份证明，并有权互相审核身份证明。

(2) 盖章。一般情况下，合同在加盖双方单位公章或合同专用章后才算生效。

(3) 签证或公证。根据国家规定必须经过签证或公证的合同,在签证或公证后才能生效。一般合同的签证或公证实行自愿原则。合同的签证由合同主管机关管理;合同的公证由司法部门的公证机关主管。

《合同法》第五十二条规定:"有下列情形之一的,合同无效:(一)一方以欺诈、胁迫的手段订立合同,损害国家利益;(二)恶意串通,损害国家、集体或者第三人利益;(三)以合法形式掩盖非法目的;(四)损害社会公共利益;(五)违反法律、行政法规的强制性规定。"

三、合同的写作格式

(一) 合同的体式

合同的体式有条文式、表格式、表格条文结合式三种。

1. 条文式。条文式是以文字说明为主,将合同的内容一条一条写下来。条文式相对比较自由。如果内容繁多,条文就多些;内容简单,条文可以少些。条文式能把双方协商一致的意见表述得更完整、更充分,适合于比较复杂或者缺少惯例的合同关系的确立。

2. 表格式。表格式是将合同涉及的内容以表格形式列出,预先印制成统一的合同单,签订时只需把双方协商同意的内容逐项填入表中即可。它的优点是醒目方便,一般用于一方同意另一方的条件而达成的合同。

3. 表格条文结合式。表格条文结合式是将合同涉及的标的、数量、金额等内容以表格形式列出,将合同的其余内容用条款形式来标的。这种合同与表格式合同一样预先印制,签订时在表格和条款空白处填上双方议定的内容。表格条文结合式合同既有表格式合同醒目方便的优点,又有条文式合同细致全面的长处。

(二) 合同的结构

合同尽管在形式上有条文式、表格式、表格条文结合式之分,但其基本结构大致相同,一般包括下列四个部分:

1. 标题。合同的标题一般由合同的事由加"合同"二字组成。如《工矿产品买卖合同》。少数合同标题中不使用"合同"二字,如运输合同和财产保险合同。前者的标题常在事由后加"计划表"、"运单"等字样,如《铁路局货物运单》、《月度水路货运计划表》等。财产保险合同标题常在事由后加"投保单"或"保险单"字样,如《企业财产保险单》等。

2. 合同当事人名称。订立合同双方当事人名称应按营业执照上核准的名称填写,不得用简称或代号。为行文方便,可在双方当事人名称后分别注明"简称甲方"和"简称乙方"。在标题的下方、双方当事人上方或上方偏右位置一般注明合同编号和签订日期,有的还注明签订地点。

3. 正文。合同的正文一般包括三个方面的内容:

(1) 双方签订合同的目的或依据。如有相关法律规定的,要将此法律名称注明。常用"根据××法律和有关法律法规,经甲、乙双方协商一致签订本合同"等字样。

(2) 合同的主要条款,即双方协商一致的内容。

(3) 附则。说明合同的有效期限,合同的份数和保存者。有时还有合同的补充办法等。双方当事人注明地址、电话、电挂、邮政编码、图文传真号码和开户银行名称、账号等。

4. 生效标志。生效标志是合同的最后一部分,一般包括:

(1) 双方法定代表人或委托代理人签名。

(2) 双方当事人加盖印章。

(3) 双方当事人注明地址、电话、电挂、邮政编码、图文传真号码和开户银行名称、账号等。

(4) 根据国家规定必须经过鉴证或公证、双方约定进行鉴证或公证的合同,应由鉴证或公证机关加盖印章。

5. 有的合同把签订日期放在合同生效标识下靠右的位置。

(三) 合同的主要条款

1.《合同法》规定的条款。《合同法》第十二条规定:"合同的内容由当事人约定,一般包括以下条款:(一)当事人的名称或者姓名和住所;(二)标的;(三)数量;(四)质量;(五)价款或者报酬;(六)履行期限、地点和方式;(七)违约责任;(八)解决争议的方法。"具体说来,包括以下几个方面的内容。

(1) 标的。标的是指合同当事人权利和义务共同指向的对象。标的是一切合同必备的首要条款,是合同明确权利和义务的基础。

(2) 数量和质量。数量是指标的在量的方面的限度。在合同中必须明确规定标的的数量、计量单位和计量方法。其中计量单位和计量方法应按国家主管部门规定的标准来执行,没有规定标准的多少或有多个标准可以适用的,以双方商定的标准为依据。

质量是指标的的特征和品质,是标的的内在品质与外观形态的综合表现。质量往往通过标的的品种、规格、型号、性能、成分、包装等体现。质量的确认方式一般有下列几种:其一,以说明方式确定。包括以技术指标或技术标准(国家标准、部颁标准、行业标准、地区标准、契约标准)确定质量;凭说明书确认质量;凭商标、牌号、出产地确认质量。其二,凭样品确认。由供方提供样品,经双方验证后封存并分别保管作为质量验收的依据。其三,看货确定。现货交易中,通过观察确认产品的质量。

(3) 价款或者酬金。价款或者酬金是取得标的的一方当事人向对方支付的以货币数量来表示的金额,简称价金。价款是取得货物的当事人一方向提供货物的当事人一方支付的与所提供的货物相当的货币,一般包括单价和总金额;酬金是向提供劳务或完成工程项目当事人一方支付的报酬金额。

(4) 履行的期限、地点和方式。履行期限是合同当事人履行各自义务的时间界限。履行期限是确定合同是否按期履行的标准,一般以具体的年、季、月、日来体现。履行地点是合同当事人按合同的约定履行义务的地点。履行方式是合同当事人履行义务的方式,一般包括时间方式和行为方式两方面的内容。时间方式是指合同履行是一次性全面履行完毕,还是分成若干部分分期履行;行为方式是指当事人交付标的物的方式,通常有送货、自提、代运等。

(5) 违约责任。违约责任是指合同当事人违反合同约定、不履行或不完全履行合同义务,根据法律规定和合同约定必须承担的法令责任。如法律、法令未作具体规定,则由双方当事人协商确定具体的违约责任条款。

2. 根据法律规定的或按合同性质必须具备的条款。根据法律规定必须具备的条款,指的是《合同法》以外的法律规定必须具备的条款。这些法律法规主要指的是各种合同条例、实施细则。

3. 当事人一方要求必须规定的条款。订立合同,是双方当事人行为的一个重要组成部分。不同的当事人,在具体的签订合同的活动中会有不同的要求,有时会有一些一般要求以外的特殊要求。为了满足自身的这些特殊要求,当事人在订立合同时也会提出的特殊的条款。现有的合同示范文本中常有"其他约定事项"这样的约定条款,所表述的就是这部分条款。

四、例文分析

[例文 76]

建设工程合同

合同编号:　　　　　　　　　　　　　　　　　　　　××××

发包人:××电视大学(以下简称甲方)。

承包人:××建设公司(以下简称乙方)。

甲方委托乙方承建教学、办公两用五层楼房一座。根据《中华人民共和国合同法》和《建筑安装工程承包合同条例》及有关规定,结合本工程的具体情况,经双方协商一致,签订本合同,以资共同遵守。

第一条　工程概况

工程名称:××大楼。

工程地点:××市×××路×号。

施工面积:×m^2。

工程造价:×××万元。

第二条　工程按设计图纸施工,其质量标准必须达到××市建委有关施工验收的规定要求。

第三条　工程期限为:19××年×月×日起至20××年×月×日止。

第四条　工程结算和付款办法为:自本合同生效之后五天内,甲方按工程造价的30%预付××万元给乙方作备用款,以后按工程进度拨款。工程竣工、验收合格后,甲方在一个月内给乙方付款应达整个工程款的99%,即达×××万元。其余1%,即×万元,作为保修期一年的预留款。保修期满后,甲方在十天内付清给乙方。

第五条　工程验收:乙方工程竣工后,由××市质量监督部门负责验收,签收合格即交付甲方。

第六条　违约责任:由于工程质量问题造成的损失,由乙方负责;乙方如未按期完工,每逾一天处以工程款1%的罚金;如由甲方迟付备用款而造成误工,则处甲方以工程款1%的罚金;如因连续停水、停电八小时以上造成损失,则由甲方负责。

第七条 其他条款:甲方应在工程开工前十天将施工图纸交给乙方;甲方负责施工所需的"三通"(路通、电通、水通);乙方负责施工所需"三大材"(钢材、木材、水泥)及其他施工所需材料;施工过程中若发生工伤事故,由乙方负责,甲方概不负责。

第八条 本合同正本两份,甲乙双方各执一份。副本一份,送交××监证处。本合同自双方盖章之日(19××年×月×日)起生效。

发包人:　　　　　　承包人:
××电视大学(公章)　××建筑公司(公章)
法定代表人:×××(签章)　法定代表人:×××(签章)
地址:××市××路×号　地址:××市××街×号×路88号
电话:＿＿＿＿＿＿　　电话:＿＿＿＿＿＿
开户银行:＿＿＿＿＿　开户银行:＿＿＿＿＿＿
账号:＿＿＿＿＿＿　　账号:＿＿＿＿＿＿
鉴(公)证机关:××公证所(公章)
鉴(公)证人:×××(签章)
地址:××市××胡同×号
电话:＿＿＿＿＿＿＿

签约时间:19××年×月×日
签约地点:××市××大厦B座
有效期限:至20××年×月××日
(引自《商务文书》,赵子文主编,略有改动)

简析:
　　这篇建筑工程合同内容齐全、缜密,责任明确,标的物准确,是该类合同中的典范之作。标题由合同的性质加文种构成。开头说明了订立该合同的依据和目的。主体部分用八项条款对甲、乙双方的权利与义务进行了清楚具体的规定,同时也将双方所应承担的违约责任写得合情合理,最后的生效标志和附则也中规中矩。

第三节 协议书

一、协议书的概念

协议书是社会组织和个人之间对某一问题或事件经过协商取得一致意见后共同订立的明确相互权利义务关系的契约性文书。

协议书的双方或多方当事人可以是国家机关、社会团体,也可以是企事业单位,还可以是公民个人。具体到某一种协议书时,也可能对签约主体有限制。

二、协议书的种类

协议书相比较于其他协约文书,使用比较广泛,使用情况比较复杂,进行系统的归类也比较困难。较为常见的协议书有以下八种。

1. 联营协议书。联营协议书即联合经营协议书,是指两个或两个以上的经济组织、个体工商业者、农村承包经营者共同出资、共同生产经营、共享所得利益、共担风险而达成的明确相互权利义务关系及生产经营活动原则的书面协议。

联营协议书的签约主体是有限制的,国家机关、社会团体无权取得联营协议书。联营协议书的基础是各方共同进行联合生产或联合经营,共同作为,缺一不可。联营各方具有共同的利害关系。他们互相依托,按投资或约定的比例划分经济利益和经济责任;无论是获得利润还是遭受损失,每一方都不单独享受或承担。

联营协议书根据各方利害的紧密程度和组织结构的不同,可以分为法人型联营协议书、合伙型联营协议书、协作型联营协议书。

法人型联营协议书又称紧密型联营协议书,是指联营各方以财产、技术、劳务等出资而达成的共同经营、组成新的具有法人资格的经济实体的书面协议。其法律的特征是:参加联营的方式是出资;联营各方共同经营;联营的组织形式是法人；法人型联营法人的权利受到联营各方意志的约束。

合伙型联营协议书又称半紧密型联营协议书，是指联营各方各自以资金、厂房或技术、设计能力等为股份共同进行生产经营获得，共同承担联营所产生的风险责任并分享联营所得的利益的书面协议。其法律特征是：合伙型经济联合组织不是法人，也没有形成独立核算的经济实体；合伙型联营组织对外承担无限连带责任；经营业务受到联营成员经营范围的限制。

协作型联营协议书又称松散型联营协议书，是以某个或某几个大中型企业或科研机构为骨干，以某个优质产品为龙头，联合若干企事业单位，在各自独立经营的基础上确立相互权利义务关系的松散的联合经营的书面协议。其法律特征是：联营各方既不组成新的经济实体，也不共同出资，只是在联营各方之间有协议所确定的权利义务关系；联营各方各自独立经营经济上独立核算，财产责任互不连带。

2. 经销协议书。经销协议书是一个企业为另一企业销售产品而订立的明确相互权利义务关系的书面协议。如批发商行为工矿企业销售产品，零售商店为工矿企业或批发商行销售产品时约定一定的条件，以书面形式确认下来，即为经销协议书。

3. 国际贸易代理协议书。国际贸易代理协议书是出口企业与国外代理商之间就双方的共同目标、双方的权利义务关系、双方的业务关系等进行协商后达成的书面协议。

4. 委托协议书。委托协议书是指当事人双方约定一方为他方处理事务的书面协议。委托的一方称为委托方，为他方处理事务的一方为受托方。当事人约定委托事项为一项或数项事务的称特别委托协议书，当事人约定委托事项为一切事务的称概括委托协议书。如关于不动产处理或设定抵押，争议的和解或提交仲裁，行使赠与或股东、董事的表决权等事项的委托，必须签订委托协议书。

5. 仲裁协议书。仲裁协议书是指当事人双方在争议发生前或争议发生后达成的将争议提交某一仲裁委员会仲裁的书面协议。《合同法》第一百二十八条规定："当事人可以通过和解或者调解解决合同争议。当事人不愿和解、调解或者调解、和解不成的，可以根据仲裁协议向仲裁机构申请仲裁。当事人没有代理仲裁协议或者仲裁协议无效的，可以向人民法院起诉。"仲裁协议是仲裁机构惯例案件的法律依据。任何仲裁机构都不受理无仲裁协议书的案件。

6. 和解、调解协议书。当双方发生经济纠纷或其他民事纠纷时,双方可以自行协商解决。双方协商解决纠纷达成和解的,应制作和解协议书。和解协议书如果符合法律法规的规定,没有损害国家和社会公共利益,双方平等自愿,则具有法律效力。

当双方发生经济纠纷或其他民事纠纷、当事人通过协商不能解决时,根据当事人的申请,双方可在第三方的主持下,通过协商一致,自愿达成解决纠纷的调解协议书。

7. 变更或解除合同或原有协议书的协议书。这种协议书是双方经协商一致、变更或解除原有合同或协议书所确立的权利义务关系的书面协议。变更合同的部分条款或解除整份合同时应使用协议书的形式。同理,双方或多方变更原有协议书的部分条款或解除整份协议书时也使用协议书的形式。

8. 补充协议书。合同或协议书签订时对其中某一特殊而又具有一定独立性的问题需要单独列出,或签订后发现条款有遗漏需要加以补充,或执行到一定时期出现了新的情况需要在原有基础上增加新内容,双方或多方经协商一致,可订立补充协议书。补充协议书一经订立,即具有与原合同或协议书相同的法律效力。

除了上面所提及的协议书外,在具体的社会生活中还有各种各样的协议书,如赡养协议书、收养协议书等。另外,国家、政府之间订立的协议,较多使用"条约"、"协定"、"议定书"等名称。

值得注意的是,协议书和合同之间既有联系又有区别。协议书和合同都是双方或多方签订的确定相互权利义务关系的协议文书;一经双方确定并依法成立,即具有正式法律效力,双方或多方都应依照规定承担各自应该承担的义务并享有各自应该享有的权利。如果某一方不履行双方约定的条款,另一方有权要求对方履行;由于某一方不履行约定条款给另一方造成损失的,另一方有权要求对方作出赔偿。在处理实际问题时,两者之间没有泾渭分明的界限,但在大多数情况下,协议书和合同的区别还是很明显的。归纳起来,协议书和合同的区别大致有如下几点:

其一,协议书的使用范围更广。合同是双方或多方之间为实现一定经济目的而签订的,主要用于调整生产经营领域的水平交换关系,如购销、基建、借贷、储运等在《合同法》中列名的合同为主。协议书可以使用在合同范围以外的所有其他领域。相比之下,协议书的使用范围更具开放性和延伸性。

其二，协议书的订约主体没有统一的限制。合同的订约主体是平等民事主体的法人、其他经济组织、个体工商业者、农村承包经营者，有较为严格的限制，协议书没有这样的限制。协议书的签约主体可以是各种性质的单位之间签订，也可以是单位和个人、个人和个人之间签订，还可以是单位内部的上下级之间、单位和单位内职工之间签订。

其三，协议书的规范程度比合同低。合同的内容相对比较单一，使用情况不像协议书那样复杂，所涉及的又完全是双方切身利益，所以国家有可能也有必要加以规范，以建立健全完善的秩序。国家颁布的有关合同法律，政府机关颁布的有关合同的各种规章，组成了一个完整的法律法规体系。

其四，协议书的时效比较灵活。合同的时效即有效期一般比较固定，相对来说，协议书的时间长短变化比较大。比如赔偿协议书在赔偿完毕后即结束其有效期，而如子女收养、过继协议书、国家之间的条约等有时则是永久性的。

三、协议书的写作格式

协议书一般包括标题、立约当事人、正文、生效标志四个部分。

（一）标题

一般在"协议书"这一文种名称前标明该协议书的性质，如《赔偿协议书》、《委托协议书》等。

（二）立约当事人

在标题的下方写明协议各方当事人的单位名称或个人姓名。如果是单位，可在单位名称后注明法定代表人姓名、地址、邮政编码、电话号码等内容；如果是个人，可在姓名后注明性别、年龄、职务等内容。注明的项目可视协议书的性质而定。在立约各方当事人的前面或后面，一般应注明"甲方"、"乙方"等，以使协议书正文行文简洁方便；"甲方"、"乙方"放在立约当事人名称或姓名前面时应在其后加冒号，放在后面时应在后面加括号。

(三)正文

协议书正文一般分为立约依据或缘由、双方约定内容两部分。

1. 立约依据或缘由。这是正文的开头部分,起到引起后文的作用。

2. 双方约定的内容。这是正文的主体部分,一般用条款式分条列项写出双方协商确定的具体内容。不同性质的协议书所包括的条款也不一样。因而,协议书正文中具体应写明哪些条款要视协议书的性质和双方协商的结果而定。对于那些国家明确规定了应包括的条款,签约时应当遵守这些条款。

(四)生效标志

协议书正文结束后,署上立约各方当事人的单位名称或个人姓名;如果是单位,应同时署上代表人的姓名。然后署上协议书的签订日期,并加盖机关印章。如果协议书有中间人或公证人的,也应署名盖章。内容重要的协议书,可请公证处公证,由公证人员签署公证意见、公证单位名称、公证人姓名、公证日期,并加盖公证机关印章。

四、例文分析

[例文77]

协 议 书

中国黑龙江国际经济技术合作公司(甲方)
香港金桥金属有限公司(乙方)

双方于××××年×月×日至×日在哈尔滨市,经过友好协商,在平等互利的原则下,就合作投资创办出租汽车公司事宜,达成如下协议:

1. 合营企业定名为北方出租汽车公司。经营大、小车一百辆。其中:德国奔驰280-S轿车七辆(为二手车,行车里程不超过一万七千公里,外表呈新),日产丰田轿车八十三辆(其中:五十辆含里程、金额记数表,空调,步话机等),面包车十辆。

2. 合营企业为有限公司。双方投资比例为3∶7,即甲方占70%,乙方占30%,总投资140万美元,其中:甲方98万美元(含库房等公用设施),乙方 42 万美元。合作期限定为五年。

3. 公司设董事会,人数为五人,甲方三人,乙方三人。董事长一人由甲方担任,副董事长一人由乙方担任。正、副总经理由甲、乙双方分别担任。

4. 合营企业所得毛利润,按国家税法照章纳税,并扣除各项基金和职工福利等,净利润根据双方投资比例进行分配。

5. 乙方所得纯利润可以人民币计收。合作期内,乙方纯利所得达到乙方投资额(包括本息)后,企业资产即归甲方所有。

6. 双方共同遵守中国政府制定的外汇、税收、合资经营以及劳动等法规。

7. 双方商定,在适当的时间,就有关事项进一步洽商,提出具体实施方案。

　　甲方代表×××　　　　　　乙方代表×××

　　　　　　　　　　　　　　　　　　××××年×月×日

(引自《经济应用文写作》,吴秉忱等主编,青岛海洋大学出版社 1995 年版)

简析:
　　这篇协议书的标题直接用文种名称代替,在明确规定了甲乙双方当事人之后就进入了协议书的正文。在对立约的依据和缘由进行了简短的说明之后,用条款式分条列项的方式标明双方所约定的具体内容。这部分内容是协议书的主体部分,写得详细、具体、缜密,行文辞章尽量追求简洁、明了、准确。

第四节　意　向　书

一、意向书的概念

　　意向书是一种表达意图和目的的文书,是协作各方通过初步谈判、就合作事宜表明基本态度、提出初步设想的协约文书。意向书可以在企业之间使用,也可以在地区和地区之间、国家和国家之间使用。可以使用在经济、文化、科研等社会生活的各个领域。意向书的使用总是和某一经济合作项目如联合经营、中外合资经营,技术开发与转让等有关。例如筹建某一企业,为了更好地解决资金、原料、设备、技术力量、场地等方面的问题,或是为了开拓市场,往往需要谋求同其他国内或国外其他企业进行合作。当合作各方通过谈判磋商,对合作的有关问题达成了原则性的初步一致的意见,即可以意向书的形式把这一谈判磋商的初步成果确认下来。

意向书与合同及协议书有所不同,它不具备法律效力,只有对立约各方的信誉约束力。一般说来,意向书有下面几个特点:

1. 临时性。意向书只是表达谈判的初步成果,为今后谈判作铺垫;一旦谈判深入,最终确定了合作双方的权利义务关系,其使命即告结束。

2. 协商性。意向书是共同协商的产物,也是今后协商的基础。在双方签署之后,仍然允许协商修改;其内容也往往和谈判协商的最好结果有出入,有时甚至可以提供几种方案,供今后谈判协商选择。

3. 一致性。意向书虽然只是某一阶段而不是最后阶段成果,但其内容应是协商双方一致同意的,能表达双方的共同意愿。具备了一致性,意向书才能成为双方认可的今后谈判的基础。

二、意向书的作用

意向书虽然不具备法律效力,但它具有如下三个方面的作用:

1. 体现到签署意向书为止前阶段的谈判成果,对合作项目进一步的实质性谈判起促进作用,为谈判最终签订合同或协议书作准备。

2. 作为本企业编制项目建议书上报有关部门批准立项和对项目进行可行性研究的基础,并把意向书作为项目建议书和可行性研究报告的附件。

3. 在彼此并不非常了解而需作进一步调查,本企业就合作时效尚未进行充分的调查研究或调查研究后尚未取得一致意见,谈判中出现新情况需要回到本企业再作研究时,签署意向书既能够保持谈判的延续性,又能保证企业审慎决策、科学决策。如过急签订合同或协议书,将来可能无法履行,导致企业受损。

三、意向书的写作格式

意向书一般包括标题、正文、落款几个部分。

（一）标题

可直书"意向书"三字；也可在意向书前面标明协作的内容，如《台资兴建××生产线意向书》；也可在协作内容前标明协作各方名称，如《中美合资兴建××生产线意向书》。

（二）正文

正文包括引言和主体两部分。

1. 引言。写明签订意向书的依据、缘由、目的。表述时比合同、协议书相对灵活。有时，在引言部分还要说明双方谈判磋商的大致情况，如谈判磋商的时间、地点、议题甚至考察经过等，篇幅相对较长。意向书一般不在标题下单独列出立约当事人名称，所以在引言部分均要交代清楚签订意向书各方的名称，并在名称后加括号注明"简称甲方"、"简称乙方"等，以便行文简洁方便。

2. 主体。以条文形式表述合作各方达成的具体意向。如中外合资建立企业，需就合资项目整体规划、合营期限、货币结算名称、投资金额及规模、双方责任分担、利润分配及亏损分担等问题，标明各方达成的意向。一般来说，主体部分还应写明未尽事宜的解决方式，即还有哪些问题需要进一步洽谈，洽谈日程的大致安排，预计达成最终需要的时间等。在主体部分最后应写明意向书的文本数量及保存者；如系中外合资项目，还应交代清楚意向书所使用的文字。

意向书主体部分的协作应注意语言相对比较平和。意向书内容不像合同、协议书那样带有鲜明的规定性和强制性，而是具有相互协商的性质；因此，行文中多用商量的语气，一般不要随便使用"必须"、"应该"、"否则"等词语。同时，因为意向书不具备按约履行的法律约束力，所以，在主体部分里不写违反约定应该承担什么责任的条款，也不规定意向书的有效期限。

（三）落款

包括签订意向书各方当事人的法定名称、谈判代表人的签字、签署意向书的日期等内容。

四、例文分析

[例文 78]

××原料合资生产意向书

19××年×月×日至×日,英国××公司××先生,同××市××厂厂长李×、总工程师陈×就双方合资生产××原料等事宜,进行了多次洽谈。在此之前,双方曾在19××年×月,已进行过初步接触,现经进一步洽谈,达成以下意向:

一、由英国××公司提供适合××市××厂所需要的××粒子,以降低进口成本,提高××原料的品质。

二、合资经营××原料的生产,年产量初步框定为×××吨。

三、××原料的生产技术、设备由英方提供,产品大部分返销出口,以求外汇平衡。

四、双方投资比例初步定为：英国××公司为40％,××市××厂为60％。利润按投资比例分成。

五、该合资生产项目,目标于20××年×月底正式投入生产。

六、双方准备在20××年×月×日前准备好各自的可行性研究报告的有关资料。20××年×月前,由××市××厂编写项目建议书上报行政主管部门,经批准后,即通知英方。

七、本意向书一式两份,双方各执一份。于适当时候,双方再进一步商讨,以求可行性研究报告的正式完成。

八、有关具体程序至时按《中华人民共和国合资企业法》办理。

甲方：英国××公司（印）

代表：×××（签章）

乙方：中国×省××市××厂（印）

代表：××（签章）

20××年×月×日

（引自《商务文书》，赵子文主编）

简析：

这篇中外合资企业项目意向书的特点是在行文中用语贴切，多用商量的语气，显得较为得体。题目包括了协作内容和文种，一目了然。正文部分的开头是引言，写得简洁明了，对合作双方人员组成、洽谈时间以及结果作了介绍。在该协议的主体部分里，将产量的框定、产品的返销出口以及双方投资比例的初步设想等作了大致的说明，而没有具体的量化，这也正是意向书与正式的合同书的区别之所在。

思考题

1. 商务协约包括哪些类型？
2. 根据《合同法》规定，合同分哪些类型？合同的主要条款有哪些？怎样写合同？
3. 什么是协议书？它包括哪些种类？怎样写作协议书？
4. 什么是意向书？怎样写作意向书？

第十四章　商务告启类文书

第一节　概　　述

一、告启类文书的概念和作用

告启类文书是指工商企业在其商务活动中,通过大众传媒,依靠一些有宣传报道功能的文体,向公众有目的、有计划地传播与企业生产经营相关信息的一系列活动的总称。

随着当今世界经济一体化特点的日益鲜明和市场机制的日趋成熟,商业产品、服务差异日益缩小,企业间的竞争也从局部的产品竞争、价格竞争、资金竞争、人才竞争发展成为企业整体形象的竞争。也就是说,反映企业经营管理综合素质的企业形象已成为企业在日趋激烈的竞争中独步市场、赢得优势的制胜法则。

告启类文书的作用主要表现在塑造良好的企业形象上,良好的企业形象对企业发展所起到的作用已经越来越重要,具体说来,主要表现在如下几个方面:

1. 良好的企业形象可以为该企业所推出的任何一项方针、政策创造一种行为信心,同时也可以为该企业的任何一种产品和服务创造一种消费信念。如果一个企业为社会公众所信赖,他们自然也会相信由该企业所制定的方针和政策,同样也会相信由该企业生产的产品和提供的服务。

2. 良好的企业形象可以预先为自己制定的方针和政策规定切实可行的目标,为自己所研制开发的新产品作出质量和信誉的保证。如果一个企业在以往的经营中给消费者留下了良好的印象,那么这种先入为主的印象将决定着他们潜在的消费定势,使其在购买该企业所生产的新产品之前,就已经从心理上认同了该产品,这在决定购买时往往起着非常关键的作用。

3. 良好的企业形象为稳定和吸引人才奠定了坚实的基础。企业人才的竞争是现代企业管理中极其重要的一环。企业独特的经营理念、积极进取的经营作风以及在产品计划和服务上赢得的知名度和信誉度，常常使得人们将其与自身的发展联系在一起。

4. 良好的企业形象有助于取得社会各界公众的支持和帮助。企业离不开其赖以生存和发展的社会环境，作为一个开放式的经济实体，企业在进行生产和经营时，往往需要有相应的原材料供应者、资金筹措者、产品经销者以及环境开辟者等等，而这一切单独依靠企业自身力量显然是不够的。寻求多方面的支持和帮助，这是企业得以生存和发展的必要条件。

二、告启类文书的写作原则

企业为了达到自己的目的，在制作告启类文书时应注意掌握以下几项原则。

1. 重视信息的来源。信息来源是决定信息信誉的重要因素。制作者应努力追求信息来源的权威性和专业性。权威性是指告启文书所传播的信息是经权威机构推荐或权威报刊报道的信息，这样才能赢得大众更大的信任。专业性是指告启文书所发布的信息是出自有关业务机构或专家学者。除此之外，还应考虑信息来源的知名度问题，请名人作广告就是提高信息源知名度的最明显的例证。当然，重视信息来源的重要性，不能由此而忽视信息本身的准确性。准确性是商务告启文书的生命，也是确立信息信誉的基础。这种准确性即要求所传播的商务信息绝对真实，又要求所传播的事务变化态势同样是绝对真实的。商务信息必须是能揭示事物发展内在规律和必然方向的趋势性信息，而不是具有随机性质的不稳定的可能性信息。

2. 明确接受者的心理需求。不同的商品宣传有其不同的接受层次。划分不同接受层次的依据主要是由年龄、性别、文化程度等因素决定的。一般说来，对儿童、女性和文化程度较低的接受层次，商务宣传宜采用诉诸感情渲染的方法；对成人、男性和文化程度较高的接受层次应采用理性劝服的方法。而在实际的商务宣传中，感情法和理性法不仅不是对立的，两者有时在一则商务宣传中还是交融在一起的。如用感情法激起受传者的兴趣，以理性法作精辟独到的分析；用感情去获得现场所需要的态度，再以理性法巩固已获得的态度，即所谓的"动之以情，晓之以理"。

3. 确定一面分析还是两面分析。商务宣传要保证其有效性,必须根据不同的情况采取不同的对策。所谓一面分析是指传播者只向受传者介绍那些有利于论述其观点的论据和事实。如果受传者已经具备了某种心理定势,运用一面分析法会收到较好的宣传效果。所谓两面分析法是指传播者同时向受传者介绍或提出那些有利的或不利的论据和事实,通过驳斥那些不利论据从而证明有利论据的正确性。这种分析法往往收到意想不到的良好效果。两面分析法经常在下列情况下使用:第一,受传者的最初态度已经预先倾向于相信相反的观点,运用两面分析法先正面阐述自己所宣传的观点,而后驳斥对立面的观点,最后再论述自己所宣传的观点。第二,对于见多识广的受传者进行宣传也要采用两面法。这一接受层次不仅不容易受单方面劝服的影响,而且很容易了解到相反观点的存在。在这种情况下,如果宣传者一味回避相反观点时,会适得其反。

4. 对观点和内容的立体化反映。告启类文书不同于其他商务文书的地方就在于商务宣传需要不断地重复,反复宣传,加强刺激。重复宣传不仅仅是单调的复述,而是要根据接受者接受信息的特点进行反复强调,达到商务宣传的目的。传播活动是个极为复杂的过程,就其效果而言,在受传者那里大致经过注意、理解、记忆和行动四个环节,每个环节都具有选择性。在前三个环节中,接受者的视觉、听觉等感性层面的接受极其重要,如果能使接受者"注意"到传播的内容,"理解"其意义,并把这种印象"记忆"在大脑中,再加上告启的内容循循善诱,就可能促使受传者付诸"行动"。这就需要对观点和内容从不同的角度和层次,运用不同的形式和方法进行多面的立体透视和传送,以达到宣传的目的。

5. 先后有序,详略得当。所谓先后有序,就是合理地安排信息表达和观点论述的先后顺序。要加工的信息很多,要阐述的总论点之中的分论点也很多,但不能杂乱无章,兼收并蓄,随意罗列,总要有个合理的分类、梳理过程。就信息的轻重来说,通常是重大的信息先行推出,可以起到先声夺人的效果,给接受者以强烈的印象;就传播观点的指向和态势来说,信息的传播者应当把自己所主张的力图劝说受传者相信的观点在开头部分就予以提出,在结尾部分予以重述或强调,而反对的观点则宜放在中间部分进行讨论,因为在开头和结尾部分提出的意见和建议,比在中间部分提出来更易于受到重视,也易于记忆。

所谓详略得当,是指在加工构思时,所传播信息的各个部分要疏密相间,详略适度,有的信息要详细叙述,如精工细描的油画,有的材料只要粗笔勾勒,如写意传神的国画。一般来说,能突出主题者,宜详,反之则宜略;重要的信息宜详,次要的信息宜略;对受传者来说未知的信息宜详,熟悉的信息宜略;具体的信息宜详,概括的信息宜略。总之,在对信息进行加工时,只有依照实际情况安排,才能使其内容详略得当,舒缓自如,恰如其分地左右接受者的选择。

三、告启类文书的分类

告启类文书大致可分为商业广告、商务公示和企业简介几大类。

1. 商业广告。商业广告是指企业为了推销商品,推广服务,提倡一种观念,在付费的基础上,通过传播媒体向确定的对象进行信息传播活动而形成的文书材料。

2. 商务公示。商务公示是指企业在生产经营活动中,为了增进与社会公众的联系与沟通,借助大众传媒发表的篇幅短小、格式编排自由的启示声明类文书材料。

3. 企业简介。企业简介是指企业为塑造自身形象,把企业的历史、现有规模、技术力量以及职能范围等用简洁的文字介绍给社会公众的文书材料。

第二节 商 业 广 告

一、商业广告的概念和种类

商业广告是企业为了推销商品,推广服务,提倡一种观念,在付费的基础上通过传播媒介向确定的对象进行信息传播活动而形成的文书材料。

商业广告种类繁多,形式多样。依照不同的标准可以作不同的分类。

(一)按广告者的不同划分

1. 总体广告。指某一全国性的或地区性的生产厂家或批发商,通过广告代理机构来执行实施其宣传的广告。大多数的总体广告主要采用电视作为传播媒介,并以广播、报纸、杂志予以辅助补充,内容宣传上突出广告的长期性效果。

2. 零售广告。指某一地区性小范围内的生产厂家或零售商,借助自己拥有的广告部门,或委托传播媒介对其所经营的商品适时进行宣传的广告。在传播途径上多采用当地的报纸或广播,其内容往往具有专一和短期性的特点,强调立竿见影式的即时效果。

(二) 按广告受众的不同划分

1. 行业广告。指以行业性买主为宣传对象的广告,多出现于专门的工业、商业报纸和电视上。由于商品购买者不直接使用这些商品,一般在广告内容中不强调商品的消费特性。

2. 顾客广告。指以个人或家庭满足作为宣传对象的广告。在内容上,此类广告十分注重对消费者心理的把握操纵;在传播途径上,多以周期短、覆盖面广的电视、报纸和广播为传播媒介。

(三) 按广告内容的不同划分

1. 企业形象广告。指通过广告的方式和手段,着重展示企业实力,传播企业经营思想、经营目标、经营作风、员工素质等内容,以增进公众对企业的了解的广告。它的内容重心,在于宣传企业自身形象,在具体的广告实践中,其表现是多种多样的:可以以赞助、捐赠某项公益、公众福利事业的方式,提高企业在社会公众中的知名度和美誉度;也可以在社会、政治、经济、文化、体育乃至国际交流中,扮演各种积极的角色,以美化自身形象。企业形象广告通过争取新的消费者和改善企业形象这两条方式,间接促进未来的经济效益。由于企业形象广告具有这种间接性和潜在性特点,又被称为"间接广告"。

2. 商品广告。企业为了在短时间和较大范围内推销某种商品,及时传播该商品的供求信息,以引导消费者购买行动的广告。由于这类广告能给企业带来直接的更多的销售额,又被称为"直接广告"。

(四) 按传播媒介的不同划分

1. 报纸广告。它以文字配上一定的图案将广告内容诉诸公众视觉,属视觉广告。由于报纸发行量大,覆盖面广,读者普及社会各个阶层,广泛且相对稳定,因而,借助报纸刊登商业广告,其宣传范围较广,报纸广告的优越性是传播迅速、反映及时;白纸黑字也有利于留存和参考。

2. 杂志广告。也称刊物广告。由于杂志的读者比较固定,且以有较高的知识水平的销售者为主,作为各类专用商品、产品的广告媒介,非常有效。杂志比报纸更讲究印刷质量且具有更大的保存价值,因而能使广告在艺术性、长效性上保持更突出的优势。

3. 电台广告。指通过语言和音响效果来作宣传,属听觉广告。利用电台作广告虽然不通过图像、色彩、文字给人留下视觉形象,然而却可凭借音响收到先声夺人的效果。它具有传播快、覆盖面广、制作简便等特点。

4. 电视广告。其特点在于能把活动的画面和音响效果结合起来,以感人的形象、优美的音响、独特的技巧给人以美的享受。它兼容了报纸与电台广告的优点,具有动态性、灵活性。由于它丰富的表现力和强大的吸引力,被商家广泛地采用。

5. 网络广告。这是目前最有发展潜力的一种广告渠道。它通过电脑联网的方式,能够比其他所有的传播媒体更快、更直接、形式更多样化地传播信息。

二、商业广告的特点

商业广告具有以下特点:

1. 内容的真实性。真实性是广告的生命,广告宣传应遵循实事求是的原则,符合客观事实。广告所反映的事实应当是真实事实,不夸大,不缩小,不能采用文学虚构、夸张来代替事实。广告中所宣传推广的东西要有科学依据。尤其是像药品、食品、饮料、补品等商品的广告更是如此。优秀的商业广告是一件可以欣赏的艺术品,但它与文学、绘画等艺术品不同的地方就在于它的真实性。

2. 对象的针对性。不同的商品有不同的消费群体,不同的消费群体有不同的消费心理、消费习惯和消费行为。在拟制广告词时就应针对不同的对象,有的放矢地设计和表达广告内容。只有制作针对性很强的广告,才能吸引公众的注意,最终实现广告的目的。

3. 功能的时效性。功能的时效性是指广告功能作用只在一定时期内有效,过了这一时期或某一时间,其功能便自然失效,现代社会产品更新快,消费者的消费水平也在不断变化,这使得广告时效的周期在不断缩短。作为广告制作者必须考虑到这种变化,注重时效性。

4. 表达的艺术性。一份广告要想给公众留下深刻的印象,仅仅靠科学客观的阐述或描述是不够的,而是要巧妙地调动和运用各种艺术手法,准确、贴切而又生动形象地揭示广告的主题,体现广告的创意,表达广告的内容。

5. 文面的简洁性。广告写作要力求文字简短,言简意赅,精炼隽永,回味深长。简短一是使消费者易读易记;二是可以节省广告版面或播放时间,从而降低广告费用。

三、商业广告的写作格式

商业广告由于种类繁多,传播途径不一,写法各异,往往没有固定的格式。这里着重介绍的是一般意义上广告文案的写作,通常包括标题、正文、随文和标语四部分。

(一)标题

标题是广告的主题或基本内容的集中表现。它有点明主题,引人入胜,诱读正文,加深印象,促使购买的作用。因此,在拟写标题时,应从技术和艺术两个方面考虑。技术上考虑的是如何使广告标题醒目、形象,它要求把标题放在突出的位置,字体的大小排列、色彩形状都要精心设计妥善安排;艺术上考虑的是标题要准确、新颖、生动,只有鲜明准确,充满活力,构思独到的标题才能吸引广大公众。

广告的标题有直接性标题、简洁性标题和复合性标题。

1. 直接性标题。采用一语道破、开门见山的方式介绍广告中最重要的事实和情况。最简单的直接标题以厂商名和商品名命题,如《烟台北极星钟表》、《维纳斯婚纱摄影》。更有效的表现形式是既点明产品名又突出其功效、特点,如《金嗓子喉宝,入口见效》、《上海三菱电梯,上上下下的关怀》。

2. 间接性标题。即用含蓄且饶有趣味的词句反映所要推销的商品信息,以迂回曲折的方式吸引消费者的注意和兴趣。如上海东方商厦礼品专柜的广告:《礼在东方》;某高速公路加油站的广告:《一路等候,为您加油》;

成都恩威集团推荐该厂所生产的儿童浴液广告:《有一种感情叫关心》,等等。

3. 复合性标题。它是直接性标题和间接性标题的综合运用,通常由引题、正题和副题几个组成部分。其中的引题或副题可视具体情况取舍。如:《春兰金牌产品保姆服务推行全球(引题) 我们时刻准备为您四全服务(正题) 始终追求最好是我们的目标(副题)》;《实惠给读者,'97不涨价(引题) 复方川贝止咳糖浆(正题) 消炎祛热镇咳良药(副题)》等。引题、正题和副题一般要分行排列。

(二)正文

正文是广告标题的具体化。标题是为了吸引消费者,正文是为了说服消费者;标题提出问题,正文回答问题。正文一般包括引言、主体和结尾三个部分。

1. 引言又称前言、导言、导语,即正文的起始部分,它上承标题,下接主体,在标题与主体之间起承上启下的作用,或交代背景、事由,或说明目的、意图,或概述企业状况。有时也可省略不写。

2. 主体又称中心段,这是广告文稿的核心部分,所占篇幅最多,包含的信息量也最大。根据广告定位、创意和广告文稿主题的要求,或提供商品、劳务或企业的有关信息,诸如商品的名称、商标、型号、规格、性能、特点、用途、获奖情况等;具体说明商品或劳务能给消费者带来的利益,引发消费者的需求欲望;对消费者作出明确的售后服务的承诺,让消费者买得放心、用得舒心,消除后顾之忧,并以此来塑造企业形象。以上三层内容可概括为"信息"、"说服"、"承诺"。

广告的主体可长可短,其宣传材料的组织安排主要视商品的定位、广告战略、宣传角度而定。其写作也没有固定的模式,但从表达的角度看,常用的写法主要有:

(1)陈述体。即以陈述式的语言直截了当地介绍某一商品的名称、规格、用途、效果、价目等,为消费者认识和鉴别该商品提供必要的信息。

(2)证书体。即借助有关权威部门的鉴定评语,商品的获奖及荣誉称号,或知名人士的赞扬和美誉,来证实广告内容的真实确切、产品或劳务的可靠有效。

(3)问答体。即通过一问一答的对话或用设问的方式,巧妙地说明商品的特性、用途等信息。

（4）文艺体。即借助丰富多彩的文艺形式，如诗歌、散文等，生动形象地介绍商品。

正文可以是一两段文字，也可以分成若干段落，视具体情况而定。

3. 结尾又称结语，是正文的收束部分。它回应标题或引言，一般带有总结性或建议性，敦促消费者及时采取购买行动。一般较简短。

（三）随文

随文又称附文。主要是传递与企业有关的、一些必要的备查信息，具有沟通与客户的联系、为业务往来提供方便的作用。随文一般包括企业与经销点名称、地址、网址、行车路线、邮政编码、电话、电报、电传、开户银行、户头、账号、联系人与负责人姓名等。在文面上通常排在底部，也可列标在正文一侧。

（四）标语

广告标语是一种简短有力、高度凝练、具有宣传鼓动作用的口号。对企业内部而言，它是一种号召、动员属员齐心协力去实现目标的手段；对广告的受众而言，则是一种感染、吸引的手段。如"万家乐，乐万家"、"一卡在手，走遍神州"（牡丹信用卡广告语）、"大宝天天见"、"康师傅方便面，好吃看得见"。在文面上，标语在广告正文和画面的上部、中部、下部、左侧、右侧皆可放置；既可以横向排列，也可纵向排列，还可以斜排。

四、例文分析

［例文 79］

微不足道的一声，足以影响"春兰"所创造的宁静
春兰集团 1995 年隆重推出新一代宁静空调

春兰空调是驰名中外的名牌产品。1994 年 5 月，率先通过由国际标准化组织颁布的 ISO9001 国际标准认证，从而保证了从产品设计到售后服务的质量管理体系符合国际化标准。在国家轻工总会 1995 年 3 月发布的全

国"空调生产快报汇总表"中显示：1至2月份全国累计销售空调约50万台，其中春兰空调销售约21万台。1995年春兰集团又隆重推出新一代宁静空调。

新款宁静空调是在原有的基础上，不断摸索探求，经历上万次实验创出的新一代产品，在内部构造、管道安排以及零件加工工艺精度上都有所创新，大大降低了空调的噪音，为消费者带来了福音。

假如您购买的是一台春兰新款宁静空调，会发现她带给您不仅仅是四季如春的气息，她还令您多一份温馨与宁静……

（引自《光明日报》1995年6月13日）

简析：

这则广告的标题紧扣"宁静"二字，突出了该空调产品优于其他同类产品的独特性能，在写法上采用理性诱导和感性诱导相结合的方法。在行文辞章方面也采用多种手法：用说明性的语言和具体的数字展示出产品的实力；用叙述性语言介绍该空调产品的品牌优势；用抒情性的语言描绘其使用时的效果，给人留下深刻的印象。全篇共有三个段落，每个段落都选用不同的表达方式，而且能浑然一体。

［例文80］

现代住宅的新经典——明申花园

明申花园位于虹桥吴中路、虹许路要津，紧邻三星级宾馆天马大酒店，与虹桥高尔夫球场和古北豪宅名都城隔街相望。87、511、548、721、752、757、莘仙线等多条公交线穿梭左右，交通便利，四通八达。

● 住明申花园——您不用再爬楼梯

明申花园处处体现以人为本的规划理念，符合未来市场的发展趋势。首期开发的7万余平方米5—8层公寓全部规划为一梯二户的电梯房，并特别选用国际公认的上佳住宅电梯——欧洲原装进口的迅达无故障豪华电梯，安全、舒适、耐用。在明申花园，您一辈子免受爬楼梯之苦。

● 住明申花园——您不用为有车没处停而苦恼

随着经济的发展,汽车进入家庭将是必然趋势。明申花园前瞻性地把泊车车位作为楼盘规划设计的主要技术指标,满足购房者长远的消费需求,使明申花园在未来的住宅市场中有较大的保值潜力。小区辟建多处地下车库,确保每户都有一个汽车泊车车位。这在上海内销房市场中实属罕见。

● 住明申花园——您不必担心用电量不足

现代家庭家用电器林林总总,但经常困扰的是不能同时开启所有的电器,一不小心就要跳闸。明申花园的开发商不惜多缴纳扩容费,硬是将每户用电配置增加到 10 千瓦。您可以同时享受所有家用电器带来的现代文明,而绝无用电超负荷之虑。

明申花园市政环境优良,周边超市、商店、医院、影剧院、中小学校一应俱全,居家生活便利,加上一流的小区环境(16000m^2 的中央主题公园,60000m^2 的绿地面积),一流的住宅品质,使得明申花园成为沪上少有的一个跨世纪品质的经典社区。明申花园与古北豪宅具有同样的品质,完全物超所值。寻常人住虹桥的梦想,在明申花园得以实现。

银行提供七成 15—20 年公积金按揭组合贷款,内部认购期间优惠活动在即!

垂询电话:××××××××

(引自《新民晚报》1998 年 7 月 3 日,略有改动)

简析:

这是一则商品房广告,其特点是它能紧紧抓住购房者的心理,从地理位置、交通、周边环境等外部条件的描述展开对该商品房的介绍。接着用几个小标题分条列项地介绍了明申花园在各项设施中给入住的人所带来的种种实惠,而且恰到好处地运用了具体的数字材料,令人信服,也令人心动,达到了较好的广告效果。

[例文 81]

奥迪的辩证法

对于一部轿车来说,排量小动力也一定小吗?能不能打破这种规则,尝试着证明另外一种情况,那就是:排放量与实际功率之间并不构成一个正比关系。

奥迪200 1.8T回答了这个动力技术问题!这是因为奥迪的技术改变了一切!单缸五气阀,废气涡轮增压,燃油电喷技术的综合运用,使小排量、大功率从此梦想成真。

让我们来领略一下1.8升排量的普通发动机的杰出表现吧:
- 功率105kW。
- 时速超过200公里,0—100公里加速时间需10.9秒。
- 一流的变速性,在任何转速下均可快速加速。
- 90公里/小时等速行驶时百公里油耗仅7.3升。

尤其值得一提的是:采用新技术的发动机扭矩输出范围极广,在1750—4600r/min的转速范围始终保持最大扭矩值,使整车在几乎全部使用工作状况下都动力强劲,这是每一个驾车者都希望拥有的结果。

奥迪技术创新的视野里,世界就是进步和变化!

与奥迪结缘　做时代先锋

一汽贸易轿车销售有限公司销售热线电话
××××××××

(引自《经济日报》1998年7月7日)

简析:
　　所有成功的广告都基本上包括两个方面的努力——既要将自己的商品优良的性能展示给人看,同时又要使得这种优良性能真实可信、具体可感。这则关于奥迪汽车的广告实际上也是遵循了这两条原则。首先,这则广告的标题采用的是间接性标题,它将汽车动力技术的革新上升到哲学的高度,增加题目的悬念。正文一开始又用一个问句直接进入对奥迪优良性能最关键部分的介绍。前两段可以看做是一个较长的设问句,引人入胜。在接下来的部分里,作者又用较为专业的知识和准确的数字有力地证明了奥迪技术能让普通的发动机创造奇迹的事实,真实可信。最后是该广告的结尾,即广告的标语,显得平实而有气势。

第三节 商务公示

一、商务公示的概念和作用

商务公示是指企业在生产经营活动中,为了增进与社会公众的联系与沟通,借助大众传媒发表的篇幅短小、格式编排自由的启示声明类的文书材料。

企业的运转处在一个不断变化发展着的外部环境和内部诸因素的协作之中。企业系统的外部因素包括:结构方面的因素,即系统处在什么样的组织结构之中,如工厂所在的公司组织、行业组织、地区组织等;经济方面的因素,如工厂的原材料供应、资金来源、市场需求等;政治和社会方面的因素,如政治安定、社会稳定以及政策、法律、文化道德、民族习俗、人口状况等;科学技术方面的因素,如企业是处在科学技术发达的地区还是落后地区;自然环境方面的因素包括气候条件、地质条件、生态条件、资源条件等。这些因素形成综合力量影响系统的生存、变革和发展,而且随着时代的进步,社会的发展,企业所处的环境正由小变大,影响因素由少变多,影响作用由弱变强,环境变化速度由慢变快。商务公示的作用正表现在促使企业系统与外部环境之间沟通协调。具体说来,有以下几个方面的作用:

1. 提升企业形象,促进产品销售。大多数的企业公示虽然都是为了解决企业生产经营活动中的具体的事务而写的,但从具体事务的处理过程、处理的原则、处理的方式上,往往也能间接地使企业树立起良好的形象,从而促进本企业产品的销售。

2. 提高企业信誉,吸引社会各界投资。在金融市场比较健全、投资主体多元化的情况下,能够左右投资意向的主要因素是企业信誉。投资公众会根据企业信誉度的高低决定投资与否以及投资多少。很难想象一个信誉卓著的企业会对投资者没有诱惑力,也很难想象一个声誉不佳的企业会使众多的投资者感兴趣。企业通过多侧面、多角度的商务公示,向社会公众展现企业管理水平、管理风格、经营理念、经营目标、经营作风以及企业竞争观念、进取精神、风险意识等,对企业信誉的建立起着十分重要的作用。

3. 优化企业的生存发展环境。无论是企业内部还是企业外部都存在着若干复杂的关系,这些复杂的关系就构成了企业生存发展的内、外部环境。就其内部环境而言,包括企业与员工之间的关系,领导与被领导之间的关系,员工与员工之间的关系,领导与领导之间的关系等,而这些关系可以通过树立企业形象为目标的多种商务公示紧密地联系在一起,增强企业的向心力和凝聚力。从企业外部环境看,它包括企业与原材料供应商、协作商、销售商之间的关系。通过各类商务公示,或征招鸣贺、联络沟通,或申明立场、告知事项,可以帮助企业改善外部环境,同所有外部公众结成长期而稳定的关系。有了这些关系,企业就有了发展的基础,效益也就有了保障,外部合作者也会受益。

4. 吸引人才,聚集人才。通过各类商务公示,树立企业良好的社会形象,对于吸引人才、聚集人才来说是企业一项有效的竞争策略。在人们心目中,那些经常在大众传媒上亮相的企业,必定实力雄厚,有前途,有发展的机会,在这样的企业里供职,潜能和才智能得到充分的发挥,自身价值得到全面的展示,因而人们更愿意进入这样的企业。

二、商务公示的种类和特点

(一)商务公示的种类

在企业的生产经营活动中,商务公示的应用范围十分广泛,概括地说,主要有以下几类:

1. 征招类。征招类公示又称征召启事,分征集和招引两种。征集如征词、征联、征稿、征答、征徽等。招引如招生、招工、招聘、招租、招商等。大凡企业有求于社会公众,希望和其联系沟通时,均刊登征招类公示。公开征招不仅有可能使企业的具体需要迅速得到满足,而且,其中所隐含的处理事务中的公开、公正和公平的原则,也有利于企业树立良好的形象。

2. 公告类。公告类商务公示有的侧重公布,有的侧重告知。侧重公布的内容比较宽泛,如公布专利、公布名称、公布商标、公布评估结果;侧重告知的内容则要相对具体一些,如告知事项、告知办法、告知时间地点等。告知事项的商务公示常见的有告知新业开张、告知公司迁址、告知股东聚会、告知企业更名、告知转变经营方向与方式等等。

另外，告知类的商务公示除了可以广泛地联系会友、发布信息外，在民事诉讼中还可以作证书用，因而具有一定的法律意义。

3. 鸣贺类。鸣贺类商务公示主要有鸣谢与庆贺两种。受人之惠公开鸣谢，既能使高尚美德得以弘扬，又对在社会公众中树立自身知恩图报的良好形象十分有益。佳节来临，企业借此向社会公众致以节日的问候；同行开张，一声祝福便显示出豁达的胸襟；公共设施落成，几句贺词则传递出感人的热情。

4. 声明类。声明类商务公示包括遗失声明、作废声明、委托声明、受任声明、道歉声明、辟谣声明、警告冒牌声明等等。声明通常选择读者数量较大的报刊媒介，目的是希望社会公众普遍了解某一事项，或在足够大的范围内澄清某一事实。

（二）商务公示的特点

商务公示除了其本身所固有的"公示性"特点外，还有以下几个方面的特点：

1. 针对性。针对性是指商务公示都是为了解决企业生存经营活动中的一些具体事务而撰写的。如产品在生产过程中的形象设计；在销售过程中的征招代理；某类产品或某项服务在遇到质量问题后企业形象的危机处理；为扩大企业知名度、美誉度的某项赞助、捐赠活动等。商务公示需要有针对性地对这些问题，根据需要或可能制订出有关传播、宣传的方式和方法。

2. 真实性。真实性是指商务公示的内容必须符合实事求是的原则，不仅在总体上要真实，就是在细节上也要真实。但需要注意的是，强调实事求是并不是让人们机械地去理解这个原则。应该灵活、辩证地去掌握和运用这个原则，也就是在不违反实事求是原则的前提下，传播时可以采取不同的方式、方法。

3. 合法性。合法性是指商务公示的内容必须符合相应的法律和道德规范。由于商务公示是一种公开的宣传，它的传播范围十分广泛，因此，内容怎么写，写什么，不能不慎重考虑，以免造成不良的后果。所谓考虑慎重主要是指务必仔细斟酌其内容是否和现行的经济法规以及有关的政策规定相符合，会不会泄漏机密等。

4. 超然性。超然性是指商务公示毕竟不同于商业广告，在内容上往往需要尽力避免流露推销商品的痕迹,要具有超商业意识。这就要求企业商务公示文书的策划者,一方面要像关心本企业发展一样去关心社会一般的公众,要如热爱自己的业务一样去热爱社会公益事业,有时甚至对后者要抱有更多的重视。只有这样才能更好地沟通社会各界,取得公众更高的信任,谋求更佳的企业形象和声誉。另一方面,应有远见卓识,不能急功近利、刻意追求即时效果。人们在观念上接受一种新事物、形成一种新观念,需要一个过程。因而企业形象工程是一项长期复杂的系统工程,也是一项战略性投资。商务公示的策划者必须面对这样一个事实:良好的企业形象不是仅仅靠一两次的突击宣传就可以树立起来的,它靠经得起时间考验的工作实绩和细致扎实的宣传来赢得。

三、启事的写作格式

启事一般包括下面几个部分的内容。

(一)标题

通常在启事的前面标明事由,如《招聘启事》、《招商启事》;有的启事标题由刊登启事的单位名称、事由及文种三者构成,这样更有助于社会公众对该企业的认知,如《上海市建筑设计院迁址启事》;还有的启事采取新闻消息式的双行标题《欲得其利,必占先机(引题) 黄浦办公大楼招租(正题)》,使标题更具表现力。另外,还有些启事不写明"启事"二字,如《诚寻合作厂家》。

(二)正文

启事的正文就是启事的内容,应将有关事项表述清楚并提出具体的要求。正文的写作方法因事而异,常用的有直陈式和总分式两种。

直陈式即直接陈述有关的事情和要求,或一段作成,或分段写出,简明扼要,是大多数启事的写法。

总分式即在正文的开头先简要、概括地写明发表该则启事的缘由、目的和启事的基本内容,作为前言,然后在启事的主体部分,再详尽地写明启事的具体事项。招聘启事、征集广告语启事、征集商标图案启事等常用这种写法。

（三）落款

在正文的右下方写明发表启事的单位名称,如果标题中已经写明的可以省略。一般在报刊等媒介刊发的启事,不标列发文时间,启事的生效时间,常常以刊发该启事的媒体实际发出日期为准。

四、声明的写作格式

声明一般也由标题、正文、落款三部分构成,与启事相比较,声明的结构更为紧凑、严谨。

（一）标题

一般因声明的庄重、严肃语气而常用短题,有的用文种代标题,如《声明》、《授权书》;有的以事由加上文种构成,如《关于影片〈生死时速〉的版权声明》;有的由发文单位名称加上文种构成,如《上海家园房地产公司声明》。有时在"声明"前冠以"严正"、"郑重"等字样,如《上海冠生园食品有限公司郑重声明》,进一步加强语气,以引起读者的充分注意。

（二）正文

一般用直陈式写法,交代需要有关人或有关方面知道的事情,包括发表该声明的缘起、事实经过、是非的辩证和表明的态度等。正文的末尾通常用"特此声明"作结。

（三）落款

写明发表声明的单位名称。如果在标题中已经写明了的,此处也可省略。署名之后,应另起一行写明发表该项署名的时间,要具体到某年某月某日。

五、例文分析

[例文82]

上海麦当劳食品有限公司招聘启事

麦当劳是一个被世界所承认,具有快速服务、先进技术的食品公司,也是美国管理最成功的十大企业之一,它在世界五十多个国家和地区拥有13000家餐馆,每天为2200万以上的人士服务,几乎每分钟为1.5万人服务。

上海麦当劳食品有限公司是美国麦当劳总部和上海市农垦农工商联合企业总公司投资共建的一家合资企业。第一家餐馆将于年内在繁华的市中心建成,并将迅速发展众多的连锁店。

一流的公司需要一流的服务人才,现经上海市人事局同意,诚聘下列各类人员:

1. 经营部见习经理:45人。作为一名见习经理,您将按照麦当劳的要求得到经营管理全方位的培训。包括会计、预算、人事管理、市场营销、库存控制、操作培训及其他。

2. 财务部管理人员:4人。如英语流利并通晓中国及美国会计方法者优先考虑。

3. 采购部管理人员:5人。如英语流利并具管理、财务或食品营养知识者优先考虑。

4. 工程部管理人员:8人。安排各家餐馆的设计、设备维修、改建、开业手续,并负责挑选建造单位以及监督施工和验收等项工作,英语流利者优先考虑。

5. 劳动人事培训部管理人员:2人。英语流利者优先考虑。

6. 办公室管理人员:5人。负责文秘、翻译、对外接待、会议准备、办公用品管理、车辆调度等后勤事务。

7. 开发部管理人员:2人。负责房地开发、挑选餐馆地点、商圈调查、损益分析等工作,英语流利者优先考虑。

8. 企划部管理人员:2人。具有营销、促销及广告规划的能力,英语流利者优先考虑。

9. 总经理秘书:2人。具有极佳的中、英文说写能力,通晓电脑或商学知识者优先考虑。

麦当劳大家庭欢迎您来参加面试!您应是一个有理想和守纪律的人,并具有卓越的领导和组织能力;您应具有处处为顾客着想的爱心,并喜欢在一个快节奏和充满热情的环境中工作;还能接受必要的工作安排,包括在周末工作。您如果拥有大专以上学历或两年以上管理工作经验的将被优先考虑。

麦当劳希望您的年龄在22岁以上,性别不限,并持有本市市区常住户口。

根据您的表现,您将获得相应的酬劳并能得到不断晋升的机会。

符合上述条件者,请将自己的简历、学历复印件,包括近照一张,于见报后10日内,将上述材料寄到上海南京西路1376号上海商城东峰四楼435室。邮政编码:200040,请在信封上注明应征类别。

麦当劳将根据材料决定您面试时间。如您未被录取,原件恕不退还。一经录用,实行劳动合同制,享受中外合资企业待遇。

麦当劳竭诚欢迎具有坚韧不拔精神的伙伴们加入我们的大家庭。

(引自《文汇报》1992年7月9日)

简析:

人才招聘启事实际上是商务公示中应用最多的一种形式。这则招聘启事的特点是行文规范,内容全面,辞章把握有度。考虑到上海麦当劳食品公司刚刚创办,公众对其缺乏了解,所以在开头部分就对该企业的规模与影响、上海餐馆的性质作了简要的介绍。聘方业务范围与性质、招聘的对象及其业务类型、应聘的条件、聘用待遇、聘用方法及时限等,是一则招聘启事应该涉及到的主要内容。该启事对这些方面的介绍均具体明确,眉目清晰。值得特别指出的是,该启事的结尾部分对应聘人员的要求应该说是极为严格的,但因极富人情味,所以并未使人感到畏惧。

[例文83]

宁波市庙西妇女儿童用品市场招商启事

一、市场简介

宁波市庙西妇女儿童用品市场,由宁波市庙西商业有限责任公司创办,以厂方直销、商家批零兼营方式经营,是我市规模最大的首家妇女儿童用品市场。市场位于宁波市解放南路与药行街交汇处的庙西商场一、二、三楼,总建筑面积1万平方米,一楼设化妆品专柜60组,每组8—12个标准柜台;二、三楼设环形精品屋69间,营业铺位246个。

二、市场优势

1. 市场为宁波市首家妇女儿童用品市场,诚邀国内知名厂商入驻,专业性强,品种齐全,款式繁多。

2. 市场位于宁波城隍庙商业区内,黄金宝地,发展潜力大。

3. 市场设施先进,设中央空调、自动扶梯、防盗、报警监视系统等装置,24小时保安值勤,购物环境安全舒适。

4. 市场得到政府有关部门大力支持,工商、税务部门进场办公,执行海曙区代办市场优惠政策。

5. 市场实行大商场统一规范化管理服务,统一、专业形象策划。

三、招商细则

1. 招商范围及租赁价格

一楼:化妆品系列,日租金中间价按营业面积7元/m^2;

二楼:妇女时装、用品系列,日租金中间价按营业面积4.8元/m^2;

三楼:儿童服装、用品、玩具,日租金中间价按营业面积4.3元/m^2。

上述租金包括水费、电费、物业管理费、广告费等综合管理费。

2. 招商程序

(1) 预定铺位时,签订铺位预租协议,支付预付款(一楼每柜组1万元,二、三楼每铺位各5000元)。

(2) 按通知时间参加统一抽号定位,确定铺位位置。

(3) 换签铺位承租合同,一次性付清全部租赁费用和合同履行保证金2000元。租赁期满保证金无息退还。

3. 租赁期限

一次租赁期限为1—3年,租金从开业之日起计。

4. 凡符合经营条件的工商企业和个人均可持营业执照或个人身份证来市场招商办公室办理租赁手续。

宁波招商办公室

地址:宁波市×××路×××号

电话:×××××××

传真:×××××××

联系人：×先生、×小姐
杭州招商办公室
地址：杭州××宾馆××房间
电话：×××××××
联系人：×小姐

（引自《钱江晚报》1998年7月13日，略有改动）

简析：

这则招商启事用语简洁明了，内容规范，结构布局合理，用朴实细致的介绍展示投资目标的优势。该启事采用分条列项的方式通过三个层次，从三个不同的侧面来展示自己的投资优势。第一个层次是介绍市场概况，简洁明了；第二个层次说明市场的优势，实在可信；第三个层次是交代市场细则，操作性强。三个层次层层推进，最终达到启事的目的——令人信服地展示出招商者的投资优势。

[例文84]

安利（中国）日用品有限公司转型经营公告

安利（中国）日用品有限公司的转型方案已正式获得中国政府批准。安利（中国）将以大型生产性企业定位，采用店铺经营（包括自设店铺、雇佣营业代表、批发零售）的方式，自即日起，转型经营！

依据经国务院批准，由对外贸易经济合作部、国家工商行政管理局、国家国内贸易局联合发出的《关于外商投资传销企业转变销售方式有关问题的通知》的要求，安利（中国）已制订出既符合中国国情，又体现安利经营特色的营运方式。按照新的营运方式，安利将在全国多个省市设立店铺，所有产品实行明码标价，为顾客提供购物保障，并向忠实用户提供价格优惠折扣。

原有的安利直销员可通过统一规范的转型工作成为安利新营运方式中的优惠顾客，继续享受公司提供的价格优惠；公司将邀请资深的前培训人员成为营业代表，协助公司进行业务推广和售前售后服务。前安利直销员、培训人员可于1998年8月31日前到所属安利分支机构咨询及办理转型手续，费用全免。

安利是一家跨国企业，自1959年成立以来，一直以信实销售产品、真诚服务消费者为经营宗旨，在全世界80多个国家与地区赢得了广泛的认同和良好的市场信誉。

现今，安利（中国）的营运方式已由人员直销转为店铺经营，但我们为消费者提供优质产品和亲切服务的宗旨没有改变；为勤奋努力的人们提供信实可靠、多劳多得的工作机会的承诺没有改变；尤其重要的是，安利公司在中国守法经营、长远投资的信念没有改变。

衷心感谢社会各界和广大消费者对安利的关心与支持！

（引自《钱江晚报》1998年7月24日）

简析：

这则企业公告的特点是态度诚恳、立场鲜明。由于受到传销风波的影响，曾经在中国有广泛影响的安利（中国）公司在中国营销面临困境，为了扭转这一局面，安利（中国）公司发表了这则转变企业经营方式的公告，即由原来的传销经营转变为店铺经营。由于安利公司在当时的情况是有目共睹、众所周知的，所以在公告的开头并没有过多地介绍安利所陷入的困境，仅用首句作了一下简单的交代，就直接转向对今后安利公司经营方式和经营态度的表白上。但这并不是说公告回避公司所面临的困境，而是将种种不利的因素置于种种切实可行的具体措施中表达出来，展现出该公司虽处困境仍积极向上的态度，充满昂扬的奋进精神。这不仅给原有的安利直销人员以直接具体的鼓舞，也取得社会公众对安利公司的谅解与信任，重塑良好的企业形象。

［例文85］

上海大众汽车有限公司声明

鉴于社会上有不少单位自行改装本公司生产的产品，将改装后的桑塔纳轿车普通型假冒豪华型选装车，并销售给用户。上述行为已直接侵犯了消费者的合法利益,损害了上海大众的产品声誉,属违法行为。在这方面本公司已接到不少投诉。为保护用户的人身安全和财产不受损坏,维护消费者合法权益,本公司声明如下:

一、用户在购买本公司生产的车辆时,应认明合格证上注明的型号。凡合格证上注明的型号与车辆实际情况不一致的,请向经销商或本公司查明真伪。

二、任何经销本公司产品的单位,不得擅自在销售给用户前,自行改变本公司生产的所有车型的出厂状态(以合格证为准)。

三、各经营桑塔纳轿车单位及上海大众汽车特约维修站,未经上海大众汽车有限公司特别授权,不得擅自接受用户要求对本公司生产的所有型号产品进行改装,特别是车辆的电器、制动、动力、传动、转向等涉及产品安全的系统。

四、各单位如要从事本公司生产的车辆的改装业务,必须向本公司提出申请,经本公司同意并由经本公司培训合格人员进行操作。改装只能是销售后根据用户的要求,按规定进行,并承担改装所涉及的产品责任。

五、用户未经本公司同意,不得自行改变本公司产品的电器、制动、动力、传动、转向等涉及产品安全的系统,如果由于擅自改变上述系统状态造成车辆直接或间接损坏或事故,本公司将不承担由此引起的任何责任。

上海大众汽车有限公司
一九九五年六月二十日
(引自《文汇报》1995年6月20日)

简析:

这是一则较为典型的声明类商务公示。在声明的开头将发表这一声明的背景作了介绍,直接揭示了问题的性质及其危害性,从而引发了刊发此声明的目的之所在,也使得下面的内容成为有的放矢的严重警告。整篇公告语气显得义正词严,不容反驳。声明的主体部分分条列项地从五个方面陈述声明的事项,清楚明白。

第四节 企业简介

一、企业简介的概念和作用

企业简介是指对工商企业的性质、规模、发展历程、主导产品、经营服务范围、经营特色、企业文化等多方面作多方位介绍的一种说明性文书。这里所说的工商企业包括工厂、公司、商场、饭店、旅馆、游乐场所，以及走向市场、实行企业化管理的事业单位，如新闻出版部门、高等院校、医疗机构、科研院所等。

在现代社会中，企业面临着双重"推销"任务：一是推销自己的产品，二是推销企业本身。对企业的生存和发展来说两者缺一不可。企业在与外部环境相协调的最基本点就是树立本企业的形象。社会公众或社会舆论对某一社会组织机构和运作模式的总的印象、看法和评价决定着该组织的知名度和美誉度。涉及企业形象知名度和美誉度的因素是多方面的，包括产品的质量、价格的高低、服务的水准，以及经营方针、管理水平、员工素质、办事效率、商标名称和办公设施等，但从公众的角度看，最基本的指标只有两个，即知名度和美誉度。企业简介正是一种全方位、多角度地把自身企业的基本情况告示全社会的一种基本手段。

二、企业简介的写作格式

企业简介通常由标题、正文和落款三部分组成。

（一）标题

企业简介的标题主要有三种写法，一是只写企业的名称，如《青岛海尔集团公司》；二是由企业名加"简介"构成，如《鞍钢简介》；三是采用文章式标题，或一行标题如《前进中的淮北矿务局》，或用正副标题如《忠诚服务笃守形象——中国人寿保险公司简介》。

（二）正文

企业简介的正文大致包括以下诸方面：企业的地理位置；企业的性质；企业的从业人员数量及素质；企业的固定资产与建筑面积；企业的主产品与副产品；企业的生产效率；企业的生产设施规模；企业的制作工艺、生产流程、质量检验方式；企业的服务方式；企业的科研成果；企业的人才培训规模与方式；企业与消费者之间的关系；企业的各类获奖情况；企业的机构管理方式与水平；企业在同行中所占的地位；名人、要人参观、视察本企业的情况；企业的前景展望等等。当然，以上内容在具体的写作中并不需要面面俱到，应根据需要有所选择，突出重点，以便能充分展示企业个性，加深社会公众、消费者对企业的印象。

（三）落款

在简介的正文部分结束后，应在其后交代单位地址、电话、传真、邮政编码等，以便与外界联系。

三、例文分析

[例文86]

×县石油煤炭总公司

×县石油煤炭总公司位于×县××经济开发区，成立于1994年，主要以经营石油成品油为主。到1997年年底，累计完成销售产值×亿余元。去年以来，通过低成本扩张，盘活存量资产，继续向××经济开发区投资×万元；兼并三家破产企业，资金累计达×万元。公司现有固定资产×万余元，×立方米储量油库一座，加油站×座，还拥有×吨位的油罐车队。公司占地面积×亩，其中建筑面积×平方米。通过这几年的努力，公司的工作条件和生活设施有了根本的改善。集团电话、电脑网络等通讯设施的安装，加快了与发达地区接轨的步伐。公司设有员工培训中心、大酒店、舞厅、娱乐室等，设施齐全，既有利于业务交往，又丰富了员工的业余生活，企业的精神面貌焕然一新。

通过公司全体员工的共同努力,现业务网点已覆盖甘肃、云南、贵州、四川、广东等地,与××炼油厂、××炼油厂、××炼油厂、××炼油厂、××炼油厂、××石油公司、××省石油公司等建立了长期的合作关系,并开设了办事机构。公司自成立以来,曾获得支持教育事业的"××奖"、"再就业工程"最佳单位、政府授予的文明单位,连续五年被××省××银行评为企业资信等级AAA级信用企业;被××等国家特大型炼油企业授予最佳信用单位;人民政府授予"重合同,守信用"单位称号。

公司的第一次创业和发展,只能说明过去,公司的明天还要看今后的努力。当前我们××地区发展个私企业的大气候已经形成,可以称得上史无前例。"××××、××××"的口号响彻云霄,我们的一些管理部门,工作作风也有了实质性的转变。个私企业的发展一靠政策,二靠努力,为此,我们公司完全有信心保持旺盛的斗志和持之以恒的精神,努力进行企业的第二次创业和发展。企业十分欢迎各路英才和我们共同努力,同奔灿烂的明天!

法定代表人:××
地址:×县××经济开发区
电话:××××××
传真:××××××
邮政编码:××××××

(引自《浙江日报》1998年6月26日,略有改动)

简析:

这则企业简介从题目到正文的内容安排都是一般企业简介最常采用的样式。第一段介绍企业概况;第二段说明企业业务开展的情况和获得的荣誉;第三段表明企业今后发展的决心。它在语言上没有采用文学性的修辞手法,而是用具体的数字及其公司所获得的荣誉朴实无华地展现自己的实力,给人一种勤勉、踏实、可靠、可信而不张扬的良好印象。因此,企业简介并不一定非要用华丽的包装来表现自己,有时只要将企业如实恰当地介绍出来也能达到广告般的效果。

思考题

1. 商业广告分哪些类型？其特点是什么？怎样写作商业广告？
2. 商务公示的作用是什么？它包括哪些类型？怎样写作商务公示？
3. 怎样写企业简介？

第十五章　涉外类商务文书

第一节　概　　述

一、涉外商务文书的概念和特点

涉外商务文书是指人们在从事涉外经济贸易活动中处理各类业务问题所形成并使用的商务文书。

由于世界各个国家的地理条件和生产力发展水平的不一致，使不同的国家拥有不同的资源和产品。通过涉外商务往来，互通有无，不仅能改善各国人民的物质生活，而且还可以使一些新的科学技术，通过技术引进和贸易推广到世界各地，较快地推动人类社会的进步。尤其是在第二次世界大战之后，由于生产力水平的提高和科学技术的发展，商品贸易有了比较丰富的物质基础，涉外商务活动有了迅速的增多，由传统的国际贸易形式，如商品交换等的"有形贸易"发展为包括劳务、资本、技术、管理和其他知识所有权等的"无形贸易"。

涉外商务是超越国界的商务活动，要牵涉到国际生产条件、国际分工和专业化的问题。由于各国经济发展水平的差异，法律和风俗习惯的不同，也由于各国的对外商务政策有异，关税和进出口也有不同程度的限制，所以，涉外商务中的变化因素是相当多的。如再加上外汇汇率的浮动和管制等因素，情况就更加变化莫测了。也正因为如此，国际间迫切需要有一套完整的贸易条例供大家遵循。国际贸易组织（WTO）所形成的一些规定也只是在涉外商务活动中通过长期实践而逐渐形成的规范。这些规范只有经过协约国之间的认可和接受，才具有法律约束力。另外，当事人之间，也可以通过合同或协议订立的条款，排除或减损国际惯例对他们的作用。因此，涉外商务活动最大的特点就是明确性强。如在国际贸易文书中，对交易的内容、交货的地点和时间、装运安排、运输途中风险责任、保险责任、商品品质和数量的检验、付款方式、仲裁途径等,都要求有相当明确的说明。

二、涉外商务文书的种类

涉外文书的种类繁多,大致包括以下几类:

1. 涉外贸易文书。包括进出口业务函电、进出口合同、进出口业务单证、进出口专用文件等。

2. 涉外经济合作文书。包括项目意向书、项目建议书、项目协议书、经济合作合同、企业章程等。

3. 涉外财务文书。一般包括涉外企业资信调查报告、中外合营企业的财务规章制度、财务分析报告、财务审计报告、清产核资报告等。

4. 涉外司法文书。包括涉外贸易索赔文书、涉外经济仲裁文书等。

5. 涉外商务通用文书。包括商务经贸宣传文书、商务贸易广告、涉外经贸新闻发布、涉外商务请柬和邀请书等。

第二节 涉外贸易文书

一般常见的涉外贸易类型,包括逐笔销售形式的进出口贸易、专口贸易、包销和经销、代理贸易、寄售贸易、加工贸易、补偿贸易、合资企业、投标、拍卖和商品交易所等。不同的贸易形式,需要不同的票据文书,其内容和重点也会不同。但无论是逐笔销售进出口贸易,还是经销代理,都有一些共同的程序,比如交易磋商阶段的询盘、报盘、订货、发货、投卖保险、货物装运、支付货款等,是商品交易的基本步骤。

一、询价信

询价信主要是指在询盘阶段了解有关商品的价格,向卖方索取商品目录、价目表、样品或样本等书信形式的文书。询价信以内容简单清晰为要,如果与对方属于初次交往，则写信人必须介绍自己所经营的业务类型，对哪一类商品有兴趣；此外还要说明自己如何得知对方的商号和地址。

二、报价单

报价单是指卖方向买方提供有关商品的价格、数量、规格、交货方式及期限、付款方式等的文书。报价单可以用书信形式写作。

一份报价单一般包括以下几项内容：

1. 编号。
2. 日期。
3. 货物名称、种类、规格。
4. 货物数量。
5. 价格。在这一部分中必须说明是哪一种报价条件，是成本及运费价格，还是成本保险及运费价格，或者是船上交货价格。不同的交易条件，会影响买方的成本计算，所以这一点相当重要。另外，由于买卖双方的磋商需要时间，货物的运送也需要时间，在这段时间里，货价和生产情况可能有所变化，所以在报盘时，应该说明所报的是否是实盘。

三、订单

订单是买方向卖方提出的要求，要求对方按订单所列的各项条件供货的文书。订单一经卖方确认，就可以成为对买卖双方都有约束力的合同，所以订单的制定，必须准确和清楚，以免日后双方各执一词。

订单一般包括以下几项内容：

1. 编号。
2. 日期。
3. 货物名称和种类。如果是按照样品来订货，可以简单注明是依照样品就可以了。但是有些大型商品无法事先提供样品，就要用文字说明。卖方如事先已经提供了货物的图样、文字介绍和货号，说明时可简单一些。
4. 货物规格。必要时可说明规格的检验方式。
5. 货物数量。货物的数量要明确注明，不能说明准确数量时，可以注明最高量与最低量。有时还需要说明是否允许溢短装及溢短装的上下限。

6. 价格。必须说明价格条件,如果价格包括保险在内,则必须同时说明保险的范围和保险额。另外,货价是根据何时何地的兑换率折算的,也要交代清楚。

7. 运货条件。装货的地点、日期、运送方式,并说明运费由哪一方支付。

8. 包装。说明包装方式、商标及装运指示。有些货物需要特殊的包装方式,比如金属货品需要加油纸或在木箱里加锌皮,以防生锈;易碎的货品要用草或藤丝填满空隙,并在表面注明"小心搬运"或"易碎货物"等字样。

9. 付款条件。说明用电汇还是用信用卡支付。

10. 需要的单据。卖方一旦接受订单,买方要求什么单据,一式几份,都应有详细的指示。比如需要提单两份、商业发票四份、保险单两份等。

11. 其他条件。如果洽谈有期限,或者卖方虽然接受了订单但不能发货,其责任如何确定等问题,都可以在订单上同时说明。

四、售货确认书(销售合约)

售货确认书是卖方在收到买方的订单,认为可以接受买方所提出的各种条件以后,发给买方确认订货的文件。确认书一旦发出,交易即告成立,双方必须分别履行其所承担的义务,不能任意撤销交易。确认书的内容可繁可简,简单的做法就是用电函表示接受。为了避免差错,有时需要把双方同意的主要交易内容再重复一遍,把它作为正式的销售合同,寄给买方签署。因此售货确认书所包括的内容有时与订单基本相同,但是为了保障自己的利益,买方常常会在订单的基础上作一些补充说明。比如说明货物数量卖方可以有一定比例的增减;买方必须在货物付运前多少时间内把信用证明寄到卖方手上,否则卖方因此不能按时装运货物则不承担责任,也无需赔偿卖方的损失,甚至还有权向买方提出索赔等。

如果买方只是一个中间商,还要向本地厂商购入货物,再转售给国外入口商的话,那么中间商必须在销售合约中声明货物的样式、品质等,要经厂方最后同意为准,卖方也有权根据厂方的意见,对货品样式作一定程度的修改。有的货品有色差,如纺织品、天然物制成的化妆品等,卖方也应在合约中声明。

五、出口许可证

国际贸易市场常常因为贸易保护主义的干扰而使得某些产品的进出口受到限制,只有申请出口许可证才能正常交易。出口证有标准的格式,内容包括:

1. 出口商的商号、地址、商业登记号码。
2. 收货人及地址。
3. 制造商及地址、制造商声明、来源证号码。
4. 船只名称及离港日期。
5. 目的地国名。
6. 码头、号码及数量。
7. 货物种类、原料出产国。
8. 数量。
9. 船上交货价格。
10. 到岸价。
11. 货物分类编号。
12. 持有配额、出口授权书或许可证的商号。
13. 配额持有者编号或出口授权编号。
14. 以配额单位计算的付运数量。
15. 出口商声明书。

六、信用证

信用证是银行根据买方的请求,开给卖方的一种保证支付货款的书面凭证。信用证在国际贸易中是一种常见的交付货款的方法。信用证的种类繁多,内容不一,其中以不可撤销信用证最为普遍。信用证包括的项目有:

1. 信用证受益人姓名。指买方。
2. 信用证申请人姓名。指卖方。
3. 货物种类。
4. 数量与单价。
5. 包装。

6. 信用证金额。

7. 付船期。

8. 付船口岸。

9. 目的地。

10. 是否接受分期付船。

11. 是否接受转船。

12. 所需单据。如保险单、验货证明书等。

13. 信用证有效期限。

14. 其他条款。

15. 信用证种类。

七、保险申请书

货物装运之前，买卖双方要根据合约规定的交易形式，由买方或由卖方为有关的货物投买保险，以免在运输工程中有所损失。保险申请书可以用一般的书信形式，向保险公司要求投买保险，也可以用表格形式，将主要项目填写上去。不论哪种形式，投保申请主要包括下列内容：

1. 投保者姓名。

2. 货物种类及数量。

3. 码头及货箱号码。

4. 船名。

5. 开船日期。

6. 装货及卸货地点。

7. 赔偿地点。

8. 投保金额。

9. 投保项目。

八、提单

提单是货物抵达目的地后，买方用来提取货物的凭证，是有承运方根据卖方的落货证明而制定的。内容包括：

1. 收货人名称及地址。

2. 出口商或托运人名称。

3. 船名、船次。

4. 装货港。

5. 卸货港。

6. 最后目的地。

7. 货物种类、标志及数量。

8. 码头及货箱号码。

9. 货物毛重。

10. 运费支付地点。

11. 承运公司的规定。如承运人的责任范围、责任期限、免责条款、运费及其他费用、留置权、赔偿以及诸如对危险品的处理方法等等作详细的说明。

第三节 涉外项目意向书

一、涉外项目意向书的概念

涉外项目意向书是中外双方当事人对某一项目有共同意愿而订立的文书。它是双方在对对方的资信、技术、经营现状、商业信誉等方面都还不甚了解的情况下，双方本着真诚合作的意向而初步订立的文书。这种文书就内容而言，往往比较原则、概括、粗放，很少涉及到具体事宜，但它却是项目合同书签订之前的重要文书之一。因此签订意向书应该是双方合作成功的一个必不可少的环节。

意向书在性质上与合同相似，但意向书不具有强制性的法律效力，它的作用主要在于为双方进一步谈判直至订立合同奠定一个框架和基础。

二、涉外意向书的特点

1. 倾向的一致性。当事人各方对项目合作基本上有倾向一致的表示，不存在原则性的分歧。但这种一致性只是倾向性的,不涉及具体的条款,在进一步商谈的时候,双方之间尚留有一定的谈判空间。

2. 不具有法律效力。意向书是一个初步的、原则的打算,在内容上只反映当事人各方的初步设想,它是双方共同意愿的记录,是编制项目建议书和签订合同的基础,虽具有一定的约束力,但不具有法律效力。

3. 表述上的灵活性。意向书的行文不像合同那样要求统一的规范,而是有一定的灵活性。如意思的表达、语言的运用、条款的设置等往往都比较灵活。

三、涉外项目意向书的种类

按照涉外企业的不同类型,可将意向书分为三类:

1. 中外合资企业项目意向书。这是指中外双方或多方当事人就某个项目进行研究和探讨后有合作兴趣,要求在我国境内建立"合资企业",并要求进一步洽谈的情况下,签订的具有共同意愿和趋向性的文书。其中,外方当事人可以是外国公司、企业或其他经济组织;而中方当事人则是指我国的公司、企业或其他经济组织。中外双方当事人合资所建立的企业应是"股权式合营企业",应经我国政府批准成立,应遵守我国法律,并在平等互利的原则的指导下,共同投资,共同经营,共担风险,共负盈亏。中外双方或多方当事人的权利和义务,应与各自的股权相适应,实行有限责任,独立自主。中外合资企业项目意向书必须充分注意并紧紧围绕中外合资企业的上述特点来签订,同时还要严格按照有关法规去操作。

2. 中外合作企业项目意向书。这是指中外双方或多方当事人就某个项目进行研究和探讨后有合作兴趣,要求在我国境内建立"合作企业",并要求进一步洽谈的情况下,签订的具有共同意愿和趋向性的文书。与上述中外合资企业不同的是,与这种意向书相关联的中外合作企业,是一种合作经营组织,它属于"契约式合作企业"。合作双方或多方的责任、权利、义务,是由双方或多方经协商谈判后在合同中加以规定的。因此,在签订中外合作企业项目意向书时,必须充分注意"中外合作企业"的特点,并应以相关法律法规为法律依据基础。

3. 外商独资企业项目意向书。这是指外商经考察和研究,对某个项目感兴趣,要求在我国境内建立独资企业,并在要求进一步考察的情况下,与我国有关主管部门签订的表达双方意向的文书。这里所说的外商包括外国公司、企业、经济组织或个人。外商独资企业的建立也应经我国政府的批准，遵守我国法律。其特点是外商独自出资，独立经营，自负盈亏。签订这种意向书也应充分注意外商独资企业的特点，并应以相关法律法规为法律依据基础。

四、涉外项目意向书的基本内容

涉外项目意向书的内容因项目不同，内容也各有不同。但从总体上看，无论是何项目，其主要内容基本上是一致的。主要包括：

1. 意向书当事人双方或多方的全称、注册国家及日期、法人代表姓名、国籍、职务、企业地址。
2. 意向合营双方或多方的权利与义务。
3. 合作意向所依据的法律法规。
4. 项目的名称、生产或经营规模、产品、销售比例、利益分配、入股办法、投资数、效益评估与测算。
5. 意向书签订的日期与地点、当事人双方或多方谈判人的基本情况等。
6. 当事人双方或多方下一步各自要做的工作等。

五、涉外项目意向书的写作格式

涉外项目意向书的基本格式由四部分构成，即标题、导语、正文和结尾。

（一）标题

标题一般由项目名称和立项文书的文种名称两部分构成，如《合资经营××公司意向书》；也可由合资企业名称、项目名称和文种三部分构成，如《××国××公司与中国××公司合资意向书》；有时也可直接用"意向书"来代替标题。

（二）导语

导语即意向书的开头，或称引言。导语要求用一段文字简明扼要地写清意向书当事人双方或多方的单位名称,明确该意向书的指导思想和法律依据,并写明磋商的简单情况和订立此意向书的总目标。导语的末尾常用"达成意向如下"或"现达成如下意向"的承启句过渡到正文主体部分。

(三) 正文

正文是意向书的主体,是其核心内容部分,即项目的具体条款部分。这一部分根据内容表述的需要,常采用条块式结构行文。即把双方或多方达成的意向内容分成若干部分,每一部分再列成若干条款,逐项逐条地表达清楚。

(四) 结尾

这是项目意向书的落款部分,通常由双方或多方谈判代表签署各方单位全称和代表的姓名,加盖印章,并写明签订时间。

六、写作意向书应注意的几个问题

涉外项目意向书仅仅是当事人双方对某个项目所表示的意愿和趋向性意见,双方还都处于相互了解的阶段,还仅仅是合作的开始。因此编写意向书务必要注意分寸,要留有余地,具体说来如下:

1. 意向书中凡属关键性的具体条款内容,不可作明确表示。如对方投资的技术或设备估计、产品的内外销比例、利润分配的比例等,都不能作具体的表示,只能作意向性的表示。

2. 意向书的条款中,不能写入同我国现行政策法规相抵触的内容,也不能列入超越本项目经营范围的合作内容。

3. 意向书的语言要准确得体,用语不能言过其实,不能产生歧义,不能用合同语言来写项目意向书。如"合资公司经批准的内销产品全部由中国物资部门、商业部门包销或代销",这样的语言纯属合同语言,说得十分肯定、具体,就不适宜于意向书。

七、例文分析

[例文87]

合资兴办一次性餐具加工厂意向书

××省××××包装印刷厂(以下简称甲方)与××××贸易公司(以下简称乙方)本着平等互利的原则,先后于×年×月×日、×年×月×日两次就合资兴办一次性餐具加工厂事宜进行了协商,达成如下合作意向:

一、双方按《中华人民共和国中外合资经营企业法》及其他有关规定合资兴办一家一次性餐具加工厂。合资企业名称暂定为"××快餐餐具有限公司"。

二、甲方以现厂区东部的肆幢车间、壹幢办公楼、贰拾亩厂区空地和其他生产生活资料作价入股。作价入股股份的计算以双方认可的资产评估机构、土地评估机构评估结果为准。乙方一次性投入约人民币伍佰伍拾万元。其中包括提供全套一次性餐具生产机器肆套,辅助设备,生产和工作用车伍辆,现有企业改造、配套资金和企业生产周转金。具体投入数额视甲方资产、土地作价情况而定。甲乙双方的投资比例确定在甲方占×%,乙方占×%。

三、合资企业的主导产品是纸饭盒、纸碟、纸碗、纸杯等各式纸质餐具,预计年产量为×亿只。其中×%由乙方负责出口销售。

四、甲方负责合资企业的申报立项、登记注册、场地设施改造、财产保险等工作,乙方负责提供和安装设备、培训技术人员、提供国际市场信息。

五、合营期限定为壹拾贰年整,即从×年×月×日起至×年×月×日止。期满后如需继续合作,应经双方协商同意,并向有关部门申报办理延期手续。

六、产品价格由双方协商确定。所需原材料根据出口需要,可由乙方进口,或由甲方在国内解决。

七、合营期满后,其固定资产残值归甲方所有。

八、双方按认可的投资比例分配利润及承担亏损责任。

九、未尽事宜,双方在今后协商补充。甲乙双方在完成合资办厂的准备工作后,约定时间进行磋商,签订正式协议。

十、本意向书用中文书写,一式六份,双方各执三份。

甲方:××××包装印刷厂(印)　　乙方:××××贸易公司(印)

代表:×××(签名)　　　　　　　代表:×××(签名)

　　　×××(签名)　　　　　　　　　　×××(签名)

×年×月×日

(引自《商务写作》,程大荣、潘水根编著,略有改动)

简析:

这篇中外合资建厂意向书的写法较为规范。较之合同、协议书等协约性文书,意向书显得更为概括,其用语也更为委婉含蓄。导语也即开头部分着重介绍了意向书当事人的单位名称以及磋商的简单情况。正文部分是该意向书的核心部分,采用分条列项的方式来结构行文,清楚明了。

第四节　中外合资经营企业合同

一、中外合资经营企业合同的概念和特点

中外合资经营企业合同,是指我国的企业或其他经济组织,与外国或境外的企业或其他组织及其个人,以合资经营企业为目的,明确双方共同投资、共同经营、共负盈亏、共担风险中的权利和义务协议书。

中外合资经营企业的合同有如下特点:

1. 合同的主体,一方为中国当事人,另一方为外国或境外当事人,双方当事人都具有中国法人资格。合同经我国政府审批机关批准生效后,设在中国境内的合资企业便具有特定的法规性和法律地位。中外双方各有一个企业法人资格,各有一名法定代表人。即合同双方当事人都是中国法人,都必须受中国法律的管辖。

2. 中外合资经营企业合同必须符合我国的有关法律法规。我国法律法规未作规定的,可以适用国际惯例。因为国际惯例是在国际交往中长期反复实践而逐步形成,并为人们广泛承认的规则和准则,它本身虽然不是法规,但它一旦为世界各国所承认,并经当事人协商采用,就具有法律的约束力。

二、中外合资经营企业合同的编写原则

中外合资经营企业合同是中外双方企业之间权利与义务关系的确认,因此在写作过程中要比国内的合同编写更严格。具体来说必须遵循以下三条原则:

1. 独立自主的原则。独立自主是对外开放的基础和前提,是国家自主权的集中体现。没有独立自主、维护国家主权、保护国家利益的基本原则,对外开放就失去了价值。我国的法律明确规定:在中国境内的外国企业和其他经济组织以及中外合资经营的企业,都必须遵守中华人民共和国的法律。因此,一切有损于国家主权、安全、利益的条款都不能写进合同。

2. 平等互利的原则。所谓平等,就是合营双方当事人的法律地位一律平等,权利义务对等;所谓互利,就是双方当事人在经济上互惠互利。双方当事人在平等、自愿、合意的基础上,就合同条款经协商达成一致。这种原则不仅要体现在协商的过程中,也体现在合同订立和履行中,更体现在合同的具体条款中。总之,订立合同时,当事人双方只有真正做到平等互利、协商一致,才能在法律规定的范围内,真正实现资源优化配置、优势互补、互惠互利、共同发展的目标。

3. 符合项目可行性研究报告内容和批准文件要求的原则。中外合资经营企业合同必须以项目可行性研究报告为基础,所涉及到的有关内容必须和上级主管部门批准立项的文件要求相一致,不能将一些超越审批范围或与项目本身无关的内容写进合同。

三、中外合资经营企业合同的主要内容

根据《中华人民共和国中外合资经营企业法实施条例》第十四条规定,中外合资经营企业合同应包括下列主要内容:

1. 合营各方的名称、注册国家、法定地址和法定代表人的姓名、职务、国籍。
2. 合营企业名称、法定地位、宗旨、经营范围和规模。
3. 合营企业的投资总额、注册资本、合营各方的出资额、出资比例、出资方式、出资缴付期限以及出资额欠缴、转让的规定。
4. 合营各方利润的分配和亏损分担的比例。
5. 合营企业董事会的组成、董事名额的分配以及总经理、副总经理及其他高级管理人员的职责、权限和聘用办法。
6. 采用的主要生产设备、生产技术及其来源。
7. 原材料购买和产品销售方式,产品在中国境内和境外销售的比例。
8. 外汇资金收支的安排。

9. 财务、会计、审计的处理原则。
10. 有关劳动管理、工资福利、劳动保险等事项的规定。
11. 合营企业期限、解散及清算程序。
12. 违反合同的责任。
13. 解决合同各方之间争议的方式和程序。
14. 合同文本采用的文字和合同生效的条件。

另外,还应规定合营企业的附件与合营企业合同具有同等的法律效力。

上述内容仅是中外合营企业合同法定的内容范围,它只是编写合同的纲要条目。不过这些纲要条目却是任何合营企业合同都必须具备的主要内容。至于上述纲要条目中的具体条款内容,则需要根据合营企业项目的大小和双方代表谈判、协商的具体意见而定。

四、中外合资经营企业合同的写作格式

一份完整的中外合资经营企业合同应该由首部、正文和尾部三大部分构成。

（一）首部

首部即合同的开头部分,它包括合同的标题、前言和总则。

1. 标题。指合同的名称,通常是由合营公司的名称和文种两部分组成,如《中外合资经营××服装有限公司合同》。

2. 前言。通常是用简洁的文字概述合营各方根据何种法规和原则,同意建立合营公司、签订合同。如"中国××公司和××国××公司,根据《中华人民共和国中外合资经营企业法》和中国的其他有关法规,本着平等互利的原则,通过友好协商,同意在中华人民共和国××省××市,共同投资兴办合资经营企业,特订立本合同。"

3. 总则。一般作为合同的第一章,综述合营企业的组成,各方的名称、地址,以及合营企业的宗旨、投资总额、注册资本等内容。也有的合同将前言的内容冠以"总则"标目,而将总则的内容置于正文部分交代。

（二）正文

正文是合同的中心内容部分,主要包括定义条款、基本条款和一般条款

等内容。这些内容组合在一起,便是合同全文的主要条款。

1. 定义条款。即是对合同中的重要名词赋予定义的条文。例如,合同中使用了"净销售额"这一术语,那么在定义条款中就应该对这一术语的内涵和外延作出如下界定:"净销售额:是指市场销售额扣除包装费、保险费、运输费、各种税收、商业折扣、设备安装等各项费用。"当然,如果合同中没有需要解释和界定的名称、术语,合同中可不设定义条款。

2. 基本条款。是合同的核心内容条款,包括合同的商务条款和当事人的权利、义务等重要内容。如投资总额、注册资本、投资比例、出资方式以及保险等内容,都属于基本条款。

3. 一般条款,就是合同中法律性较强的共同条款,如违约与索赔、不可抗力、争议的解决办法、适用法律、合同的有限期限等内容均属一般条款。

(三)尾部

尾部包括合同的结束和落款部分。

合同的结束部分通常要用简要的文字说明合同使用何种文字、生效、合同的报批、合同正本和副本的份数、合同签订的时间与地点、合同正文与附件的关系等。

落款是合同各方当事人签名盖章,并署名年、月、日。

五、写作中外合资经营企业合同应注意的几个问题

1. 合同的整体内容必须符合我国的涉外经济法和国际惯例,并须经我国政府审批机关批准后方能生效。

2. 合同条款内容,必须详细、具体、完备。要根据合营双方谈判议定的事项,按照合资经营企业合同的程式化的规范内容,以及签约者必须遵守的条款规范,在相应的范围内填写条款内容。凡是合营双方谈判议定的条文内容,在合同中都不能疏漏,不能曲解,不能夸张、虚构,不能增减任何条款,必须详细、具体、完备。

3. 语言表述要准确。合资经营签约合同的语言运用要求十分严格,务必做到用语准确,字斟句酌,要能够按照规范化的合同格式,运用规范、严密、简明确切的语言,准确地表述合同内容。不能有一字之差、一语不当和半点失误,否则就会因此造成较大纠纷,甚至会造成难以挽回的经济损失。

当然,要准确地表述合同内容,除了语言运用要字斟句酌外,还应当注意准确地使用专用名称术语,包括计量单位的使用、数码的标写等,都要准确无误,而且要符合国际惯例。

思考题

1. 涉外贸易文书主要有哪几种类型?
2. 询价信、报价单、订单、售货确认书、出口许可证、信用证、保险申请书各自包括哪些内容?
3. 涉外项目意向书包括哪些基本内容?怎样写涉外项目意向书?
4. 中外合资经营企业合同主要包括哪些内容?

第十六章 经济诉讼文书

第一节 概 述

一、经济诉讼文书的概念和种类

经济诉讼文书是指参与法律活动的主体在处理经济活动因纠纷而引起的诉讼事务时,为实现当事人法律规定的权利或履行法律规定的义务而依法制作的具有法律效力和法律意义的一系列文件的总称。

经济诉讼文书的制作主体是指法定的机关、法定的组织和法定的公民。法定机关是指具有专门法律职能的执法机关,如人民法院、公证机关、仲裁机关、专利机关等。法定的组织和公民则是指处理各项经济纠纷中法律规定有权参与的组织和公民。

解决经济纠纷的途径有两种:一种是仲裁,一种是诉讼。仲裁是指经济纠纷的当事人根据事先或事后达成的仲裁协议,将其争议提交给第三者(仲裁机构)裁决;第三者应当事人的申请,依据事实和法律,通过仲裁审理,作出仲裁。

在经济诉讼过程中,必须递交和使用诉讼文书,诉讼文书是根据法律的规定而制作的。因而经济诉讼文书属于严格意义上的法律文书,一经法院认可,便具有了法律效力。

经济诉讼文书从引起经济纠纷当事人的身份来分,可分为国内经济诉讼文书和国际经济诉讼文书。国际经济诉讼也称涉外经济诉讼,是根据法律规定的程序,由人民法院以庭审的方式审理、裁判国际经济活动纠纷的一种活动。国际经济诉讼就其实质而言,属于涉外民事诉讼,人民法院在处理国际经济诉讼案件时所依据的程序就是民事诉讼法。

从制作主体来分,可分为法院制作的诉讼文书和当事人制作的诉讼文书。前者一旦依法作出就具有法律效力,如判决书;后者须在法院接受采纳之后才发挥其作用。

诉讼文书从其不同的作用来分,可分为起诉状、答辩状、判决书、调解书等等。它们都分别在诉讼的不同阶段制作和使用,起着不同的作用。

二、经济诉讼文书的作用和特点

经济诉讼文书的作用主要表现在以下几个方面:

1. 经济诉讼文书是法院受理经济案件的依据,如起诉状;
2. 经济诉讼文书是法院解决经济纠纷的法律凭证,如判决书;
3. 经济诉讼文书是诉讼活动的记录和凭证,反映了诉讼活动的全过程;
4. 经济诉讼文书是通过程序法律实施实体法律的重要手段。

经济诉讼文书是司法文书的重要组成部分,与其他司法文书一样具有以下几个特点。

1. 法律性。所谓法律性是指司法文书依照法律特别是民事诉讼法的规定,按照不同的文种、要求和时限由不同主体来制作,且只要符合法定条件就具有法律效力,产生法定效果,非经一定的程序不得任意改变或取消。法律对不同的诉讼当事人在诉讼的不同阶段应当制作和使用什么样的司法文书都作了明确规定,并且对不同的司法文书的作用和效力也都有清楚的区分。比如,民事诉讼状是原告人为向法院提起诉讼而制作的。它是在诉讼开始阶段使用的。起诉状一旦送交到法院,被法院接受后,就产生了法律效力,开始了审理案件的诉讼程序,非经一定的程序,不得变更和终止起诉状的效力。再如,判决书是法院处理民事纠纷的裁判和决定,它是由法院制作的。它一旦生效后,当事人就必须执行,任何人不得随意更改或终止判决。

司法文书的法律性还表现在司法文书的制作和使用,是法律规定的结果。任何一种司法文书都是依法制作和使用的,其制作主体和使用的时间不得任意改变,如法律规定起诉必须使用起诉状,而法院在判决案件时必须制作和使用判决书。《中华人民共和国民事诉讼法》第109条规定:"起诉应当向人民法院递交起诉状,并按照被告人数提出副本。"人民法院根据审查,对符合起诉条件的,则根据《中华人民共和国民事诉讼法》第112条规定,应当在 7 日内立案,并通知当事人,《中华人民共和国民事诉讼法》第 134 条规定,"人民法院对公开审理或者不公开审理的案件,一律公开宣告判决。当庭宣判的,应当在十日内发送判决书,定期宣判后立即发给判决书。"

2. 真实性。所谓真实性是指司法文书的内容必须反映案件的事实情况。司法文书在民事诉讼中是叙明事实,适用法律的专用文书,其内容必须是事实真实情况的反映,以及根据事实所适用的法律内容。因而,真实性包括所叙事实的真实和所适用法律的真实。无论是原告的起诉状、被告的答辩状、还是法院的判决书都必须体现"以事实为依据,以法律为准绳"的法律诉讼的原则,任何人不得在司法文书中有虚假的陈述。

3. 规范性。所谓规范性,是指司法文书的格式结构要求规范化。司法文书是一种高度程式化的文书,法律对其形式结构、内容要素等都有严格的规定和要求。如《中华人民共和国民事诉讼法》对起诉状、判决书等的主要内容要素都作了规定。规范性主要表现在以下几个方面:

(1) 结构固定。司法文书的结构一般分为首部、正文和尾部三部分。每一部分都有具体的要求。首部一般包括文书的名称、当事人的身份事项等;正文一般包括事实、理由、结论;尾部一般包括签名、年月日、印信等。有的文书还有附项。不同种类的诉讼文书对这三部分的繁简要求不尽相同。

(2) 事项固定。法律对诉讼文书的主要事项都作了规定,而且不同种类的诉讼文书所载事项也有不同的规定和要求,并固定不变,甚至每一事项的各个要素既不能任意增减,也不能依次颠倒。如当事人的身份事项,依次写明姓名、性别、年龄、民族、职业、住址等事项,其中不能缺少任何一项,否则会影响当事人的身份确定,甚至影响案件的审理。

(3) 称谓固定。司法文书中的称谓,必须严格按照法律的规定来使用,不能混淆。如第一审民事案件中的当事人分别称为"原告"、"被告"、"第三人",而第二审案件中的当事人则被称为"上诉人"、"被上诉人"等等。

(4) 用语固定。司法文书中的固定用语由于长期使用为人们所熟悉,而且它又具有很强的表现力,不应随意改写。如起诉状中的诉述请求、事实与理由等固定用语。

(5) 有些司法文书呈现表格化,表现出司法文书的规范化已达到高度的程式化,以至于现在有很多标准的表格式、填空式司法文书。

4. 准确性。所谓准确性是指司法文书的语言文字的规范化。司法文书是一种严肃庄重的文书,不仅其内容要准确、真实,其语言文字的运用也要求准确、精炼,符合法律规范,通俗易懂。在司法文书中,其表达应用规范的书面语言,不用方言土语、冷僻难懂的词语,不得随意简化汉字,不得有错别字。

五、经济诉述文书的写作要求

经济诉讼文书在写作上总体要求就是规范化,具体地说包括制作的规范化和辞章的规范化两个方面。

(一) 制作的规范化

即经济文书在写作时需要满足法律规定的基本要素和条件,包括以下几个方面:

1. 遵循格式。经济诉讼文书是一种规范化、程式化的文书,有较为固定的格式。在制作时须严格遵循其格式要求。做到文书结构的规范化、语言运用的程式化、内容事项的明确化,是司法文书在形式方面的基本要求。

2. 主旨明确,选材精当。制作经济诉讼文书必须有明确的目的和文书的中心意见。目的指的是诉讼文书要在诉讼过程中解决什么问题。中心意见就是指解决问题的事实意见和法律理由。这是诉讼文书的灵魂。必须以主旨贯穿于整个文书,统领全文,因而主旨必须鲜明集中,观点突出。

为了使诉讼文书的主旨鲜明突出,就必须合理、恰当地围绕主旨选取材料,选材必须注意以下几点:

(1) 材料必须客观真实。材料主要是指案情事实材料。它在事实文书中所反映的事实应当绝对客观、真实,这是诉讼文书对事实材料的第一要求。

(2) 材料不仅能够反映案件的事实,还必须能够说明当事人争议的性质,即必须能说明案件的性质,如是违约还是侵权等。这就要求写作时要对众多的材料有所取舍。

(3) 材料必须具体。事实材料必须具有行为的目的、产生、发展、结束的全过程,最忌笼统抽象。只有具体的写清事情发展的全过程,甚至其中的每个细节,才能从中看清问题的实质,从而为分清当事人的责任准备事实基础。

3. 叙事清楚,说理充分。经济诉讼是解决争议的工具,清楚地叙事,充分的说理是解决争议的前提。

叙述案件事实必须注意两个要求,一是法律上的要求,就是注意法律规定的行为的构成要件,在叙述案件事实时要围绕构成要件把事实叙述清楚;另一个是语言表达上的要求,就是通过语言文字把事实表达清楚。这两个方面必须结合在一起,同样重要。总之,叙述案件事实应当把案件的来龙去脉、发展构成、因果联系以及当事人的法律责任叙述清楚。为此,必须注意:其一,写清事实要素。案件的事实要素因案件的不同类别而有所不同。对经济纠纷案件而言,其案件事实主要应围绕当事人之间的权利和义务争执的事实来记叙。具体要素应写明纠纷发生的时间、地点、纠纷涉及的各方。纠纷产生的起因、过程、结局、后果,各方对所作行为主观状态以及说明的证据等。其二,写清关键情节。所谓关键情节主要是指决定或影响案件定型、当事人的法律责任以及影响问题严重程度的情节。其三,写清争执焦点。叙述案情事实就是为阐述案件争执的焦点和理由。争执的焦点和理由是案件事实的重要组成部分。其四,写清因果关系。因果关系是确定当事人承担责任的重要条件之一,因此在诉讼文书中必须把"目的——行为——后果"三者之间的关系交代清楚。其五,写清主要证据。证据是证明案件事实的根据,是事实赖以存在的基础。文书中涉及到的每一个事实,都应当有充分的论据来加以证明。在写清每个案件事实后,还必须写清能够足以证明事实存在的主要证据,把最具有说服力的论证写进诉讼文书,不可能也没必要把全部证据都写进去。根据法律规定,证据必须查证属实,并在法庭上出示、质证无疑后,才能作为定案的根据。

叙事清楚仅仅是为认定案件事实与确定案件性质准备了基础,根据法律的规定,任何案件事实的认定,都必须有充分的证据证明。然而,证据的形式是多样的,其内容也是复杂的。因而,在清楚的叙事以后,还需要对所运用的证据加以分析,阐述认定某事实的理由。在认定事实后,还需要对当事人行为的性质加以区分确定。通过分析已定事实,依据法律的规定,确定案件的性质。说理充分应注意以下几个问题:其一,认定事实证据。要具体写明证据,并且通过分析证据,证明所述事实确凿。其二,分析事理切实。无论是认定事实的理由或是适用法律的理由,都必须遵循以事实为依据,以法律为准绳的原则,恰如其分地说明事实理由,切实做到言之有据,言之有理。其三,适用法律准确。法律是阐明理由和作出处理决定或提出处理意见的准绳。因此,在阐述理由时必须注意准确地适用法律,援用法律条款。

在援用法律条款时,应力求明确具体。其四,论证前后一致。经济诉讼文书要有严密的逻辑性,对事实的认定和法律选用的论证说明不能前后矛盾。

4. 表达准确,逻辑严密。经济诉讼是说理性很强的文本,因而,其表达必须准确,其论证必须符合逻辑的规律,要准确地使用概念,正确地使用判断和推理形式。要做到这些,必须注意以下几个方面:

(1) 概念准确,前后一致。法律上使用的概念必须做到绝对准确、前后一致。有的概念外延很大,概括了很多同类事物,要使概念准确恰当,常使用限定概念的方法。同时还应注意避免使用容易引起混淆、指代不明的人称代词等。

(2) 正确判断,切忌武断。作为思维形式的判断,必须遵循思维规律的同一性、排中律、不矛盾等规律。使用判断的形式还必须符合客观事物的实际状况。在作出判断时,必须切实弄清该判断是否准确地反映了客观事实,切忌主观臆断。

(3) 合理推理,合乎逻辑。推理是在运用概念、判断的基础上,进一步进行更复杂的思维活动的思维形式。也就是从已有的判断推出另一个判断的思维形式。一般的推理是由两个或三个判断组成的。推理所依据的判断称为前提,推理得出的判断称为结论。推理就是从前提得出结论。推理的种类很多,而且每种推理形式都有其本身应遵循的规律和逻辑规则。

(二) 辞章的基本要求

1. 语言准确。经济诉讼文书是依据事实,根据法律制作的,其内容直接涉及到当事人的利益,因此对语言文字的准确性要求很高。要做到语言准确,语义单一,既符合法律的有关规定,又符合语言规律。

语言准确,还必须确切使用专业术语。法律术语都是对一定法律行为和法律事实的高度概括,如果用其他生活中的词语是很难准确科学地予以表述的。要将法律术语与通俗易懂相结合。另外,语言准确还要做到称谓恰当,符合法律规定。除了法律中规定的称谓外,对于生活中称谓在诉讼文书中也应注意使用书面语言。

2. 句式规范。经济诉讼文书中的语言属于规范的书面语言,语句力求完整,尽量少用省略句式,以免混淆,如有使用,其省略句也应符合语法规定。

在经济诉讼文书中,有许多定型的句子,用以表述当事人的行为的事实和司法机关对其行为的评价,如用"原告诉称"、"被告辩称"、"本院认为"这类主谓短语,引出当事人的诉辩意见,或阐明司法机关处理理由。用"违反……"、"属于……"这种动宾谓语句说明问题的性质。当然除了恰当地使用这些固定的句式以显示司法文书的规范性外,也可适当运用较为灵活的句式,减少司法文书公式化和刻板的一面。

3. 修辞妥帖。经济诉讼文书的语体风格属于公文语体,在修辞方面宜用消极修辞,且应特别注意妥帖。因此应注意以下几个方面:

(1) 语言风格应朴素平实,不能描绘渲染,更不能夸张虚构。语言须平实,逻辑须缜密。即使用作具体的说明,也需明确清晰,合乎分寸。

(2) 叙事说理,贵在直陈,不用曲笔。叙事的目的在于清楚地反映当事人的行为及行为性质以及由此所应承担的法律责任。叙事案情事实一般只用顺叙的方法,按事实发展过程,以实际的推移为线索,写清事件的起因、发展、激化、冲突、直至结局,从中写出事件的来龙去脉,前因后果,从中分析当事人行为的性质以及应当承担的法律责任。理由的说明也应直接明确,抓住本质,指出要害,不应含糊啰嗦。但是,叙事的平铺直叙并不意味着语言的干瘪、枯燥乏味,说事精要也不是套话连篇,千篇一律。

(3) 语言须端庄郑重,使用较为规范的书面语。这里需注意一些文言虚词的使用。恰当合理地使用文言虚词,可以使诉讼文书显得简练,但用文言虚词时应注意符合文言虚词的使用规律。此外,使用文言虚词要注意整个文字的格调,如全篇语言比较简洁,用文言虚词则显得协调;如果全篇语言较为通俗,则尽量少用文言虚词。

(4) 恰当地使用一些积极的修辞手法,以增强诉讼文书的表达。一般而言,诉讼文书讲究事切言明、语句规整、逻辑谨严、详略得当。因而在诉讼文书中绝对排斥夸张、婉转等修辞手法的使用。一般也不使用比喻、借代的手法。但如引用、示现、排比等修辞手法还是常用的。举凡引用当事人原话、据以定性和量裁的法律条文的内容,都不可避免地使用引用的修辞格。"引用"的手法,可以使诉讼文书中的论证说明更为有力。"示现"是如实地再现情状的修辞手法,这种手法在诉讼文书中也经常使用。为了更好地叙述案件事实,反映当事人的行为活动状况,使人具体真切地了解当事人的所作所为就需要具体地叙述行为发生的整个过程,如实再现当时的情况,这时就要使用示现手法。此外,排比、对仗等修辞手法也可在经济诉讼文书中使用。只要使用恰当,就能增强诉讼文书的语气,增强其说服力。

第二节　经济纠纷起诉状

一、经济纠纷起诉状的概念

经济纠纷起诉状是经济纠纷的原告在自己的权益受到侵害或与他人发生争执纠纷时，向人民法院陈述纠纷事实，阐明起诉理由，提出诉讼请求，要求依法裁判的法律文书。

经济纠纷起诉状既是原告用以陈述产生纠纷事实，表明事实请求和理由，以维护自己合法权益的手段，又是直接引起诉讼程序的先决条件，为法院受理起诉、立案和审判提供必要的基础和前提。因此，经济纠纷起诉状对于保护当事人的合法权益，对于法院了解案情和处理案件，对于健全经济法令，都起着十分重要的作用。

起诉状可以由原告本人亲自具状，也可由律师代书。起草诉状时应当注意以下几点：

1. 必须有明确的诉讼对象。即写明通过法院向谁提出诉讼。如果对方当事人为两人以上，应当分清其所承担责任的主次，要将主要被告列在前面。

2. 必须有明确的诉讼标的，即对该经济案件争议的标的，提出明确、具体、切实、周全的请求。

3. 必须充分阐明诉讼请求所根据的事实和理由。

二、经济纠纷起诉状的写作格式

起诉状的基本格式分为首部、正文、尾部、附项四部分。

(一) 首部

首部主要包括两项基本内容，即标题和当事人的基本情况。

1. 标题。经济纠纷起诉状的标题是这种诉讼文书的特定名称，一般应根据经济纠纷案件的具体内容来确定。比如内容涉及经济合同纠纷，标题则应写明"经济合同纠纷起诉状"，但在写作实践中，多以"经济纠纷起诉状"或"经济起诉状"为标题。

2. 当事人的基本情况。当事人主要包括原告人和被告人。在这一结构项目栏内，要分别写明上述当事人的姓名、性别、年龄、民族、籍贯、职业、工作单位、住址等。如果上述当事人是法人或其他组织，则应写明单位全称、所在地、法定代表人的姓名、职务和所在单位。有时有些起诉状的当事人除原告人和被告人外，还可能牵涉到第三人。如果出现这种情况，起诉状中还应写明第三人的身份概况；第三人若是法人或其他组织，也应写明单位名称、所在地以及法定代表人的姓名和职务。

（二）正文

经济起诉状的正文主要包括请求事项（或诉讼请求）、事实和理由等两项结构内容。也有的起诉状稍有不同，其正文是由案由、事实和理由、请求事项三项结构内容构成，而且请求事项是置于事实和理由之后的。但普遍被采用的还是前者。

1. 请求事项。或称诉讼请求。它是原告人为维护自己的合法权益，向法院提出的依法解决有关经济权益争议或侵权赔偿的具体要求，也就是原告人请求法院解决的具体事项。因解决纠纷是由多种原因引起的，因此，不同的诉讼状请求事项也是因事而异的。有的诉请变更合同，有的诉请归还产权，有的诉请偿还拖欠货款，有的诉请赔付违约金，有的诉请赔偿其他损失，等等。有的诉状请求事项可能不止一项，若有两项以上的，还应一一分项列出。

2. 事实和理由。这是经济纠纷起诉状的正文，也是核心部分。这一部分必须坚持"以事实为依据，以法律为准绳"的原则，摆事实讲道理。所以它的主要内容应该包括事实和理由两个方面。事实方面，重在将当事人之间的经济利益关系以及发生经济纠纷的原因、经过和争执的焦点等交代清楚，让人明白案件的来龙去脉及症结所在，为阐述理由打下基础。

陈述事实之后便进行说理。说理时要注重分析有关事实和证据，以证明起诉所依据的事实和证据是可靠的。同时，还要通过分析权利和义务之间的关系，来进一步证明提出的诉讼请求是合理合法的。在上述论证的基础上，再引用恰当的法律条文，说明起诉的法律依据，就可以使整个论证过程顺理成章,严谨周密,理由充分,并具有无可辩驳的说服力。

(三) 尾部

经济纠纷起诉状的尾部主要包括致送法院、署名及日期三项内容。

1. 致送法院。这一项内容要表明该起诉状送呈的对象,即送呈哪一级法院审理,就标明哪一级法院的名称。一般用"此致""××人民法院"的形式标出。选择送呈对象时,必须注意选择对当事人起诉的案件有管辖权的人民法院。否则,不仅会给错送的人民法院造成麻烦,而且也会使自己的起诉耗时费力,甚至会贻误时机而影响案件的及时审结。

2. 署名及日期。原告署名应在经济纠纷起诉状尾部的右下方。原告若是法人或其他组织则应署单位全称,并加盖公章;在单位名称之下再由法定代表人签署姓名。一般用"具状人(或原告):××(或单位名称)"、"法定代表人:××"的形式署出。日期应写在署名之下,一般应是起诉状递交于人民法院的日期。年月日必须写全,不得任意缩略。

原告的起诉状如果是请律师代写的,则应在尾部年月日的下一行写明"××律师事务所律师××代书"或"代书人:××(姓名),××律师事务所律师"字样,以示负责。

(四) 附项

附项主要包括按照被告人数所提供的该起诉状的副本件数;还包括当事人按照法律规定所提供的各种证据的具体名称和件数,以及证人的姓名和住所等。附项一般用下列形式标注:

附:
- 本状副本:×份。
- 物证(名称):×件。
- 书证(名称):×件。
- 证人姓名和住所:××(姓名),××(住所)。

三、写作经济纠纷起诉状应注意的问题

1. 陈述事实要真实可靠。要写好起诉状,关键在于要真实地写明纠纷

案件的事实。即要求用实事求是的态度将所列事实概括、全面、具体地表述出来,做到真实可靠。不能为了追求胜诉而夸大事实或隐瞒缩小事实。任何夸大或隐瞒、缩小事实的行为都是经不起推敲和考察的。因此,起诉状的内容一旦失实,不仅会给法院造成不必要的负担,延误审结时间,而且还会使欲起诉人事与愿违,导致败诉。

2. 阐述理由要充分清楚。诉讼理由必须建立在确实充分的证据和真实可靠的事实基础之上,通过判断、推理,说清楚案件事实与理由之间、理由与请求事项之间所存在的因果关系,进行合乎逻辑的论证。对于诉讼理由的表述尤其要充分清楚,要有根有据,有条有理,清晰连贯,简洁明快,不要片面空洞,不要含糊其词,更不能前后矛盾。

3. 引用法律依据要准确完善。只有这样,才能保证提出的起诉的合理性和合法性。

4. 运用人称要前后一致。起诉状的人称有两种写法:一种是第三人称写法,即原告人如何,被告人如何。另一种是第一人称写法,即我方如何,对方(被告方)如何。无论使用何种写法,必须保证在同一份起诉状中所运用的人称必须前后一致,两种人称不能混用。

四、例文分析

[例文 88]

经济纠纷起诉状

原告:××市××工业研究院。地址:××市×××路×号。
法定代表人:×××,院长。
委托代理人:×××,本院开发处处长。
委托代理人:×××,××市第×律师事务所律师。
被告:××市××制药厂。地址:××市××区××路××号。
法定代表人:×××,厂长。
请求事项:
1. 被告应继续履行合同,交付原告实验技术转让费用 25 万元。
2. 被告应承担违约责任,赔偿原告的经济损失。

3. 被告应承担全部诉讼费用。

事实和理由：

原告××市××工业研究院与被告××市××制药厂于19××年×月就"丁胺那霉素"实验室技术成果转让达成协议，并于同年×月×日在××市正式签订科技转让合同。合同规定："乙方(××市××制药厂)应向甲方(××市××工业研究院)支付实验室技术转让费用30万元。合同生效后，乙方先付甲方5万元。小试验开始时支付甲方5万元，试验结束后再支付给甲方5万元。之后，每个月支付5万元，3个月内付清。"合同生效后，被告依照合同规定先支付了5万元；原告也按规定，交给被告技术资料和丁胺那霉素实验室技术。后来被告来原告处进行小实验复核，按合同规定应支付5万元，但被告未交付。当时原告虑及双方的友好关系，未再当面提出先交钱后实验的要求。被告派人进入实验室，连续进行了3次小试验验收工作。可是被告在实验开始时未付钱，实验结束后按规定应付的5万元也未交付。被告甚至在实验时还提出了一些合同上未曾列入的要求，原告稍有异议，被告便指责原告未履行合同。实际上，被告如此行事，正是为自己不履行合同在寻找借口。后来，为了妥善解决问题，原告特派有关处、室负责人赴京与被告磋商，希望双方原有的良好关系不要因此而受到伤害，要求被告按照合同办事，结果却未能得到解决。此后，原告又曾委托××律师事务所致函被告，要求其法定代表人或有关人员前来上海协商解决，而被告仍无诚意，竟采取拖延搪塞的办法，至今未作回应。为此，原告不得不向人民法院起诉，根据《中华人民共和国经济合同法》第六条第一款的规定，被告应承担违约责任，应继续履行合同，交付尚欠原告的实验技术转让费用25万元，并赔偿原告的经济损失。为维护原告的合法权益，请依法判决。

此致

××市中级人民法院

具状人：××市××工业研究院(公章)

法定代表人：×××，院长(签字)

20××年×月×日

附：
- 本起诉状副本6份。
- 书证5份。

● 物证 4 份。

(引自《商务文书》,赵子文主编)

简析:

这篇经济纠纷起诉状从行文格式到内容组织都较为规范,它严格地遵循了该类文书结构原则,由首部、正文、尾部三部分组成。在正文部分的详略安排也显得很合理,即将请求事项用三点来概括,明确具体又简练概括。而在阐述事实和理由时详细清楚,将这宗科技转让合同纠纷案的来龙去脉,交代得清清楚楚。陈述事实不枝不蔓,关键之处一目了然。

第三节 经济纠纷上诉状

一、经济纠纷上诉状的概念

经济纠纷上诉状,是经济诉讼的当事人或他的法定代表人对各级人民法院第一审案件的判决或裁定不服,在法定的诉讼期内按照法定程序,请求上一级法院撤销、变更原审判决、裁定或重新审理而提出的诉讼文书。

经济纠纷上诉状是针对原审法院的判决或裁定而作,上诉人针对第一审人民法院的裁判提出全部或部分否定意见是二审法院受理案件进行审理的依据。它对于二审法院全面了解案情,正确审理案件,提高办案质量,切实维护当事人的合法权益,具有重要作用。

制作上诉状以前,应当注意以下几点:

1. 了解上诉法定期限是否已过,如果超过,就不能再进行上诉,只能按照审判监督程序申请再审或提出申诉。

2. 明确上诉人要求上诉是否具备法律规定的实质要件,即上诉的对象是否为法律允许上诉的裁判。

二、经济纠纷上诉状的写作格式

经济纠纷上诉状与经济纠纷起诉状的写作模式基本相同,其结构也由首部、正文、结尾和附项四部分构成。

(一)首部

上诉状的首部包括标题和当事人基本情况两项结构内容。

1. 标题。一般以"经济纠纷上诉状"或"经济上诉状"为标题;也可用文种直接代替标题,写成"上诉状"。

2. 当事人的基本情况。主要包括上诉状、被上诉人以及他们的法定代表人、委托代理人等的基本情况。其中上诉人可以是一审原告,也可以是一审被告或第三人。被上诉人也是如此。上述当事人基本情况的有关项目内容和顺序写法,与起诉状相同。

(二)正文

经济纠纷上诉状的正文包括案由、上诉请求和上诉理由三项内容。

1. 案由。经济纠纷上诉状的案由经常用下列形式表述:"上诉人因××一案,不服××人民法院于×年×月×日作出的×法经初字(20××)第×号民事(或行政)判决(或裁定),现提起上诉。"

2. 上诉请求。即从上诉目的出发,根据不同案情,概括而明确地向二审法院提出各种不同的请求。如请求二审法院撤销原审判决或裁定;或者请求二审法院撤销原审判决或裁定中的某一项,予以改判;或者请求二审法院重新审理,等等。

3. 上诉理由。这是上诉状的关键部分和核心所在,主要是针对原审判决或裁定在认定事实和证据、适用法律以及诉讼程序三方面的错误进行反驳。在辩驳的基础上来证明上诉请求的合理性、合法性。上诉理由的表达方式主要是驳论的方法,反驳内容应根据原审判决或裁定的错误情况而定。若是原审判决或裁定在认定事实和证据方面有误,则应在反驳中提出纠正或否定的事实和证据。若是因引用法律条文不准而导致定性不当,则应在指出其错误的同时,提出正确适应的法律依据和恰当的定性判断。若是原审判决或裁定不合法定程序,也应在指出其错误的同时,提出纠正的法律依据。以上三方面,哪一方面有错误,就集中在哪一方面进行辩驳。若三个方面都有错误,可逐一加以反驳,也可综合起来进行反驳。但应以反驳事实错误为依据,同时也要善于进行法理分析,即运用某种法律条文或法学理论作为论据来反驳对方,以证明自己主张的正确性。在辩驳过程中,对自己在第一审程序中应该提供但因一时疏忽而未能提供的事实、理由和证据,也可借此机会作全面陈述或补充交代。但要注意抓住关键,说要害,要为能达到上诉目的、实现上诉请求服务。

(三)尾部

经济纠纷上诉状的尾部与起诉状相同,也包括致送法院、署名及日期等结构内容。按固定格式引文:"根据上述事实和法律,请求依法撤销原审判决(或裁定)。此致××人民法院。"在状纸的右下方,写明具状人姓名和具状时间。如系律师代书,可在下面写上:"××律师事务所××律师代书"。

(四)附项

写明上诉状副本数和提交证据的名称、件数。

三、写作经济纠纷上诉状应注意的几个问题

1. 上诉人必须具备上诉权。根据有关法律规定,上诉人必须是享有上诉权或可以依法行使上诉权的人。如经济纠纷案件的原告、被告以及有独立请求权的第三人,均有权提出上诉。无独立请求权的第三人,如果在第一审判决或裁定中确认其承担义务的,也有权向上一级人民法院提起上诉。

2. 上诉状的说理要有针对性。上诉状在提出上诉请求和阐述上诉理由时,必须针对第一审人民法院的判决或裁定不当而发,不能无的放矢。在辩驳原审判决或裁定错误时,也应针对原判文书或诉讼程序中的具体错误,抓住要害,一一指明,分层列项,逐条辩驳。上诉状的说理如果失去了针对性,那么它也就失去了自身的意义和作用。

3. 提交上诉状要注意期限。依据有关法律规定,提起上诉是有法定期限的。比如,对第一审人民法院有关经济纠纷案判决不服的上诉期限,规定为15天;对第一审人民法院有关经济纠纷案裁定不服的上诉期限,规定为10天。而且上诉期限均从接到第一审判决或裁定书的第二天起计算,逾期

不得上诉。因此,上诉人必须在法定上诉期限内及时制作并提交上诉状。

第四节　经济纠纷申诉状

一、经济纠纷申诉状的概念

经济纠纷申诉状是经济纠纷当事人及法定代表人对已经发生法律效力的判决或裁定不服,依法向原审人民法院或上级人民法院提出申诉,要求复查案件或重新审理并撤销、变更原审裁判的法律文书。

经济纠纷申诉状的主要作用在于维护法律尊严,在于保护申诉人的合法权益。经济纠纷当事人当发现已经生效的判决书或裁定确有错误时,已不能使用"起诉状"或"上诉状"形式提起诉讼,而只能使用"申诉状"进行申诉。通过申诉,不仅能引起审判监督程序的发生,使人民法院实事求是,重新审判,以保护申诉人的合法权益,而且也能使错误的判决得到及时纠正,以保证人民法院的裁判的正确性,从而达到维护法律尊严的目的。

经济纠纷上诉状是对尚未发生法律效力的判决或裁定不服而提出的诉状,而且要求上诉必须限制在法定的时间范围内进行。而经济纠纷申诉状,则是对已经发生法律效力的判决或裁定不服而提交的诉状。这是申诉状与上诉状的根本区别之所在。因此当事人在使用经济纠纷申诉状时,必须顾及到这样一个法律程序:经济纠纷案件未经重审、在新的判决或裁定尚未作出之前,原审判决或裁定依然生效,当事人不得停止执行。

二、经济纠纷申诉状的写作格式

经济纠纷申诉状的写作格式与经济纠纷上诉状基本相同。其结构也由首部、正文、尾部、附件四部分构成。

(一)首部

申诉状的首部包括标题和当事人的基本情况两项结构内容。

1. 标题。一般用"经济纠纷申诉状"或"经济申诉状"作为标题，也可用文种"申诉状"直接代替标题。

2. 当事人的基本情况。一般只写明申诉人或者他的法定代表人的基本情况。有时根据申诉的需要，也可写出被申诉人及其法定代表人的基本情况。这些基本情况的写法，与经济纠纷起诉状、上诉状相同，即要依次写明这些当事人的姓名、性别、年龄、民族、籍贯、职业和工作单位、住址等。

（二）正文

经济纠纷申诉状的正文包括案由、申诉请求、申诉事实和理由三项结构内容。

1. 案由。主要写明申诉人因何案不服何地人民法院字何号的判决或裁定而提出申诉。并常用下列形式表述："申诉人因不服××人民法院字（20××）第×号民事（或行政）判决（或裁决），特依法提出申诉"。

2. 申诉请求。明确提出申诉请求的目的，如请求法院撤销、变更原审判决或裁定，请求重审或再审，以纠正原审裁判不当。

3. 申诉事实和理由。这一部分是经济纠纷申诉状的重点之所在，其写法比较灵活。有的先概括写明原审判决或裁定所认定的事实和裁判意见，然后针对原裁判在认定事实和运用法律方面的错误进行申辩和反驳。也有先陈述客观事实和相关证据，然后再列示原审裁判在认定事实和适用法律方面的主要错误，分条列项逐一进行申辩和反驳。总之，这一部分无论内容怎样安排，材料如何组织，都要将案件的客观情况叙写清楚。尤其应该注意尽量提供新的事实，以支持申诉请求。同时还要注意针对原审判决中的主要错误，依据客观事实和正确的法理分析，进行辩驳论证和纠偏改正。

（三）尾部

经济纠纷申诉状的尾部与上诉状基本相同，也包括致送法院名称、署名及日期三项内容。与上诉状不同的是要将"上诉人"改为"申诉人"即可。

（四）附项

写明申诉状副本数和提交证据的名称、件数。

三、写作经济纠纷申诉状应注意的几个问题

1. 提起申诉必须按照案件管理范围,向主管机关依法行文。即对已经发生法律效力的判决或裁定认为确有错误,需要申诉时,必须向原审法院、检察院提起申诉。而且写申诉状时,一定要附上原审判决书或裁定书的原件或复印件。

2. 申诉要针锋相对,有的放矢。申诉必须针对原审判决不当提出,无论是陈述客观事实还是辩明理由,都要针对原审判决或裁定的错误行文,而且要驳辩有据,以理服人。

3. 申诉请求必须明确。在申诉状中,无论是认定原判是完全错误还是部分错误,无论是要求撤判还是改判,都要极其明确,不能含糊其词。

四、例文分析

[例文89]

经济纠纷申诉状

申诉人:××市××食品商店。地址:××市××路××号。

法定代表人:×××　职务:经理。

被申诉人:××市××贸易公司。地址:××市××路××号。

法定代表人:×××职务:经理。

申诉人因经济合同纠纷一案,不服××市××区人民法院19××年×月×日×法经字(19××)第×号判决,特依法提出申诉。

申诉请求:请求××市人民法院依法受理申诉人诉××市××贸易公司因经济合同纠纷致使申诉人遭受经济损失一案,要求撤销原判,重新审理,作出合法、合理之判决。

申诉事实和理由:

申诉人与被申诉人之间因经济合同纠纷一案,经××市××区人民法院审理,该院于19××年×月×日给当事人送达了×法经字(19××)第×号民事调解书,该调解书裁定如下:

1. 原告(即本案被申诉人)××市××贸易公司,将6560千克的工业奶粉退还给被告(即本案申诉人)××市××食品商店;被告于19××年×月×日前,将35250元货款返还原告。

2. 被告赔偿原告差旅费185元、鉴定费480元的经济损失(与上项同时给付)。诉讼费430元由被告全部负担。

申诉人认为,以上裁定是有悖于事理的,是不公正的。因为上述调解书中载有这样一段关键的事实:"原告在拿到被告提供的化验单后,又经××市卫生防疫部门的检验允许,将此工业奶粉转售给××冷饮厂。"调解书中这段记载与一审原告提出的"经济起诉状"记载完全相同。由此可见,本案中申诉人发到被申诉人处的工业奶粉是经过××市卫生防疫站检验认定为"作为工业奶粉可以使用"的合格奶粉,而不是不合格奶粉。据被申诉人自称:被申诉人收到发货的时间是19××年×月×日(见起诉状第×页第×行),于同年×月×日(见起诉状第×页第×行)送样品到××市卫生防疫站检验,检验结果:"作为工业奶粉可以使用"(见起诉状第×页第×行)。以上事实充分证明,申诉方售给被申诉方的工业奶粉是完全合格的。

19××年×月,被申诉方则根据××市卫生防疫站提供的检验报告单,以检验合格为证据,又将这一批工业奶粉顺利转售给××冷饮厂。但是,当该冷饮厂将此工业奶粉用于加工生产冷饮食品并且在已经使用670千克后,于19××年×月×日再次送样于××市卫生防疫站进行检验,此次的检验结果却为"不合格"。于是,××市××贸易公司便于19××年×月×日起诉于××市××区人民法院。

对此,申诉人认为,我方售出的同样商品,经过同一检验单位(××市卫生防疫站)的科学检验,前二次的检验结果都是合格奶粉。但转入××冷饮厂并且已经使用了部分奶粉之后再行检验,却成了不合格奶粉。其中造成这一批工业奶粉出现质量问题的责任方究竟是谁,岂不是不言而自明?更何况我方售出的工业奶粉是19××年×月,在此期间被申诉人取样进行检验,结果证明是合格奶粉,被申诉人才将这一批工业奶粉转售给××冷饮厂。至于转到××冷饮厂之后出现什么问题,这与申诉方又有什么关系呢?

因此,申诉人特要求人民法院在查明事实真相的情况下,撤销原判,对本案重新审理,作出公正的裁决。并要求通过人民法院追回××市××贸易公司无理纠缠给我方带来的一切经济损失。

此致

××市人民法院

申诉人：××市××食品商店（公章）
法定代表人：×××（签章）
19××年×月×日

附：
- 本申诉状副本2份。
- 原审民事调解书复印件1份。
- 书证4份。

（引自《商务文书》，赵子文主编）

简析：
　　这份经济纠纷申诉状行文格式标准规范，客观陈述清楚明白，说理申诉雄辩有力。尤其是在正文的事实和理由部分，依事据理，层层深入，是这份经济纠纷申诉状最成功的地方。申诉人先将原审民事调解书中的两条裁定意见作为反驳的对象，陈述与本案相关的客观事实，而且还以民事调解书和原告起诉状中的证据，得出了责任不在申诉方的结论。既然如此，那么申诉人向法院提出"要求撤销原判，作出合法、合理之判决"也就水到渠成，顺理成章了。

第五节　经济纠纷答辩状

一、经济纠纷答辩状的概念

　　经济纠纷答辩状是经济诉讼案中的被告人、被上诉人或被申诉人根据起诉状、上诉状、申诉状的内容，针对原告人、上诉人、申诉人诉讼请求的主张，作出肯定或否定的答复，并对其提出的事实和理由进行辩驳的书面材料。
　　书具答辩状重点是要针对对方当事人诉讼请求的主张及所依据的事实与

理由有的放矢进行反驳辩解,并于答辩之中阐明本方当事人的主张和根据。

按照法律规定,答辩是被告人、被上诉人依法享有的一种诉讼权利,是与起诉状、上诉状相应的诉讼法律文书。答辩状一方面有利于人民法院全面了解案情,另一方面也有利于保护当事人的合法权益。

二、经济纠纷答辩状的写作格式

经济纠纷答辩状的写作格式与前述几种诉状的结构模式大体相同,一般也包括首部、正文、尾部、附项四部分。

（一）首部

经济纠纷答辩状的首部主要包括以下两项结构内容：

1. 标题。一般以"经济纠纷答辩状"为标题,也可写成"经济答辩状",或者直接以文种名称命名"答辩状"。

2. 答辩人的基本情况。应依次写明答辩人的姓名、性别、年龄、民族、籍贯、职业和住址等基本情况。有代理人的,应另起一行写明代理人的姓名等基本情况。答辩人是法人或其他组织的,应写明该单位的名称、所在地、法定代表人的姓名、职务等。被答辩人的基本情况一般不须写出,如答辩内容需要也可写出。

（二）正文

经济纠纷答辩状的正文,包括案由、答辩理由、答辩意见等三项结构内容。

1. 案由。要写明对何人、何单位起诉或上诉的何案进行答辩。一审案件的答辩人是被告人,上诉案件的答辩人是被上诉人。答辩时一般用下述方式表明案由："因××一案,现提出答辩如下：……"或"××××年×月×日收到××人民法院送达的××一案的诉状副本一份,现依法答辩如下：……"。

2. 答辩理由。这一部分要针对起诉状或上诉状的内容,明确回答原告人或上诉人的诉讼请求,充分地阐明答辩方对案件的主张和理由。行文时,可根据双方在案件中的争执焦点,抓住关键,针锋相对地进行驳辩；用相反的事实、证据和理由论证答辩方主张的正确性,否定原告人、上诉人诉讼请求的错误。也可以诉讼程序为理由,证明对方没有具备起诉、上诉发生和进行的条件,进而反驳原告人或上诉人的诉讼请求。

3. 答辩意见。这一部分是在阐明理由的基础上,经过综合归纳,援引有关法律,进一步说明答辩理由的正确性,揭露对方法律行为的谬误;进而提出自己对纠纷的解决意见,请求人民法院依法公正合理地裁决。

(三)尾部

经济纠纷答辩状的尾部,包括致送法院的名称、答辩人署名和日期三项结构内容。

(四)附项

附项要写明有关的书证、物证等名称和件数;如果没有新的证据材料,只标明本答辩状副本件数即可。

三、写作经济纠纷答辩状应注意的问题

1. 答辩应有针对性,不可无的放矢。要针对原告人或上诉人所提出的事实、理由和诉讼请求进行答辩。在反驳对方的同时,也应有针对性地提出新的事实和理由,以支持自己的意见。
2. 要抓住关键问题进行答辩。答辩时要避免轻重不分、主次不明,切忌平均用力,面面俱到。
3. 要用事实、证据和法律根据进行答辩。不要空发议论、强词夺理、无理强辩,而要实事求是、依事据理,使答辩务必做到合情、合理、合法。

四、例文分析

[例文90]

经 济 答 辩 状

答辩人:××市××建筑工程公司。　地址:××市××路××号。

法定代表人:×××　职务:经理。

因原告××市××科技开发公司起诉我方在履行建筑工程承包合同的过程中"有弄虚作假、转包渔利等违法行为",进而要求我方退还预付工程款50万元及利息一案,现依法答辩如下:

一、起诉状所谓"被诉方采用欺诈手段签订此合同应属无效"纯属诬蔑。我方曾于19××年×月至×月担负了××餐厅3600m^{2}的建筑工程,××科技开发公司作为该餐厅的股东,其领导人亲眼看到了我公司的施工力量、速度和质量水平,因而主动要求我方承建××科技开发公司2号楼。我公司无论是技术力量还是设备力量(见设备清单)都是完全胜任的。可是,原告竟诬蔑我公司"故意制造自己技术力量如何雄厚、设备如何先进齐全的假象,隐瞒掩盖了它技术力量薄弱、基本上没有什么设备的真相"。其实,这种不实之辞纯粹是原告方为达到单方撕毁协议的目的而编造出来的一种借口。

二、起诉状称我方在履行合同的过程中"转包渔利……"云云,这也是自欺欺人之谈。其实原告对这样一个事实十分清楚:即原告只发包给我公司3536m^{2}一幢六层楼的工程项目。可是,这幢六层楼的工程项目发包后,不久,原告却更改图纸,增加了地下室工程;而且不与我方协商,便单方撕毁协议,擅自更换了新的施工队。在这种情况下,原告非但未能及时向我方作出解释,反而制造谎言,混淆视听,诬陷我方将此项工程转包他方,以求"从中渔利"。原告妄图以上述自欺欺人之谈作为确认合同无效的事实依据,哪里还有一点实事求是的态度!

三、原告在起诉状中还无端地指责我方"签订此协议未按章办事,违反法律程序。"其证据是"我方与被告方签订的施工协议,被告方未报其主管业务部门、工商行政管理机关和经办银行备案,这说明了被告方本身就没有真正的履约能力,只能从中渔利。"原告把是否备案和有无履约能力这样两个毫不相干的问题硬拉扯在一起,无非是想论证"此合同也无法成立"。然而事实并非如此。众所周知,合同签订后,按规定交有关部门备案,必须材料齐全。但就本案涉及的这份合同而言,由于原告中途更改资料,致使我方未能按规定及时备案。这也许就是原告所谓"未按章办事"的实际内容。且不说这"未按章办事"与"违反法律程序"毫不相干;即使两者相干,"违反了法律程序"、"未按章办事",但这责任也不在我方。因为造成"未按章办事"的直接原因在于原告"材料不全",致使合同未能按规定备案。因此,这"违反法律程序"、"未按章办事"的法律责任理应由原告来承担。由此不难看出,原告指责我方"未按章办事",不但不能说明我公司"没有真正的履约能力,只想从中渔利";相反,这恰恰说明原告在合同签订后毫无履行合同的诚意。事实上,原告在签订合同不久即改弦更张,擅自更改图纸,增加建筑面积,且于19××年×月底再一次酝酿2号楼工程招标事宜。这一切只能说明原告确实是为撕毁协议在做积极准备。

四、原告在起诉状中又称"协议基本没有主要条款,根本无法执行",这更是无稽之谈。事实是,原协议不仅工程项目、施工准备、工程质量、建筑材料和设备的供应、工程价款的支付与结算等主要条款一应俱全(见原协议复印件);而且原协议中未来得及规定的条款,后来在协商明确后都作了补充(见补充协议复印件)。比如竣工时间,在补充协议中即清楚地写明"于19××年×月×日竣工验收"。而且这个日期完全是按照原告××市××科技开发公司×基字[19××]×号函中的意见确定的。然而原告却不顾上述客观事实,指责协议"基本没有主要条款",实在是信口胡说!

原告在起诉状中连篇累牍地编造了大量谎言,其终极目的是要把协议打成"无效合同",以便为原告单方面撕毁协议开脱责任。但事实证明,协议的签订是合法的。原告单方面撕毁协议,应当承担毁约责任。原告毁约的非法行为已经给我公司造成了重大经济损失。答辩人为维护自己的合法权益,在作此答辩的同时还提出了反诉,请求贵院依法裁决原告因单方撕毁协议给我公司造成的直接经济损失(详见损失清单)。

此致
××市中级人民法院

答辩人:××市××建筑工程公司(印章)
法定代表人:×××(签章)
19××年×月×日

附:
- 本答辩状副本3份。
- 证据材料5份。
- 反诉证据材料2份。

(引自《商务文书》,赵子文主编)

简析：

这是一份事实证据清楚、答辩理由充分、答辩意见明确的经济纠纷答辩状。在正文部分所采用的是针对起诉状的内容分四项进行逐项反驳,确切有力。在反驳原告错误观点的同时,答辩人的答辩理由不言自明:有的是先叙述客观事实,然后再指明原告所持的错误观点;有的则是先指明原告在起诉中无端指责对方的企图,然后再列举事实反证对方指责的错误。答辩状正文中的最后一段属于综合归纳答辩人的观点,并以请求法院"依法裁决原告因单方撕毁协议给我公司造成的直接经济损失"来结束答辩。

第六节 经济仲裁申请书

一、经济仲裁申请书的概念

经济仲裁申请书是经济纠纷当事人为维护自己的合法权益,向有管辖权的仲裁机构提交的为解决经济实体权利争议的书面仲裁文书。

仲裁是市场经济条件下解决经济纠纷的重要途径之一。一方当事人决定采用仲裁方式解决纠纷时,首先应征得另一方当事人的同意,然后在双方自愿的前提下,双方立下仲裁协议书;一方当事人即可向有管辖权的仲裁机构提交仲裁申请书,仲裁机构也就可以受理、审理并作出裁决。因此,提交仲裁申请书应是直接引起仲裁程序的先决条件,为仲裁机构受理争议案件、进行审理并作出裁决提供了必要的基础和前提。仲裁申请书既是申请人依法提起仲裁的书面依据,同时又是被申请人需要答辩时向仲裁机构提交仲裁答辩的根据。

二、经济仲裁申请书的写作格式

经济仲裁申请书如同经济纠纷诉讼状文书一样,其结构也包括首部、正文和结尾三部分。

（一）首部

经济仲裁申请书的首部，包括标题和当事人的基本情况两项结构内容。

1. 标题。直接写明"仲裁申请书"或"经济仲裁申请书"即可。

2. 当事人的基本情况。当事人包括申请人、被申请人及其代理人或法定代表人。如果当事人是自然人，应依次写明其姓名、性别、年龄、民族、籍贯、职业、住址等。如果当事人是法人或其他组织，则应写明单位全称、所在地址以及法定代表人的姓名、职务等。

首部除上述两项结构内容外，有些较大单位使用的仲裁申请书，往往还有文书编号。如果有文书编号的，则应将其写在标题右下方的位置。

（二）正文

经济仲裁申请书的正文包括案由、申请仲裁理由、申请仲裁要求三项内容。

1. 案由。即交代仲裁的事由。案由的交代比较灵活，可以因文而异。有的以纠纷实质交代案由；有的则简明扼要地写明合同签订的时间、编号以及争议的缘由等内容，借以交代案由。

2. 申请仲裁理由。这一部分是仲裁的核心内容之一，它既是申请人提出仲裁申请的依据，又是仲裁机构进行裁决的主要根据。其主要内容是陈述事实，阐述理由。陈述事实，要把纠纷事实、尤其是双方争议的由来、发生和发展的经过要叙写清楚，其中被申请人的违约事实和双方争议的焦点更要突出交代明白。阐述理由，即要把申请仲裁的理由说清。要说清理由，就要在陈述事实的基础上，根据事实证据和有关法律、法规，将被申请人违约的性质和应承担的法律责任阐述清楚。事实清楚，证据可信，理由充分，才能使仲裁机构依事据理作出公断，申请人也才能达到仲裁的目的。

3. 申请仲裁要求。这一部分也是仲裁申请的核心内容之一。其主要内容包括申请人通过仲裁所要求达到的目的，以及要求仲裁机构所要解决的具体问题。比如要求解除合同、履行合约、退货还款、赔偿损失、支付违约金等等。所提要求应该明确具体，更应以事实为依据，以法律为准绳，务必做到合理、合法；不得强词夺理，提出一些不切实际、不合情理的过分要求。

"申请仲裁要求"这一结构内容既可放在"申请仲裁理由"之后，也可放在该结构内容之前、案由之后。如果是置于案由之后提出，其项目标头名称也可以换作"申请仲裁事项"或"申请仲裁目的"等。

(三) 尾部

经济仲裁申请书尾部包括致送仲裁机关名称、申请人署名、具文时间三项内容。致送仲裁机关名称,要用"此致","××工商行政管理局合同仲裁委员会"的形式写明。下一行的右下角写明申请人的姓名。如果是法人或其他组织,要写明法人单位或其他组织的全称,并写明法定代表人的姓名。另行下方标明具文时间,写全年月日。

(四) 附项

在尾部的左下角标明附项的内容。附项主要包括申请书副本份数、仲裁协议书份数、书证和物证件数以及证人的姓名、地址等。

三、写作仲裁申请书应注意的问题

1. 写作仲裁申请书要有的放矢。仲裁申请书在行文过程中要针对被申请人的违约事实和双方争议的焦点,提出仲裁申请的目的和要求;而且目的要明确,要求要具体。

2. 陈述事实要客观属实,判断违约要列示确凿证据,叙及争议条款要抓住关键,阐述理由要依事据法,不可泛泛而谈。

3. 仲裁申请书的语言要准确精练,中肯朴实。既要坚定、明确地表明对违约方和争议点的态度,又不能在措辞上盛气凌人、横加指责。

四、例文分析

[例文 91]

仲 裁 申 请 书

申请人:××市×××机械厂。　　地址:××市××路×号。
法定代表人:×××　　职务:厂长。
委托代理人:杨××,××市第一律师事务所律师。

被申请人：××市××花岗石厂。　地址：××市××区××乡××村。

法定代表人：×××　职务：厂长。

案由：申请人与被申请人之间于1996年9月15日签订工矿产品购销合同，因被申请人不按约履行合同、拖欠货款一案，申请人特提出仲裁申请。

申请仲裁事项：

1. 被申请人应给付拖欠货款××万元。
2. 被申请人应偿付延期付款违约金×万元。

申请仲裁理由：

1996年9月15日，我厂与××花岗石厂签订工矿产品购销合同。合同约定：我厂于1996年10月20日前供给花岗石厂TQ1800型锯石机4台，每台单价8.2万元，计货款32.8万元；我厂代办托运和负责安装技术指导，并对机器保修一年。花岗石厂付定金4万元，收货后，1996年底付货款××万元，1997年6月底付货款××万元（见附件×）。合同订立后，花岗石厂于1996年9月30日汇给我厂定金4万元，运费1万元，我厂依照合同规定，于当年10月12日将4台锯石机发运给花岗石厂（见附件×）。该厂收货后，自行安装，并于同年11月8日试车生产。12月30日付给我厂货款××万元，尚欠××万元。按照合同规定，余欠款项，花岗石厂应于1997年6月底前付清；可是，花岗石厂却到期未付。此后，我厂曾多次函电要求该厂付清所欠货款，该厂却提出了推迟付款的回复；我厂未予同意，仍要求该厂按约履行（见附件×）。在我厂一再要求下，花岗石厂于1998年7月8日致函我厂，竟要求对我厂售出的锯石机进行全面检查，并声称：如达不到使用要求，则退货、退款、赔偿经济损失、拒付所欠××万元。获悉该厂的无理要求，我厂又派人前往该厂协商，但该厂仍坚持己见，致使拖欠二年之久的货款纠纷至今未能解决。

申请人认为：被申请人××花岗石厂不按合同规定支付货款，而且中途又节外生枝，在锯石机已经正常运转两年多之后突然提出对锯石机进行全面检查的要求，这是毫无道理的。这是因为：

一、合同规定，锯石机由我厂负责安装和技术指导，并保修一年。可是花岗石厂却违反合同规定，收货后擅自安装、投产。因此，即使对锯石机进行检查，发现设备不能正常运转，其后果也应由花岗石厂自负。更何况我厂在合同约定的保修期内，已经派人员到该厂对锯石机进行过维修，保障了设备的正常运转。

　　二、我国法规明确规定了收货方对供货方所供产品质量提出异议的法定期限。如《工矿产品购销合同条例》第十五条第三项规定:"对某些必须安装运转后才能发现内在质量缺陷的产品,除另有规定或当事人另行商定提出异议的期限外,一般从运转之日起6个月以内提出异议。"该条第五项还规定:"如果需方未按规定期限提出异议的,视为所交产品符合合同规定。"申请人与被申请人之间所签订的合同规定,由我厂对该锯石机保修一年;但被申请人××花岗石厂未在机器运转后的一年内即1997年11月8日前提出任何书面异议,而是在机器运转后一年零八个月才提出(见附件:1998年7月8日××花岗石厂函)。因此,××花岗石厂提出我厂产品质量有问题的理由不能成立。

　　现依据我方与××花岗石厂仲裁协议向贵会申请仲裁。
　　此致
××市工商行政管理局经济合同仲裁委员会

申请人:××市×××机械厂(公章)
法定代表人:×××(签章)
1998年11月18日

附:
- 本仲裁申请书副本2份。
- 仲裁协议书1份。
- 书证5份。

(引自《商务文书》,赵子文主编,略有改动)

简析:
　　这是一篇较为规范的经济仲裁申请书。行文结构中规中矩,反驳有理有据,语言准确得体,措辞平和,态度中肯。案由部分简明扼要地点出纠纷实质,交代申请仲裁的理由。接着阐述产生纠纷的由来及其发展的经过,同时也将双方纠纷的焦点和盘托出。然后申请人再从两个方面具体申明自己的观点,并根据有关法规条款,辨明纠纷的责任。最后仲裁申请人又以仲裁协议为依据,再次提出请求,使得全篇在结构上显得更为完整。

第七节　经济仲裁答辩书

一、经济仲裁答辩书的概念

经济仲裁答辩书是指在经济仲裁活动中,被申请人为了维护自己的合法权益,针对申请人在仲裁申请书中所提出的问题和要求,向仲裁机关作出的答复和辩解的仲裁文书。

经济仲裁答辩书是与仲裁申请书相应的仲裁文书。根据仲裁条例规定,被申请人在收到经济仲裁申请书副本后,应在 15 日内向仲裁机关提交答辩书和有关证据。因此,提交经济仲裁答辩书既是仲裁规则的要求,也是被申请人应享有的权利。这不仅有利于被申请人更好地保护自己的合法权益,而且也有利于仲裁机关要全面地了解仲裁案情,从而正确地行使仲裁权。当然,如果被申请人不行使这种权利,不愿作出答辩,也不影响仲裁机关对案件的仲裁。

二、经济仲裁答辩书的写作格式

经济仲裁答辩书由首部、正文、尾部和附项四部分构成。

（一）首部

经济仲裁答辩书的首部包括标题、当事人的基本情况两项结构内容。

1. 标题。标明文书名称,写明"仲裁答辩书"或"经济仲裁答辩书"即可。

2. 当事人的基本情况。当事人包括答辩人(被申请人)、申请人及法定代表人或委托代理人。当事人基本情况的写法与仲裁申请书相同。不过,在写作实践中,因为答辩人都是就对方当事人(申请人)所申请的内容进行答辩的,所以对方当事人多不写出。

（二）正文

经济仲裁答辩书的正文一般包括案由、主文两大部分。

1. 案由。即提起答辩事由。在该部分中应写明对何人何单位（即仲裁申请人）提出的何种仲裁进行答辩。常用下列程式化文字表述："因申请人××诉我××一案，提出答辩如下"。需要说明的是，标头名称"案由"二字可在文面上标出，也可不标出。

2. 主文。这是经济仲裁答辩书的主体部分。其内容着重陈述答辩人的理由和意见。答辩理由的写作，一般先叙明案情，辨明原委；然后针对仲裁申请人在申请书中所提到的问题和要求进行答辩。如果对方所列举的事实和理由基本合情合理，答辩时只需明确表态，一语带过，然后重点阐明对方在引起纠纷中所应承担的责任。如果对方所列举的事实和理由部分不合情理，或者完全悖于情理，那么就需要重点辨析对方在哪些问题上怎样歪曲了事实，怎样违背了情理。当然，辨析的过程同时也是区分责任、阐明观点进而为自己辩解的过程。答辩意见，则是在充分阐述答辩理由的基础上，通过综合归纳，客观而明确地肯定自己在经济纠纷中的合理、合法行为，指出对方的悖理违法行为，并提出自己认为应当如何处理纠纷的意见和主张，请求仲裁机关作出公正裁决。

在具体的写作实践中，主文中的答辩理由和答辩意见既可以分开叙述，也可以合在一起表述。"答辩理由"、"答辩意见"之类的标头名称也多不标出；而且答辩理由和答辩意见的前后顺序也可以灵活变化。有的是先说理由，后说意见；有的则是先说意见，再说理由；也有的是分条列项，逐一辨明理由，分别提出意见。可见，主文的行为方式较为灵活，应因文而异，不必千篇一律。

（三）尾部

经济仲裁答辩书的尾部包括致送仲裁机关的名称、答辩人署名、具文时间及附项四项内容。其写法大致与仲裁申请书相同。

三、写作经济仲裁答辩书应注意的问题

1. 反驳要抓住关键。答辩离不开反驳，反驳对方时必须辨清足以影响

仲裁胜败的关键问题,有针对性地去反驳,不要在枝节问题上纠缠。

2. 答辩要据理力争。答辩中无论是陈述事实、阐述理由,还是反驳对方、区分责任,都要依事辩驳,据理力争。既要注意运用事实和论据进行分析论证,又要注意援引有关的法律条款作为辩驳说理的依据。切不可空泛议论,更不可无理狡辩。

3. 语言要朴实确切。答辩多在反驳中辨明是非曲直,因此语言难免会词锋犀利;但这也要以朴实、确切为前提。不要为了反驳对方而意气用事,以致措辞生硬,下笔武断,甚至挖苦讽刺,有失分寸,这些都是答辩用语之大忌。

四、例文分析

[例文92]

仲 裁 答 辩 书

答辩人:××市××房地产开发公司。　地址:××市××路××号。
法定代表人:×××　职务:经理。
申请人:××市第一建筑设计院。　地址:××市××路××号。
法定代表人:×××　职务:院长。

因申请人××市第一建筑设计院向贵会申请仲裁设计合同,追索设计费,赔偿损失一案,我公司根据事实特作如下答辩:

我公司与申请人于19××年×月×日签订了《(××)Ⅰ设-9》设计合同。根据合同条款,我公司向申请人预付定金5万元人民币,即设计费总额的20%。由于我公司是合股经营,鉴于工程建设投资较大,另一合股方要求从设计到施工完全由他们负责。因此,我公司于同年×月×日向申请人说明情况,提出要求终止合同。双方进行了多次磋商,终因申请人索取费用(包括所谓"设计费"和"赔偿费"等)过高,双方未能达成协议。于是申请人向贵会申请仲裁。现就申请人提出的理由答辩如下:

一、申请人要求我公司支付"设计方案意见"费7万元是毫无根据的。

根据19××年计委印发的《工程设计收费标准》总说明中第十七条的规定:"设计费按设计进度分期拨付,设计合同生效后,委托方应向设单位预付设计费的20%作为定金,初步设计完成后付30%,施工图完成后付50%。"然而申请方向我公司提交的是《设计方案意见书》,并不是初步设计书。根据规定,初步设计书应具有初步设计说明书,初步设计概算书及设备、结构、电器三个专业图纸。而申请人只交付《设计方案意见书》由我公司审批,我公司认为申请人没有完成初步设计,因此不能按规定支付设计费。

我公司与申请方签订的设计合同第八条第三款规定:"方案设计完成后20天内,甲方即向乙方支付设计费7万元。"该合同规定也是指初步设计书完成后付设计费7万元,并不是指《设计方案意见书》完成后即付7万元。申请人把两个不同的概念及内容混为一谈,向我公司追索7万元,既不符合国家的有关规定,也不符合合同条款规定。因此,我公司拒绝申请人的请求是有理由的。据此,申请人请求我公司支付延期款0.5万元的违约金也是没有根据的。

二、申请人要求我公司赔偿经济损失3.2万元(其中施工图设计费为2.7万元,逾期违约金0.5万元)是没有根据的。

双方签订的设计合同规定:"写字商务楼的基础图,是在设计方案认可后两个月及收到勘察资料后一个月内交付施工图。"申请人在我公司对《设计方案意见书》尚未认可的情况下,违反双方签订的设计合同条款规定。这种不履行合同的行为所造成的后果属于无效行为,我公司不承担任何经济损失责任。因此,我公司不承担申请人提出的施工图设计费2.7万元及其他经济损失的责任,这是理所当然的。

三、根据《建设工程勘察设计合同条例》第七条之规定:"按规定收取费用的勘察设计合同生效后,委托方应向承包方付给定金。勘察设计合同履行后,定金抵作勘察、设计费。"又规定:"委托方不履行合同的,无权请求返还定金。"根据以上条款,我公司与申请人签订合同后,按规定支付5万元定金,并且申请人也提交了《设计方案意见书》,双方均在履行合同,只是由于客观情况的变化提出终止合同,并不是不履行合同。所以申请人毫无理由扣我公司的5万元定金;另外收取方案设计费7万元,这更没有道理。我公司意见,应该由定金抵作申请人所提供的《设计方案意见书》的设计费用。

综上意见,我公司请求仲裁委员会作出公正裁决。
此致

××市工商行政管理局经济合同仲裁委员会

答辩人：××市××房地产开发公司（公章）
法定代表人：×××（签章）
19××年×月×日

附：
- 本仲裁答辩书副本2份。
- 书证4份。

（引自《商务文书》，赵子文主编）

简析：
这篇仲裁答辩书的特点是说理充分雄辩而不咄咄逼人，用语切中要害而不滥加指责，分寸把握恰到好处。开头说明案由，接下来在主体部分先陈述纠纷事实经过，申诉答辩理由，再针对申请人在仲裁申请书中所提出的三条无理要求逐一予以反驳，并在反驳中以新的事实、证据和有关法规根据阐述理由，分辨责任，辩明自己的意见和主张，显得有理有据有节，在针锋相对中表明了答辩人的态度。

思考题

1. 经济诉讼文书有何特点？写作经济诉讼文书有何具体要求？
2. 什么是经济纠纷起诉状、上诉状及申诉状、答辩状？它们在结构上有何共同特点？
3. 什么是经济仲裁申请书和答辩书？它们在内容上有何不同之处？

附录一 国务院关于发布《国家行政机关公文处理办法》的通知

国发〔2000〕23号

各省、自治区、直辖市人民政府,国务院各部委、各直属机构:

现发布《国家行政机关公文处理办法》,自2001年1月1日起施行。1993年11月21日国务院办公厅发布,1994年1月1日起施行的《国家行政机关公文处理办法》同时废止。

中华人民共和国国务院
二〇〇〇年八月二十四日

国家行政机关公文处理办法

第一章 总 则

第一条 为使国家行政机关(以下简称行政机关)的公文处理工作规范化、制度化、科学化,制定本办法。

第二条 行政机关的公文(包括电报,下同),是行政机关在行政管理过程中形成的具有法定效力和规范体式的文书,是依法行政和进行公务活动的重要工具。

第三条 公文处理指公文的办理、管理、整理(立卷)、归档等一系列相互关联、衔接有序的工作。

第四条 公文处理应当坚持实事求是、精简、高效的原则,做到及时、准确、安全。

第五条 公文处理必须严格执行国家保密法律、法规和其他有关规定,确保国家秘密的安全。

第六条 各级行政机关的负责人应当高度重视公文处理工作,模范遵守本办法并加强对本机关公文处理工作的领导和检查。

第七条 各级行政机关的办公厅(室)是公文处理的管理机构,主管本机关的公文处理工作并指导下级机关的公文处理工作。

第八条 各级行政机关的办公厅(室)应当设立文秘部门或者配备专职人员负责公文处理工作。

第二章 公文种类

第九条 行政机关的公文种类主要有:

(一)命令(令)

适用于依照有关法律发布行政法规和规章;宣布施行重大强制性行政措施;嘉奖有关单位及人员。

(二)决定

适用于对重要事项或者重大行动做出安排,奖惩有关单位及人员,变更或者撤销下级机关不适当的决定事项。

(三)公告

适用于向国内外宣布重要事项或者法定事项。

(四)通告

适用于公布社会各有关方面应当遵守或者周知的事项。

(五)通知

适用于批转下级机关的公文,转发上级机关和不相隶属机关的公文,传达要求下级机关办理和需要有关单位周知或者执行的事项,任免人员。

(六)通报

适用于表彰先进,批评错误,传达重要精神或者情况。

(七)议案

适用于各级人民政府按照法律程序向同级人民代表大会或人民代表大会常务委员会提请审议事项。

（八）报告

适用于向上级机关汇报工作，反映情况，答复上级机关的询问。

（九）请示

适用于向上级机关请求指示、批准。

（十）批复

适用于答复下级机关请示事项。

（十一）意见

适用于对重要问题提出见解和处理办法。

（十二）函

适用于不相隶属机关之间商洽工作、询问和答复问题，请求批准和答复审批事项。

（十三）会议纪要

适用于记载、传达会议情况和议定事项。

第三章 公 文 格 式

第十条 公文一般由秘密等级和保密期限、紧急程度、发文机关标识、发文字号、签发人、标题、主送机关、正文、附件说明、成文日期、印章、附注、附件、主题词、抄送机关、印发机关和印发时间等部分组成。

（一）涉及国家秘密的公文应当标明密级和保密期限，其中，"绝密"、"机密"级公文还应当标明份数序号。

（二）紧急公文应当根据紧急程度分别标明"特急"、"急件"。其中电报应当分别标明"特提"、"特急"、"加急"、"平急"。

（三）发文机关标识应发使用发文机关全称或者规范化简称；联合行文，主办机关排列在前。

（四）发文字号应当包括机关代字、年份、序号。联合行文，只标明主办机关发文字号。

（五）上行文应当注明签发人、会签人姓名。其中，"请示"应当在附注处注明联系人的姓名和电话。

（六）公文标题应当准确简要地概括公文的主要内容并标明公文种类，一般应当标明发文机关。公文标题中除法规、规章名称加书名号外，一般不用标点符号。

（七）主送机关指公文的主要受理机关，应当使用全称或者规范化简称、统称。

（八）公文如有附件，应当注明附件顺序和名称。

（九）公文除"会议纪要"和以电报形式发出的以外，应当加盖印章。联合上报的公文，由主办机关加盖印章；联合下发的公文，发文机关都应当加盖印章。

（十）成文日期以负责人签发的日期为准，联合行文以最后签发机关负责人的签发日期为准。电报以发出日期为准。

（十一）公文如有附注（需要说明的其他事项），应当加括号标注。

（十二）公文应当标注主题词。上行文按照上级机关的要求标注主题词。

（十三）抄送机关指除主送机关外需要执行或知晓公文的其他机关，应当使用全称或者规范化简称、统称。

（十四）文字从左至右横定、横排。在民族自治地方，可以并用汉字和通用的少数民族文字（按其习惯书定、排版）。

第十一条 公文中各组成部分的标识规则，参照《国家行政机关公文格式》国家标准执行。

第十二条 公文用纸一般采用国际标准 A4 型（210mm×297mm），左侧装订。张贴的公文用纸大小，根据实际需要确定。

第四章 行 文 规 则

第十三条 行文应当确有必要，注重效用。

第十四条 行文关系根据隶属关系和职权范围确定，一般不得越级请示和报告。

第十五条 政府各部门依据部门职权可以相互行文和向下一级政府的相关业务部门行文；除以函的形式商洽工作、询问和答复问题、审批事项外，一般不得向下一级政府正式行文。

部门内设机构除办公厅（室）外不得对外正式行文。

第十六条 同级政府、同级政府各部门、上级政府部门与下一级政府可以联合行文；政府与同级党委和军队机关可以联合行文；政府部门与相应的党组织和军队机关可以联合行文；政府部门与同级人民团体和具有行政职能的事业单位也可以联合行文。

第十七条　属于部门职权范围内的事务,应当由部门自行行文或联合行文。联合行文应当明确主办部门。须经政府审批的事项,经政府同意也可以由部门行文,文中应当注明经政府同意。

第十八条　属于主管部门职权范围内的具体问题,应当直接报送主管部门处理。

第十九条　部门之间对有关问题未经协商一致,不得各自向下行文。如擅自行文,上级机关应当责令纠正或撤销。

第二十条　向下级机关或者本系统的重要行文,应当同时抄送直接上级机关。

第二十一条　"请示"应当一文一事;一般只写一个主送机关,需要同时送其他机关的,应当用抄送形式,但不得抄送其下级机关。

"报告"不得夹带请示事项。

第二十二条　除上级机关负责人直接交办的事项外,不得以机关名义向上级机关负责人报送"请示"、"意见"和"报告"。

第二十三条　受双重领导的机关向上级机关行文,应当写明主送机关和抄送机关。上级机关向受双重领导的下级机关行文,必要时应当抄送其另一上级机关。

第五章　发 文 办 理

第二十四条　发文办理指以本机关名义制发公文的过程,包括草拟、审核、签发、复核、缮印、用印、登记、分发等程序。

第二十五条　草拟公文应当做到:

(一)符合国家的法律、法规及其他有关规定。如提出新的政策、规定等,要切实可行并加以说明。

(二)情况确实,观点明确,表述准确,结构严谨,条理清楚,直述不曲,字词规范,观点明确,篇幅力求简短。

(三)公文的文种应当根据行文目的、发文机关的职权和与主送机关的行文关系确定。

(四)拟制紧急公文,应当体现紧急的原因,并根据实际需要确定紧急程度。

（五）人名、地名、数字、引文准确。引用公文应当先引标题，后引发文字号。引用外文应当注明中文含义。日期应当写明具体的年、月、日。

（六）结构层次序数，第一层为"一、"，第二层为（一），第三层为（1.），第四层为"（1）"。

（七）应当使用国家法定计量单位。

（八）文内使用非规范化简称，应当先用全称并注明简称。使用国际组织外文名称或其缩写形式，应当在第一次出现时注明准确的中文译名。

（九）公文中的数字，除成文日期、部分结构层次序数和在词、词组、惯用语、缩略语、具有修辞色彩语句中作为词素的数字必须使用汉字外，应当使用阿拉伯数字。

第二十六条　拟制公文，对涉及其他部门职权范围内的事项，主办部门应当主动与有关部门协商，取得一致意见后方可行文；如有分歧，主办部门的主要负责人应当出面协调，仍不能取得一致时，主办部门可以列明各方理由，提出建议性意见，并与有关部门会签后报请上级机关协调或裁定。

第二十七条　公文送负责人签发前，应当由办公厅（室）进行审核。审核的重点是：是否确需行文，行文方式是否妥当，是否符合行文规则和拟制公文的有关要求，公文格式是否符合本办法的规定等。

第二十八条　以本机关名义制发的上行文，由主要负责人或者主持工作的负责人签发；以本机关名义制发的下行文或平行文，由主要负责人或者由主要负责人授权的其他负责人签发。

第二十九条　公文正式印制前，文秘部门应当进行复核，重点是：审批、签发手续是否完备，附件材料是否齐全，格式是否统一、规范等。

经复核需要对文稿进行实质性修改的，应按程序复审。

第六章　收文办理

第三十条　收文办理指对收到公文的办理过程，包括签收、登记、审核、拟办、批办、承办、催办等程序。

第三十一条　收到下级机关上报的需要办理的公文，文秘部门应当进行审核。审核的重点是：是否应由本机关办理；是否符合行文规则；内容是否符合国家法律、法规及其他有关规定；涉及其他部门或地区职权的事项是否已协商、会签；文种使用、公文格式是否规范。

第三十二条 经审核,对符合本办法规定的公文,文秘部门应当及时提出拟办意见送负责人批示或者交有关部门办理,需要两个以上部门办理的应当明确主办部门。紧急公文,应当明确办理时限。对不符合本办法规定的公文,经办公厅(室)负责人批准后,可以退回呈报单位并说明理由。

第三十三条 承办部门收到交办的公文后应当及时办理,不得延误、推诿。紧急公文应当按时限要求办理,确有困难的,应当及时予以说明。对不属于本单位职权范围或者不宜由本单位办理的,应当及时退回交办的文秘部门并说明理由。

第三十四条 收到上级机关下发或交办的公文,由文秘部门提出拟办意见,送负责人批示后办理。

第三十五条 公文办理中遇有涉及其他部门职权的事项,主办部门应当主动与有关部门协商;如有分歧,主办部门主要负责人要出面协调,如仍不能取得一致,可以报请上级机关协调或裁定。

第三十六条 审批公文时,对有具体请求事项的,主批人应当明确签署意见、姓名和审批日期,其他审批人圈阅视为同意;没有请示事项的,圈阅表示已阅知。

第三十七条 送负责人批示或者交有关部门办理的公文,文秘部门要负责催办,做到紧急公文跟踪催办,重要公文重点催办,一般公文定期催办。

第七章 公 文 归 档

第三十八条 公文办理完毕后,应当根据《中华人民共和国档案法》和其他有关规定,及时整理(立卷)、归档。

个人不得保存应当归档的公文。

第三十九条 归档范围内的公文,应当根据其相互联系、特征和保存价值等整理(立卷),要保证归档公文的齐全、完整,能正确反映本机关的主要工作情况,便于保管和利用。

第四十条 联合办理的公文,原件由主办机关整理(立卷)、归档,其他机关保存复制件或其他形式的公文副本。

第四十一条 本机关负责人兼任其他机关职务,在履行所兼职务职责过程中形成的公文,由其兼职机关整理(立卷)、归档。

第四十二条 归档范围内的公文应当确定保管期限,按照有关规定定期向档案部门移交。

第四十三条 拟制、修改和签批公文,书写及所用纸张和字迹材料必须符合存档要求。

第八章 公 文 管 理

第四十四条 公文由文秘部门或专职人员统一收发、审核、用印、归档和销毁。

第四十五条 文秘部门应当建立健全本机关公文处理的有关制度。

第四十六条 上级机关的公文,除绝密级和注明不准翻印的以外,下一级机关经负责人或者办公厅(室)主任批准,可以翻印。翻印时,应当翻印的有机关、日期、份数和印发范围。

第四十七条 公开发布行政机关公文,必须经发文机关批准。经批准公开发布的公文,同发文机关正式印发的公文具有同等效力。

第四十八条 公文复印件作为正式公文使用时,应当加盖复印机关证明章。

第四十九条 公文被撤销,视作自此不产生效力;公文被废止,视作自废止之日起不产生效力。

第五十条 不具备归档和存查价值的公文,经过鉴别并经办公厅(室)负责人批准,可以销毁。

第五十一条 销毁秘密公文应当到指定场所由二人以上监销,保证不丢失、不漏销。其中,销毁绝密公文(含密码电报)应当进行登记。

第五十二条 机关合并时,全部公文应当随之合并管理。机关撤销时,需要归档的公文整理(立卷)后按有关规定移交档案部门。

工作人员调离工作岗位时,应当将本人暂存、借用的公文按照有关规定移交、清退。

第五十三条 密码电报的作用和管理,按照有关规定执行。

第九章 附 则

第五十四条 行政法规、规章方面的公文,依照有关规定处理。外事方面的公文,按照外交部的有关规定处理。

第五十五条 公文处理中涉及电子文件的有关规定另行制定。统一规定发布之前,各级行政机关可以制定本机关或者本地区、本系统的试行规定。

第五十六条 各级行政机关的办公厅(室)对上级机关和本机关下发公文的贯彻落实情况应当进行督促检查并建立督查制度。有关规定另行制定。

第五十七条 本办法自2001年1月1日起施行。1993年11月21日国务院办公厅发布,1994年1月1日起施行的《国家行政机关公文处理办法》同时废止。

附录二　中华人民共和国国家标准

GB/T 9704—1999
国家行政机关公文格式　　　　代替　GB/T 9704—1988
Layout key for official document of administration

1. 范围

本标准规定了国家行政机关公文通用的纸张要求、印刷要求、公文中各要素排列顺序和标识规则。

本标准适用于国家各级行政机关制发的公文。其他机关公文可参照执行。

使用少数民族文字印制的公文,其格式可参照本标准按有关规定执行。

2. 引用标准

下列标准所包含的条文,通过在本标准中引用而构成为本标准的条文。本标准出版时,所示版本均为有效。所有标准都会被修订,使用本标准的各方应探讨使用下列标准最新版本的可能性。

GB/T 148—1997 印刷、书写和绘图纸幅面尺寸

3. 定义

本标准采用下列定义。

3.1　字 word

标识公文中横向距离的长度单位。一个字指一个汉字所占空间。

3.2　行 line

标识公文中纵向距离的长度单位。本标准以 3 号字高度加 3 号字高度 7/8 的距离为一基准行。公文用纸上白边(天头)宽 20mm±0.5mm;

4. 公文用纸主要技术指标

公文用纸一般使用纸张定量为 $60g/m^2$—$80g/m^2$ 的胶版印刷纸或复印纸。纸张白度为 85%—90%,横向耐折度≥15 次,不透明度≥85%,pH 值为 7.5—9.5。

5. 公文用纸幅面及版面尺寸

5.1 公文用纸采用 GB/T 148 中规定的 A4 型纸,其成品幅面尺寸为:210mm×297mm,尺寸的允许误差见 GB/T 148。

5.2 公文页边与版心尺寸

  公文用纸天头(上白边)为:37mm±1mm

  公文用纸订口(左白边)为:28mm±1mm

  版心尺寸为:156mm×225mm(不含页码)

  标识公文的主要收受机关(即发文机关要求对公文予以办理或答复的对方机关)的全称、规范化简称或同类型机关的统称。

  上行文一般只标识一个主送机关,如果需同时报送几个上级机关,可以用并报和抄报形式。其排列应按机关性质、职权和其他隶属关系顺序。

6. 公文中图文的颜色

  未作特殊说明公文中图文的颜色均为黑色。

7. 排版规格与印制装订要求

7.1 排版规格

  正文用 3 号仿宋体字,一般每面排 22 行,每行排 28 个字。

7.2 制版要求

  版面干净无底灰,字迹清楚无断划,尺寸标准,版心不斜,误差不超过 1mm。

7.3 印刷要求

  双面印刷;页码套正,两面误差不得超过 2mm。黑色油墨应达到色谱所标 BL 100%,红色油墨应达到色谱所标 Y80%,M80%。印品着墨实、均匀;字体不花、不白、无断划。

7.4 装订要求

  公文应左侧装订,不掉页。包本公文的封面与书芯不脱落,后背平整、不空。两页页码之间误差不超过 4mm。骑马订或平订的订位为两钉钉锯外钉眼距书芯上下各 1/4 处,允许误差±4mm。平订钉锯与书脊间的距离为 3mm—5mm;无坏钉、漏钉、重钉、钉脚平伏牢固;后背不可散页明钉。裁切成品尺寸误差±1mm,四角成 90°,无毛茬或缺损。

8. 公文中各要素标识规则

  本标准将组成公文的各要素划分为眉首、主体、版记三部分。置于公文首页红色反线(宽度同版心,即 154mm)以上的各要素统称眉首;置于红色反线(不含)以下至主题词(不含)之间的各要素统称主体；置于主题词以下的各要素统称版记。

8.1 眉首

8.1.1 公文份数序号

公文份数序号是将同一文稿印制若干份时每份公文的顺序编号。如需标识公文份数序号，用阿拉伯数码顶格标识在版心左上角第1行。

8.1.2 秘密等级和保密期限

如需标识秘密等级，用3号黑体字，顶格标识在版心右上角第1行，两字之间空1字；如需同时标识秘密等级和保密期限，用3号黑体字，顶格标识在右上角第1行，秘密等级和保密期限之间用"★"隔开。

8.1.3 紧急程度

如需标识紧急程度，用3号黑体字，顶格标识在版心右上角第1行，两字之间空1字；如需同时标识秘密等级与紧急程度，秘密等级顶格标识在版心右上角第1行，紧急程度顶格标识在版心右上角第2行。

8.1.4 发文机关标识

由发文机关全称或规范化简称后加"文件"组成；对一些特定的公文可只标识发文机关全称或规范化简称。发文机关标识上边缘至版心上边缘为25mm。对于上报的公文，发文机关标识上边缘至版心上边缘为80mm。

发文机关标识推荐使用小标宋体字，用红色标识。字号由发文机关以醒目美观为原则酌定，但最大不能等于或小于22mm×15mm。

联合行文时应使主办机关名称在前，"文件"二字置于发文机关名称右侧，上下居中排布；如联合行文机关过多，必须保证公文首页显示正文。

8.1.5 发文字号

发文字号由发文机关代字、年份和序号组成。发文机关标识下空2行，用3号仿宋体字，居中排布；年份、序号用阿拉伯数码标识；年份应标全称，用六角括号"〔 〕"括入；序号不编虚位(即1不编为001)不加"第"字。

发文字号之下4mm处印一条与版心等宽的红色反线。

8.1.6 签发人

上报的公文需标识签发人姓名，平等排列于发文字号右侧。发文字号居左空1字，签发人姓名据右空1字；签发人用3号仿宋体字，签发人后用全角冒号，冒号后用3号楷体字标识签发人姓名。

如有多个签发人，主办单位签发人姓名置于第1行，其他签发人姓名从第2行起在主办单位签发人姓名之下按发文机关顺序依次顺排,下移红色反线,应使发文字号与最后一个签发人姓名处在同一行并使红色反线与之的距离为4mm。

8.2 主体

8.2.1 公文标题

红色反线下空2行,用2号小标宋体字,可分一行或多行居中排布;回行时,要做到词意完整,排列对称,间距恰当。

8.2.2 主送机关

标题下空1行,左侧顶格用3号仿宋体字标识,回行时仍顶格;最后一个主送机关名称后标全角冒号。如主送机关名称过多而使公文首页不能显示正文时,应将主送机关名称移至版记中的主题词之下,抄送之上,标识方法同抄送。

8.2.3 公文正文

主送机关名称下一行,每自然段左空2字,回行顶格。数字、年份不能回行。

8.2.4 附件

公文如有附件,在正文下一行左空2字用3号仿宋体字标识"附件",后标全角冒号和名称。附件如有序号使用阿拉伯数码(如"附件:1××××××");附件名称后不加标点符号。附件应与公文正文一起装订,并在附件左上角第1行顶格标识"附件",有序号时标识序号;附件的序号和名称前后标识应一致。如附件与公文正文不能一起装订,应在附件左上角第1行顶格标识公文的发文字号并在其后标识附件(或带序号)。

8.2.5 成文时间

用汉字将年、月、日标全;"零"写为"〇";成文时间的标识位置见8.2.6。

8.2.6 公文生效标识

8.2.6.1 单一发文印章

单一机关制发的公文在落款处不署发文机关名称,只标识成文时间。成文时间右空4字;加盖印章应上距正文2mm—4mm,端正、居中下压在成文时间上,印章用红色。

当印章下弧无文字时,采用下套方式,即仅以下弧压在成文时间上;

当印章下弧有文字时,采用中套方式,即印章中心线压在成文时间上。

8.2.6.2 联合行文印章

当联合行文需加盖两个印章时,应将成文时间拉开,左右各空 7 字;主办机关印章在前;两个印章均压成文时间,印章用红色。只能采用同种加盖印章方式,以保证印章排列整齐。两印章间互不相交或相切,相距不超过 3mm。

当联合行文需加盖 3 个以上印章时,为防止出现空白印章,应将各发文机关名称(可用简称)排在发文时间和正文之间。主办机关印章在前,每排最多排 3 个印章,两端不得超出版心;最后一排如余一个或两个印章,均居中排布;印章之间互不相交或相切;在最后一排印章之下右空 2 字标识成文时间。

8.2.6.3　特殊情况说明

当公文排版后所剩空白处不能容下印章位置时,应采取调整行距、字距的措施加以解决,务使印章与正文同处一面,不得采用标识"此页无正文"的方式解决。

8.2.7　附注

公文如有附注,用 3 号仿宋体字,居左空 2 字加圆括号标识在成文时间下一行。

8.3　版记

8.3.1　主题词

"主题词"用 3 号黑体字,居左顶格标识,后标全角冒号;词目用 3 号小标宋体字;词词目之间空 1 字。

8.3.2　抄送

公文如有抄送,在主题词下一行,左空 1 字用 3 号仿宋体字标识"抄送",后标全角冒号;回行时与冒号后的抄送机关对齐;在最后一个抄送机关后标句号。如主送机关移至主题词之下,标识方法同抄送机关。

8.3.3　印发机关和印发时间

位于抄送机关之下(无抄送机关在主题词之下)占 1 行位置;用 3 号仿宋体字。印发机关左空 1 字,印发时间右空 1 字。印发时间以公文付印的日期为准,用阿拉伯数码标识。

8.3.4　版记中的反线

版记中各要素之下均加一条反线,宽度同版心。

8.3.5　版记的位置

版记应置于公文最后一页,版记的最后一个要素置于最后一行。

9.　页码

用 4 号半角阿拉伯数码标识,置于版心下边缘之下一行,数码左右各放一条4号一字线,一字线距版心下边缘7mm。单页码居右空1字,双页码居左空1字。空白页和空白页以后的页不标识页码。

10. 公文中表格

公文如需附表,对横排A4纸型表格,应将页码放在横表的左侧,单页码置于表的左下角,双页码置于表的左上角,单页码表头在订口一边,双页码表头在切口一边。

公文如需附A3纸型表格,且当最后一页为A3纸型表格时,封三、封四(可放分送,不放页码)应为空白,将A3纸型表格贴在封三前,不应贴在文件最后一页(封四)上。

11. 文件的特定格式

11.1 信函式格式

发文机关名称上边缘距上页边的距离为30mm,推荐用小标宋体字,字号由发文机关酌定;发文机关全称下4mm处为一条武文线(上粗下细),距下页边20mm处为一条文武线(上细下粗)。两条线长均为170mm。每行居中排28个字。发文机关名称及双线均印红色。两线之间各要素的标识方法从本标准相应要素说明。

11.2 命令格式

命令标识由发文机关名称加"命令"或"令"组成,用红色小标宋体字,字号由发文机关酌定。命令标识上边缘距版心上边缘20mm,下边缘空2行居中标识令号;令号下空2行标识正文;正文下一行右空4字标识签发人签名章,签名章左空2字标识签发人职务;联合发布的命令或令的签发人职务应标识全称。在签发人签名人签名章下一行右空2字标识成文时间。分送机关标识方法同抄送机关。其他要素从本标准相关要素说明。

11.3 会议纪要格式

会议纪要标识由"×××××会议纪要"组成。其标识位置同8.1.4,用红色小标宋体字,字号由发文机关酌定。会议纪要不加盖印章。其他要素从本标准相关要素说明。

12. 式样(略)

附录三　国务院公文主题词表

（国务院办公厅秘书局　1997年12月修订）

使 用 说 明

为适应办公现代化的要求，便于计算机检索和管理公文，特编制《国务院公文主题词表》（以下简称词表）。词表主要用于标引国务院、国务院办公厅印发的文件和各地区、各部门上报国务院及其办公厅的文件。

一、编制原则

（一）词表结构务求合乎逻辑，具有较宽的涵盖面，便于使用。

（二）词表体现文档管理一体化的原则，即词表中主题词的区域分类和类别词可分别作为档案分类中的大类和属类。

二、体系结构

（一）词表共由15类1049个主题词组成，分为主表和附表两个部分，主表有13类、751个主题词，附表有2类298个主题词。词表分为三个层次。第一层是对主题词区域的分类，如"综合经济"、"财政、金融"类等。第二层是类别词，即对主题词的具体分类，如"工交、能源、邮电"类中的"工业"、"交通"、"能源"和"邮电"等。第三层是类属词，如"体制"、"职能"、"编制"等。第二层和第三层统称为主题词，用于文件的标引。

（二）1988年12月和1994年4月修订的词表中曾列入本词表中不再继续作标引的主题词，用黑体单列在区域分类的最后部分。

三、标引方法

（一）一份文件的标引，除类别词外最多不超过 5 个主题词。主题词标在文件的抄送栏之上，顶格写。

（二）标引顺序是先标类别词，再标类属词。在标类属词时，先标反映文件内容的词，最后标反映文件形式的词。如《国务院关于加强水土保持工作的通知》，先标类别词"农业"，再标类属词"水土保持"，最后标上"通知"。

（三）一份文件如有两个以上的主题内容，先集中对一个主题内容进行标引，再对第二个主题内容进行标引。如《国务院关于在若干城市试行国有企业兼并破产和职工再就业有关问题的通知》，先标反映第一个主题内容的类别词"经济管理"，再标类属词"企业"、"破产"；然后标反映第二个主题内容的类别词"劳动"，再标类属词"就业"，最后标"通知"。

（四）根据需要，可将不同类的主题词进行组配标引。如《国务院关于"九五"期间深化科学技术体制改革的决定》，可标"科技、体制、改革、决定"。

（五）当词表中找不出准确反映文件主题内容的类属词时，可以在类别词中选择适当的词标引。同时将能够准确反映文件内容的词标在类别词的后面，并在该词的后面加"△"以便区别。

（六）列在区域分类最后，用黑体标出的主题词只供检索用，不再用作标引。

（七）附表中的主题词与主表中的主题词具有同等效力，标引方法相同，不同的是，如果附表中所列的国家、地区的实际名称发生了变化，使用本表的各单位可先按照变化后的标准名称进行修改和使用。国务院办公厅秘书局将定期修订附表。

四、词表管理

（一）本词表由国务院办公厅秘书局负责管理和解释，具体工作由档案数据处承办。

（二）本词表自 1998 年 2 月 1 日起执行，1994 年 4 月修订的词表同时废止。

国务院公文主题词表

01. 综合经济(77个)
01A　计划
　　　规划　统计　指标　分配　统配　调拨
01B　经济管理
　　　经济　管理　调整　调控　控制　结构　制度　所有制　股份制　责任制　流通　产业　行业　改革　改造　竞争　兼并　开放　开发　协作　资源　土地　资产　资料　产权　物价　价格　投资　招标　经营　生产　转产　项目　产品　质量　承包　租赁　合同　包干　国有　国营　私营　集体　个体　企业　公司　集团　合作社　普查　工商　商标　注册　广告　监督　增产　效益　节约　浪费　破产　亏损　特区　开发区　保税区　展销　展览
　　　商品化　横向联系　第三产业　生产资料

02. 工交、能源、邮电(69个)
02A　工业
　　　冶金　钢铁　地矿　机械　汽车　电子　电器　仪器　仪表　化工　航天　航空　核工　船舶　兵器　军工　轻工　有色金属　盐业　食品　印刷　包装　手工业　纺织　服装　丝绸　设备　原料　材料　加工
02B　交通
　　　铁路　公路　桥梁　民航　机场　航线　航道　空中管制　飞机　港口　码头　口岸　车站　车辆　运输　旅客
02C　能源
　　　石油　煤炭　电力　燃料　天然气　煤气　沼气
02D　邮电
　　　通信　电信　邮政　网络　数据
　　　民品　厂矿　空运　三线　通讯　水运　运费

03. 旅游、城乡建设、环保(42个)
03A　旅游

03B　服务业
　　　饮食业　宾馆
03C　城乡建设
　　　城市　乡镇　基建　建设　建筑　建材　勘察　测绘　设计　市政
公用事业　监理　环卫　征地　工程　房地产　房屋　住宅　装修　设施
出让　转让　风景名胜　园林　岛屿
03D　环保
　　　保护区　植物　动物　污染　生态　生物
　　　风景　饭店　城乡　国土　沿海

04. 农业、林业、水利、气象(56个)

04A　农业
　　　农村　农民　农民负担　农场　农垦　粮食　棉花　油料　生猪　蔬
菜　糖料　烟草　水产　渔业　水果　经济作物　农副产品　副业　畜牧
业　乡镇企业　农膜　种子　化肥　农药　饲料　灾害　以工代赈　扶贫
04B　林业
　　　绿化　木材　森林　草原　防沙治沙
04C　水利
　　　河流　湖泊　滩涂　水库　水域　流域　水土保持　节水　防汛　抗
旱　三峡
04D　气象
　　　气候　预报　预测
　　　烟酒　土特产　有机肥　多种经营　牧业

05. 财政、金融(57个)

05A　财政
　　　预算　决算　核算　收支　财务　会计　税务　税率　审计　债务
积累　经费　集资　收费　资金　基金　租金　拨款　利润　补贴　折旧
费　附加费　固定资产
05B　金融
　　　银行　货币　黄金　白银　存款　贷款　信贷　贴现　通货膨胀　交
易　期货　利率　利息　贴息　外汇　外币　汇率　债券　证券　股票

彩票　信托　保险　赔偿　信用社
　现金　留成　流动资金　储蓄　费用　侨汇　折旧率

06. 贸易(52个)

06A　商业
　　商品　物资　收购　定购　购置　市场　集贸　酒类　副食品　日用品　销售　消费　批发　供应　零售　拍卖　专卖　订货　营业　仓库　储备　储运　货物

06B　外贸
　　对外援助　军贸　进口　出口　引进　海关　缉私　仲裁　商检　外商　外资　合资　合作　关贸　许可证　驻外企业
　　贸易　倒卖　外向型　议购　议售　垄断　经贸　贩运　票证　外经　交易会

07. 外事(42个)

07A　外交
　　对外政策　对外关系　领土　领空　领海　外交人员　建交　公约　大使　领事　条约　协定　协议　议定书　备忘录　照会　国际　涉外事务　抗议

07B　外事
　　国际会议　国际组织　对外宣传　出访　出国　出入境　签证　护照　邀请　来访　谈判　会谈　会见　接见　招待会　宴会　外国人　外宾　对外友协　外国专家
　　涉外

08. 公安、司法、监察(46个)

08A　公安
　　警察　武警　警衔　治安　非法组织　安全　保卫　禁毒　消防　防火　检查　扫黄　案件　处罚　户口　证件　事件　危险品　游行　海防　边防　边界　边境

08B　司法
　　政法　法制　法律　法院　律师　检察　程序　公证　劳改　劳教

监狱
08C 监察
　　廉政建设　审查　纪检　执法　行贿　受贿　贪污　处分
　　侦破

09. 民政、劳动人事(85个)

09A 民政
　　基层政权　选举　行政区划　地名　人口　双拥工作　社会保障　社团　救灾　救济　募捐　婚姻　移民　抚恤　慰问　调解　老龄问题　烈士　纠纷　残疾人　墓地　殡葬　社区服务
09B 机构
　　驻外机构　体制　职能　编制　精简　更名
09C 人事
　　行政人员　干部　公务员　考核　录用　职工　家属　子女　知识分子　专家　参事　院士　文史馆员　履历　聘任　任免　辞退　退职　职称　待遇　离休　退休　交流　安置　调配　模范　表彰　奖励
09D 劳动
　　就业　失业　招聘　合同制　工人　保护　劳务　第二职业　事故
09E 工资
　　津贴　奖金　福利　收入
　　老年　简历　劳资　人才　招工　待业　补助　拥军优属　丧葬　奖惩

10. 科、教、文、卫、体(73个)

10A 科技
　　科学　技术　科普　科研　鉴定　标准　计量　专利　发明　实验　情报　计算机　自动化　信息　卫星　地震　海洋
10B 教育
　　学校　教师　招生　学生　培训　毕业　学位　留学　教材　校办企业
10C 文化
　　文字　文史　文学　语言　艺术　古籍　图书　宣传　广播　电视　电影　出版　版权　报刊　新闻　音像　文物古迹　纪念物　电子出版物
10D 卫生

　　　　医院　中医　医疗　医药　药材　防疫　疾病　计划生育　妇幼保健　检验　检疫

10E　体育
　　　　运动员　教练员　运动会　比赛
　　　　馆所　院校　校舍　地方志　软科学　社科

11. 国防(24个)

11A　军事
　　　　军队　国防　空军　海军　征兵　服役　转业　民兵　预备役　军衔　复员　文职　后勤　装备　战略　作战　训练　防空　军需　武器　弹药　人武
　　　　退伍

12. 秘书、行政(74个)

12A　文秘工作
　　　　机关　国旗　国徽　机要　印章　信访　督查　保密　公文　档案　会议　文件　秘书　电报　提案　议案　谈话　讲话　总结　批示　汇报　建议　意见　文章　题词　章程　条例　办法　细则　规定　方案　布告　决议　命令　决定　指示　公告　通告　通知　通报　报告　请示　批复　函　会议纪要

12B　行政事务
　　　　行政　工作制度　纪念活动　庆典活动　休假　节假日　着装　参观　接待　措施　调查　视察　考察　礼品　馈赠　服务
　　　　出席　发言　转发　名单　批准　审批　信函　事务　活动　纪要　督察

13. 综合党团(54个)

13A　党派团体
　　　　共产党　民主党派　共青团　团体　工会　协会　学会　民间组织　文联　学联　妇女　儿童　基金会

13B　统战
　　　　政协　民主人士　爱国人士

13C　民族

　　　　民族区域自治　民族事务
13D　宗教
　　　　寺庙
13E　侨务
　　　　外籍华人　归侨　侨乡
13F　港澳台
　　　　香港问题　澳门问题　台湾问题
13G　综合
　　　　整顿　形势　社会　精神文明　法人　发展　其他　试点
　　　　推广　青年　政治　范围　党派　组织　领导　方针　政策　党风　事业　咨询
中心　清除

附　　表

01. 中国行政区域(54个)

01A　华北地区
　　　　北京　天津　河北　山西　内蒙古
01B　东北地区
　　　　辽宁　吉林　黑龙江
01C　华东地区
　　　　上海　江苏　浙江　安徽　福建　江西　山东
01D　中南地区
　　　　河南　湖北　湖南　广东　广西　海南
01E　西南地区
　　　　四川　贵州　云南　西藏　重庆
01F　西北地区
　　　　陕西　甘肃　青海　宁夏　新疆
01G　台湾
01H　香港
01I　澳门

哈尔滨　沈阳　大连　青岛　厦门　宁波　武汉　广州　深圳　海南岛　西安单列市　省市　自治区

02. 世界行政区域（244个）

02A　亚洲

中国　蒙古　朝鲜　韩国　日本　越南　老挝　柬埔寨　缅甸　泰国　马来西亚　新加坡　文莱　菲律宾　印度尼西亚　东帝汶　尼泊尔　锡金　不丹　孟加拉国　印度　斯里兰卡　马尔代夫　哈萨克斯坦　古尔吉斯斯坦　塔吉克斯坦　乌兹别克斯坦　土库曼斯坦　格鲁吉亚　阿塞拜疆　亚美尼亚　巴基斯坦　阿富汗　伊朗　科威特　沙特阿拉伯　巴林　卡塔尔　阿联酋　阿曼　也门　伊拉克　叙利亚　黎巴嫩　约旦　巴勒斯坦　以色列　塞浦路斯　土耳其

02B　欧洲

冰岛　法罗群岛　丹麦　挪威　瑞典　芬兰　爱沙尼亚　拉脱维亚　立陶宛　俄罗斯　白俄罗斯　乌克兰　摩尔多瓦　波兰　捷克　斯洛伐克　匈牙利　德国　奥地利　列支敦士登　瑞士　荷兰　比利时　卢森堡　英国　爱尔兰　法国　摩纳哥　安道尔　西班牙　葡萄牙　意大利　梵蒂冈　圣马力诺　马耳他　南斯拉夫　斯洛文尼亚　克罗地亚　波黑　马其顿　罗马尼亚　保加利亚　阿尔巴尼亚　希腊

02C　非洲

埃及　利比亚　突尼斯　阿尔及利亚　摩洛哥　西撒哈拉　毛里塔尼亚　塞内加尔　冈比亚　马里　布基纳法索　佛得角　几内亚比绍　几内亚　塞拉利昂　利比里亚　科特迪瓦　加纳　多哥　贝宁　尼日尔　尼日利亚　喀麦隆　赤道几内亚　乍得　中非　苏丹　埃塞俄比亚　吉布提　索马里　肯尼亚　乌干达　坦桑尼亚　卢旺达　布隆迪　刚果民主共和国　刚果　加蓬　厄立特里亚　圣多美和普林西比　安哥拉　赞比亚　马拉维　莫桑比克　科摩罗　马达加斯加　塞舌尔　毛里求斯　留尼汪　津巴布韦　博茨瓦纳　纳米比亚　南非　斯威士兰　莱索托　圣赫勒拿

02D　大洋洲

澳大利亚　新西兰　巴布亚新几内亚　所罗门群岛　瓦努阿图　新喀·里多尼亚　斐济　基里巴斯　瑙鲁　密克罗尼西亚联邦　马绍尔群岛共和国　帕劳　北马里亚纳群岛自由联邦　关岛　图瓦卢　瓦利斯群岛和富

图纳群岛　西萨摩亚　美属萨摩亚　纽埃　托克劳　库克群岛　汤加　法属波利尼西亚　皮特凯恩群岛

02E　美洲

　　格陵兰　加拿大　圣皮埃尔和密克隆　美国　百慕大　墨西哥　危地马拉　伯利兹　萨尔瓦多　洪都拉斯　尼加拉瓜　哥斯达黎加　巴拿马　巴哈马　特克斯群岛和凯科斯群岛　古巴　开曼群岛　牙买加　海地　多米尼加　波多黎各　美属维尔京群岛　英属维尔京群岛　圣基茨和尼维斯　安圭拉　安提瓜和巴布达　蒙特塞拉特　瓜德罗普　多米尼克　马提尼克　圣卢西亚　圣文森特和格林纳丁斯巴巴多斯　格林纳达　特立尼达和多巴哥　荷属安的列斯阿鲁巴　哥伦比亚　委内瑞拉　圭亚那　苏里南　法属圭亚那　厄瓜多尔　秘鲁　巴西　玻利维亚　智利　阿根廷　巴拉圭　乌拉圭

　　苏联　民主德国　联邦德国　捷克斯洛伐克　扎伊尔　留尼汪岛　圣赫勒拿岛和阿森松岛等　贝劳　马绍尔群岛　北马里亚纳群岛　东萨摩亚　圣皮埃尔和密克隆群岛　百慕大群岛　多米尼加共和国　多米尼加联邦　荷属安的列斯群岛

参 考 书 目

柯玉村、陈新中、范本鹤主编：《机关应用文写作》，上海人民出版社，1993年版

刘春生主编：《公务文书写作教程》，复旦大学出版社，1998年版

上海大学文学院秘书写作编写组编著：《秘书写作》，同济大学出版社，1986年版

刊授大学编著：《中国实用文体大全》，上海文化出版社，1984年版

王立道：《秘书与写作》，吉林文史出版社，1985年版

张继缅、孟敏华编：《写作简明教程》，中央广播电视大学出版社，1986年版

庄涛主编：《管理写作学》，上海文化出版社，1989年版

赵福洲、方百祺主编：《外经贸业务应用文写作》，华东化工学院出版社，1992年版

林士明主编：《企业必备文书》，复旦大学出版社，1990年版

洪坚毅编著：《经济文书写作》，民族出版社，2000年版

宁清同编著：《实用经济法律文牍》，湖南人民出版社，1998年版

吴秉忱主编：《经济应用文写作》，青岛海洋大学出版社，1995年版

曹文彬主编：《财经应用写作例文》，中国商业出版社，1999年版

郑孝敏主编：《商务应用文》，东北财经大学出版社，2000年版

图书在版编目(CIP)数据

秘书写作/杨元华等编著.—上海:复旦大学出版社,2001.8(2017.8重印)
新编秘书学系列教材
ISBN 978-7-309-02942-0

Ⅰ.秘… Ⅱ.杨… Ⅲ.汉语-公文-写作-教材 Ⅳ.H152.3

中国版本图书馆 CIP 数据核字(2001)第 050428 号

秘书写作
杨元华 孟金蓉 编著
责任编辑/邬红伟

复旦大学出版社有限公司出版发行
上海市国权路 579 号 邮编:200433
网址:fupnet@fudanpress.com http://www.fudanpress.com
门市零售:86-21-65642857 团体订购:86-21-65118853
外埠邮购:86-21-65109143
上海春秋印刷厂

开本 787×960 1/16 印张 27.125 字数 453 千
2017 年 8 月第 1 版第 14 次印刷
印数 69 401—70 500

ISBN 978-7-309-02942-0/G·436
定价:39.00 元

如有印装质量问题,请向复旦大学出版社有限公司发行部调换。
版权所有 侵权必究

复旦大学出版社出版

复旦博学·MPA 系列

1. 当代中国公共政策（第二版）   刘伯龙、竺乾威主编
   定价：31.00 元

2. 公共行政学（第三版）   竺乾威主编
   定价：34.00 元

3. 公共行政学经典文选（英文版）   竺乾威、〔美〕马国泉编
   定价：48.00 元

4. 行政法学（第二版）   张世信、周帆主编
   定价：33.00 元

5. 公共经济学（第二版）   樊勇明、杜莉编著
   定价：35.00 元

6. 领导学原理——科学与艺术（第三版）   刘建军编著
   定价：40.00 元

7. 政治学（第二版）   孙关宏、胡雨春主编
   定价：30.00 元

8. 组织行为学   竺乾威、邱柏生、顾丽梅主编
   定价：33.00 元

9. 定量分析方法   张霭珠、陈力君编著
   定价：29.00 元

10. 公共政策分析   张国庆主编
    定价：35.00 元

11. 土地资源管理学   刘卫东、彭俊编著
    定价：30.00 元

12. 比较公务员制度   周敏凯著
    定价：28.00 元

13. 行政伦理：美国的理论与实践　　　　　　　　　　〔美〕马国泉著
　　　　　　　　　　　　　　　　　　　　　　　　定价：34.00元

14. 公共管理学　　　　　　　　　　　　　　　　　　庄序莹主编
　　　　　　　　　　　　　　　　　　　　　　　　定价：35.00元

15. 公共行政理论　　　　　　　　　　　　　　　　　竺乾威主编
　　　　　　　　　　　　　　　　　　　　　　　　定价：45.00元

16. 公共部门人力资源管理　　　　　　　　　　吴志华、刘晓苏主编
　　　　　　　　　　　　　　　　　　　　　　　　定价：39.00元

17. 政府绩效评估与管理　　　　　　　　　　　　　　范柏乃著
　　　　　　　　　　　　　　　　　　　　　　　　定价：35.00元

复旦博学·政治学系列

1. 当代中国政治制度　　　　　　　　　　　　　　　浦兴祖主编
　　　　　　　　　　　　　　　　　　　　　　　　定价：19.00元

2. 政治学概论（第二版）　　　　　　　　　孙关宏、胡雨春、任军锋主编
　　　　　　　　　　　　　　　　　　　　　　　　定价：32.00元

3. 新政治学概要（第二版）　　　　　　　　　　王邦佐、王沪宁等主编
　　　　　　　　　　　　　　　　　　　　　　　　定价：30.00元

4. 政治营销学导论　　　　　　　　　　　　　　　赵可金、孙鸿著
　　　　　　　　　　　　　　　　　　　　　　　　定价：32.00元

5. 选举政治学　　　　　　　　　　　　　　　　　　何俊志编著
　　　　　　　　　　　　　　　　　　　　　　　　定价：27.00元

6. 西方政治学说史　　　　　　　　　　　　　　　浦兴祖、洪涛主编
　　　　　　　　　　　　　　　　　　　　　　　　定价：20.00元

复旦博学·国际政治与国际关系系列

1. 当代西方国际关系理论　　　　　　　　　　　　　倪世雄等著
　　　　　　　　　　　　　　　　　　　　　　　　定价：48.00元

2. 近现代国际关系史　　　　　　　　　　　　　　　唐贤兴主编
　　　　　　　　　　　　　　　　　　　　　　　　定价：40.00元

3. 当代中国外交(第二版) 颜声毅著
定价:38.00 元

4. 国际政治学新论 周敏凯著
定价:25.00 元

5. 全球化时代的国际关系(第二版) 俞正樑著
定价:30.00 元

6. 中国国际关系理论研究 赵可金、倪世雄著
定价:39.00 元

7. 国际关系与全球政治——21世纪国际关系学导论 俞正樑著
定价:30.00 元

8. 中国先秦国家间政治思想选读 阎学通、徐进编
定价:30.00 元

9. 国际关系:理论、历史与现实 邢悦、詹奕嘉著
定价:47.00 元

复旦博学·公共管理基础系列

1. 行政学原理 孙荣、徐红编著
定价:28.00 元

2. 政府经济学 孙荣、许洁编著
定价:24.00 元

3. 土地资源学 刘卫东等编著
定价:50.00 元

其 他 教 材

1. 秘书写作 杨元华、孟金蓉等编著
定价:36.00 元

2. 社会心理学 孙时进编著
定价:29.00 元

3. 办公室管理 孙荣主编
定价:20.00 元